教师教育通识系列规划教材

苟增强 何兰芝◎丛书主编

教育学基础理论与实践

J IAOYUXUE
JICHULILUN
YUSHIJIAN

吕炳君◎主编

北京师范大学出版集团
BEIJING NORMAL UNIVERSITY PUBLISHING GROUP
北京师范大学出版社

图书在版编目(CIP)数据

教育学基础理论与实践/吕炳君主编. —北京：北京师范
大学出版社，2017.3（2019.7重印）
（教师教育通识系列规划教材）
ISBN 978-7-303-21951-3

Ⅰ.①教… Ⅱ.①吕… Ⅲ.①教育学－教师培训－教材
Ⅳ.①G40

中国版本图书馆 CIP 数据核字（2017）第 020775 号

营 销 中 心 电 话　010-58802181　58805532
北师大出版社高等教育分社网　http://gaojiao.bnup.com
电 子 信 箱　gaojiao@bnupg.com

出版发行：北京师范大学出版社 www.bnup.com
　　　　　北京市海淀区新街口外大街 19 号
　　　　　邮政编码：100875
印　　　刷：天津市宝文印务有限公司
经　　　销：全国新华书店
开　　　本：730 mm×980 mm　1/16
印　　　张：26
字　　　数：430 千字
版　　　次：2017 年 3 月第 1 版
印　　　次：2019 年 7 月第 3 次印刷
定　　　价：45.00 元

策划编辑：王剑虹　　　　　责任编辑：鲍红玉
美术编辑：焦　丽　　　　　装帧设计：金基渊
责任校对：陈　民　　　　　责任印制：马　洁

序

　　教师是国家教育事业发展的基础，是提高教育质量、办好人民满意教育的关键。当前我国正处于急剧的社会转型时期，原有的师范教育模式已不能适应时代发展的需要，开放型的教师教育体系正在逐步形成。我国教师教育的发展模式已经由以前的规模和质量并重的模式，转向以内涵提升为主的模式，这种模式对教师整体质量提出了更高的要求。面对教师教育转型发展的机遇与挑战，高等师范院校必须厘清办学思路、明确定位，积极回应社会转型发展对教师的新要求。教师教育的开放性和教师专业化发展的取向都要求高师院校提高教师教育人才培养质量，向社会提供高水平的师资。

　　从 2001 年开始，我国进行了新一轮基础教育课程改革，新课程改革的全面展开和稳步推进，对教师的能力和素质提出了新的要求和挑战。《国家中长期教育改革和发展规划纲要（2010－2020 年）》和《国务院关于加强教师队伍建设的意见》（国发［2012］41 号）明确提出要大力加强教师队伍建设，到 2020 年形成一支"师德高尚、业务精湛、结构合理、充满活力的高素质专业化教师队伍"。在当前教师教育开放化、教师教育一体化、教师职业专业化的现实背景下，高师院校原有的课程体系、培养模式和教学方法表现出明显的滞后性，已不能适应时代发展的需要和教育改革的形势。2011年，教育部发布了《教育部关于大力推进教师教育课程改革的意见》和《教师教育课程标准（试行）》（教师［2011］6 号），进一步明确了教师职前培养的课程目标与课程设置；2012 年，教育部又颁布了《中学、小学、幼儿园教师专业标准（试行）》（教师［2012］1 号），对教师培养培训提出了标准化的方向和内容；2012 年教师职业资格考试开始进行全面改革。这一系列政策的出台，为教师教育改革指明了方向，促使教师教育必须努力提高质量和效率。

　　教师教育课程在中小学和幼儿园教师培养中发挥着重要作用，是提高教师教育质量的关键环节。传统的教师教育课程存在着重"学术性"轻"师范性"、重理论轻实践、与基础教育课程改革和教师专业发展脱节等问题，致使培养的学生缺乏教育教学实践能力，不能适应基础教育对人才的需要。在当前社会转型时期，高师院校要坚持师范性与学术性的统一，不能厚此薄彼，要做到师范性具有高学术水平，学术性具有强烈师范特色。同时，高师院校还要加强师范性和应用性的结合，应用性是今后我国教师教育人才培养所必需的技术实践能力。

如何遵循教师成长规律、科学设置教师教育课程，保证新入职教师基本适应我国基础教育新课程改革的需要，成为一个现实而又迫切的问题，编写突出实践性、专业性，符合新标准、新精神的教材就成了当务之急。本套教师教育系列教材，分别为《心理学基础理论与应用》《教师学理论与实践》《教育心理学》和《教师专业发展与规划》，并尝试在以下几个方面进行了改革和探索：

本套丛书紧密结合《教师教育课程标准（试行）》和《教师专业标准（试行）》以及教师资格考试等最新国家政策、文件的精神，将教育改革和教育研究的最新成果充实到教学内容中，吸收儿童研究、学习科学、心理科学、学科教学研究等新成果，体现出新理念、适应新标准、满足新需求的时代性特点。

本套丛书力求深入落实"实践取向""能力为重"的精神，以中小学和幼儿园教师所需要的专业知识和操作技能为着眼点，在保持理论体系完整性和严谨性的基础上，走出知识本位的传统模式，突出实用性和可操作性，关注基础教育改革中的实际问题，注重实践教学环节，设计灵活多样的习题，强化实际操作的训练，强调知行统一、学以致用，培养学生发现问题、分析问题和解决问题的实际能力，突出了实践性的特点。

本套丛书摒弃传统教材知识点设置按部就班、理论讲解枯燥无味的弊端，以图文并茂、清新活泼的风格抓住学生的兴趣点，将案例化思想要融入理论讲解中，以中小学、幼儿园优秀教学案例和应用实例增强教材的可读性，在提高学生学习兴趣和效果的同时，培养学生的职业意识和职业能力，注重了趣味性的特点。

为了落实"终身学习"的理念，培养学生可持续发展的意识和能力，本套丛书将学业规划和教师专业发展规划纳入课程内容，从"认同专业、规划学业，自主学习，追求卓越"入手，指导学生制定大学期间的学业规划和未来的专业发展规划，为学生成长和发展导航，强化了长效性的特点。

在编写体例上，首先，每个单元开头都设计了引子或问题，引导学生对本单元内容有一个概要的了解；其次是本单元的学习目标，使学生了解本单元应该掌握的知识点；再次，增设了实践应用栏目，拓宽学生的知识领域，强化实际操作训练；最后，列出每单元的思考与练习题，和学习目标呼应，帮助学生系统掌握本单元的知识体系和核心内容，呈现了系统性的特点。

本套丛书的写作和出版是一项非常有意义的工作，研究和探索过程本身不仅具有重要的学术价值，而且对于进一步深化教师教育改革、提高人才培养质量具有积极的实践意义。

胡连利

2016 年 5 月

前　言

　　"振兴民族的希望在教育，振兴教育的希望在教师"，造就高素质教师的希望在教师教育。教育学一直是高等师范院校里师范生的必修课和核心课程，它在很大程度上影响未来教师的教育思想观念，在未来教师专业发展进程中是不可缺少的。教育学课程在教师教育中的重要性是不言而喻的，而教育学教材是教育学课程的主要依托。本书是针对以往我国教育学教材内容陈旧、枯燥，理论性过强，脱离学生实际的现状，为建设"全面推进高素质教育的高质量的教师队伍"的需要而编写的。教材编写过程中，我们以我国基础教育课程改革为契机，以科学发展观为指导，力求"面向现代化，面向世界，面向未来"，反映当代社会经济、文化和科技发展的趋势，体现基础教育新课程改革的理念，紧密结合高等院校教师教育专业改革的发展趋势和实施素质教育的要求，注重提高教师的综合能力，努力构建科学的教材体系。

　　本书既适用于普通师范院校本、专科学生学习，又可以作为考取教师资格证的参考用书。本书共分为十三章，具体分工如下。

　　吕炳君：第一章、第二章；张海英：第三章、第五章；孙旭颖：第四章、第十二章；王艳：第六章、第十三章；刘梅：第七章；张大俭：第八章、第十一章；张雪：第九章、第十章。吕炳君负责本书最后的统稿。

　　在本书的编写过程中，我们借鉴了诸多专家学者的学术论文和兄弟院校教材中的观点与材料，在此向有关作者致以诚挚的谢意。由于水平有限，本书的疏漏之处在所难免，敬请各位同仁在使用过程中多提宝贵意见，以便日后不断修正和完善。

编　者

2016 年 12 月 6 日

目　录

第一章　教育学概述

引言

　　一天，孙敬修老师在楼下散步，两个孩子在摇一棵新栽的小树，一位街道老大妈正用高声训斥的方法进行"镇压"，孩子做着鬼脸还在摇，孙敬修看在眼里，迈不动腿了。他有教育家的独特方法：他走上去，抱起小树，把耳朵贴在小树上，装作认真听的样子，还不住地点头。"您听什么哪?""我听小树说话哪!""它说什么啦?""它说你们刚才摇得它难受极了，根都要折了，让我告诉你们别摇了。等它长大了好让人们乘凉。行吗?""行!"两个孩子高高兴兴地走了。老大妈直冲孙老师伸大拇指："孙老师您真有办法!"

　　那位老大妈按成人的习惯和常识去制止孩子的不良行为之所以难以奏效，是因为，教育作为一种社会现象，它有自己的规律。老大妈夸孙老师真有"办法"，这个"办法"就是在具体教育实践中运用教育学知识。

　　（摘自傅道春编著：《教育学——情境与原理》，第 2 页，北京，教育科学出版社 1999 年版）

　　教育学，是帮助教师或未来教师获得必要的教育教学理论素养、必要的教育专业思维意识和基本的解决教育教学问题的工作原则和方法的一门课程。作为本书开篇，我们会了解什么是教育学，学习教育学的意义和方法等，这是我们对该门课程认识的起点。

学习目标

1. 识记教育学的基本概念，了解教育学的研究对象。
2. 理解教育学发展各阶段的特点。
3. 识记教育学发展阶段的教育家和他们的主要观点、代表作品。
4. 应用教育学理论分析教育现象。
5. 明白学习教育学的意义，掌握学习教育学的方法。

第一节 什么是教育学

一、"教育学"概念的起源与演化

从词源学的角度来看，西方国家的"教育学""pedagogy"均源于希腊语的"pedagogue"（教仆）一词，意思是照看、管理和教养儿童的学问和方法。19世纪末，英语国家的人们开始用"education"和"eduacology"取代"pedagogy"。"教育"（education）和"教育学"（pedagogy）几乎成了同义词，甚至"pedagogy"一词已被"education"一词取代。从学科的角度说，最初教育学是从哲学的母体中分化出来的，随着社会的发展，教育学出现了许多相互联系的分支学科，进而发展成一个庞大的教育学科群。

在中国，"教育学"是个译名，20世纪初源自日本。甲午战争后，去日本留学的一些人在翻译日本教育学书籍时，将"教育学"一词引入中国。自1901年王国维先生译立花铣三郎讲述的《教育学》在《教育世界》上发表起，中国开始出现教育学的概念。1904年，清政府颁布的《奏定学堂章程》要求师范学堂讲授"教育学"。自此，我国师范学校开设教育学课程成为定制。

二、"教育学"的含义

国内外学者对教育学有不同的定义。日本的田浦武雄说："对教育进行学术性研究并综合成一个理论体系，这就是教育学"；法国的贝斯特说："教育学是教育的科学"；苏联的斯皮库诺夫说："教育学是关于专门组织的、有目的的和系统培养人的活动的科学，是关于教育、教养和教学的内容、方式和方法的科学"；美国的亨德森说："教育学通常被理解为教的科学和艺术"。

在我国教育学界，学者们对教育学的定义也不尽相同。"教育学是教育科学中重要的基础学科之一，旨在研究教育规律、原理和方法"；"教育学是研究教育现象，揭示教育客观规律的一门科学。从教育对象来看，它分为学前教育学、中等教育学、高等教育学、成人教育学和特殊教育学等。通常所讲的教育学，一般指初等教育学和中等教育学，即普通教育学"；"教育学就是通过对教育现象和教育问题的研究，去揭示教育规律的一门科学"；等等。

目前，我国的教育学，主要包括以下几种含义：一是指一门科学，教育学是研究教育现象和教育问题，揭示教育规律的一门科学；二是指一种学科门类，与哲学、经济学、法学、历史学、文学等并列；三是指一门课程，主要在师范院校开设，也称教育概论、教育原理或教育学原理等；四是指作为一门课程的教学用书。

本书所指的教育学是指一门科学，即教育学是研究教育现象和教育问题，揭示教育规律的一门科学。

三、教育学的研究对象

关于教育学的研究对象，教育学界存在着各种各样的观点：有的学者认为教育学的研究对象是"教育现象"；有的认为是"教育事实"；有的认为是"教育规律"；还有的认为是上述三者中的两项或三项。我们认为，教育学的研究对象是教育现象和教育问题，其目的是揭示教育规律。

教育现象是客观存在的，不是我们主观臆想的，它是可以感知、可以认识的。它包括各种形式、各种类型、各种模式的教育事实。对各种教育现象进行思考和研究，有助于促进教育的发展，揭示教育规律。

教育问题是指反映到人们大脑中的、需要探明和解决的教育实际矛盾和理论疑难。教育问题很多，如教育本质问题，教育、社会、人三者关系问题，教育目的、内容、教育实施的途径、方法、形式以及它们的相互关系问题，教育过程问题，教育主体问题，教育制度问题，教育管理问题等。

教育规律是教育现象与其他社会现象及教育现象内部各个要素之间本质的、内在的、必然的联系或关系。人类的教育活动不仅有其历史性，而且是遵循着一定的规律进行的。教育中有很多矛盾、很多规律，但从根本上看，贯穿教育活动的基本矛盾、基本规律是：教育与社会发展之间的矛盾或关系；教育与人的身心发展之间的矛盾或关系。教育中方方面面的矛盾或关系都是由此派生出去，最终又复归到这两个基本规律中的，派生的规律是具体的规律、微观的规律。

教育学是人类社会发展到一定历史阶段的产物。它既受国家教育方针政策和教育经验的影响和制约，又不同于教育方针政策和教育经验。教育方针政策是人们根据一定的需要而制定出来的，它是人们主观意志的体现，教育学虽然也要阐明一些教育方针政策的问题，但教育的方针政策并不是教育学研究的主要对象和最终依据。一方面，教育学和教育方针政策都反映了教育的规律；另一方面，教育学和教育方针政策是分别从客观、主观角度反映教育规律的。我国的教育方针政策都是以教育学揭示的客观规律作为理论依据的。教育经验只反映教育过程中表面的、局部的、非普遍性的现象，而教育学反映的是教育过程中内在的、本质的、必然的联系。教育学是运用理性的思考，对教育经验进行分析研究，仔细筛选，找出规律，总结上升成科学理论的。

第二节　教育学的产生与发展

　　教育学与其他任何一门社会科学一样，有其产生和发展的过程。教育学是人类社会和教育实践活动发展到一定历史阶段的产物，是在社会对教育和教育理论需要日益增长的情况下产生和发展起来的。教育学是一门既古老又年轻的学科。说它古老，是因为早在几千年前我们的先哲就有许多关于教育问题的专门论述和精辟见解，并形成了一系列教育理论；说它年轻，是因为作为一门规范学科，它只有不到几百年的历史。

一、教育学的萌芽

（一）中国古代的教育学思想

　　进入奴隶社会以后，由于学校的产生和教育实践的发展，人们开始对教育实践中积累的经验加以一定的概括和总结，这些论述反映在古代一些思想家的言论和著作之中。

　　孔子（约公元前 551—前 479）是中国古代最伟大的教育家和教育思想家，以他为代表的儒家文化对中国文化教育的发展产生了极其深刻的影响。孔子的教育思想在《论语》中有充分的反映。孔子从探讨人的本性入手，认为人的先天本性相差不大，个性的差异主要是后天形成的（如"性相近也，习相远也"），所以他很注重后天的教育工作，主张"有教无类"，希望把人培养成"贤人"和"君子"。孔子大力创办私学，培养了大批人才。孔子的学说以"仁"为核心和最高道德标准，并且把仁的思想归结到服从周礼上（"克己复礼为仁"），主张"非礼勿视，非礼勿听，非礼勿言，非礼勿动"，强调忠孝和仁爱。孔子继承西周六艺教育的传统，教学纲领是"博学于文，约之以礼"，基本科目是礼、乐、射、御、书、数。孔子的教学思想和教学方法是承认先天差异，但更强调"学而知之"，重视因材施教。因材施教的基本方法是启发诱导。孔子说："不愤不启，不悱不发。"朱熹注："愤者心求通而未得之意，悱者口欲言而未能之貌。启谓开其意，发谓达其辞。""启发"一词即由此而来，它要求在教学过程中掌握学生的心理状态，务使教学的内容与方法适合学生的接受水平和心理准备条件，以充分调动学生学习的主动性和求知欲。孔子很强调学习与思考相结合，他说："学而不思则罔，思而不学则殆"；他很强调学习与行动相结合，要求学以致用，把知识运用到政治生活和道德实践中去。

先秦时期以墨子（约公元前 468—前 376）为代表的墨家与儒家并称显学。由于政治思想和社会观念的不同，墨家与儒家的教育主张也有所不同。墨子以"兼爱"和"非攻"为教，同时注重文史知识的掌握和逻辑思维能力的培养，还注重实用技术的传习。对于获得知识的理解，墨家认为，主要有"亲知""闻知"和"说知"三种途径，前两种都不够全面和可靠，所以必须重视"说知"，依靠推理的方法来追求理性知识。

我国教育专著的出现，大约在战国后期。相传孟子的弟子乐正克所著的《学记》，是世界上最早的一部教育专著，比古罗马的昆体良所著的《论演说家的教育》还早 300 多年。《学记》是我国古代教育论著的光辉篇章，反映了 2 000 多年前我国教育思想已经达到相当水平。《学记》仅用 1 229 个汉字，从正反两方面总结了儒家的教育理论和经验，以简赅的语言、生动的比喻，系统地阐发了教育的作用和任务，教育教学的制度、原则和方法，教师的地位和作用，师生关系和同学关系等，揭示了教育教学活动的许多原理。例如，《学记》提出："化民成俗，其必由学""建国君民，教学为先"，揭示了教育的重要性和教育与政治的关系；要求"时教必有正业，退息必有居学"，即主张课内与课外相结合，藏（原为臧）息相辅；提出了教学相长的辩证关系和"师严然后道尊"的教师观；在教学方面，反对死记硬背，主张启发式教学，"君子之教，喻也""道而弗牵，强而弗抑，开而弗达"；主张教学要遵循学生心理发展特点，"学不躐等"即循序渐进。这些原则和方法都已经达到了很高的认识水平。这不仅是教育学科史上的创举，而且经过 2 000 多年教育实践的检验，至今在一定程度上还具有指导意义。

阅读材料

《学记》全文

发虑宪，求善良，足以謏闻，不足以动众；就贤体远，足以动众，未足以化民。君子如欲化民成俗，其必由学乎！

玉不琢，不成器；人不学，不知道。是故古之王者，建国君民，教学为先。《兑命》曰："念终始典于学。"其此之谓乎！

虽有嘉肴，弗食不知其旨也；虽有至道，弗学不知其善也。是故学然后知不足，教然后知困。知不足，然后能自反也；知困，然后能自强也。故曰：教学相长也。《兑命》曰："学学半。"其此之谓乎？

古之教者，家有塾，党有庠，术有序，国有学。比年入学，中年考校。一年视离经辨志；三年视敬业乐群；五年视博习亲师；七年视论学取友，谓之小成。九年知类通达，强立而不返，谓之大成。夫然后足以化民易俗，近者说服而远者怀之，此大学之道也。《记》曰："蛾子时术之。"其此之谓乎！

大学始教，皮弁祭菜，示敬道也。《宵雅》肆三，官其始也。入学鼓箧，孙其业也。夏楚二物，收其威也。未卜禘不视学，游其志也。时观而弗语，存其心也。幼者听而弗问，学不躐等也。此七者，教之大伦也。《记》曰："凡学，官先事，士先志。"其此之谓乎！

大学之教也，时教必有正业，退息必有居学。不学操缦，不能安弦；不学博依，不能安诗；不学杂服，不能安礼。不兴其艺，不能乐学。故君子之于学也，藏焉修焉，息焉游焉。夫然，故安其学而亲其师，乐其友而信其道，是以虽离师辅而不反也。《兑命》曰："敬孙务时敏，厥修乃来。"其此之谓乎！

今之教者，呻其占毕，多其讯言，及于数进而不顾其安，使人不由其诚，教人不尽其材。其施之也悖，其求之也佛（拂）。夫然，故隐其学而疾其师，苦其难而不知其益也。虽终其业，其去之必速，教之不刑，其此之由乎！

大学之法：禁于未发之谓豫；当其可之谓时；不陵节而施之谓孙；相观而善之谓摩。此四者，教之所由兴也。

发然后禁，则扞格而不胜；时过然后学，则勤苦而难成；杂施而不孙，则坏乱而不修；独学而无友，则孤陋而寡闻；燕朋逆其师；燕辟废其学。此六者，教之所由废也。

君子既知教之所由兴，又知教之所由废，然后可以为人师也。故君子之教，喻也。道而弗牵，强而弗抑，开而弗达。道而弗牵则和，强而弗抑则易，开而弗达则思。和易以思，可谓善喻矣。

学者有四失，教者必知之。人之学也，或失则多，或失则寡，或失则易，或失则止。此四者，心之莫同也。知其心，然后能救其失也。教也者，长善而救其失者也。

善歌者，使人继其声；善教者，使人继其志。其言也，约而达，微而藏，罕譬而喻，可谓继志矣。

君子知至学之难易，而知其美恶，然后能博喻，能博喻然后能为师，能为师然后能为长，能为长然后能为君。故师也者，所以学为君也，是故择师不可不慎也。《记》曰："三王四代唯其师。"其此之谓乎！

凡学之道：严师为难。师严然后道尊，道尊然后民知敬学。是故君之所不臣于其臣者二：当其为尸，则弗臣也；当其为师，则弗臣也。大学之礼，虽诏于天子无北面，所以尊师也。

善学者，师逸而功倍，又从而庸之。不善学者，师勤而功半，又从而怨之。善问者如攻坚木，先其易者，后其节目，及其久也，相说以解。不善问者反此。善待问者如撞钟，叩之以小者则小鸣，叩之以大者则大鸣，待其从容，然后尽其声。不善答问者反此。此皆进学之道也。

记问之学，不足以为人师，必也听语乎！力不能问，然后语之，语之而不知，虽舍之可也。

良冶之子，必学为裘；良弓之子，必学为箕；始驾马者反之，车在马前。君子察于此三者，可以有志于学矣。

古之学者，比物丑类，鼓无当于五声，五声弗得不和；水无当于五色，五色弗得不章；学无当于五官，五官弗得不治；师无当于五服，五服弗得不亲。

君子曰：大德不官，大道不器，大信不约，大时不齐。察于此四者，可以有志于本矣。三王之祭川也，皆先河而后海，或源也，或委也，此之谓务本！

中国封建社会涌现出不少优秀的教育著作，如韩愈的《师说》、朱熹的《朱子语录》、颜元的《存学篇》等，对师生关系、读书治学等都有许多精湛的论述，值得我们今天加以借鉴。汉代的董仲舒、宋代的朱熹、明代的王阳明、清代的王夫之等许多中国古代的教育家和教育思想家，都有丰富的教育实践和精辟的教育见解。虽然他们的教育思想没有完整的科学体系，常与哲学、伦理学、政治学、文学乃至宗教思想混杂在一起，但是都包含着丰富的教育思想，他们留下的珍贵遗产，为世界科学教育理论的形成奠定了一定的基础。

(二)西方古代的教育学思想

在西方，要追溯教育学的思想来源，毫无疑问，首先需要提到的是古希腊的哲学家苏格拉底(Socrates，公元前469—前399)、柏拉图(Plato，约公元前427—前347)和亚里士多德(Aristotle，公元前384—前322)。

苏格拉底以其雄辩和与青年智者的问答法著名。他在与鞋匠、商人、士兵和富有的青年贵族问答时，佯装无知，通过巧妙的诘问，暴露出对方观点的破绽和自相矛盾之处，从而使对方发现自己并不明了所用概念的根本意义，被称为"产婆术"(或称为"助产术""苏格拉底法""问答法")。这种问答法分为三步。第一步称为苏格拉底讽刺，他认为这是使人变得聪明的一个必要步骤，因为除非一个人很谦逊，"自知其无知"，否则他不可能学到真知。第二步叫下定义，在问答中经过反复诘难和归纳，从而得出明确的定义和概念。第三步叫助产术，即引导学生自己进行思索，自己得出结论，正如苏格拉底自己所说，他虽无知，却能帮助别人获得知识，正如他的母亲是一个助产婆一样，虽年老不能生育，但能接生，能够催育新的生命。

柏拉图是对哲学的本体论研究做出重要贡献的古代哲学家。他认为，人的肉体是人的灵魂的影子，灵魂才是人的本质。灵魂是由理性、意志、情感三部分构成的，理性是灵魂的基础，理性表现为智慧，意志表现为勇敢，情感表现为节制。根据这三种品质哪一种在人的德行中占主导地位，他把人分成三种集团或等级：①运用智慧管理国家的哲学家；②凭借勇敢精神保卫国家的军人；③受情绪驱动的劳动者。他指出，人类要想从"现实世界"走向"理念世界"，非常重要的就是通过教育，教育能帮助未来的统治者获得真知，以"洞察"理想的世界。柏拉图的教育思想集中体现在他的代表作《理想国》中。

古希腊百科全书式的哲学家亚里士多德秉承了柏拉图的理性说，认为追求理性就是追求美德，这就是教育的最高目的。他认为，教育应该是国家的，每一个公民都属于城邦，全城邦应有一个共同目的，所有的人都应受同样的教育，"教育事业应该是公共的，而不是私人的"。但他这里所说的"每一个公民"是不包括奴隶的，他主张一部分人可以受教育，一部分人即奴隶则是不可受教育的。亚里士多德注意到了儿童心理发展的自然特点，主张按照儿童心理发展的规律对儿童进行分阶段教育，提倡对学生进行和谐的全面发展的教育。这些成为后来强调教育中注重人的发展的思想渊源。亚里士多德的教育思想在他的著作《政治学》中有大量反映。

古代思想家的教育思想虽然十分丰富，但由于历史条件的限制，教育学在很长的一段时间一直没能形成自己的独立体系。古代学者提出的教育思想，是他们长期从事教育实践的经验总结，虽然有的达到了一定的理论化程度，而且对后世教育理论产生了深远的影响，但总体看来，这些总结和概括往往停留在现象的描述、形象的比喻和简单的推理上，理论上的论证还缺乏充分的科学依据，并且不可避免地带有一些主观臆测性。因此，这个阶段只能看作教育学的萌芽阶段。

文艺复兴以后，很多著名的人文主义思想家都很重视教育问题，如意大利的维多里诺（Vittorino da. Feltre，1378—1446）、尼德兰的伊拉斯谟（Desiderius Erasmus，1467—1536），法国的弗朗索瓦·拉伯雷（Francois Rabelais，1493—1553）和蒙田（Michel Eyquem de Montaigne，1533—1592）等人，或发表言论，或兴办学校，从事教育革新。他们反对封建教会对儿童本性的压抑，强调教师要尊重儿童的个性，关心儿童、信任儿童。他们认为应该通过教育使人类天赋的身心能力得到和谐的发展，包括思维、热情和性格的发展；主张恢复古罗马时期重视体育的传统；主张既保持虔诚的宗教信仰，又把勇敢、勤勉、进取、荣誉心等与个人福利有直接关系的品质作为道德的主要要求。在智育方面，他们主张扩大教学内容的范围，增加新的学科内容，同时注意调动学生的兴趣，改变经院主义的学风，建立生动活泼的教学气氛，还主张恢复古希腊重视美育的传统，将美与善结合起来。文艺复兴运动对欧洲教育的人文化、世俗化和新的学科教育内容的增加，以及扩大受教育的范围，产生了巨大的作用和深远的影响。但是，由于当时不少人文主义者把古希腊教育过于理想化，特别是过于注重希腊文、拉丁文及文法、修辞的教学，逐渐形成了古典主义倾向，脱离实际，形成了新的烦琐哲学和形式主义，对后世也产生了不良影响。

二、教育学的建立

（一）教育学学科的建立

在漫长的古代社会，教育学一直处于萌芽状态，迟迟未能形成独立的学科。直到欧洲的文艺复兴以后，教育学终于从哲学中分化出来，逐渐形成一门独立的学科，因为这个时候教育学学科的成型具备了充要条件。首先，欧洲资本主义上升，生产力发生了巨大的变化，大机器工业生产不仅要求少数管理者而且要求大多数劳动者都要接受一定程度的教育，资本主义的生产力和政治经济制度对教育及教育理论提出了新的要求；其次，这个时期是教育大变革的时期，资本主义国家纷纷实施普及教育，实行班级授课制，以人文主义的教育思想反对封建主义腐朽的教育，在改革中积累了丰富的教育实践经验，加之对古代教育经验的总结概括，教育自身的知识经验有了足够的材料构建起一门独立的学科；再次，文艺复兴这场思想解放运动引发了科学和艺术的繁荣，与教育学有关的哲学、心理学、解剖学等学科的发展对教育学成为独立的学科也起到了积极的推动作用。

一般认为，教育学成为一门独立的学科，始于 17 世纪夸美纽斯（Johann Amos Comenius，1592—1670)的《大教学论》。夸美纽斯是受到人文主义精神影响的捷克教育家。年轻时他就具有强烈的民主主义思想，强调教育的自然性。自然性首先是指人也是自然的一部分，人都有相同的自然性，都应受到同样的教育；其次是说教育要遵循人的自然发展的原则；最后是说要进行把广泛的自然知识传授给普通人的"泛智教育"，而不是仅强调宗教教育。他的教育思想集中反映在 1632 年出版的著作《大教学论》中。这是欧洲教育史上第一部系统的教育学著作，它从理论上总结了当时的教育经验，提出了普及教育和班级授课制度，主张建立新的学校教育制度，论证了直观教学等教学原则，并论述了各种教学方法，奠定了近代西方资产阶级教育学的基础。

英国哲学家洛克（John Locke，1632—1704）提出了著名的"白板说"，认为人的心灵如同白板，观念和知识都来自后天，并且得出结论：天赋的智力人人平等，"人类之所以千差万别，便是由于教育之故。"他主张取消封建等级教育，提倡人人都可以接受教育。另一方面，他主张的又是绅士教育，认为绅士教育是最重要的，一旦绅士受到教育，走上正轨，其他人就都会很快走上正轨。他的代表作是《教育漫话》。

法国启蒙思想家、教育家卢梭（Jean-Jacques Rousseau，1712—1778）对自然性思想做了新的解释，并使之哲学化。他因宣扬他的自然主义教育理想的作品《爱弥儿》而险些被当局逮捕。他所理解的自然，是指不为社会和环境所歪曲，不受习俗和偏见所支配的人性，即人与生俱来的自由、平等、纯朴和良知。卢梭认为，人的本性是善的，但被现存的环境和教育破坏了，假如能为人造就新的、适合人性健康发展的社会、环境和教育，人类就能在更高阶段回归自然。因此，人为的、根据社会要求强加给儿童的教育是坏的教育，让儿童顺其自然发展才是好的教育，甚至越是远离社会影响的教育才越是好的教育。

卢梭的自然主义思想对德国哲学家康德（Immanuel Kant，1724—

1804)的影响很大。康德在他的哲学里，探究道德的本质，充分肯定了个人的价值。他力图通过教育实现他的哲学理想、改造社会。他认为，人的所有自然禀赋都有待于发展，"人是唯一需要教育的动物"，教育的任务根本在于充分发展人的自然禀赋，使人人都成为自身，成为本来的自我，都得到自我完善。

瑞士教育家裴斯泰洛齐（Johann Heinrich Pestalozzi，1746—1827）深受卢梭和康德思想的影响，并且以他博大的胸怀和仁爱精神进行了多次产生世界影响的教育试验。他认为，教育的目的在于按照自然的法则全面地、和谐地发展儿童的一切天赋力量。他主张教育要遵循自然，教育者对儿童施加的影响，必须和儿童的本性一致，使儿童自然发展，并把这种发展引向正确的道路。其观点反映在他的教育论著《林哈德和葛笃德》中。

（二）规范教育学的建立

从独立的教育学诞生的角度说，一门规范学科的建立通常以德国赫尔巴特（Johann Friedrich Herbart，1776—1841）的《普通教育学》（1806）为标志。教育学作为一门课程在大学里讲授，最早始于康德，他于 1776 年在德国的柯尼斯堡大学的哲学讲座中讲授教育学，这是教育学列入大学课程的开端。但对后世影响最大、最明确地构建教育学体系的是赫尔巴特。1809—1833 年，赫尔巴特一直在柯尼斯堡大学继续康德的哲学讲座，讲授教育学。1835 年，他又出版了《教育学讲授纲要》。他第一次提出要使教育学成为科学，并认为应以伦理学和心理学作为教育学的理论基础。赫尔巴特的贡献在于把教学理论建立在心理学的基础上，把道德教育理论建立在伦理学基础上，强调要按受教育者的心理活动规律规定教学的过程和阶段，形成了比较完整的教育教学理论体系，可以说是奠定了科学教育学的基础。他强调系统知识的传授，强调课堂教学的作用，强调教材的重要性，强调教师的中心地位，形成了传统教育教师中心、教材中心、课堂中心的特点。

赫尔巴特的教育思想对 19 世纪以后的教育实践和教育思想产生了很大影响，他的《普通教育学》被誉为第一部有科学体系的教育学著作，他本人也被视为传统教育学的代表人物。

美国人杜威（John Dewey，1859—1952）和他的《民本主义与教育》（1916）是 20 世纪初实用主义教育学的代表人物和作品。该学派对教育和教育学的发展产生了深远的国际影响。作为现代教育的代言人，美国实用主义教育家杜威的教育思想与赫尔巴特的教育思想针锋相对，其代表作《民本主义与教育》在体系上与《普通教育学》也大不相同。杜威主张教育即生活。由于生活是一个发展过程、生长过程，所以教育也是生长，这是从教育的纵向说的；而从生活的横向来说，则是人与环境的相互作用，形成了个体的和集体的经验。由于生活环境是不断变化的，人要适应环境就需要不断改造或改组经验。所以教育实际上是经验的改造或改组，从而促进学生形成更新、更好的经验。为此，他强调教法与教材的统一，强调目的与活动的统一，主张"在做中学"，在问题中学习。他认为，教学的任务不仅在于教给学生科学的结论，更重要的是要促进并激发学生的思维，使他们掌握发现真理、解决问题的科学方法。杜威对传统教育的批判，不仅是对方法的批判，而且是对整个教育目的的批判，是对教育目的的外铄性的批判。

杜威强调儿童在教育中的中心地位，主张教师应以学生的发展为目的，围绕学生的需要和活动组织教学，以儿童中心主义著称。

杜威的《民本主义与教育》及反映在他其他作品中的教育思想，对20世纪的教育和教育学有深远的影响。

此外，德国福禄倍尔（1782—1852）的《人的教育》、英国斯宾塞（1820—1903)的《教育论》、德国拉伊（1862—1926)的《实验教育学》等教育著作相继出版，教育学进入了一个崭新的发展阶段，开始借鉴其他一些实证学科的方法论去研究教育问题，使教育学朝科学化的道路不断迈进。可以说资产阶级教育家经过300多年的努力，把教育学构建成了一门独立的学科，并使之不断提高理论化和科学化水平，对教育学科的发展做出了贡献。

三、当代教育学的发展

(一)马克思主义的诞生和在全世界的传播，使得教育学思想和观点更加科学丰富

教育学作为一门独立学科的建立，除西方资产阶级教育学之外，在马克思主义诞生之后，社会主义国家也在努力以马克思主义哲学为指导，建立社会主义教育学理论体系。马克思主义作家虽然没有教育学方面的专著，但他们的许多精辟论述，尤其是对教育学中一些根本问题做出了科学的解释，揭示了教育与社会的本质联系，论述了教育与人的全面发展、教育与生产劳动相结合等重要命题，为社会主义教育学学科的建立奠定了理论基础。

(二)苏联教育理论家凯洛夫《教育学》的问世，促使了教育学体系的完善

在创建社会主义教育学理论体系的过程中，世界上第一个社会主义国家苏联的许多教育家，如加里宁、凯洛夫、克鲁普斯卡娅、马卡连柯、苏霍姆林斯基等人都做出过重大的贡献。他们提出许多正确反映社会主义教育规律的教育原则和方法，构成了有别于西方资产阶级教育学体系的苏联式的社会主义教育学理论体系。其中，凯洛夫主编的《教育学》是这一学科体系形成的标志。该书于1939年出版，全书试图以马克思主义为指导，在总结苏联20世纪二三十年代教育经验的基础上，提出了社会主义教育学的基本概念，把教育学体系分为总论、教学论、德育论、学校管理四个部分，阐述了教育教学的内容、方法、组织形式。该书于1951年被译成中文，成为我国教育工作的指导思想，对我国教师产生过重大影响。在今天看来，凯洛夫主编的《教育学》中存在一些明显的缺点和不足，但它作为历史上第一部社会主义教育学专著这一历史地位则是应该肯定的。

(三)我国教育家的贡献，促使中国特色的社会主义教育学理论体系日趋成熟

我国在创建有中国特色的教育学学科体系进程中，杨贤江是先驱者。杨贤江是中共党员，他在1930年曾以李浩吾的化名出版的《新教育大纲》，是我国第一部试图用马克思主义观点解释教育问题的书籍。本书运用历史唯物主义观点阐述了教育的起源和作用，分析了历代教育制度变更原因，探讨了教育与政治、教育与经济的关系等。此书是共产党领导下的苏区的师范学校和教育工作者的重要读物。

我国真正开始创建社会主义教育学体系，是在新中国成立后。在20世纪五六十年代，中国的教育理论工作者以马克思主义为指导，借鉴苏联经验，编撰了具有中国特色的社会主义教育学教材。

要构建一个具有中国特色的社会主义教育学理论体系，绝非一朝一夕之功。建立有中国特色的、适合我国社会主义初级阶段实际需要并能反映当代教育科学发展新水平的社会主义教育学，任重而道远。我们坚信，科学社会主义教育学，将在广大教育理论工作者和教育实践工作者的共同努力下得到发展，在发展中日渐成熟。

（四）社会的发展，文化的交流，使得教育学越来越呈现出多元化的格局

在多元结构、多元思想、多种文化的影响下，教育学也同样呈现出丰富多样的新格局。既体现学术发展的成果和时代的共同特征，又反映具有中国特色的社会主义教育实际，并能够结合区域性的要求，是对教育学的新挑战。面对社会发展的速度越来越快、国际一体化的程度越来越高的特征，如何应对21世纪的挑战，培养具有高尚情操和远大理想、具有创造精神和创新能力的人才，成为教育工作和教育理论研究最迫切需要解决的问题。

四、当代教育学的新发展

第二次世界大战以来，世界各国普遍重视发展教育事业，通过培养人才来促进经济和社会发展。由于教育事业战略地位的提高，教育科学研究也备受重视。教育学的新发展，一是表现为理论的进一步深化，二是表现为研究领域的进一步拓宽。

（一）教育理论的发展，产生了不少新的教育思想，深化和更新了教育理论

现介绍当代几本较为著名的教育学著作。

1956年，美国的布鲁姆出版的《教育目标分类学》是第二次世界大战后具有相当大影响力的著作。他从心理学的角度，把教育目标分为认知目标、情感目标、动作技能目标三大类，每类目标再细分成不同的层次，排列成由低到高的阶梯。这种教育目标分类，使教育教学活动的目的更为明确，教育目标更具可操作性，可以帮助教师和学生更加细致地去确定教学的目的和任务，为人们观察教育过程、分析教育活动和进行教育评价提供了依据。但他的目标分类学并未说明该怎样促进学生智能的发展，对情感目标、动作技能目标的阐述也不够深入。

1963年，美国的布鲁纳出版了《教育过程》，批判传统教育过于重视知识的灌输而忽视学生能力培养的弊端，提出学科结构的思想，主张务必使学生理解学科的基本结构，即构成学科的基本概念、基本公式、基本法则等，以及它们之间的相互联系与规律性。他特别重视学生能力的培养，在教学原则方面，提出了动机原则、结构原则、程序原则、强化原则等一系列教学原则体系；在教学方法方面，提倡发现学习。布鲁纳的教育思想，对于编选教材、发展学生的能力、提高教学质量，是有积极意义的，对战后许多国家的教育教学改革有很大的影响。但他主张儿童提早学习科学的基本原理，忽视了学生的接受能力，在实践中是不易推行的。

1975年，苏联出版了教育改革家赞可夫的《教学与发展》一书。该书是他从1957—1974年进行教育教学改革实验的总结。他认为教学的目的在于促进学生的"一般发展"，即观察力、思维力、实际操作能力的发展，以及情感、意志、个性等全面发展。他系统研究了学生的学习过程和发展过程，批评了苏联传统的教学理论对发展学生智力的忽视，强调教学应走在学生发展的前面，促进学生的一般发展。他提出了以高难度进行教学、以高速度进行教学、理论知识起指导作用、使学生理解学习过程、使全班学生包括差生都能得到发展的原则，构成了有别于传统教育教学思想的新的教学原则体系。他主张教学要有一定的难度和速度，重视学生学习方法和思维方法的培养，重视差生的心理特点和教育措施，重视理论基础知识等，这些都是可贵的见解。他的教育教学理论对苏联的学制和教育改革，一度起了很大的推动作用，在世界上也有很大的影响力。但关于高速度、高难度的提法不够确切，易产生误解，在实验中，出现学生负担过重等一些具体问题。

当代对教育教学理论发展有重大贡献的还有苏联的巴班斯基，他从1972年以来，接连出版了几本著作，其中就有《教学过程最优化》。他认为，应该把教育教学看成一个系统，从系统的整体与部分之间、部分与部分之间以及系统与环境之间的相互联系、相互作用中去考察教育教学活动，以便达到最优处理教育教学问题的效果。他将现代系统论的方法引进教育教学理论的研究，是对教学论进一步科学化的新探索。

党的十一届三中全会以来，我国教育学学科建设出现了前所未有的繁荣景象，教育学著作层出不穷。这些著作对教育的性质、教育的本质、教育与人的发展的关系，以及课程、教材、思想品德教育等理论的认识取得了许多新的进展。我国教育改革的实践和教育教学的实验，为教育学的发展提供了重要的理论资源，在总结我国教育经验，借鉴国外教育理论流派，联系我国教育改革实践等方面努力探索，试图在框架结构和表达形式等方面有所尝试、有所突破，也取得了不少令人可喜的理论成果。

(二)教育学的研究内容更加丰富

教育学已由一门独立的学科衍化成了一个庞大的教育科学体系，门类越来越多，分化越来越细。除作为基础理论学科的教育学原理外，按教育对象的不同分化为学前教育学、初等教育学、中等教育学、高等教育学、成人教育学等；按教育主体不同分化为家庭教育学、社会教育学、学校教育学等；按研究内容不同分化为教育概论、教学论、德育论、课程论、学校管理学等；还出现了教育学与其他学科渗透而形成的一些边缘学科，如教育哲学、教育经济学、教育技术学、教育法学、教育统计学、教育史学、教育人类学、教育生态学等，它们共同构成了庞大的教育科学体系。

第三节 学习教育学的意义、要求和方法

一、学习教育学的意义

(一)有助于巩固专业思想，培植职业情感

学习教育学有助于培养教师对教育事业深厚的感情，增强其责任感，巩固专业思想；能够帮助教师全面认识教育事业，提高教师从事教育工作的光荣感和使命感。

(二)有助于形成正确的教育观，反思教育行为

教育观，即对教育的根本看法，是教育思想观念的体系。任何教育行为都是在一定教育观的指导下实施的，并导致一定的教育结果。具备正确的教育观是一名合格教师必备的条件，而正确的教育观不是凭空产生的，它的形成，又与能否正确认识教育规律、能否准确把握教育原理有关。因此，学习教育学，以科学的教育理论为指导，能帮助我们正确认识教育现象和教育规律，识别错误的教育思想和做法，正确理解教育方针和政策，不断形成正确的教育观。

(三)有助于掌握教育教学技能，提高教师的素质和修养

要想成为一名优秀的教育工作者，不但要有献身教育事业的满腔热情，还应掌握教书育人的知识和方法。从某种意义上来说，教育学理论是教育工作者从事教育工作的行为准则和指南。教师是教育活动直接的实施者和组织者，其素质高低直接影响着教育水平。教育工作是一项十分复杂细致的工作，要做好它并取得预期的效果，没有科学的理论为指导，不掌握科学的方法，是难以做好的。通过学习教育学，既可以掌握先进的教育理论和科学的教育方法，还能学到一些最基本的教育技能，提高教师的职业素质和道德修养，为成为优秀教师打下基础。

(四)有助于掌握教育规律，指导教育实践

教育工作是一项十分复杂艰巨而又富有创造性的工作，需要有正确的理论指导和从教能力才能取得良好效果。教育有其自身的客观规律，并不为人们的主观意志所转移，教育工作者只有按照教育规律办事，才能搞好教育。教育规律早在人们认识它之前，就已经存在并起作用了。遵循它，教育事业就发展，就前进，就成功；违背它，教育事业就受挫，就倒退，就失败。教育学作为一门独立的学科，是对中小学教育实践的高度总结和概括，体现了教育规律，反映了人类千百年来在教育方面的智慧和经验，因此它对教育实践具有广泛的指导意义。学活、学透这门课程，掌握从事教学工作、班级管理工作、科研工作及普通中小学各类教育活动的方法、技能和教育规律，能运用正确的教育原则和方法，使自己尽快进入教师角色，尽快胜任教师工作，为今后从教以及专业化发展奠定基础。

二、学习教育学的要求

(一)要坚持"古为今用，洋为中用"的方针

教育是人类社会共有的社会现象，无论是古代教育，还是外国教育，都有值得我们学习的地方。批判地吸收中外教育的一切优秀遗产，做到"古为今用，洋为中用"。古代文明光辉灿烂，古代教育家繁若星辰，其教育思想源远流长，他们为后世留下了宝贵的教育遗产，相当一部分客观地反映了教育教学规律，至今仍闪耀着真理的光辉。对于古代的教育，要在研究分析的基础上，做到取其精华，弃其糟粕，把优秀的传统与当今的教育发展现状相结合，承前启后，继往开来，批判地继承。对于国外的教育理论，切忌生搬硬套，全盘照抄，要本着实事求是的原则，将国外的先进教育理论与我国的具体国情相结合，在借鉴的基础上大胆创新。学习教育学，要能够把纵向比较和横向比较综合起来加以运用，从纵向角度，研究历史，察古知今，述往思来；从横向的角度，洞察全球，开阔视野，洋为中用。这将使我们对教育问题的研究更为深刻、更为全面。

(二)学习教育理论与联系教育实际相结合

教育理论来源于实践又指导着实践。学习教育理论十分必要，弄清教育学的基本概念、基本原理，使自己有一定的教育学方面的知识储备，是联系实际的前提。同时，教育学又是一门应用性很强的实践学科，结合理论学习，主动联系教育实际和参与教育实践活动，既可以为学好理论提供大量感性材料，更好地理解和掌握教育原理，又可以帮助学习者把教育理

论知识及时地转化为教育教学技能技巧，做到学以致用。理论联系实际，主要指联系三方面的实际：一是要联系我国教育的实际，立足我国国情来研究教育问题。二是要联系当前教育改革实际，尤其是中小学领域教育教学改革的实际，追踪其中的热点问题，在联系实际中检验和发展教育理论。三是要联系自己所从事的专业实际。基础教育学作为一门学科具有概括性和抽象性，对中小学教育教学工作具有普遍指导意义。

(三)学习与思考相结合

教育是社会的一个"子系统"，教育问题是一个社会问题。教育发展受社会政治、经济、文化、人口等因素的制约，教育改革和教育问题的解决依赖于社会方方面面的配合，所谓"牵一发而动全身"。学习教育学这门学科应该是一种探究性的学习。思考和创新要有相关的知识储备，要有丰富的事实材料。首先要认真学习基本理论知识，努力涉及前人已取得的教育科学方面的成就，积极参与教育教学实践，在此基础上学会独立思考，培养创新意识和创造性思维能力、分析问题和解决问题的能力。

(四)与学习其他相关学科相结合

教育现象与各种社会的、自然的现象发生着密切的联系，基础教育学也必然与许许多多属于社会科学和自然科学的学科存在着密切联系。教育学与哲学、心理学、教材法(学科教育学)等学科关系尤为密切。哲学为教育学提供科学的方法论基础；心理学有助于深入了解教育对象的心理发展，是基础教育学的先行学科；教材法(学科教育学)则是基础教育学一般原理在各门学科教育教学领域的具体运用和深化。要深刻领会和掌握教育理论，必须同时具备其他学科的知识，要有意识地与其他相关学科的知识加以联系和整合，以利于构建自己的教育专业知识结构体系。同时，还应该多读古典及现代教育学名著。很多教育学名著是论述教育问题的经典之作，具有很高的学术价值。例如，我国的《学记》、夸美纽斯的《大教学论》、赫尔巴特的《普通教育学》、杜威的《民主主义与教育》、洛克的《教育漫话》、卢梭的《爱弥儿》等。这样可以帮助学习者更好地理解教育理论的思想源泉，感受学术大师们的学术思想，有助于提升学习者的教育理论水平。此外，还要多读相关的学术期刊，及时了解教育学领域的最新研究进展，有利于学习者丰富、深化和补充课堂学习的不足。

三、学习教育学的方法

(一)观察法

观察是研究者有目的、有计划地对事物或现象进行感知的活动，通过观察可以获得对研究对象的直接认识，为科学研究提供可靠的事实，因此它是教育研究中常用的方法。观察可以在整个教育过程中进行，也可观察其中的某些部分。观察应在自然状态下进行，尽量做到不使被观察的对象受到干扰，以便获取准确的信息。观察应按照预先拟订的计划进行，并客观全面地记录观察的全过程，除笔记外，还可采用照相机、录音机、摄像机等各种现代技术手段记取材料。对观察所获得的第一手资料要进行科学的分析加工。

(二)历史法(文献法)

所谓历史法，就是从事物发生和发展过程中去进行考察，以弄清它的实质和规律的一种方法。要弄清某一教育问题，探索教育发展规律，总结教育教学经验，都需要用这种方法进行研究。运用这一方法，首先要做好史料(文献)的搜集，包括著述、记录、信件、总结等文字的史料，也包括遗物、古迹等非文字的史料。最好能搜集到第一手资料，若是二手资料，还要认真考察它的出处、转述者的立场和治学态度。查阅的文献资料要尽可能全面。其次要对史料进行鉴别，去伪存真。再次要对搜集到的史料进行分类，或按时间的先后，或按研究的内容，整理归类，以便于问题的研究。

(三)调查法

调查法是一种了解教育情况、研究教育问题的基本方法。教育调查可分为全面调查、抽样调查和个案调查。全面调查用于调查某一事物或现象在某一地区的全面情况或对某一单位的全面了解；抽样调查是从总体所包含的全部个体中随机抽出一部分个体作为调查的直接对象，借以推断、说明总体情况的一种调查方法；个案调查是对一个事件或一个学生进行调查研究。

在运用调查法研究教育问题时，要确定好调查目的，选择适当的调查对象，拟订调查提纲，实施好调查步骤。教育调查的途径和方法是多种多样的，经常采用的有以下几种：①访谈。即研究者与校领导、教师、学生、家长及相关人员进行谈话，了解研究问题的相关情况以及他们对问题的看法和态度。根据谈话的内容和要求，可采用个别交谈的方式，也可采用开座谈会的方式。②调阅有关资料。如查阅学生的作业、作品、书面测验和教师的教案、教学笔记、班主任工作记录及学校的计划、总结、各种规章制度与执行情况记录等教育资料，从中获得调查者所要了解的信息。③问卷和测验。问卷法是一种较经济的书面调查方法，尤其适合于团体调查。它要求研究者将所要了解的内容事先编制成问题或调查表的形式，发给被调查者，被调查者按要求填写，回收后进行统计处理。也可以根据所要了解的情况，对调查对象进行测验。以上各种调查方法可以使研究者掌握大量的材料，但要揭示事物的本质，找到规律性的联系，还必须运用分析、综合、比较、归纳、演绎等科学的思维方法。此外，通过调查得来的数据，也需要利用教育统计的方法加以科学的处理。

(四)实验法

实验法在科学研究中被广泛采用，分为实验室实验法和自然实验法。实验室实验法多用于自然科学实验中；教育学中所用的实验法，一般是自然实验法，即在教育活动的自然状态下进行的实验，通常称为教育实验法，这种方法是研究者为了解决某一教育问题，根据一定的教育理论或设想，创设某种环境，控制一定条件，组织有计划的教育实践，到一定时间后，就实践效果与设想进行比较分析，从而得出有关结论。采用教育实验法必须慎重，在实验前应周密考虑，精心设计，进行科学的预测和假设；要把假设建立在对历史、现状的详细调查基础上，进行科学的分析；进行某种实验后的效果应比未做实验前的效果有显著的提高，否则将对被实验者产生难以弥补的损失。实验进行的每一环节，要实事求是地及时记录，以供其他研究者利用和检验。实验结束后，应写出详细的报告，将实验的目的、对象、时间、地点、方法、步骤、获得的资料、所做的分析与结论等交代清楚。

【自测题】

一、单项选择题

1. 我国古代最早也是世界最早的成体系的古代教育学作品是(   )。

A.《师说》　　　B.《学记》　　　C.《论语》　　　D.《大学》

2. 在教育学史上，一般把《大教学论》看作近代第一本教育学著作。它的作者是捷克教育家(   )。

A. 卢梭　　　B. 赫尔巴特　　　C. 夸美纽斯　　　D. 洛克

3. 我国在创建有中国特色的教育学学科体系进程中，《新教育大纲》是

第一部试图用马克思主义观点解释教育问题的书籍，作者是(　　)。

 A. 陶行知   B. 陈鹤琴   C. 杨贤江   D. 蔡元培

 4. 第一位在大学讲授教育学的是德国的哲学家(　　)。

 A. 裴斯泰洛齐 B. 康德   C. 卢梭   D. 赫尔巴特

 5. 世界教育学史上被认为是"现代教育学之父"或"科学教育学的奠基人"的是德国教育家赫尔巴特，他的第一本现代教育学著作是(　　)。

 A.《爱弥儿》   B.《教育漫话》

 C.《普通教育学》   D.《民主主义与教育》

 二、简答题

 1. 简述《学记》中的教育思想。

 2. 简述教育学的价值。

参考答案

 一、单项选择题

 1. B

 2. C

 3. C

 4. B

 5. C

 二、简答题

 (略)

第二章　教育的历史发展

引言

任何一门学科的独立存在，是因为它具有独立的研究范畴。教育学及其分支学科，所研究的是教育这一特定的现象，探讨教育这一领域内所特有的矛盾运动规律。那么，什么是教育呢？

学习目标

1. 识记教育的基本概念。
2. 理解教育活动的三个基本要素及它们之间的关系，特别要理解这三个要素在当代的变化。
3. 理解教育的起源。
4. 知道教育发展各阶段的特点。

第一节　教育的认识

一、教育的概念

(一)"教育"的词源

在西方，"教育"一词源于拉丁语"educare"，意指"引出""引导""使显现""使发挥"，英文"education"、法文"education"、德文"erziehung"三者皆来源于拉丁语"educare"，均有"引出"之意。古希腊哲学家柏拉图的"回忆说"正是反映了教育的"使显现""引出"之意，他认为教育重在使人回忆理念世界，把结合肉体以后的灵魂提高到原有的状态，使其恢复理性。捷克教育家夸美纽斯提出的"种子说"，即"知识、德行与虔信的种子是天生在我们身上的，但是实际的知识、德行与虔信却没有这样给我们。这是应该从祈祷、从教育、从行动中去取得的"，也体现了教育需要"引导"。还有法国卢梭的自然教育、美国杜威的"教育即生长"等都有"引出""引导"的取向。

在我国古代，早在商代的甲骨文中就有"教"和"育"的象形文字，相当长的历史时期一直是分开使用。甲骨文的"教"意指儿童在成人的棍棒监督之下进行学习；"育"大致等同于现在的生育、抚养。一般认为，最早把"教"和"育"连在一起使用的是《孟子·尽心上》中的一段话："君子有三乐，而王天下不与存焉。父母俱存，兄弟无故，一乐也。仰不愧于天，俯不怍于人，二乐也。得天下英才而教育之，三乐也。"这段话告诉我们，孟子所说的"君子三乐"指的是这样三种人生乐趣：父母都健在，兄弟没有灾病事故，从而得以躬行孝悌，这是第一乐；为人处事合乎道义，上不愧对于天，下不愧对于人，做人坦荡，对得起自己的良心，因而获得内心的安宁，这是第二乐；君子传道、育人所获得的快乐，即能得到天下的优秀人才并对他们进行教育，从而使君子之道遍传天下、造福社会，这是第三乐。战国时期的子思对"教"的解释是："修道之谓教。"《荀子·修身》认为："以善先人者谓之教。"《学记》中的解释为："教也者，长善而救其失者也。"东汉的许慎在《说文解字》中说："教，上所施，下所效也。育，养子使作善也。""教育"在中国最早的意思是指儿童需要在大人的棍棒监督下习字学文，从德向善。

(二)"教育"的日常用法

在日常生活中，"教育"一词大家并不陌生，并且使用的频率也较高，大致有三类用法：①作为思想教育过程的教育。例如，参观了交通事故展览、听了英雄模范人物的报告，有人会说"我受到了一次深刻的教育。"②作为一种方法的教育。例如，某家的孩子考上了名牌大学，朋友会问"你是怎么教育孩子的？"③作为一种社会制度或社会事业的教育。例如，"百年大计，教育为本""振兴民族的希望在教育"。

(三)"教育"的学术定义

纵观教育及教育学发展史，不同的教育家、思想家，对教育进行了不同诠释，反映了不同的教育理念。但我们认为教育的"广狭两义说"更具有一般性和代表性，已被广泛地认同和接受。其他的观点和认识都和此定义有内在的联系，是进一步的认识和理解。但是，无论是教育的哪一种定义，其核心和共同点必须指出其根本特征，即广义上说，凡是有目的地增进人的知识技能、影响人的思想品德、增强人的体质的活动，不论是有组织的或是无组织的，系统的或是零碎的，都是教育。它包括人们在家庭中、学校里、亲友间、社会上所受到的各种有目的的影响。广义的教育包含学校教育和学校以外的各种教育。而狭义的教育即学校教育在西方自文艺复兴，在中国则自20世纪初始，一直是最主要的教育形式。

学校教育与广义教育相比，具有明显的专门化和制度化特点。专门化，即具有专门的教育机构、专门的教职人员和学生；制度化，即表现为各级各类学校的体制以及它们之间的关系、学校的体制以及学校各部门之间关系、课程的设置以及各类课程之间的关系等，都有严格的制度规定和约束，学校的各项工作都有预先的计划。我们研究和学习的重点主要是学校教育。狭义的教育不仅包括全日制的学校教育，而且也包括半日制的、业余的学校教育、函授教育、刊授教育、广播学校和电视学校的教育等。它是根据一定社会的现实和未来的需要，遵循年青一代身心发展的规律，有目的、有计划、有组织地对受教育者施加影响，以便把受教育者培养成为适应一定社会（或一定阶级）的需要和促进社会发展的人。这就是学校教育的概念。教育学中所研究的教育，主要是狭义教育。

二、教育的基本要素

作为在一定社会背景下发生的促进个体的社会化的实践活动，教育是一种相对独立的社会子系统。这个子系统包括三种基本要素——"教育者""学习者"和"教育影响"。深入地认识这三种要素，一方面是对"教育"概念认识的一个深化，另一方面也为教育形态的认识提供了概念基础。

（一）教育者

教育者是指能够在一定社会背景下促进个体社会化和社会个性化活动的人。因此，一个真正的教育者必须有明确的教育意图或教育目的，理解他在实践活动中所肩负的促进个体发展及社会发展的任务或使命。那些偶尔对学生的身心发展产生影响的人，不能被称为教育者。了解个体身心发展的规律以及社会对个体发展所提出的客观要求，也就是说，他必须具有必要的能够实现促进个体发展及社会发展任务或使命的知识。一个对个体社会化或社会个性化过程、条件、影响因素等一无所知的人是没有资格自称为教育者的。所以，教育者意味着一种"资格"，是能够根据自己对于个体身心发展及社会发展状况或趋势的认识，来"引导""促进""规范"个体发展的人。从这个意义上来说，父母尽管对于孩子的成长会产生种种影响，但是如果这种影响不是父母"有意"造成的，而是他们"无意"中形成的，那么父母就不能被称为真正的教育者。作为"教育者"的父母与作为"抚养者"的父母之间，应该有着质的不同。同样，作为"教育者"的教师与作为"教书匠"的教师，彼此之间也有着很大的差别。因此，"教育者"这个概念，不仅是对从事教育职业的人的"总称"，更是对他们内在态度和外在行为的一种"规定"。对于这样的一个概念，人们不仅应该从"身份"或"职业"上来把握，还应该从"素质"或"资质"方面来把握。

事实上，那些动辄对儿童恶言相向、讽刺挖苦甚至摧残其身心的人，尽管忝为"教师"行列，却是没有资格被称作"教育者"的。

(二)学习者

传统上，人们将"受教育者"或"学生"作为教育活动的一个基本要素，它是相对"教育者"或"教师"而言的。这里之所以使用"学习者"这个概念而不使用"受教育者"或"学生"这两个概念，主要原因是：第一，"受教育者"这个概念毫无疑问地将教育对象看成比较被动的存在，看成纯粹"接受教育者教育"的人。这也就意味着，"教育"是一种发生在教育对象身外，并由教育者施加于教育对象身心的某种事情。这种看法在逻辑上是说不通的，在实践上也是有害的。第二，"学生"这个概念尽管也有"学习者"的含义，但是它所指称的"学习者"主要是那些在身心两方面还没有成熟的人，这是由构成"学生"这个词中的"生"字所决定的。在20世纪中叶之前，将教育的对象看成"学生"还是可以的；但是，在20世纪中叶以后，特别是进入21世纪以后，人们再将教育的对象看成"学生"就不太合适了。这是因为半个多世纪以来，随着知识社会和终身教育时代的来临，教育的对象已经从青少年扩大到成人乃至所有的社会公民。所以，比起"学生"来说，"学习者"是一个更能概括多种教育对象类型的词语。

(三)教育影响

教育影响即教育活动中教育者作用于学习者的全部信息，既包括信息的内容，也包括信息选择、传递和反馈的形式，是形式与内容的统一。从内容上说，教育影响主要就是教育内容、教学材料或教科书；从形式上说，教育影响主要就是教育手段、教学方法、教育组织形式。教育内容、教学材料或教科书是教育活动的媒介，是教育者和学习者互动的媒介，也是教育者借以实现教育意图、学习者借以实现发展目标的媒介。这个媒介与社会生活中一般媒介的区别在于，它是根据一定的教育目的以及学习者身心发展规律和需要从人类浩如烟海的文化宝库中精心选择、组织和呈现的，具有丰富的发展价值。教育工作的全部要旨就在于充分、有效地利用这个媒介来直接促进学习者的最大发展，并间接满足整个社会的最大发展需要。教育手段、教育方法与教育组织形式是围绕着一定的教育内容、教学材料或教科书设计的，因而是受教育内容、教学材料或教科书性质制约的，同时也反映了学习者身心发展规律的要求，是把一定的教育内容、教学材料或教科书以合适的方式呈现给学习者，并促使他们有效学习与积极发展。正是这种教育内容与教育形式的统一所构成的教育影响，使得教育活动成为一种区别于其他社会活动的相对独立的社会实践活动。

上述教育的三要素之间既相互独立，又相互规定，共同构成一个完整的实践系统。没有教育者，教育活动就不可能展开，学习者也不可能得到有效的指导；没有学习者，教育活动就失去了对象，无的放矢；没有教育影响，教育活动就成了无米之炊、无源之水，再好的教育意图、再好的发展目标，也都无法实现。因此，教育是由上述三个基本要素构成的一种社会实践系统，是上述三个基本要素的有机结合。各个要素本身的变化，必然导致教育系统状况的改变。不同教育要素的变化及其组合，最终形成了多样的教育形态，担负起促使不同历史时期和不同社会环境下个体社会化和社会个性化的神圣职责。

三、教育形态

教育形态是指教育这一社会现象存在的形式和状态。教育自产生之日起，就有着不同的表现形式。依据教育活动的组织程度和制度化水平的程度，可以将教育分为正规教育和非正规教育；依据教育系统赖以运行的场所划分，教育形态可以划分为学校教育、家庭教育和社会教育。

(一)正规教育和非正规教育

正规教育主要是指学校教育，是学生在有组织的教育机构中所受到的教育，也指制度化教育。非正规教育是对有组织的教育机构以外所开展的教育活动的统称。美国学者孔布斯(P. H. Coombs)把非正规教育界定为"任何在正规教育体制以外所进行的，为人口中的特定类型、成人及儿童有选择地提供学习形式的有组织、有系统的活动。"正规教育和非正规教育之间的区别主要表现为：在制度化程度上，正规教育形成了一个封闭的完整体系，它的所有组成部分是相互联系、相互依赖的，而非正规教育活动一般是各自独立的；在稳定性上，正规教育一般是在相对稳定的课程结构中全日制的、延续几年的连续性学习，而非正规教育更多是时间较短的、内容局限于特定学习者的知识和技能的学习；在管理体制上，正规教育具有集中的计划、管理和财政，而非正规教育一般具有很多不同的发起者、管理者和资金来源。

(二)学校教育、家庭教育和社会教育

学校教育就是教育者利用学校系统，根据一定社会的要求和个体的身心发展规律，有目的、有计划、有组织地对受教育者的身心施加影响，把他们培养成为一定社会所需要的人的活动。学校是学生受教育的最重要的场所，学校教育自产生以来就在整个教育体系中居于核心地位。相比较于其他教育形态，学校教育有其自身的优越性，如有专门的教育机构、有受过专门训练的教师、有较严密的教育活动计划和较完善的学校教育制度，还有比较齐全的教育设备和活动场地等。但是，自从学校产生以来，思想家们对于学校教育缺点的批评就没有中断过，为了受教育者的发展，我们需要不断地改良学校。

家庭教育是指父母或其他年长者在家庭生活中自觉地、有意识地对子女进行的教育。与学校教育、社会教育相比，家庭教育的内容更具有广泛性，家长对子女进行的是做人做事等全方位的教育；教育方法也更灵活，家长可以根据条件和需要不拘一格地对子女进行教育；教育时间也更持久，家庭教育从子女出生就开始进行，一直持续到成年之后。

社会教育是指学校和家庭以外的一切社会文化机构以及社会团体或组织对青少年儿童和成人进行的教育，社会教育是学校教育的必要补充。随着终身教育理念的提出，社会教育得到了蓬勃的发展，成为终身教育的组成部分。在教育对象上，社会教育不受年龄、性别、民族、信仰等限制；在教育内容上，社会教育既包括职业技能的培训，也包括丰富个人生活的教育；在教育方式上，社会教育则有长期教学、短期培训、系列讲座、广播电视教育等多种教学形式。

第二节　教育的发展

一、教育的起源

教育的起源是教育学研究中的一个重要问题。在教育学史上，关于教育的起源有以下几种观点。

(一)教育的神话起源说

这是人类关于教育起源的最古老的观点,所有的宗教都持这种观点,与本体论意义上的神创说密不可分。这种观点认为,教育与其他万事万物一样,都是由人格化的神(上帝或天)所创造的,教育的目的就是体现神或天的意志,使人皈依于神或顺从于天。这种观点是根本错误的,是非科学的。之所以如此,主要是因为受到当时在人类起源问题上认识水平的局限,从而不能正确提出和认识教育的起源问题。

(二)教育的生物起源说

该学说的代表人物是法国社会学家、哲学家利托尔诺(C. Letourneau,1831—1902)与英国教育学家沛西·能(T. P. Nunn,1870—1944)。利托尔诺在《人类各种人种的教育演化》(*Educational Revolution of Diverse Human Races*,1900)一书中认为,教育活动不仅存在于人类社会之中,而且也存在于人类社会之外,甚至存在于动物界;不仅在脊椎动物中存在,甚至在非脊椎动物中也存在。动物为了保持自己的物种,出于一种本能,要把自己的"知识""技能"传授给幼小的动物,人类只是在继承早已形成的教育形式的基础上,做了某些改进,本质上与动物界的教育没有区别。人类社会的教育是对动物界教育的继承、改善和发展。沛西·能在1923年不列颠协会教育科学组大会上以"人民的教育"为题说,"教育从它的起源来说,是一个生物学的过程,不仅一切人类社会——不管这个社会如何原始——有教育,甚至在高等动物中也有低级形式的教育。"教育是"扎根于本能的不可避免的行为"。这种教育的生物起源说,把作为一种社会现象的教育贬低为动物的本能行为,教育就成为无目的的、不能为人的意识所控制和支配的活动。

生物起源说是教育学史上第一个正式提出的有关教育起源的学说,也是较早地把教育的起源问题作为一个学术问题提出来的。它以达尔文生物进化论为指导,它的提出有一定的经验基础,与神话起源说相比,不能不说是一大进步,标志着在教育的起源问题上开始从神话解释转向科学解释。它的根本性错误在于没有把握人类教育的目的性和社会性,从而把教育的起源问题生物化。

(三)教育的心理起源说或模仿起源说

教育的心理起源说在学术界被认为是对教育的生物起源说的批判。代表人物是美国的孟禄(P. Monroe,1869—1947)。他从心理学观点出发,批判了生物起源说未能揭示人的心理与动物心理的区别,但他又把儿童对成人出于本能的模仿活动说成是教育活动的基础。在他看来，模仿是教育的一种手段，也是教育的本质。上述理论对教育起源做了唯心主义的解释，它们的共同错误在于把教育活动看成按生物学规律完成的动物本能活动或心理模仿行为，没能区分出人类教育行为与动物类养育行为之间质的差别，仅从外在行为的角度而没有从内在目的的角度来论述教育的起源问题，从而否定了教育的有目的性、有意识性，也就否定了教育的社会性。

(四)教育的劳动起源说

教育的劳动起源说也被称为教育的社会起源说，它是在直接批判生物起源说和心理起源说的基础上，在马克思历史唯物主义理论的指导下形成的。持这一观点的学者很多，主要集中在苏联和我国，苏联的教育学家以及我国的教育学家大都认可这一观点。根据马克思主义经典作家提出的"劳动创造人本身"的论断，推导出了"教育起源于劳动"的论点。教育的劳动起源说的主要内容是：首先，劳动为教育的产生提供了可能性。劳动使人最终脱离了动物界，手足分工，手成为劳动和学习的器官；在劳动中，大脑进化为高度思维的器官；也是在劳动中，产生了交际工具——语言。手、大脑、语言等使得教育这种活动的存在成为可能。其次，劳动为教育的产生提出了必要性。人类在共同的劳动中，积累了一定的生产生活经验，形成了一定的道德行为规范和风俗习惯，建立了一定的生产关系。为了维持人类的延续发展，年长的一代有必要把自己掌握的知识经验、技能技巧传授给下一代，教育就是从这种生产劳动的实际需要中产生的。这一观点联系人类的诞生和社会的形成来认识教育的起源问题，一直为我国教育理论界的大多数人所赞同和接受。

二、学校教育的产生

虽说教育是随着人类社会的产生而产生的，但上述讨论教育起源问题指的是广义的教育，而正规学校教育的产生则要晚得多。据可查证的资料，人类最早的学校出现在公元前2500年左右的埃及。据我国古代经籍记载，学校教育的正式出现是在奴隶社会，在我国大约是在夏代和商代。据传说夏代就有"庠""校""序"等教育机构，商代则有"学""瞽宗"等培养士子的学校。从外国考古学家和历史学家的研究中，也发现一些国家在原始社会后期存在一种称之为"青年之家"的机构，由一些丧失劳动能力的老人来专门训练和教导年青一代。这些机构可看成学校的雏形。

学校教育是社会发展到一定历史阶段的产物，因为学校作为一种专门的教育机构，它的产生需要具备一定的历史条件：一是生产力的发展，为学校的产生奠定必要的物质基础。当社会有了相当数量的剩余产品时，有一部分人可以脱离生产劳动而专门从事科学、文化、教育活动。因此，生产力发展创造的物质财富，为学校教育的产生提供了物质条件；生产力的发展也导致了体脑分工，为学校教育的产生提供了人员条件。二是科学文化知识有了相当数量的积累，文字的记载和积累达到了一定的程度，为学校的产生提供了教育内容及传授知识经验的工具。同时，学校教育的出现也是社会发展到一定历史阶段的客观需要。人类经历了较长时间的生产和各种实践活动后，他们所创建的物质生活和精神生活日渐复杂，所积累的各种经验日益丰富，要使下一代完整系统地继承人类社会所积累的经验，不能仅仅依靠生产生活中的教育，而必须建立专门的教育机构进行教育活动。尤其是在国家机器产生后，需要专门的教育机构来培养人才，教化百姓。社会之所以需要建立学校，是因为学校教育在传递知识经验、培养社会所需人才方面具有优越性。它可以按照社会的要求，使用最有效的方式，把日益繁杂的社会经验集中迅速地转化为学生的财富。这是社会发展到一定历史阶段所必须采用的传递经验的方式。

可见，学校教育是社会发展到一定历史时期，从生产劳动和其他的社会实践活动中分化出来的一种培养人的社会活动。一旦形成一种独立的形态，较之生产生活中的直接教育来说，学校教育对于社会的延续和发展起着更为重要的作用，它日益成为整个人类社会有机整体中不可缺少的部分。

综上所述，无论是教育还是学校教育，都是从人类社会生产生活中产生和发展起来的。作为一种培养人的社会活动，教育是人类所特有的社会现象。

三、教育发展的过程

作为社会现象之一的教育是动态的，它随着社会的发展变化而发展变化。在人类社会发展的不同历史阶段，由于生产力发展水平和生产关系性质的不同，也就出现了不同性质和不同特点的教育。

教育的发展阶段与社会发展阶段是相一致的。若按生产关系性质划分，人类社会至今经历了原始社会、奴隶社会、封建社会、资本主义社会、社会主义社会五种社会形态，相应地，教育也就经历了原始社会的教育、奴隶社会的教育、封建社会的教育、资本主义社会的教育、社会主义社会的教育的发展演变。若按生产力发展水平划分，人类社会经历了采集时代的远古时期、农业时代的古代社会、工业与信息时代的近现代社会三个阶段，教育相应也就经历了远古教育、古代教育、近现代教育三个发展阶段。

(一)远古教育(原始社会的教育)

人类的远古时期，使用石器的生产力水平很低，人们的劳动只能维持最低限度的生活，社会没有剩余产品，不存在私有制，没有阶级，体力劳动与脑力劳动尚未分化，人们对自然、对社会、对自身的认识还很贫乏，这些都使得这一时期的教育具有原始性，主要表现为以下几个特点。

第一，教育的非独立性。远古时期的教育尚未从社会生产和生活中分化出来，没有专门从事教育的人员，没有固定的教育对象，没有专门的教育机构，更没有教育制度可言，教育几乎完全融合于社会生活、生产之中。

第二，教育的贫乏性。表现为教育目的、教育内容、教育方法的简单和低水平。远古教育的目的主要是使下一代获得参加社会生产生活的能力；教育内容只有简单的生产知识、劳动技能、宗教观念、行为规范等；教育方法主要采用单调的口传身授。

第三，教育的同一性。表现为同一氏族中每一个人所接受的教育基本相同，因为原始社会的分工只是按性别进行的，与此相关，人们接受教育也仅在性别和年龄上略有差别。

尽管远古时期的教育还很原始，但对于当时的社会经验的保存和传递，对于保障人类社会的延续和发展，起到了十分重要的作用。

(二)古代教育(奴隶社会教育与封建社会教育)

从使用石器工具到使用金属工具，从采集时代进入农业时代，从没有阶级的原始形态进入阶级社会，标志着人类告别远古时期，走进古代社会。奴隶社会与封建社会的教育虽然在目的、内容、制度、组织规模等方面有所不同，但也存在许多相同之处，我们把它们统称为古代教育。古代社会以自然经济占主导地位，政治上实行专制。与此相应，古代教育具有以下几方面的特点。

第一，教育的专门化。如前所述，进入奴隶社会时期，生产力的发展和国家机器的建立，为学校教育的产生提供了可能性，也提出了必要性，教育从生产生活中分化出来成为独立的活动领域，产生了专门的教育机构，出现了古代学校，随后学校教育得以发展，逐渐形成了古代学校教育制度。下面将中外不同国家古代学校教育的形态做一简要介绍。

古代中国。据史料记载，中国早在 4 000 多年前的夏代，就有了学校教育的形态。《孟子》里说夏、商、周"设庠、序、学、校以教之，庠者养也，校者教也，序者射也。夏曰校，殷曰序，周曰庠，学则三代共之，皆所以明人伦也。"这里，孟子不仅记载了我国古代学校教育起源的情况，而且记载了当时教育的内容和宗旨。西周以后，学校教育制度已经发展到比较完备的形式，建立了政教合一的官学体系，并有了"国学"与"乡学"之分，即设在王城和诸侯国都的学校与设在地方的学校、设在闾里的塾校，形成了以礼乐为中心的文武兼备的六艺教育。到了春秋战国时期，官学衰微，私学大兴，儒、墨两家的私学成为当时的显学。孔子私学的规模最大，存在了 40 多年，弟子三千。春秋战国时期私学的发展是我国教育史、文化史上的一个重要里程碑，促成了百家争鸣的盛况。汉武帝时，采纳了董仲舒提出的"罢黜百家、独尊儒术"的建议，实行了思想专制主义的文化教育政策和选士制度，对后世产生了深远的影响。汉武帝采纳董仲舒"兴太学，置明师"的建议，于公元前 124 年创办"太学"，标志着封建官学制度的确立。汉代官学分为中央官学和地方官学两大类。魏晋南北朝时期，官学时废时兴。唐代的学校自开国后经过 100 多年的经营发展，官学制度达到相当完备的程度。中央有六学、二馆，地方有州学、府学、县学，成为封建官学制度的典型代表。隋唐以后盛行的科举制度使得政治、思想、教育的联系更加制度化，它对于改变魏晋南北朝时期"上品无寒门，下品无士族"的严格等级制度起了积极的作用，为广大的中小地主阶级子弟进官为吏开辟了道路，但也强化了对知识分子的思想和人格的限制。宋代以后，程朱理学成为国学，儒家经典被缩减为《四书》《五经》，特别是《大学》《中庸》《论语》《孟子》四书被作为教学的基本教材和科举考试的依据，科学技术和文学艺术的内容不再是科举的内容，知识分子的毕生精力用在了经书的背诵上。明代以后，八股文被规定为考科举的固定格式，不仅社会思想受到钳制，而且在形式上创造性也被扼制。清末后一直到光绪三十一年（1905 年），科举制度再也不能适应社会发展的要求，清政府才下令废科举、开学堂，官学名存实亡，成为科举的附庸，被新式学堂所取代。应该指出的是，中国古代学校教育除了官学外，还有私学和半官半私的书院。我国奴隶制时期，学在官府，民间无学校，自春秋战国时期私学兴起后，几乎在整个封建社会都与官学并行发展；而完备于北宋时期的书院，最初是私人聚徒讲学和学术研究的场所，具有私学的性质，明清以后逐渐为官府所控制，逐渐官学化。中国古代官学、私学和书院三种学校类型，共同承担了封建社会培养人才、传递文化、促进社会发展的任务，共同构成了我国古代学校教育制度。

古代印度。印度是世界文明的古国之一，它的教育也有着同样悠久的历史，但基本上是为宗教服务。古代印度宗教权威至高无上，教育控制在婆罗门教和佛教手中。婆罗门教有严格的等级规定，把人分成四种等级，最高等级是婆罗门（僧侣祭司），第二等级是刹帝利（军事贵族），这两个种姓是天然的统治者，应该受到最优良的教育。第三等级是吠舍，从事农工商业，能受一定的教育。最低等级是首陀罗，他们被剥夺受教育的权利，识字读经被认为违背神的意志，可能被处死。婆罗门教的教条是教育的指导思想，婆罗门教的经典《吠陀》是主要的教育内容，婆罗门教的僧侣是唯一的教师，教育活动主要是背诵经典和钻研经义。

佛教与婆罗门教虽然是两大教派，但都敬奉梵天，主张禁欲修行。但佛教比较关心大众，表现在教育上主要是广设庙宇，使教育面向更多的群众，形成了寺院学府的特色，一直延续到英国殖民地时期。

古代埃及。埃及的古代教育也相当盛行，4 000多年前，发展成强大的中王国，文化繁荣，古代教育达到鼎盛时期。根据文献记载，埃及在古王国末期已有宫廷学校，它是法老教育皇子皇孙和贵族子弟的场所。后因宫廷学校不能满足培养官吏的需要，开设了职官学校。这些学校都是以吏为师，以法为教，招收贵族和官员子弟，也兼负文化训练和业务训练的任务。除了这些官学之外，古代埃及设置最多的是文士学校。文士精通文字，能书善写，执掌一定的治事权限，在社会上较受尊重，"学为文士"成为当时一般奴隶主子弟追求的目标。为了满足这种需要，一些僧侣、官吏、文士便纷纷设立私学，招收生徒，以培养文士，同时也传授一些天文、数学、医学等实用知识。于是"以僧为师""以（书）吏为师"成为古代埃及教育的一大特征。当然，农民子弟与学校是无缘的，奴隶子弟更没有受教育的权利。

古代希腊。古希腊的教育在公元前6世纪形成了两种教育体系——斯巴达教育和雅典教育。斯巴达教育完全服从于对奴隶的残酷镇压和对外战争的需要，奴隶主子弟从七岁起就被送到国家特设的学校，进行严格的军事体育训练和政治道德灌输，以培养忠于统治阶级的强悍的军人，强调军事体育训练和政治道德灌输，教育内容单一，教育方法也比较严厉。雅典由于手工业和商业比较发达，贵族和平民间的斗争比较激烈，其教育目的主要是培养有文化修养和各种才能的政治家和商人，因此比较重视文化、政治方面的训练和多方面的教育，注重身心的和谐发展，教育内容比较丰富，教育方法也比较灵活。兴办了文法学校、弦琴学校、体育学校等多种类型的学校，学校教育内容比较丰富。

罗马帝国灭亡之后，西欧进入基督教与封建世俗政权紧密联系、互相利用的时期。由于政教合一，统治残酷、等级森严、思想专制，文化教育几乎完全被宗教所垄断，异教学校被取缔，世俗文化被否定。最受重视的教育是培养僧侣人才的教育，这种教育由僧院学校和大主教学校担任，学习内容主要是神学和七艺，要求学生盲目服从圣书和僧侣教师的权威，学习方法是背诵。为了更好地布道，设立了为数众多的教区学校，主要用于对普通贫民子弟的宗教教育，也适当讲授一些读写知识。教会学校都奉行禁欲主义，实行严格的管理和残酷的体罚。教会学校是欧洲中世纪学校教育的主流。其次是骑士教育，它是世俗封建主贵族教育。骑士教育并无专门的教育机构，主要在骑士的生活和社会交往中进行，贵族子弟从七岁起就被送到有爵位的大封建领主的宫堡，经过各个阶段的武士训练，教育内容是"骑士七艺"（骑马、游泳、投枪、击剑、行猎、下棋、吟诗），培养具有效忠领主的品质、军事征战的本领和娴熟封建礼仪的封建武士。中世纪也有世俗教育，学习文法、修辞、天文、历法、算术等实用知识，但神学也是主修课程，而且这种世俗教育也不占主流。

第二，教育内容趋于分化和知识化。随着科学和艺术的发展，教育内容得到了充实，到了奴隶社会，学校教育内容逐渐分化。我国西周时期就有"六艺"之分——礼、乐、射、御、书、数。"礼"有上下、分尊卑，包括政治、历史和以"孝"为根本的维护世袭等级制的典章制度和伦理道德规范；"乐"是祭祀天地祖先、颂扬帝王贵族、鼓舞军心的音乐、诗歌和舞蹈；"射"是射技教育；"御"是以射箭、驾车为主的作战技术；"书"是语言文字的读写以及文学历史方面的知识；"数"是计算及历法天文等自然科学方面的知识。古希腊在公元前5世纪的学校教育中，也有文法、修辞、逻辑等知识性内容，后来又把音乐、体育、几何、天文、法律、哲学等学科确定为学校的课程。到了封建社会，教育内容的进一步分化和知识化这一特点更为明显。

第三，教育具有阶级性和等级性。学校教育为统治阶级服务，学校被奴隶主、封建地主所垄断，成为统治阶级培养统治人才的场所，劳动人民的子女依然主要是在生产生活中受教育，学习手工劳动的经验、技能。同时，统治阶级内部的等级性也在教育制度上有所反映。我国古代官学的入学条件有着严格的等级限制，如唐代中央设有"二馆六学"。二馆为弘文馆和崇文馆，专收皇亲国戚和宰相等一品大员的子弟入学。六学是：国子学，收三品以上官员的子弟入学；太学，收五品以上官员的子弟入学；四门学，收七品以上官员子弟入学；书学、律学、算学，收八品及八品以下官员子弟和地主豪绅的子弟入学。封建官学的等级制由此可见一斑。欧洲的奴隶社会时期，如古希腊的学校教育，也都是为奴隶主阶级培养军事、商业和政治人才服务的。而欧洲的封建社会，学校则被僧侣封建主和世俗封建主（贵族）所垄断，劳动人民子弟根本无权进入教会学校和宫廷学校学习。

第四，学校教育与生产劳动脱离。劳动者及其子女无权入学校接受正规的教育，而特权阶层子弟所接受的教育又大多是与直接生产无关的所谓"治国安民"之术。学校不仅与生产劳动脱离，甚至可以说是对立的，接受教育的目的，不是为生产服务，而恰恰是为了从劳力者变成劳心者。学校教育以脱离体力劳动为宗旨，在当时被认为是天经地义的。学校教育与生产劳动相脱离，鄙视生产劳动和从事生产劳动的劳动者，从奴隶社会到封建社会，都是如此。应该指出的是，古代社会中，除了学校教育外，还有非学校教育，因此学校与生产劳动相脱离，不等于说整个古代教育都与社会生产劳动无关。

第五，学校教育具有刻板性。表现为教育方法、学习方法呆板，死记硬背，盲目模仿，教育过程往往是管制与被管制、灌输与被动接受的过程。

总之，古代社会，教育从生产、生活中分化出来，产生了学校，这是古代文明的重要标志，是社会进步的表现。学校在培养统治阶级人才，维护古代社会制度，使人类文化得以保存、继承、发展等方面起了重要作用。当然，古代学校教育制度处于起始和发展阶段，尚不健全。

14世纪以后，欧洲产生了资本主义的萌芽并很快发展起来，新兴的资产阶级为了谋取他们的经济利益和政治地位，以复兴古代希腊罗马的文化为借口，掀起了反对封建文化、创造资产阶级文化的文艺复兴运动。这场运动以人性反对神性，以科学理性反对蒙蔽主义，以个性解放反对封建专制，以平等友爱反对等级观念，重视现实生活，肯定现实生活的幸福和享乐，反对禁欲主义，对当时和后世的教育产生了重大影响。

(三)近现代教育(资本主义社会的教育和社会主义社会的教育)

以欧洲工业革命为标志,人类社会进入了近现代时期。近现代时期又可以分为三个阶段:以使用蒸汽机为标志的第一次工业技术革命阶段(18世纪－19世纪后期)、以电气化为标志的第二次工业技术革命阶段(19世纪末－20世纪中叶),以及以信息化为标志的第三次工业技术革命阶段(20世纪中叶以后)。工业革命引起了社会制度、思想观念和生活方式的巨大变化,也引起了教育的巨大变化。这种变化特别表现在以下几个方面。

第一,教育与生产劳动由分离走向结合。由于科学的物化和生产劳动的技术化,要求生产工作者智力化。现代大机器工业生产要求教育与生产劳动相结合,因为大机器工业生产需要大量懂得科学技术、通晓生产原理、掌握现代生产知识技术的脑力劳动者和体力劳动者。这样的劳动者不是仅仅通过生产过程就可以培养出来的,也不是仅仅通过学校教育就可以培养出来的,只有通过与生产劳动紧密配合的学校教育才能培养大批的熟练工人和管理者。现代学校教育必须与生产劳动结合,把培养劳动者作为自己的主要任务。正如列宁所指出的:"没有年青一代的教育与生产劳动结合,未来社会的理想是不能想象的:无论是脱离生产劳动的教学和教育,还是没有同时进行教学和教育的生产劳动,都不能达到现代技术水平和科学知识现状所要求的高度。"教育与生产劳动结合,既是社会发展的客观要求,又是培养全面发展的人的必然需要。

第二,教育与社会联系的普遍化和直接化。现代社会使接受一定程度的教育成为每个人的权利和义务,从而使教育不仅成为学校等专门机构的事业,而且成为全社会的事业。学校教育几乎影响到社会的各行各业,而各行各业内部也举办着各种形式的教育;学校教育不仅与人的青少年时期有关,而且与人的终身发展相关;人受教育不仅是为了谋生,也为了更好地生活和发展。教育与社会发展、教育与人的发展的关系日益密切,教育的经济功能、政治功能、文化功能和促进人的发展之功能日益被重视。加速发展教育步伐,延长义务教育年限,大力发展职业技术教育,促进高等教育大众化,重视成人教育,这些都成为世界各国教育发展的趋势。

第三,制度化教育日趋成熟。学校出现于奴隶社会,但古代学校教育并未建立起完整的系统。从17世纪起至19世纪,各资本主义国家纷纷建立起近代学校教育系统,但严格意义上的学校教育系统是在19世纪下半期形成的。与古代学制相比,近现代学制涵盖了从学前教育、初等教育、中等教育到高等教育各级学校教育系统,而且学校类型更加丰富多样。随着学历社会的出现，制度化教育趋于成熟，现代学制几乎扩展到世界各国，学校系统在分级上更细致，在分类上更清晰，在总体上更注重联系，且更具有弹性和开放性。制度化教育对于社会政治、经济、文化乃至个人发展的影响，已为现代社会所普遍接受。

第四，教育内容、手段、方法现代化，教育水平日益提高。现代教育以培养现代人为目标，就必须改变传统教育中不适应的部分，实现教育内容、手段、方法的现代化，同时，现代科学技术的发达也为实现教育现代化和提高教育水平提供了可能。从某种意义上说，近现代教育的发展史，就是一部教育改革史。

进入20世纪以后，世界出现了社会主义与资本主义两大阵营的对垒，电器化革命在主要国家已经完成，两次世界大战深刻地改变了世界的格局，民主化、工业现代化、国家主义成为世界三股最强大的潮流。在这样的背景下，教育在数量上获得更大的发展，义务教育普遍向中等教育延伸，职业教育发展受到普遍重视，政治道德教育普遍呈现出国家主义特征，平民教育运动、进步主义教育运动在世界各地都有不同程度的展开。

第二次世界大战以后，世界进入冷战时期，科学技术革命魔术般地改变着世界的面貌。教育在落后国家被看作追赶现代化的法宝，在发达国家被看成是增强竞争国力的基础，教育在数量上迅速膨胀，特别是高等教育突飞猛进；另一方面，生产力的发展，政治结构的重组，人类对自身的生命价值、人生态度、价值观念、生活方式的重新认识，也极大地影响着教育的改革和发展，使得教育制度、教育观念、教育内容、教育形式均发生了深刻的变化，教育的改革和发展呈现出一些新的特点。

第五，教育终身化。终身教育是适应科学知识的加速增长和人的持续发展要求而逐渐形成的一种教育思想和教育制度，它的本质在于，现代人的一生应该是终身学习、终身发展的一生。它是对过去将人的一生分为学习阶段和学习结束后阶段的否定。把终身教育等同于职业教育或成人教育是不正确的，终身教育贯穿于整个教育过程和教育形式中。

阅读材料：

1975年，德国学者戴夫根据世界各国对于终身教育的探讨，将终身教育理论概括为20条，这成为20世纪70年代终身教育理论建设的重要里程碑。这20条终身教育理论具体如下。

1."终身教育"这个概念是以"生活""终身""教育"3个基本术语为基本

的。这些术语的含义和对它们的解释基本上决定了终身教育的范围和含义。

2. 教育并非在正规学校教育结束时便告结束，它是一个终身的过程。

3. 终身教育不限于成人教育，它包括所有阶级的教育（学前、初等、中等及其他教育阶段）。

4. 终身教育既包括正规教育，也包括非正规教育。

5. 家庭在终身教育过程的初期起着决定性的作用。

6. 社会在终身教育体系中也起着重要作用，这种作用从儿童与之接触时就开始了。

7. 中小学、大学和培训中心之类的教育机构固然是重要的，但它们不过是终身教育机构的一种。它们不再享有教育的垄断权，也不再能够脱离其他社会教育机构而独立存在。

8. 终身教育从纵的方面寻求教育的连续性和一贯性。

9. 终身教育从横的方面寻求教育的整合。

10. 终身教育与英才教育相反，它具有普遍性，主张教育的民主化。

11. 终身教育的特征是：在学习的内容、手段、技术和时间方面，既有灵活性，又有多样性。

12. 终身教育对教育进行深入探讨，它促进人们能够适应新的变化，自行变更学习内容和学习技术。

13. 终身教育为受教育者提供各种可供选择的教育方式和方法。

14. 终身教育有两个领域，即普通教育与专业教育。这两者不是孤立的，而是相互联系、互相作用的。

15. 终身教育有助于提高个人或社会的适应能力和革新能力。

16. 终身教育发挥矫正的效能，克服现行教育制度的缺点。

17. 终身教育的最终目标是维持、改善生活的质量。

18. 实施终身教育的 3 个主要前提条件是：提供适当机会、增进学习动机、提高学习能力。

19. 终身教育是把所有教育加以组织化的一种原则。

20. 在付诸实施方面，终身教育提供一切教育的全部体系。

第六，教育全民化、民主化和多元化。教育的全民化。

全民教育是当今世界范围内兴起的旨在让所有人都能受到基本教育的运动，特别是使所有适龄儿童青少年都能入学并降低辍学率，使所有青壮年都脱除文盲的运动。教育的全民化运动得到各国尤其是发展中国家的积极响应。

教育的民主化。教育民主化是对教育的等级制、特权化和专制性的否定。一方面，它追求相对的教育平等，让所有人都受到同样的教育，包括受教育的机会均等，教育过程中享受教育资源均等，甚至包括教育结果的均等。另一方面，教育民主化追求教育的自由化，包括扩大教育自主权，增大课程设置、教材编写的灵活性，提倡价值观念的多样性等。

教育的多元化。教育多元化是当今世界物质生活和精神生活多元化在教育上的体现，它是对过去教育的单一性和统一性的否定。教育的多元化具体表现为培养目标的多元化、办学形式的多元化、管理模式的多元化、教学内容的多元化、评价标准的多元化等。

上面我们勾勒出了社会发展与教育发展的基本路线以及每一时期教育的基本特征，由此我们可以得出这样的结论：教育随着社会的发展而发展，教育与社会之间存在着密切的联系。认识到这一点，对于探讨教育的基本规律具有十分重要的意义。

【自测题】

一、简答题

1. 简要阐述四种教育起源论的基本观点。

2. 为什么说教育的劳动起源论更为科学合理？

3. 分析封建社会教育的阶级性表现。

4. 古代教育的特点表现在哪几个方面？

二、论述题

1. 结合教育史，分析论述独立形态教育学产生的背景、过程以及形成的标志。

2. 试述近现代教育的发展特点。

参考答案

（略）

第三章　教育与社会的发展

引言

　　教育本身是社会大系统中的一个重要组成部分，它的发生和发展受到社会各种因素的制约，特别是受到社会政治经济制度、社会生产力水平、科学技术和文化背景及文化传统的影响，并对这些因素产生反作用，这就是教育的政治功能、经济功能、科学技术发展功能和文化功能。社会现代化程度越高，知识和信息在社会生活中的作用就越大，教育的重要性也就越明显。1993年，中共中央、国务院在《中国教育改革和发展纲要》中指出："当今世界政治风云变幻，国际竞争日趋激烈，科学技术发展迅速。世界范围的经济竞争、综合国力竞争，实际上是科学技术的竞争和民族素质的竞争。从这个意义上说，谁掌握了21世纪的教育，谁就能在21世纪的国际竞争中处于主动的地位。"近年来，《国家中长期科学和技术发展规划纲要（2006—2020年）》《国家中长期教育改革和发展规划纲要（2010—2020年）》的提出，更加明确了通过加强人才培养、科技创新推动建设创新型国家和教育强国等发展战略的国家意志，强调了教育在国家发展中的重要地位。

学习目标

1. 识记政治经济制度与教育的基本关系。
2. 识记生产力与教育的基本关系。
3. 了解教育与人口的相互关系。
4. 理解教育与科学技术的相互关系。
5. 理解教育与文化的相互关系。
6. 运用信息技术对教育的影响，分析中国教育发展趋势。

第一节　教育与政治经济制度

一、政治经济制度对教育的制约

政治经济制度决定着教育的思想政治方向为谁服务的问题，具体来说，政治经济制度决定着教育的以下几个方面。

(一)政治经济制度决定教育的领导权

在人类社会中，谁掌握了政权，谁就掌握着教育的领导权。在阶级社会中，统治阶级总是利用它的政权力量来制定教育法律、颁布教育方针政策、制定教育目的和制度、规定教育的内容、任免教育行政人员和教师、控制教育经费，按照他们的思想政治要求去教育受教育者，并通过这些手段，把教育权掌握在自己的手里，以培养为本阶级服务的人。

(二)政治经济制度决定着受教育的权利

政治经济制度决定着受教育的权利。谁有受学校教育的权利以及受什么样的教育，谁无受教育的权利，都是由社会的政治经济制度决定的。

(三)政治经济制度决定着教育的目的

政治经济制度决定着教育目的的性质和思想品德教育的内容。教育上要培养什么人，使受教育者具有什么思想品德和政治方向，以及为实现教育目的进行什么样的政治、哲学、道德的教育内容，是由社会的政治经济制度决定的。

(四)教育相对独立于政治经济制度

尽管政治经济制度对学校的教育有着巨大的影响，但并不意味着学校可以忽视自身办学规律，更不是说学校要放弃学校教育的任务而直接为政治经济制度服务、参加具体的政治运动、执行具体的政治任务。那种在教育工作中照搬、照套政治经济的做法，或者以政治经济取代教育，对教育的特点和规律视而不见、横加干涉，都是不利于教育工作的。

教育相对独立于政治经济制度的特点主要表现在：一方面政治经济制度对教育的作用是有限的；另一方面政治经济制度对教育的作用具有双重性。

正是由于教育的领导权和受教育权，教育的方针、政策，教育目的的性质和思想品德的教育内容，都是随着政治经济制度的变化而变化的，属于上层建筑的范畴。因而，就此种意义上来说，在阶级社会中，"超阶级""超政治"的教育是根本不存在的。

二、教育对政治经济制度的影响

一定性质的教育被一定的政治制度所决定，但是，教育对政治经济制度又有积极的作用。教育对政治经济制度的积极作用，主要表现在以下几个方面。

(一)教育为政治经济制度培养需要的人才

通过培养人才来作用于政治经济制度，这是教育对政治经济作用的一个主要方面。自古以来，任何一种政治经济制度，要想得到实现、巩固和发展，必须有一定的人才作为支柱，而这些人才的培养，在很大程度上是依靠学校教育。正如颜元所说："人才者，政事之本也""无人才则无政事""学校，人才之本也。"①特别是在近现代，由于科学文化发展，政治逐渐复杂，国家政治上所需要的人才，必须具有较高的科学文化水平，这就更加需要依靠学校教育来培养。当前世界上出现了"专家政治"的趋向，即一些专家学者进入国家的领导集团，这就表明学校教育对政治的作用更为重大。

(二)教育是一种影响政治经济的舆论力量

学校自古以来就是宣传、灌输、传播一定阶级的思想体系、道德规范、政策路线的有效阵地。学校是知识分子和青少年集中的地方，他们有知识、有见解，思想敏锐，勇于发表意见，通过教育者和受教育者的言论、行动、讲演、文章、学校中的教材和刊物等，来宣传一定的思想，造成一定的舆论，借以影响群众，为一定的政治服务。反动的阶级利用教育来宣传反动的思想、观点、宗教迷信，为维护反动的政治服务。革命的阶级利用教育宣传革命的理想，传播科学真理，制造革命舆论，影响群众，为革命利益服务。列宁在论述社会主义学校的作用时曾经指出："不仅应当成为一般共产主义原则的传播者，而且应当从思想上、组织上、教育上实现无产阶级对劳动群众中的半无产的和非无产的阶层的影响，以利于彻底镇压剥削者的反抗和实现共产主义制度。"

(三)教育可以促进民主

一个国家的政治是否民主，由该国的政体所决定，但与人民的文化水

---

① 孙培青：《中国教育史》，上海，华东师范大学出版社1992年版。

平、教育事业发展的程度也不无关系。一个国家普及教育的程度越高，人的知识越丰富，就越能增强公民的意识，认识到民主的价值，推崇民主的措施，在政治生活和社会生活中履行民主的权利，推动政治的改革与进步。在一个文盲充斥的国家里，独裁政治、宗教迷信和官僚主义是比较容易推行的。列宁曾说："文盲是站在政治之外的，必须先教他们识字，不识字就不能有政治，不识字只能有流言蜚语、传闻偏见，而没有政治。"我们把中国建设成为富强、民主、文明的社会主义现代化国家，必须注意到教育在这方面的作用。①

从历史上看，教育与政治关系的演进，实质也就是政治民主化与教育民主化演进和发展的过程。封建社会的教育是特权阶级利益与专制统治的产物。等级性、专制性、道统性及刻板的方法等，都是反民主的。封建教育的反民主性是与封建社会政治制度的专制和独裁相对应的。新兴资产阶级为了顺应商品经济发展的需要及其资本主义生产关系的要求，首先必须解放的就是人身依附关系，提供可以自由买卖的劳动力以及平等的自由竞争，因而，"自由""平等""人权"等便成了资产阶级民主政治的口号。资产阶级的民主政治主要包括两个方面：一是确认公民的"自由""平等"权利（即所谓人权）；二是民主代议制、法治是公民参政及保障其权利的形式。教育作为一项基本的"人权"，正是在这一历史进程中被提上日程的。可以说，近代资产阶级教育民主化运动，是伴随着中产阶级政治民主化运动而孕育、发展的。人类出现了社会主义制度后，教育与政治的关系也具有了进入一个新阶段的可能。

总之，政治经济制度直接制约着教育的性质和发展方向，教育对政治经济有不可忽视的影响，这种影响随着现代化进程的加快，作为促进社会进步的力量，变得越来越重要。当然，我们不能把教育的作用强调到不适当的程度，以为可以通过教育来解决政治经济的根本问题是不现实的，教育对政治、经济的变革不起决定性作用。

---

① 王道俊，王汉澜主编：《教育学》，北京，人民教育出版社 1989 年版。

第二节 教育与生产力

一、生产力对教育的决定作用

物质资料的生产是人类社会存在和发展的基础，在物质资料的生产中，生产力是最活跃、最革命的因素。生产力的发展迟早会引起生产关系的变化和一切社会关系的变化，推动和制约着整个社会的发展，因而也推动和制约着教育的发展。具体来说，生产力对教育的发展起着以下几方面的作用。

（一）生产力发展水平决定教育的规模和速度

兴办教育需要一定的人力、财力和物力，办多少学校，能吸收多少人受教育，学习多长的时间，必须有一定的物质条件作为保证。缺少必要的物质条件，人们连吃、穿都没有，就无法从事教育活动。生产力的发展为教育提供了物质条件，并要求教育要有相应的发展，为物质生产提供所需要的人才。资本主义社会的教育比奴隶社会的教育、封建社会的教育发展得更快、规模更大，其根本原因是采用机器生产，社会财富有了迅猛的增加，同时要求具有一定科学文化知识的人去从事生产。如果教育的发展跟不上生产力发展的要求，社会必定要努力发展教育事业，否则，经济发展将因人才欠缺而受到影响。如果教育的发展超过了生产力的承受能力，占用过多的资金和人力，社会将会对教育进行调整，使教育的发展适应生产力发展的水平。这就是生产力的发展对教育事业的发展的推动作用和制约作用。

（二）生产力发展水平制约着人才培养的规格和教育结构

培养什么样的人，既受制于政治经济制度，也与生产力发展的水平有密切的联系。从工业发展史来看，文盲可以从事手工业劳动；利用蒸汽机生产的时代，社会要求工人要有初等教育的文化水平；电气生产的时代，要求工人要有中等教育的文化水平；现代利用核技术、电子技术等进行自动化生产的时代，要求工人要有高中和高等专科以上的文化水平。生产力发展的水平对培养人的规格提出了一定的要求，要求受教育者必须具有某种程度的文化水平和生产上所需要的知识技术。生产力的发展也必然引起教育结构的变化。设立什么样的学校，开设什么样的专业，各级各类学校之间的比例如何，各种专业之间的比例如何，都受生产力发展的水平和产业结构制约。

(三)生产力发展水平制约着课程的设置和教学内容的改革

学校里的课程设置和教学内容的更新与社会生产力发展水平密切相关，并受其制约。在古代社会，生产技术更多是一种直接经验，主要存在于个别劳动者的技能中，大部分还没有发展成为与直接劳动相分离的独立的知识形态，故主要表现为一种生产的方法而不是科学理论。这种生产技术主要通过直接经验来摸索，靠师傅带徒弟的方法来传授。因此，以传授间接经验、书本知识为主的学校课程也就很少反映这种生产技术。此外，即使那些已经上升为知识形态的科学技术，也还没有分门别类地形成各自的独立体系，而是囊括于自然哲学之中，很难进入学校课程设置的范围。因此，古代的学校普遍存在着重文轻理的倾向，文科(包括神学)构成课程体系的中心，包括哲学、政治、道德、宗教等人文学科以及语言、文字等工具学科，与生产力直接联系的自然科学和技术方面的课程所占比例甚微，某些自然科学课程的设置也往往是为了使学生形成一定的思想与哲学观念。

到了产业革命以后，情况开始发生变化。随着各门自然科学逐一地从自然哲学中分化出来，各自构成独立的科学体系，学校教育的课程设置与教学内容得到迅速拓展。以西欧学校为例，在14世纪自然科学方面仅有算术、几何和天文学。从文艺复兴开始到16世纪中期，这方面的课程增加了地理学和力学。到17、18世纪，社会生产力和自然科学有了进一步的发展，这时学校的课程中又增加了代数学、三角学、植物学、动物学、物理学、化学等。特别是近几十年来，随着科学技术和生产力的飞速发展，学校的课程结构普遍加强了数学和自然科学所占的比重，教学内容不断更新。

实践证明，世界各国许多重大教育改革都以课程改革、教学内容改革为核心，而每次重大的课程改革、教学内容改革，都反映了生产和科技发展的新水平和新要求。

(四)生产力发展水平制约着教学的方法、手段及教学组织形式

学校的物资设备、教学仪器是一定的生产工具和科学技术在教育领域的运用，直接由生产力的发展水平所决定。一定意义上说，物资设备、教学仪器又影响着教学方法、手段的运用，从而影响教学效果。在古代社会，由于其生产力水平低下，可资利用的设备条件非常少，教学方法一般

只采用讲授法、问答法等。随着现代科学技术的发展，教学方法出现了实验法、演示法等。

在教学手段方面，随着科技的发展，照相机、幻灯机、收音机、电影机、电视机、录音机等在近代相继进入教学领域。在当代，计算机、网络、人造卫星等都已成为教学手段。教学组织形式是与教学手段相联系的，随着科技进步，它也由个别教学、班级教学发展到远程教学，扩大了教育教学范围，引起了教学组织形式的巨大变革。

(五)教育相对独立于生产力的发展水平

尽管生产力对教育有制约作用，但从历史上看，教育与生产力的发展并非完全同步。有两种情况：一种情况是，在一定时期内，由于人们的思想意识落后于较为先进的生产力，教育的思想、内容、手段、方法等也落后于生产力的发展；另一种情况是，在生产力处于较低水平下，由于文化交流、社会转型或传统的影响，其教育的思想内容甚至方法也可能超越生产力发展的水平。但教育相对独立于生产力发展水平，并不是说教育的发展可以脱离生产力发展的水平。因为，教育归根结底是要受生产力发展水平及政治经制度的制约。

二、教育对生产力有促进作用

教育通过对生产力的发展发挥巨大的促进作用进而影响社会经济的发展，即为教育的经济功能，主要表现在如下几方面。

(一)教育是劳动力再生产的重要手段

1. 教育能把可能的劳动力转化为现实的劳动力

马克思把劳动力或劳动能力理解为人们在劳动中所运用的"体力和智力的总和"[1]。马克思主义认为，人是生产力中最根本的因素。但这里所说的人，是具有一定的生产知识和劳动技能的人，当人还没有任何生产知识和劳动技能时，他只是一种可能的劳动力，要把这种可能的劳动力转化为现实的劳动力，就需要依靠教育。马克思曾经说过："要改变一般的人的本性，使他获得一定劳动部门的技能和技巧，成为发达的和专门的劳动力，就要有一定的教育或训练。"[2]教育可以使人掌握一定的科学知识、生产经验和劳动技术，即把尚未掌握科学技术的可能劳动力变为掌握科学技

---

① 马克思：《资本论》，北京，人民出版社2004年版。
② 马克思：《资本论》，北京，人民出版社2004年版。

能的现实的劳动力，从而形成新的生产能力，提高劳动生产率，促进社会生产的发展。随着科学技术的发展，脑力劳动在生产中的比重越来越增加，劳动生产率的提高，主要是依靠劳动者科学技术水平的提高和生产工具的改进，因而教育对促进生产力发展的作用就越来越大。据统计，在机械化的初级阶段，在生产中体力劳动与脑力劳动的比例是 9∶1；在中等机械化程度时，在生产中体力劳动与脑力劳动的比例是 6∶4；在全盘自动化的情况下，在生产中体力劳动与脑力劳动的比例是 1∶9。

2. 教育能把一般性的劳动者转变为专门性的劳动者

在这方面，专业教育和职业教育的作用尤其突出。普通教育在劳动者再生产的意义上主要是提高人的普通科学文化水平和一般素质。普通教育培养的劳动者，本质上还是一般意义的劳动者，还是作为劳动后备力量的劳动者，还没有专门的劳动知识和劳动技能。而专业教育和职业教育就可以在普通教育的基础上把一般性的劳动者进一步转化为某一领域、某一行业以及某一工作中的专门性的劳动者。这种劳动者对于经济活动来说，具有直接和现实的意义。

3. 教育能把较低水平的劳动者提升为较高水平的劳动者

劳动者的素质都有一个从低水平向高水平提升的过程。在现代社会，生产的技术基础不断提高，生产方式和生产工艺不断革新，从而对劳动者的素质不断提出新的要求，要求劳动者不仅必须接受教育，而且必须不断接受教育。从终身教育的观念看，现代社会的劳动者必须终身受教育。在现代社会，教育已经成为不断提升劳动者素质和促进劳动者纵向社会流动的手段。

4. 教育能把一种形态的劳动者改造成为另一种形态的劳动者

在传统社会自给自足的个体经济活动中，劳动主要凭借个体经验，而经验的自发积累需要长时期的探索和积累，加上行业之间的互相封锁，一个人要从一种劳动转换到另一种劳动中去，是一件非常困难的事情。在这种社会条件下，劳动者的工作转换和改行转业既没有必要，也没有可能。现代社会的生产是社会化大生产，是以科学技术为基础的生产，行业的盛衰、工种的消长千变万化，由此就会给劳动者带来职业和工作岗位的转变。当今社会，改行转业逐渐成为习以为常的事情。同时由于现代生产主要依靠科学技术，只要劳动者基本掌握了生产和工艺的一般原理，具有较高的一般素质，就能比较顺利地从一个岗位转换到另一个岗位，从一种形态的劳动者转换为另一种形态的劳动者。由此，在现代生产中，劳动者形态的转换既是必需的也是可能的。在现代社会，教育已成为改造劳动者形态和促进劳动者横向社会流动的基本手段。

5. 教育能把单维度的劳动者变为多维度的劳动者

现代经济学对劳动者的理解已经超过了纯经济学的范畴，这种劳动者不仅掌握科学技术知识和具有工具性的劳动能力，而且具备一定的文化素质、职业道德、创新精神以及审美情趣等，这种劳动者是多维度的，其发展和需求也是多向度的。多维度的劳动者必定比单维度的劳动者具有更高的境界和层次，具有更丰富的精神世界，也更具有劳动效能，同时也更像一个"人"，他们的生活不会仅仅"从属于劳动"。当今许多西方学者都从现代经济学意义上强调作为人的劳动者的素质的全面提高，充分肯定劳动者的文化修养、精神境界和心理素质在积极活动中的作用。全国一些学者也从近年来的经济发展中注意到市场经济运作中非理性因素的作用。教育对劳动者素质的提高是全面的，现代教育越来越注重对未来劳动者进行多维度的培养。

(二)教育是科学知识再生产的手段

马克思曾经指出："生产力里面也包括科学在内"[1]，但是，科学知识在未用于生产之前，只是一种意识形态的或潜在的生产力，要把潜在的生产力转为人能掌握并用于生产的现实生产力，必须依靠教育。因为任何人刚生下来时，都不会有什么科学知识，如果没有教育，前一辈所积累的科学知识就无法被后一代人所掌握，科学知识也就无从得到继承和发展。所以教育是实现科学知识再生产的重要手段，并且教育可以高效能地扩大科学知识的再生产，使原来为少数人所掌握的科学知识，在较短的时间内为更多的人所掌握，使科学知识得到普及，先进的生产经验得到推广，从而提高劳动生产效率，促进生产力的发展。

(三)教育是发展科学的一个重要手段

教育的主要职能是传递人类已有的科学知识，但它也担负着发展科学、生产新的学科知识技术的任务，这在高等学校尤为重要。高等学校由于在学科、人才专家、经费、硬件设施等方面，具有一定的资源优势，便于综合课题和边缘科学研究的展开，所以它是进行科学研究、发展科学技术的一个重要力量。现代许多国家都非常重视高等学校在科学研究方面的

---

① 马塞罗·默斯托：马克思的《大纲》——《政治经济学批判大纲》150 年，北京，中国人民大学出版社 2011 年版。

重要作用，把其作为科学研究的重要基地。

此外，在中等和高等学校中，一般都有实验室、实验园地、实习与实训基地，它们既结合教学进行实验和实习，又可开展科学研究，创新科学知识和技术。学校还担负着社会咨询工作，对生产上遇到的问题，可以帮助研究和解决，这都起着发展科学技术、促进生产的作用。所以，现在许多国家高等教育的发展，都已呈现出建立教学、科研、生产联合体的趋势。

由于教育把可能的劳动力转化为现实的劳动力，是科学知识再生产和发展科学的重要手段，对提高生产效率和增加社会财富起着重要的作用，所以，从这个意义上来说，教育是具有生产性的，即为经济系统内生的。现代很多国家都把教育看作一种生产事业，重视开发人才，积极发展教育事业，努力提高教育质量。同时，很多国家的经验也充分证明，优先发展教育是发展科学技术、推动经济发展的有力保证。

第三节 教育与人口

一、人口对教育的影响

人口是指在一定社会历史时期生活在一定地区，具有一定数量、质量和结构的人的总称。人口问题是对教育有着重要影响的一个问题。人口数量、质量、结构以及人口分布的地理环境等都对教育发展的规模、质量、速度、结构和布局有着直接和间接的影响。

（一）人口的数量影响教育的规模

人口数量决定教育需求的大小，也就决定教育事业可能的规模。人口增长必然要求扩大教育规模。人口增长方式不是匀速的而是波浪式前进的，所以人口波峰与波谷的反复出现，对学制和学校内部结构也会产生巨大的影响。人口数量增长，教育投资的压力加大，进而可能影响教育的质量与水平。当教育投资同步于人口数量增长时，教育的供给与需求相对平衡，教育发展相对平稳；当教育投资滞后于人口数量增长时，将会导致教育供给小于需求，引起教育资源的竞争，如入学率降低，或者生均教育成本降低，教育发展相对滞后。

(二)人口的质量影响教育的质量

人口的质量是指人口身体素质、文化修养和道德水平。前者是人口质量的物质要素，后两者构成人口质量的精神要素。人口质量对教育质量的影响表现为直接和间接两个方面。直接影响表现为人口已有的水平对教育质量的总影响；间接影响是指年长一代的人口质量影响新生一代的人口质量，从而影响以新生一代为对象的学校的教育质量。年长一代通过遗传和对青少年的养育过程来影响受教育者，还通过对学校教育的期望和协调程度来影响学校教育的目标、内容、方法等。另外，随着人均国民收入的提高，个人对高层次教育的需求也会提高，进而引起其对教育的再投资。

(三)人口的结构影响教育的结构

人口的结构是指各人口在总体人口中的组成部分及其比重或比例关系。其类型非常复杂，主要包括人口年龄、性别和人种等自然结构；人口产业、行业、职业、收入和消费类型等经济结构；人口民族、宗教、语言和婚姻家庭等社会结构；人口文化教育、身心等素质结构；人口行政区划、城乡等地域结构。①

(四)人口地域分布影响学校布局

人口地域分布是指在一定区域内的人口增长状况和实际人口密度。学校的布局基本上会有三种：第一种是人口分布合理的地区，学校分布合理。第二种是人口密度过于稀疏的地区，常出现学校布局不够合理。因此一些发达国家，如澳大利亚出现了"网络学校"，为学生提供所有在线学习资源。第三种是人口密度过大的地区，需要增办更多的学校。

二、教育对人口数量、质量和结构的影响

人口对教育有一定的制约性，同时，教育对人口的数量、质量和结构具有一定的影响，这也是教育的人口功能，主要表现为以下几方面。

(一)教育对人口数量的调节功能

研究表明，受教育程度与生育率成反比关系，即育龄妇女的受教育程度越高，生育率越低。我国的计划生育政策在农村执行比城市困难，除了受农村某些传统观念如"重男轻女""多子多福"等影响之外，与农民的受教育程度也相关，而且，受教育程度直接影响人口观念的更新，影响人们对

---

① 何爱霞：《人口结构类型与成人教育关系探论》，《职教通讯》，2008 年第 1 期。

人口数量意义的认识。

(二)教育对人口质量的改善功能

人口质量是一个表明人口各方面素质综合发展水平的概念，它包括人口的身体素质、科学文化素质和思想道德水准。影响人口质量的因素有很多，既包括来自上一代人的遗传素质，也包括他所处的社会环境和生活水平。教育一方面对提高人的遗传素质、改善社会环境和人们的生活观念有所作用，但更重要的是在这些条件基本相同的情况下，教育对提高人口质量发挥着决定性作用。因为人口质量主要体现在人的科学技术水平、文化修养和思想觉悟、道德水准等精神因素，教育作为促进人德智体美全面发展的活动，其直接的效果就是提高人口质量。因此，教育是提高人口质量的根本途径。

(三)教育对人口结构的调整功能

教育对人口结构的平衡和调整有着直接或间接的影响作用。例如，就人口年龄结构而言，人口教育水平的提高影响生育观念的转变，进而降低人口的出生率和死亡率，尤其是对一个老龄化的社会，终身教育促使老有所为、老有所养、老有所用，从而缓解社会老龄压力；就人口性别结构而言，人口教育水平的提高影响生育观念的转变，也会淡化人们生男育女的性别歧视，有利于人口性别比例的平衡；就人口文化教育结构、产业结构和职业结构而言，接受教育使人具有不同的学历层次和知识结构，不仅为不同的产业、行业、职业输送不同知识和技能的劳动者，而且在一定程度上能够调节产业、行业、职业人口结构的平衡。

第四节　教育与科学技术

一、科学技术对教育的影响

科学技术简称科技，这里是指自然科学技术和社会科学技术的总和。科学是人类在长期认识和改造世界的历史过程中所积累起来的认识世界事物的知识体系。技术是指人类根据生产实践经验和应用科学原理而发展成的各种操作方法和技能以及物化的各种生产手段和物质装备。科技对教育发展的影响主要表现在以下几方面。

(一)科学技术能够改变教育者的观念

科学技术影响教育者的教育观念，促进教育内容和教育手段与方法的更新，提高教育者的教育能力。

(二)科学技术能够影响受教育者的数量和教育质量

一方面，科学的发展日益揭示出教育对象的身心发展规律，从而使教育活动更加符合这种规律，并使学习者扩展自己的受教育能力；另一方面，科学技术的发展及其在教育上的广泛运用，使教育对象得以扩大，也使教育对象的视野和实践经验得以扩大。

(三)科学技术可以影响教育的内容、方法和手段

在人类社会的教育发展历史中，每一次生产力水平（尤其是科技生产力水平）的提高，都会促使教育者的观念和教育内容、教育方法与途径产生很大的变化。科学技术可以渗透到教育活动的所有环节中去，为教育资料的更新和发展提供各种必要的思想基础和技术条件。学校类型、规模的扩大，教育设施的兴建，教育内容的记载与表达方式的更新，教学用具与器材的制造等，都离不开科学技术的作用。

二、教育对科学技术的作用

(一)教育能完成科学知识的再生产

科学知识的生产是直接创造新科学的过程，科学知识的再生产则是将科学生产的主要产品经过合理的加工和编排，传授给更多的人，尤其是传授给新一代人，使他们能充分地掌握人创造的科学成果，为科学知识再生产打下基础。

科学知识的再生产有多种途径，学校教育是科学知识再生产的最主要途径。这是因为学校教育所进行的科学知识的再生产，是一种有组织、有计划、高效率的再生产。它在知识经验较多的教师指导下，将前人的科学成果进行合理编制，通过有效的组织形式，选择最合理的方法，在较短的时间内传递给学习者。

教育作为科学知识的再生产，一方面促使科学的继承与积累，把前人创造的科学知识加以总结和系统化，一代一代地传递下去；另一方面促进科学知识的扩大再生产，把前人创造的科学知识传授给新的一代，使他们能够站在前人的肩膀上，有所发现、有所创新，生产出更新的科学成果。

(二)教育推进科学研究的体制化

早先，科学研究只是少数人的智力游戏活动，是为了好奇心的满足。

17 世纪以后，出现了职业科学家，出现了专门的科学研究机构，这被称为"科学体制化"。它与教育尤其是高等教育有着密切的关系，因为最初很多科研机构是建在大学里的。

(三)教育具有科学研究的功能

教育在传播科学知识的同时，也从事着直接的科研工作，这在高校里尤为突出。据 1986 年统计，美国的科学家被大学聘用的占全部科学家的 40％，美国大学担负了全国基础研究的 60％，应用研究的 15％；日本则是大学承担基础研究，国力研究机构承担应用研究，民间企业承担开发研究的科研体制。在中国，全国共有 800 多所高校承担有科研任务。

阅读材料：

国家科技三大奖揭晓，高校获奖项目占 7 成

2015 年度国家科学技术奖励大会于 2016 年 1 月 8 日上午在人民大会堂隆重召开。

全国高等学校获得 2015 年国家自然科学奖一等奖 1 项、二等奖 33 项，占授奖项目总数 42 项的 81.0％。

全国高等学校获得 2015 年国家技术发明奖通用项目一等奖 1 项、二等奖 31 项，占通用项目授奖总数 50 项的 64.0％。

全国高等学校获得 2015 年国家科学技术进步奖通用项目 108 项(特等奖 1 项，一等奖 6 项，创新团队奖 3 项，二等奖 98 项)，占通用项目授奖总数 141 项的 76.6％。其中，高校为第一完成单位的获奖项目 59 项(一等奖 1 项，创新团队奖 3 项，二等奖 55 项)，占通用项目授奖总数的 41.8％。

全国共有 120 所高校作为主要完成单位获得了 2015 年度国家科学技术奖三大奖 174 项，占通用项目总数 233 项的 74.7％。其中，有 67 所高校作为第一完成单位的获奖项目数为 125 项，占授奖总数的 53.6％。另外，全国共有 17 所高校作为第一完成单位，获得了 2015 年度国家科学技术奖国防专用项目 23 项，占授奖总数的 39.0％。

高校在全国授奖项目中的继续保持高比例，说明高等学校的科研实力在不断提升，对我国科技创新和经济发展的贡献越来越大。尤其是高校获得的 1 项国家自然科学奖一等奖、1 项国家技术发明奖一等奖项目，充分体现了高校的基础研究和重大原始性创新研究在我国占有举足轻重的地位。

(资料来源：http：//learning. sohu. com/20160111/n434194617. shtml)

三、信息技术与教育

信息技术是人类现代文明和进步的一个重要标志。当人们还没有来得及尽情享受工业文明所带来的变化时，时光又把人类带入了信息时代，以多媒体和网络技术为核心的信息技术毫不客气地闯入了我们的生活并开始改变我们的生活方式。同样，信息技术也对教育产生了深刻的影响，利用信息技术进行教育教学活动也一直是人们所期盼和孜孜以求的。

(一)信息技术改变人们关于知识的观念

信息技术改变着关于知识数量的观念。信息技术把图书馆微型化，将世界上无数大型图书馆通过网络搬进电脑、搬进个人的家里。个人之间在知识上的差距，一位教授与一名小学生在知识上的差距，就显得微不足道了。

信息技术改变着关于知识质量的观念。根据情报专家的统计，第二次世界大战以来，知识的陈旧周期不断缩短，进入 20 世纪 90 年代，每隔四年，就有 75％ 的知识被更新。

(二)信息技术改变人们关于学习和教育的观念

教育过程在本质上成为一种选择过程，电脑和网络以及其他多媒体设备成为教育的中介，教师通过信息技术发送信息，学生通过信息技术接受信息。这里教师的"发送"包括从声音、文字、图像、演示、讨论到模拟仿真等多种形式；学生的"接受"包括从不同程度、不同速度、不同时间、不同指向方面的主动选择，包括生机、生生、师生的个别的和群体的相互论辩。原有意义上的有固定场地、固定班级、固定活动的学校教育形式，成为学生进行社会交往的场所，而知识的学习让位给不受时间和地域限制的信息技术。

(三)信息技术的日益成熟和普及为实现教育的第三次飞跃提供了平台

第一，信息技术智能化。信息技术可以根据学习者的情况自动生成相应的教学进度，确定相应的针对个人的评价标准，实现教育的个性化，使因材施教的理想真正成为现实。

第二，信息技术实现了人机互动模式。信息技术根据学习者的目标、选择和努力程度等给予不同的反馈，给予象征性的奖励和惩罚。在传统的教育中，没有学生的积极主动性，教学活动可以照样进行，而在人机系统中，没有学习者的积极反应，教学活动将会终止，学习者的积极主动性乃是教学活动正常进行的必要条件。

第三，信息技术将促进师生关系的民主化。信息技术将使面对面的教学成为偶尔的情况，知识与长者和德者完全分离，教育中无法避免的师生尊卑差异将完全避免，这将极大地促进师生关系的民主化，有利于学生积极人格的养成。

信息技术对教育的影响是巨大的，它经历了三次革命性的突破。第一次是电报、电话和无线电的诞生与推广应用；第二次是电视机、计算机和人造卫星的发明与应用。这两次革命使得从幻灯、录像机到 VCD、电脑、视频会议等信息技术革命的成果在教育中被广泛应用。20 世纪 80 年代以来，人类又在迎接第三次信息技术革命，即以计算机和网络技术为标志的信息技术时代，其对教育的影响将是根本性的，教育开始迈向网络时代。

网络教育可以从两个方面理解。一方面是指网络技术应用于教育中，改变了传统的教育教学手段，教学不再局限于简单的教学用具，网络技术、多媒体技术和计算机技术综合运用于教育教学之中。另一方面是指在网络上构建"网络学校"，它集学校、教学手段、教学内容、教学方法为一体，为学习者提供前所未有的开放的学习环境。这种网络学校是真正意义上的不受时间、空间和地域限制的，通过计算机网络，可以扩展至全社会的每一个角落，甚至是全世界的所有学校。在这种教育体制下，工作与学习完全融为一体，每个人可以在任意时间、任意地点通过网络自由地学习、工作和娱乐，这是真正意义上的自由学习。网络教育可以最大限度地发挥学习者的主动性、积极性，既可以进行个别化教学，也可以进行协同式教学，还可以把二者结合起来，它是一种全新的网络教育模式。这种教学模式完全可以按照个人的需要进行，不论是教学内容、教学时间、教学方式，还是指导教师，都可以按照学习者的意愿或需要进行选择。这种教学模式能够为学习者提供图文声像并茂、丰富多彩的交互式人机界面，能为学习者提供符合人类联想思维与联想记忆特点的、按照文本结构组织的大规模的知识库与信息库，因而易于激发学习者的兴趣，并为学习者实现探索式、发现式学习创造有利条件。

因此，我们可以这样认为，传统的学校教育是"金字塔形"的等级制教育，网络教育却是"平等的"开放式教育；传统学校教育的优劣标准是他人手中的"筛选制度"，而网络教育所依据的是掌握在自己手中的"兴趣选择"；传统学校教育是较严格意义上的"年龄段教育"，而网络教育是"跨年龄段教育"，或者是"无年龄段教育"；传统学校教育存在着时空限制，而网络教育是跨时空的教育。

第五节 教育与文化

一、教育与文化是相互依存、相互制约的关系

(一)文化对教育发展的影响

社会生产力和政治制度是决定教育发展变化的根本因素,但是,教育与其他社会意识形态,如哲学思想、道德观念、宗教、文学、艺术等也都发生着密切的联系,这些社会意识形态也影响教育的发展。其他社会意识形态,不仅影响着教育思想,而且也成为一定的教育内容,教育不能离开政治思想、哲学思想、道德观念、文学、科学、艺术等而存在。而其他社会意识的传播也必须依靠教育,教育与其他社会意识形态的关系,实质上就是教育与文化的关系。教育与其他意识形态的关系主要包括教育与政治思想、哲学思想、宗教、文学、艺术、科学及道德观念的关系等。这里重点论述文化对教育的影响。

1. 文化类型影响教育目标

人的意志和决策取决于人的需要和价值取向,所以,教育目标中的主观成分越多,受文化的影响也就越大。社会文化类型不同,教育目标也不同。从历史的情况看,中国古代社会的政治文化是官本位文化,故教育目的强调培养"建国君民"的统治人才,流行于民间的私学也主张"学而优则仕"。而西方古代社会,最初是神本位,故主张教育的目的是培养僧侣。

文艺复兴之后,人本位的思想逐渐成为社会文化的主流,故主张教育的目的在于发展人的个性。

2. 文化积淀直接影响教育内容

文化是教育的基础,从某种意义上说,教育所要做的就是以"文"化人,即通过传承和创新文化来培养人才。故此,文化对教育的影响,最直接的方面是对教育内容的影响。一方面,教育内容必然是文化的一部分,文化为教育直接提供素材,然后经过学校的选择,成为学生学习的对象。文化发展水平很低、文化积累很少时,教育内容的选择范围就很小。反之,文化发展水平越高、内容越丰富、发展速度越快时,教育内容的选择广度和深度、课程的种类和变革频率也随之增加。另一方面,文化对教育

内容的影响还体现为文化制约着教育内容选择时的偏好。比如，各民族都把本民族语言作为教育内容中必不可少的部分，这充分反映了一个民族对其语言的固守和钟爱。再比如，中国古代社会长期有重农抑商、追求仕途的文化传统，这导致教育内容主要以社会典章制度为主，较少有自然科学和生产知识。而英国一向崇尚人文精神，即使在今天，古典人文课程仍占有相当大的比例。

3. 文化观念影响教育思想的产生和形成

文化观念指长期生活在同一文化环境中的人们逐步形成的对自然、社会和人本身比较一致的观点和信念。教育思想是存在于人脑中的对教育现象和教育问题的认识、观点和看法。任何教育家的教育思想都是在一定的社会文化背景下孕育起来的，是其世界观和价值观的反映。比如，中国近现代教育史上黄炎培的职业教育、陶行知的平民教育思想都是他们所处时代社会需要的反映。西方教育史上夸美纽斯、卢梭、裴斯泰洛齐的"自然教育"原则，是资产阶级上升时期要求肯定人性、削弱神性的社会潮流的反映。今天，我们主张人的全面发展，是社会主义现代化"两个文明一起抓"对教育提出的客观要求，也是和平、稳定的社会文化环境下关于人的发展的理想价值追求。

4. 文化传统影响教育策略的选择

中国的传统文化把读书和求教看成获得知识、增长才能的最佳途径，所谓"书读千遍，其义自见""听君一席话，胜读十年书"就是对读书和聆听先生教诲的具体写照。这种文化传统反映到教育上，学校便把教师的系统讲授看成学生获得知识的根本方法，把读书视为获得真知的唯一源泉，故而倡导"多教多得、少教少得、不教不得"。教师讲、学生听的灌输式教学也成为学校教学的主要形式。当前，新的社会观念认为，人的发展除知识以外，更离不开智力、技能、技巧、思想美德、审美情趣、身体素质等方面的协调发展，这种情况下，我们的教育改革开始全面倡导新的教育理念和教育策略，要求扬弃传统文化中的部分观念。

(二)教育对文化发展的促进作用

文化是人类的创造物，文化创造的过程就是一个教育过程。教育是文化的过程，教育对文化保存与发展的作用，构成了教育的文化功能。文化的传承有赖于教育，但是，教育并不是仅仅被文化支配的被动的文化要素，而是积极能动的文化要素。教育具有以下文化功能。

1. 教育具有文化保存和传递的功能

教育是保存文化的有效手段。文化的表现形式有多种，包括物质文化、制度文化和精神文化。对前两种文化可以通过借助于物质载体，如各种名胜古迹、语言符号等把人类的精神以外在化的方式保存，但只有这种方式是不够的。因为一方面这些文化还需要人的理解；另一方面人类文化的核心——精神文化，尤其是民族的文化传统、思维方式等，是不能通过物化的形式体现出来的，所以，无论哪一类文化的保存，都离不开教育对人的培养。教育成为文化保存的主要手段。

教育的文化保存和延续功能有两种方式。一是纵向的文化传承，表现为文化在时间上的延续，即在一定社会文化共同体内的文化传输，是指在同一社会文化共同体内文化从这一代传到另一代，可称这种传输为"文化传递"；二是横向的文化传播，表现为文化在空间上的流动，即跨社会文化共同体的传输，是指文化从一个社会文化共同体传输到另一个社会文化共同体中去，使人类文化保持着某种程度上的"同一性"，可称之为"文化传播"。当今世界各民族文化呈现出多元化与全球化的趋势，便是各民族文化传播、交流的结果。教育作为培养人的活动，它以文化为中介，客观上起着文化的传承和文化的普及作用。正因为教育的文化传承和文化普及作用，才使人类积累的文化代代相传，并且由少数人传向多数人，由一个地域传向另一个地域。

教育传递文化，从其对个体的生存和发展的意义来说，受教育的过程，也就是获得间接经验的过程；同时，也是一个精神文明的再生产过程，是一个教育者与受教育者的互动作用过程。教育将人类客观的精神文化财富内化为个体主观的精神财富，这样，人类的精神财富便得以保存和再生。因此，教育作为传递文化的手段，也就具有保存文化的功能。

2. 教育具有活化文化的功能

文化按照存在的形式，可以分为两种类型：一种是存储形态的文化，一种是现实活跃形态的文化。存储形态的文化依附于实物、符号（包括语言文字）、科学技术等载体，虽然可以避免因个体的死亡而造成流失，达到保存的目的，但它把文化当作"死"的物看待，只具有保存的意义。活跃形态的文化，不仅依附于实物、文字等载体，而且依附于人这个载体。文化体现在人身上，就不再是"文物"，而是思想、认识、情感，它把"死"的文物变成了"活"的文化。从存储形态的文化转变为现实活跃形态的文化，这一过程就是文化活化的过程。而只有教育才能够把文化从物质载体转移到人身上，与人的思想、智慧、情感建立联系，从而使文化成为影响人的行为的现实力量。

3. 教育具有文化选择功能

教育不是对所有文化都传播，教育传播的文化是有选择的。所谓教育对文化的选择，即是为了适应时代发展的要求，社会文化的糟粕必须摒弃，其精华则有待发扬。这就需要教育对"文化"进行筛选，把经过"过滤"了的文化传递给下一代，以促进文化的进步和发展。

教育选择文化有两个标准：一是按照统治阶级的需要选择主流文化；二是按照学生发展的需要选择系统的、科学的、基本的文化。教育的文化选择形式总体上有吸收和排斥两种。吸收是对与教育同向的文化因子的肯定性选择，排斥是对与教育异向的文化因子的否定性选择。教育作为一种特定的文化，它必须对浩瀚的文化做出选择，选择文化是教育的应有之义。教育选择文化不只是促进文化的发展和变迁，更重要的是提高受教育者的文化选择能力，促进人的发展。

没有选择的文化传播，不称其为教育，尤其是学校教育更是如此。教育对文化的选择，是文化进步的一个重要的内在机理。教育对文化的选择，意味着价值的取舍与认知意向的转变，并且是为了文化自身的发展与进步。学校教育在本质上就是一种文化价值的引导工作。它撷取文化的精华编成教材，提供适应社会生活发展变化需要的观念、态度与知识、技能，并通过教育评价手段来进一步保证和强化这种选择的方向性。

4. 教育具有文化批判功能

教育的文化批判功能，是指教育按照其价值目标和理想，对社会现实的文化状况进行分析，做出肯定或否定的评价，引导社会文化向健康的方向发展。教育的文化批判与选择是密切联系的，批判的过程也是一个选择的过程，但批判还具有改造的功能，这是选择功能的深化。

5. 教育具有文化交流、融合功能

文化是一定时期特定地域人们的思想、行为的共同方式，文化具有地域性。文化的传播，一般是指某一社会文化共同体的文化向另一社会文化共同体的传输过程，是单向的；而文化的交流，则是两个或两个以上文化共同体的文化相互传播，是双向的或多向的。文化的融合是文化交流的产物，它表现为不同文化的相互吸收、结合而趋于一体的过程。

教育从两个方面促进文化的交流和融合：一方面，通过教育的交流活动，如互派留学生、安排教师出国访问和学术交流等，促进不同文化间的

相互吸收、相互影响；另一方面，教育过程本身通过对不同文化的学习，对文化进行选择、创造，对旧的文化进行变革、整合，形成新的文化，促进文化的不断丰富和发展。教育的过程，作为文化学习的过程，不是对文化的简单认可和复制，而是对文化的选择、重构和创造，这一过程实现了文化的融合。文化的融合，不是不同特质文化的简单相加，而是要以某种文化为主吸收其他文化的有益成分，引起原质文化的变化。当然，促进文化交流、融合，教育不是唯一的方式，但它却是最积极、最有效的方式。

6. 教育具有文化更新与创造功能

文化不是自然赋予人类的，而是人类利用自己的智慧创造出来的。换言之，人是文化的创造者、文化的承继者。没有文化的更新和创造，就没有文化的真正发展。人类为了自身的生存与发展，必须不断地更新与创造文化。教育通过传递已有的文化，使个体"社会化"与"文化化"，并培养、造就与文化发展相关的个性和创造力，从而使文化能够得以发展和更新。

二、学校文化

(一)学校文化界说

如何界说学校文化，学者们有着不同的见解。这些见解可为界说学校文化提供这样一些基点；一是学校文化不但包括学校全体成员共同遵循的一些观念和行为，而且也包括部分成员共同遵循的观念和行为；二是学校文化既可能给学校预定教育目的达成带来积极意义，也有可能阻碍教学目的的达成，这是由学校文化蕴含的丰富多样性和歧义性所决定的；三是学校文化的核心是学校具有的思想观念和行为方式，其中最具决定作用的是思想观念，特别是价值观念。学校文化是指学校全体成员或部分成员习得且共同具有的思想观念和行为方式。

(二)学校文化的特征

1. 学校文化是一种组织文化

学校是一个社会组织，组织现象是人类社会的基本现象。每个组织虽然都是更广大的社会文化系统中的一个子系统，受制于更广阔的社会的需求，受制于社会所确立的总的意识形态和价值观的支配，但由于每一个组织的内外环境、构成因素和历史传统等都各不相同，因而经由自身的运作，会形成其自身独特的文化模式，即形成独特的组织文化。

2. 学校文化是一种整合性较强的文化

文化从整体上来讲，都是整合为一的，有着整体性的特点，学校文化的这一特点表现得尤为突出。这是因为学校有着明确的价值取向和目的要求，它是以学校内部形成的内化了的观念为核心，以预定的目标为动力，通过一系列活动形成的多层面、多类型的文化。它明确地对违反规定价值规范的思想和行为进行排斥，对符合者予以接受、褒扬，如此使得学校的文化及其成果大多是在一定价值取向的影响支配下完成的。

3. 学校文化以传递文化传统为己任

学校本身就是文化传统的产物，它又是以传递文化传统为己任的，是经过沉淀、选择、凝聚、发展而成的，它负载着深厚的文化，在某些方面是文化精神、要求的集中体现。学校文化的这一特征，突出地表现在它所使用的教材或者说传递的教学内容上。作为教师与学生活动中介的教材，是千百年文化的积聚，它所呈示的知识经验，是人类文化的储存地，它除了把文化储存在书本、音像出版物等物质形态上以外，还集中了一大批创造文化、传递文化的教师，他们是文化的活生生的拥有者。学校通过下列方式将文化积聚在一起：将文化以各种方式加以集中、积累和系统化，使学生发挥着一种类似"文化容器"的功能；通过专业教师将这些文化整合传递给学生；将已认同、接纳文化的学生输送给社会，并通过他们创造出可供再生的文化。

4. 校园文化——学校文化的缩影

校园文化是人们为了保证学校教育活动顺利进行而创立和形成的一种特有文化形态。按照不同的层次和标准，可以再细分成学校物质文化、学校组织和制度文化、学校精神文化以及学校领导者亚文化、教师亚文化、学生亚文化、学校职工亚文化以及课程亚文化，等等。

学校物质文化是校园文化的空间物态形式，是学校精神文化的载体。学校物质文化有两种表现方式：一是学校环境文化，包括校园的总体结构和布局、校园绿化和美化、教学场所以及校园环境卫生等；二是设施文化，包括教学仪器、图书、实验设备、办公设备和后勤保证设施等。

学校的组织和制度文化有三种主要的表达方式：一是保证学校正常运行的组织形态，不同层次、不同性质的学校有不同的组织形态和体系；二是规章制度；三是角色规范。

学校的精神或观念文化是校园文化的核心。有的学者把学校精神文化分解为如下四种基本成分。一是认知成分，是学校这个群体和构成它的个体对教育目的、过程、规律的认识，属于校园文化的理性因素。二是情感成分，是学校这个文化内的成员对教育、学校、班级、同事、同学、老师、学生持有的依恋、认同、参与、热爱的感情，这种感情通常包含着很深的责任感、归属感、优越感和献身精神。三是价值成分，即校园所独有的价值取向系统，如"有教无类"的价值成分、"忠于职守"的价值取向、"尊师爱生"的价值取向、"教育、教学活动优先的价值取向"以及"严谨、守纪、规范、团结"的价值取向等。四是理想成分，即学校及其成员对各种教育活动和学生的发展水平所表达的希望和追求，如创造美好的教育环境，促进学生在德、智、体、美、劳等各方面得到充分、和谐、全面的发展是许多优秀学校所追求的理想。

校园文化特别是良好的校风，具有鲜明的教育作用，尤其对学生个性和品德的陶冶和导向功能，是其他教育形式难以替代的。例如，以"严谨"著称的学校，其校园布置，组织管理、治学态度、教学要求等通常都能体现这种品格。学生在这种校园文化的陶冶下，也就比较容易形成严谨的品格。

三、学生文化

(一)学生文化的成因

1. 学生文化的身心特征

学生文化的身心特征表现为学生处于不同的年龄阶段，由于其特定的身心发展的需求，有着一些不同于其他年龄阶段的思想观念和行为规范；同时也表现为某些学生由于身体方面的显著特征，在其生活经历中会有不同于其他学生的文化特征。

2. 同伴群体的影响

学生多处于青少年时期，有自己交往的同年龄的群体，在这种群体中，他们会形成一些共同的价值规范等，从而构成一种与成人文化不同的文化形态。

3. 师生的交互作用

教师与学生的交往活动，是学校生活中的主要的内容。在这种交往中，教师所采用的教学形式不同，学生的反应也就随之各异。例如，在以教室为主的教学情境中，学生处于被动接受的境地，他们就会形成一些与此相应的心理特征和行为方式。不同的师生互动模式，可以产生不同的社会气氛和不同的行为方式。

4. 学生家庭的社会经济地位

学生所处家庭的社会经济背景是制约学生文化特征的又一重要因素。

社会经济地位一般都有着一些特定的思想观念、价值规范等，学生生活在家庭中，其思想、行为也难免受家庭的影响。

5. 社区的影响

学生生活的社区对其文化的形成也产生一定的影响，社区作为聚集在一定地域范围内的社会群体和社会组织一般会形成与社会共同体相应的规范与制度，它使生活在其中的学生在有意无意之中习得了社区的文化特征，并把它带到学校中来。

(二)学生文化的特征

1. 学生文化具有过渡性

学生文化是介于儿童世界与成人世界的一种文化现象，是学生从儿童迈向成人的一种过渡性的产物。一方面，它表现为与成人相异的一些价值观念和行为方式，反映出其要求自主、独立的需求；另一方面，由于他们受学校的引导及家长的影响，也在一定程度上认同着成人的价值观念。

2. 学生文化具有非正式性

学生文化往往是在日常的相互交往中，由具有共同的价值观念和行为方式的群体表现出来。同时，它对学生所形成的影响也是非正式的，学生文化中蕴含着学生群体的价值和规范，这些文化特征构成一种"环境"，影响处于这种文化情境中的每一个学生，使学生在不知不觉中就习得了这种文化。

3. 学生文化具有多样性

学生文化的类型是多种多样的，他们可能会因共同的种族、民族等特征，结成一个相对独立的文化群体，也可能会因共同的社会经济背景而形成独特的社会阶层文化；他们可能会因性别间的差异，在学校中表现出不同的性别文化特征；他们也可能会因年龄不同，在不同的年龄阶段显现出不同的社会文化需求。

4. 学生文化具有互补性

从整个学校文化来讲，学生文化作为一种特殊的文化类型，是对学校文化的一种互补。人的生活是多侧面、多色彩的，人的主观能动性也不断在发挥作用，从学生文化的不同类型和样式上来讲，年龄文化、性别文化、同伴文化等，也是在发挥各自作用的同时结合在一起互为补充的。

【自测题】

一、单项选择题

1. ( )是直接决定教育目的的因素。

A. 政治制度　　　B. 经济发展　　　C. 社会发展　　　D. 教育发展

2. ( )决定教育的发展水平及教育的规模和速度。

A. 政治制度　　　　　　　　　　B. 经济发展水平

C. 人力、物力和财力　　　　　　D. 人口结构

3. 人的发展总是受到社会的制约，这意味着( )。

A. 教育要坚持社会本位的价值取向

B. 教育要充分考虑社会发展的需要

C. 教育目的的确定不应从个人出发

D. 教育要为社会生活做准备

4. ( )是学校文化的缩影，具有鲜明的教育作用。

A. 物质文化　　　B. 精神文化　　　C. 观念文化　　　D. 校园文化

5. 决定教育的领导权的最主要因素是( )。

A. 政治经济制度　　　　　　　　B. 社会生产力水平

C. 科学技术　　　　　　　　　　D. 民族文化传统

6. 教育为政治经济服务主要通过( )表现出来。

A. 培养人

B. 生产斗争

C. 传播文化和科学知识

D. 参与政治活动与经济活动

7. 人口的( )会影响各级各类学校在教育结构中的比例。

A. 性别结构　　　B. 文化结构　　　C. 年龄结构　　　D. 素质结构

8. 文化对教育的制约支配作用尤为明显地表现在( )。

A. 教育方法　　　B. 教育内容　　　C. 教育目的　　　D. 教育途径

9. 教育发展水平的最终决定性因素是( )。

A. 生产力　　　　B. 生产关系　　　C. 经济基础　　　D. 政治制度

二、辨析题

1. 教育能推进一个社会的民主化进程。

2. 新科技革命为培养目标个性化提供了更充分的条件。

3. 教育是文化传播的代名词。

4. 教育是具有生产性的，生产性是教育的本质。

5. 教育民主化就是指教育机会均等。

6. 教育功能是指教育对个人及社会发展的促进功能。

三、简答题

1. 简述教育与政治经济制度的关系。

2. 简述教育与文化的关系。

3. 简述教育与生产力的关系。

4. 简述学校文化的特性。

四、论述题

1. 分析"经济要发展，教育需先行"。

2. 论述创新型国家建设与创新型人才培养的关系。

参考答案

一、单项选择题

1. A　2. B　3. B　4. D　5. A　6. A　7. C　8. D　9. A

二、辨析题

1. 该说法正确，教育可以促进民主。

2. 该说法正确，新科技革命使得传统工业的标准化、规格化转向非标准化、多样化，这为实现人的个性化发展提供更充分的条件。

3. 该说法错误，教育涉及了文化的传承与传播。

4. 该说法正确，教育的生产性包括教育劳动的生产性、教育投资的生产性和教育的生产力属性三个方面。

5. 该说法错误，教育民主化首先是教育机会均等，其次是师生关系的民主化，再次是指教育活动、方式、内容等的民主化。

6. 该说法错误，教育功能指的是教育对整个社会系统的维持和发展所产生的作用和影响，主要涵盖对社会发展和个人发展两方面的功能。

三、简答题

1. 答：(1)政治经济制度对教育有制约作用。

①政治经济制度决定教育的领导权；

②政治经济制度决定着受教育的权利；

③政治经济制度决定着教育的目的；

④教育相对独立于政治经济制度。

(2)教育对政治经济制度的影响。

①教育为政治经济制度培养需要的人才；

②教育是一种影响政治经济的舆论力量；

③教育可以促进民主。

2. 答：(1)文化对教育发展的影响。

①文化类型影响教育目标；

②文化积淀直接影响教育内容；

③文化观念影响着教育思想的产生和形成；

④文化传统影响着教育策略的选择。

(2)教育对文化发展的促进作用。

①教育的文化保存和传递的功能；

②教育的活化文化的功能；

③教育的文化选择功能；

④教育的文化批判功能；

⑤教育的文化交流、融合功能；

⑥教育的文化更新与创造功能。

3. 答：(1)生产力对教育的决定作用。

①生产力水平决定教育的规模和速度；

②生产力水平制约着人才培养的规格和教育结构；

③生产力发展水平制约着课程的设置和教学内容的改革；

④生产力发展水平制约着教学的方法和手段及教学组织形式；

⑤教育相对独立于生产力的发展水平。

(2)教育对生产力的促进作用。

①教育是劳动力再生产的重要手段；

②教育是科学知识再生产的手段；

③教育是发展科学的一个重要手段。

4. 答：①学校文化是一种组织文化；

②学校文化是一种整合性较强的文化；

③学校文化以传递文化传统为己任；

④校园文化——学校文化的缩影。

四、论述题(略)

第四章　教育目的

引言

案例：《学校不补课：孩子高兴　家长不干》

山西太原市各中学就要放假了，学校大多也按教育主管部门的要求明确放假后不再补课。这对于一直盼着假期的孩子们是个好消息，然而家长们却不干了，纷纷向学校递交了自愿补课申请，强烈要求学校利用离春节还有较长时间的这个空当给孩子们补课。

学校为难、学生反对、家长却意志坚定地抵制"禁补令"，这背后有着怎样的故事？

家住太原市新建路的张女士近来有点上火，在她的运作下，孩子同学的家长大多同意了补课事宜，也与学校达成了默契。校方告诉张女士，你们愿意自己张罗就行，但决不能使用学校的教室，地方自己寻找。尽管校方的态度不尽如人意，但补课总算有着落了。几经努力后，张女士发现，要找一个可供 10 个孩子上课的地方还真不容易。

而最让她头疼的事儿，是孩子的强烈反对。孩子的"小九九"是，为了防止甲流的传染，学校从本学期中期开始执行周末休息一天的制度，以期早日完成教学任务提前放假。如今好容易盼到假期，突然又冒出个补课来，她自然不愿意就范。

和孩子与家长的针锋相对相比，学校的态度显得有些矛盾。目前甲流已经式微，适当补补课也未尝不可，但是不能在自己的学校里，教育局已经明确表态不需补课了，真要顶风作案学校并不划算。但顺应家长的要求，可提高学生的水平，同时也可让老师们有点意外收入，如果被举报，查到底也不会有学校的责任，这当然是一件一举多得的事情。

事实上，学校这种态度对于家长来说相当于一种鼓励。目前有不少家长像张女士一样想方设法为补课而努力，因为需求旺盛，不难想象实现补课是板上钉钉的事情。

其实，张女士上火的原因，还不止这些。她也心疼孩子，知道一个学期了，每天十几个小时趴在课桌、书桌上，太需要放松调节一下了。但与孩子的前程相比，也只能这么做了。只是这样，当家长的，本身又平添了另一番痛苦和不忍。

有研究表明，创造力的旺盛，来源于创造者旺盛的精力、强烈的兴趣和愉悦的钻研，中学本来是探究欲望最强烈、创造性培养最适合的时段，但在一考定终身的体制下，学校忽略了这些，家长也忽略了这些，孩子们的正当愿望也被忽略了。

——摘自《中国教育报》，2010-02-03

对学校而言，教育的目的什么？对家长来说，为什么让孩子接受教育？培养下一代仅仅是为了追求升学率、考高分吗？显然不是。可基础教育的现实是无休止加班加点，题海战术，砍掉必要的课外活动和生产劳动技能教育，放弃德育、体育和美育，使学校教育的全部工作服从和服务于应付升学考试和提高学校升学率。而且家长也很认同孩子只有考高分、学习成绩好才是硬道理。盲目给孩子加压，严重影响了孩子的身心健康。这种"应试教育"的现状造成了学校教育与生产劳动、社会实际、学生生活的严重脱节，直接影响我国公民素质的提高，影响国家的发展。如何从根本上革除"应试教育"的弊端，使我国的基础教育健康发展，成为一道亟须解决的难题。

学习目标

1. 识记教育目的、德育、智育、体育、美育、劳动技术教育等概念。

2. 理解教育目的的社会制约性的基本含义及我国现阶段教育目的的基本精神。

3. 运用素质教育的观念分析教育现象。

第一节 教育目的概述

一、教育目的的概念和意义

(一)教育目的的概念

任何社会实践活动都有预期的目的，教育作为培养人的社会实践活动也同样如此。

广义的教育目的是指人们对受教育者的期望，即人们希望受教育者通过教育在身心诸方面发生什么样的变化，或者产生怎样的结果。国家和社会的教育机构、学生的家长和亲友、学校的教师等，都对新一代寄予这样那样的期望，这些期望都可以理解为广义的教育目的。

狭义的教育目的是国家对把受教育者培养成为什么样的人才的总的要求。各级各类学校无论具体培养什么领域和什么层次的人才，都必须努力使所有学生都符合国家提出的总要求。因此，教育目的对所有的学校具有指导意义。不管学生有多大个别差异，如体质强弱不同，成绩高低不齐，兴趣爱好不一，学校都必须努力使他们的发展符合国家提出的总要求。

(二)教育目的的意义和作用

目的是一种引导和推动人们在实践中改造世界、改造社会的精神行动力。目的为实践指明方向，使实践带有自觉性；实践将目的付诸实施，使目的具有客观现实性。目的与实践的关系表现为，一个具体的目的是人们实践活动的起点，并体现于实践活动的全过程和归宿中。因此，教育目的是一切教育工作的出发点，教育目的的实现则是教育活动的归宿，它贯穿于教育活动的全过程，对一切教育工作具有指导意义。假如教育目的强调培养军人或武士，教育体系遂有军国主义倾向；教育目的强调培养国家公民，教育目的遂有重视基础教育和注重民族性倾向；教育目的强调个性自由发展，教育体系遂有灵活多样和自由活泼的倾向。

教育目的对整个教育工作的指导意义是通过发挥以下作用实现的。

1. 教育目的的导向作用

教育目的一经确立就成为教育的方向，它不仅为受教育者指明了发展方向，预定了发展结果，也为教育工作者指明了工作的方向和奋斗目标。因此，教育目的无论对受教育者还是教育者都具有目标导向作用。具体体现为：一是对教育社会性质的定向作用，对教育"为谁培养人"具有明确的规定；二是对人才培养的定向作用；三是对课程选择及其建设的定向作用；四是对教师教学发现的定向作用。

2. 教育目的的激励作用

目的反映人的需要和动机，是人们在一起共同活动的基础。因此，共同的目的一旦被人们认识和接受，它不仅能指导整个实践活动过程，而且能够激励人们为实现共同的目标而努力。"目标就是价值，假如目标有价值，并且人愿意获得它（实现它），那么，它便能使学习者付出为达到该目标所需要的力量。"

3. 教育目的的评价作用

教育目的是衡量和评价教育实施效果的根本依据和标准。评价学校的办学方向、办学水平和办学效益，检查教育教学工作的质量，评价教师的教学质量和工作效果，检查学生的学习质量和发展程度等工作，都必须以教育目的为根本标准和依据进行。

因此，教育目的是教育的根本性问题，对一切教育工作具有指导意义。它明确了教育对象未来的发展方向和预定的发展结果，指导着整个教育活动的开展，支配着教育工作的各个方面和全过程。无论是教育政策的制定、教育制度的建立，还是教育内容的确定、教育方法的选择及效果的评价等，都受到教育目的的制约。

二、教育目的的层次结构

（一）教育目的的基本层次

教育目的是各级各类教育培养人的总的质量标准和总的规格要求，是各级各类学校工作遵循的总方针，但它不能代替各级各类学校对所培养的人的特殊要求。各级各类学校还有各自的具体工作方针，这便决定了教育目的的层次性。教育目的的层次包括：国家的教育目的；各级各类学校的培养目标；教师的教学目标。

（二）各级各类学校的培养目标

1. 各级各类学校培养目标的确立

根据各级各类学校任务确定的、对所培养的人的特殊要求，我们习惯上称为培养目标。它是由特定的社会领域（如教育工作领域、医疗卫生工作领域、工业生产领域、农业生产领域等）和特定的社会层次（如工程师、专家、科学家、小学教师、中学教师、大学教师）的需要决定的；也因受教育对象所处的学校级别（如初等、中等、高等学校）而变化。为了满足各行各业、各个社会层次的人才需求和不同年龄层次受教育者的学习需求，才有各级各类学校的建立。各级各类学校要完成各自的任务，培养社会需要的合格人才，就要制定各自的培养目标。

2. 教育目的与培养目标之间的关系

教育目的与培养目标是普遍与特殊的关系。教育目的是针对所有受教育者提出的，而培养目标是针对特定的教育对象提出的，各级各类学校的教育对象有各自不同的特点，制定培养目标需要考虑各自学校学生的特点。

(三)教师的教学目标

1. 什么是教学目标

教学目标是教育者在教育教学过程中，在完成某一阶段（如一节课、一个单元或一个学期）工作时，希望受教育者达到的要求或产生的变化结果。学校培养人的工作是长期、复杂而又细致的，学校实现教育目的和培养目标不是一蹴而就的事，对学生的培养要靠日积月累。这就要求学校、教师将教育目的、培养目标具体化，明确在某一个阶段内，教一门学科或组织一些活动时，希望学生在认知、情感、行为和身体诸方面所要达到的具体目标。

2. 教学目标与教育目的、培养目标之间的关系

教学目标与教育目的、培养目标的关系是具体与抽象的关系，他们彼此相关，但相互不能取代。教育目的反映的是对人才培养规格总的、普遍的、一般的要求，它具有较强的抽象性、理想性、终极性特点。相对而言，培养目标显得较为具体，且具有一定的针对性和现实的可行性，而教师的教学目标则最为基础、最能在实践层面上加以操作与实施。总之，目的与目标根本不同，目标能测量，但目的不能测量。

第二节　制定教育目的的基本依据

教育目的的提出和确立，不仅是个人主观意志的表现，更是源自对教育客观规律的认识。教育目的也不是一个超社会、超历史的永恒范畴，它具有一定的时代性。教育目的总是反映着一定时代的社会政治经济条件和人的身心发展水平的要求。要使教育更好地为社会服务，促进人的发展，

在选择、确立教育目的时，必须清楚地认识和考虑以下依据。

一、教育目的的制定受制于特定的社会政治、经济、文化背景

教育目的就其本质来说，是要培养社会所需要的人。但是，由于社会制度、经济条件、文化历史背景的不同，教育目的的内涵也不尽相同。

(一)不同的社会发展阶段有不同的教育目的

教育目的具有历史性、时代性、社会性，在阶级社会具有鲜明的阶级性。教育目的随时代的变迁、随社会条件的变化而变化。一个社会需要什么样的人，具有什么样的政治倾向和思想意识，需要哪些类型与规格的劳动力，都集中地反映在所制定的教育目的上。万古不变的教育目的是没有的。在阶级社会里，占有统治地位的阶级总是按自己的阶级意志和政治路线培养人，当极少数人通过教育培养成统治者时，其他绝大多数人则通过教育等方式培养成了被统治者。

资本主义社会，资产阶级在获得统治地位后，一方面要培养本阶级的接班人，另一方面则要"训练对资产阶级有用的奴仆，既能替资产阶级创造利润，又不会惊扰资产阶级的安宁和悠闲。"

社会主义国家也要培养自己的专门人才。恩格斯曾经说过："过去的资产阶级革命向大学要求的仅仅是律师，作为培养他们政治活动家的最好原料；而工人阶级的解放，除此之外，还需要医生、工程师、化学家、农艺师及其他专门人才。因为问题在于不仅要掌握政治机器，而且要掌握全部社会生产。因而在这里需要的绝不是响亮的词句，而是丰富的知识。"

(二)不同的社会制度有不同的教育目的

从美国和苏联这两个政治制度不同的国家的教育目的表述中，我们可以看到不同的社会政治、经济、文化等因素对教育目的的制约。

美国是一个追求所谓"民主、平等"的社会，美国民主主义的教育目的包括四个主要方面。

1. 自我实现的目标，如探究听、说、读、写、数、见闻、健康知识、健康习惯、公共卫生、修养、认知兴趣等。

2. 人际关系的目标，如尊重人性、友好、协作、礼仪、爱好、家庭等。

3. 经济效率的目标，如工作、职业知识、职业选择、效率、调整、爱好、个人经济、消费者的判断、顾客的效率、消费者的保护等。

4. 公民责任的目标，如社会正义、社会活动、社会理解、批判性、宽容、遵守法律、政治责任等。

苏联是一个追求共产主义理想的社会，其学校教育的基本目的是培养全面发展的人，培养共产主义社会的积极建设者。具体要求包括如下几个方面。

1. 保证学生的身体正常发展，培养健康和生机勃勃的一代。

2. 使学生掌握关于自然、社会和人类思维的科学基本知识，培养他们科学的辩证唯物主义世界观，发展他们的认识能力。

3. 授予青年一代关于现代生产的科学基本知识以及把科学规律应用于社会主义建设实践的知识，同时培养学生在生产劳动方面的一系列的技能和技巧，即给他们以综合技术教育。

4. 保证培养学生高尚的道德品质和信念，培养他们对祖国的热爱和劳动者国际主义团结的情感，形成他们对劳动和公共财物的共产主义态度，培养他们的自觉纪律。

5. 给予多方面的劳动教育，培养热爱劳动的情感和从事劳动的技能。

6. 对学生进行教育，教会他们正确地理解和评价艺术作品，形成他们的审美兴趣，发展他们在艺术方面的创造能力，授予他们艺术教育的原理。

(三)不同国家的文化背景也使教育培养的人各具特色

例如，英国所向往的理想人物是"绅士"，比较重视文化素质，因此其教育的目的强调陶冶学生的人格，注重培养有教养的人；德国是一个后起的资本主义国家，为了同当时较先进的工业化国家竞争，必须依靠科学技术来增强国力，因此它注重科学技术教育，要求培养出来的各种人才具有创新的思想和开拓精神。

总之，不同国家、不同时代的教育目的的制定，都受到当时的社会政治、经济、文化等因素的影响。因此，教育目的是社会需求的集中反映，是教育性质的集中体现。它反映了社会政治和社会生产的需求，体现了教育的历史性、阶级性和生产力的性质。

二、教育目的体现了人们的教育理想

如同人类的其他社会活动一样，教育目的具有主观的性质，是存在于人头脑中的一种观念形态的东西。教育目的作为教育者在观念上预先建立起来的关于未来新人的主观形象，往往反映的是理想的新人的形象。

教育目的是一种理想，它同政治理想、社会理想等又紧密结合在一起。因此，从不同的哲学观点出发就有不同的教育目的，如实用主义教育目的、要素主义教育目的、永恒主义教育目的、存在主义教育目的等。

在漫长的教育实践历史进程中，人们从各自的理想出发，赋予了教育所要培养的人以不同的内涵。如柏拉图把教育的最高目的限定在培养治理国家的哲学家上，他们是"心灵的和谐达到完美的境地"的人；人文主义者拉伯雷心目中理想的人能读、能写、能唱、能弹奏乐器，会说四至五种语言，会写诗作文，勇敢，知礼，健壮，活泼，爱做什么就做什么；而启蒙运动的先锋卢梭心目中的理想人是一个自然天性获得自由发展的人，他身心协调和谐，既有农夫或运动员的身手，又有哲学家的头脑；他心地仁慈，乐于为善，感觉敏锐，理性发达，爱美，既富于情感，又富于理智，还掌握了许多有用的本领。我国近代梁启超主张培养的人应具有的特征是：公德、国家思想、进取冒险、权利思想、自由、自治、进步、自尊、合群、生利分利、毅力、义务思想、尚武。

三、我国教育目的是建立在马克思关于人的全面发展学说基础上的

马克思主义关于人的全面发展学说是确定我国教育目的的理论基础，正确认识和理解这一学说，对制定教育目的有重要的指导意义。

马克思主义关于人的全面发展学说是建立在历史唯物主义和剩余价值学说的理论基础上，它把人的全面发展既看成是现代化大生产的客观要求，又看成是对于共产主义新人的理想蓝图的描绘。马克思主义关于人的全面发展学说的基本理论有如下要点。

1. 人的全面发展是与人的片面发展是相对而言的，全面发展的人是精神和身体、个体性和社会性得到普遍、充分、自由发展的人。

2. 人朝什么方向发展、怎样发展、发展到什么程度取决于社会条件。人的发展从根本上说，取决于其所处的社会物质生活条件，人们在社会生产和生活中所处的地位不同，其所获得的发展机会也不相同。

3. 从历史发展的进程来看，人的发展受到社会分工的制约。马克思和恩格斯通过对社会发展史的考察，指出第一次社会大分工，即城市和农村的分离、脑力劳动和体力劳动的分离，造成了人的片面发展。表现为"使农村人口陷于数千年的愚昧状况，使城市居民受到各自的专门手艺的奴役。它破坏了农村居民的精神发展的基础和城市居民体力发展的基础。"除

了这种社会生产分工的原因之外，由于阶级的对立，在生产资料的占有和财富的分配上，统治阶级占绝对优势，也使得人的片面发展更加严重，即劳动者缺乏发展的物质基础。所以，旧的社会生产分工和不合理的生产关系是人的片面发展的原因。人的片面发展的基本特征是脑力劳动和体力劳动的分离与对立，人的片面发展在资本主义手工工场中发展到了极端的地步。

4. 现代大工业生产的高度发展必将对人类提出全面发展的要求，并提供全面发展的可能性。机器大工业生产提供了人的全面发展的基础和可能。资本主义机器大工业的出现与发展，为人的全面发展开辟了道路。首先，机器大工业生产对人的全面发展提出了客观需要。因为机器大工业生产的技术基础是现代的科学技术。科学技术的不断发展，就使得社会生产分工不断地发生革命性变革，不断地把大批工人和大量资本从一个生产部门投向另一个生产部门。大工业的本性决定了劳动的变换和工人的全面流动性。承认劳动的变换，从而承认人尽可能多方面地发展是社会生产的普遍规律。这就要求工人要懂得机器操作的一般原理，要掌握一定的科学技术知识，把体力劳动和脑力劳动尽可能地结合起来。另外，还要有比较广泛的适应性。其次，机器大工业生产也为人的全面发展提供了可能和条件。因为机器大工业生产创造了极高的劳动生产率和社会财富，缩短了劳动时间，使工人有物质条件、时间、精力去从事学习，发展自己。

5. 马克思预言，人类的全面发展只有在共产主义社会才能得以实现。机器大工业生产提供人全面发展的可能性，但这种可能性在资本主义社会并不能充分地实现。因为在生产资料的私有制条件下，资本家的目的是尽可能多地攫取剩余价值，这就使工人用于发展自己的时间、精力和物质条件都受到很大的制约和限制。此外，由于两极分化，还有不少的人生活在贫困线以下，他们没有条件去接受良好的教育和发展自己。所以，只有消灭了剥削，实现生产资料公有制，为全体劳动者提供必要的物质的和精神的条件，才能使他们真正获得全面发展。社会主义制度是实现人的全面发展的社会条件。

6. 教育与生产劳动相结合是实现人的全面发展的唯一方法。通过什么途径和方法才能实现人的全面发展？马克思指出，这种方法就是教育与生产劳动相结合。马克思说：教育与生产劳动相结合，"不仅是提高社会生产的一种方法，而且是造就全面发展的人的唯一方法"。

马克思主义关于人的全面发展的学说确立了科学的人的发展观，指明了人的发展的必然规律，并为我们制定教育目的提供了理论依据。我们只有正确地理解马克思主义关于人的全面发展的学说，并结合当前社会政治、经济、文化发展的实际情况，才能制定出科学的教育目的。

第三节　我国的教育目的

一、我国教育目的的表述

(一)古代的教育目的

以儒学精神为主体的儒家文化在中国漫长的封建社会逐渐形成并居于主导地位，中国古代的教育是儒家教育，甚至在某种意义上可以把中国儒家的文化传统看作是儒家的教育传统。所以我们要考察中国古代的教育目的必须从历代儒家文化中关于人的发展论述里去寻觅。我国古代社会持续时间较长、朝代很多，随朝代更替，教育目的的演化比较复杂，因此，我们在这里不一一考察每一时期的教育目的及其演化，只概略看看我国儒家文化从"人性"的共同观出发，论述的我国古代传统教育(特别是封建教育)的教育目的。儒家的教育不管在任何时期都是以"人性论"为基础，以促进社会的存续和发展为终极目的，因此我国古代各个历史时期的教育有其基本性格——"君子教育"(也是人文教育)。这种教育的教育目的是要受教育者"修己、立己、成己"，以养成个人的"德行、智能、学识"，并要外化出去。即由修己而通向"治人"，使教育的功能伸展到国家和政治领域；由立己而通向"立人"，使教育的功能发挥教化的作用；由成己而通向"成物"，使教育的功能扩大到事功的层面。也就是说，我国传统儒家教育的教育目的是侧重于"社会本位"的价值取向——培养封建统治者的理想接班人，专注于人文主义的文化取向——以儒家的经典培养受教育者，使其具有儒家精神的"内圣外王"的理想人格，即"依于仁""立于礼"，如此"居仁由义，大人之事备矣"的精神与人格。如《大学》中所说的八条目"格物、致知、诚意、正心"归结到"修身"——"自天子以至于庶人，壹是皆以修身为本"，修身即"内圣"。"八条目"中的逻辑顺序既是教育目的分类的递进之序，又认定了教育目的实现的条件。中国古代的这种教育目的绝非只是追求个人的完善(修身而独善其身)，而是崇尚国家一体化，最终实现以天下为己任，平定天下的理想，"齐家、治国、平天下"便是这种"外王"的社会本位的体现。一句话，我国古代教育就是为了培养学生做官。

(二)新中国不同历史时期的教育目的

新中国成立以来，教育事业开始了历史性转变，被赋予鲜明的社会主义性质和要求。反映社会主义性质和需要的教育目的，对于人才培养和教育事业的发展起着引领和指导的作用。

1957年，在生产资料所有制的社会主义改造基本完成以后，毛泽东在最高国务会议上提出："我们的教育方针，应该使受教育者在德育、智育、体育几方面都得到发展，成为有社会主义觉悟的、有文化的劳动者。"

1982年，第五届全国人民代表大会第五次会议通过的《中华人民共和国宪法》，其中规定："国家培养青年、少年、儿童在品德、智力、体质等方面全面发展。"

1985年，《中共中央关于教育体制改革的决定》指出：教育要为我国的经济和社会发展培养各级各类的合格人才，"所有这些人才，都应该有思想、有道德、有文化、有纪律，热爱社会主义祖国和社会主义事业，具有为国家富强和人民富裕而艰苦奋斗的奉献精神，都应该不断追求新知，具有实事求是、独立思考、勇于创造的科学精神。"人们经常把这一表述简称为"四有、两爱、两精神"。

1986年通过的《中华人民共和国义务教育法》规定了我国义务教育的目的："义务教育必须贯彻国家的教育方针，努力提高全民族的素质培养有理想、有道德、有文化、有纪律的社会主义建设人才。"

1993年，中共中央、国务院印发的《中国教育改革和发展纲要》重申，"各级各类学校要认真贯彻'教育必须为社会主义现代化建设服务，必须与生产劳动相结合，培养德、智、体全面发展的建设者和接班人'的方针"。

1995年，第八届全国人民代表大会第三次会议通过了《中华人民共和国教育法》，规定教育要"培养德、智、体等方面全面发展的社会主义事业的建设者和接班人"。

(三)现阶段我国的教育目的及基本精神

1999年6月，《中共中央国务院关于深化教育改革全面推进素质教育的决定》(以下简称《决定》)中提出，教育要"以培养学生的创新精神和实践能力为重点，造就'有理想、有道德、有文化、有纪律'的，德、智、体、美等方面全面发展的社会主义事业建设者和接班人"。这是我国在社会主义初级阶段对人才培养的总的规定与要求。

教育目的的这一表述体现了时代的特点，反映了现阶段我国教育目的的基本精神。

首先，我们要求培养的人是社会主义事业的建设者和接班人，因此要坚持政治思想道德与科学文化知识能力的统一。也就是说，我们既要使受教育者获得系统而丰富的科学文化知识，又要使受教育者受到一定的思想政治道德教育，二者都不可偏废。

其次，我们要求学生在德、智、体等方面全面发展，要求坚持脑力与体力两方面的和谐发展。要教育学生正确对待脑力劳动者和体力劳动者。选择脑力劳动发展方向的学生，要养成尊重工农及其他劳动者的感情，树立为他们服务的志向，防止和清除"万般皆下品，唯有读书高"的传统观念的影响；选择体力劳动作为发展方向的学生，也要注意提高文化素质，拓宽文化视野，尊重知识和知识分子，克服"读书无用"论的影响。而且，伴随现代社会的发展，体力劳动和脑力劳动正出现融合的趋势，所以，就个体的发展而言，应该争取做体力劳动和脑力劳动相结合的人。

最后，适应时代要求，强调学生个性的发展，培养学生的创造精神和实践能力。这里讲的"个性"，是全面发展的独立个性，是受教育者高层次发展的需要，也是他们形成使命感、事业心、创造性的源泉。培养受教育者的独立个性，就是要使受教育者的个性自由发展，增强受教育者的主体意识，形成受教育者的开拓精神、创造才能，提高受教育者的个人价值，以使受教育者有更强的社会责任感，善于根据社会需要调整自己的知识结构、思想方式、行为方式，表现出较强的应变能力和适应能力等。

综上所述，我国教育目的的基本精神在于：培养德、智、体、美全面发展的、具有创新精神、实践能力和独立个性的社会主义现代化需要的各级各类人才。

二、全面推进素质教育

当今世界，科学技术突飞猛进，知识经济已见端倪，国际竞争日趋激烈。教育在综合国力的竞争中处于基础地位，一个国家国力的强弱越来越取决于劳动者的素质，取决于各类人才的质量和数量，这就对培养和造就21世纪的一代新人提出了更加迫切的要求。为此，要以提高国民素质为根本宗旨，全面推进素质教育，为实施科教兴国的战略奠定坚实的人才和知识基础，为中华民族21世纪的全面振兴培养一代新人。

全面提高学生素质是素质教育的根本目的。它可以分为做人与成才两个层次：前者是后者的基础，偏重于共同要求；后者是前者的发展，偏重于区别对待。素质教育有三大任务，即提高身体素质、培养心理素质、形成社会素质。这三大任务是相互作用、共同提高的。

（一）素质教育是面向全体学生的教育

人是社会的载体，各种不同知识层次的人共同推动了社会的进步。只要是有高度社会责任感、勤奋工作、勇于创新、为社会做出一定贡献的人都是人才。而在"应试教育"下，学校教师、家长眼中盯着的只是能考上重点中学、重点大学的学生，以高层次的掌握高科技的科学家、掌握政治权力的政治家、社会上有名气的艺术家、腰缠万贯的企业家作为人才标准，作为学校教育的培养目标。其次，只重视个别学生的个别方面，不是依照全体学生在德、智、体、美诸方面有较大提高来评价教育和教学，而是以考试为指挥棒，考什么，教什么，简单地依考分、升学率评价学校、奖励教师，使学校中"重知不重能，重理不重文，重智不重德，重才不重人"的现象愈演愈烈。结果使那些受歧视的学生本应有的才能却因未得到培养而被压抑，这不仅影响到全面提高教育教学质量，而且带来校园里的一些不和谐因素，是一种被严重扭曲和异化的教育。

因此，我们强调的是"一种适合儿童的教育，而不是挑选适合教育的儿童"。素质教育就是要改变以往教育只重视升学有望的学生的做法，坚持面向全体学生，依法保障义务教育阶段儿童和青少年学习与发展的基本权利，努力开发每个学生的潜能，使所有学生都得到平等健康的发展。

1. 素质教育要求普遍提高教育质量，逐步缩小重点学校与非重点学校、城市学校与农村学校、经济发达地区学校与经济落后地区学校的差别，使不同地区、不同学校的儿童都享受平等的教育。

2. 素质教育要求全体适龄儿童都入学接受现代学校教育，防止因各种原因造成的学生流失，更反对以学生智力、成绩、行为不良为借口强迫学生退学，以促进整个民族素质的提高。

3. 素质教育要求普遍提高学生素质，为每一个学生都成为合格的、现代的公民奠定基础，反对为提高升学率而只抓少数尖子学生的教育，而放弃或放松对大多数学生的培养。素质教育要求根据不同儿童的发展特点和水平进行因材施教，使每一个儿童都学到知识，体验成功的喜悦，得到应有的发展。

总之，素质教育是使每一个学生都得到发展的教育，使每个人都在自己原有的基础上得到发展的教育，使每个人的潜能都在他自己天赋允许的范围内得到充分发展的教育。也就是说，素质教育是面向全体学生的教育，也是全面发展与因材施教相统一的教育。

(二)素质教育是全面发展的教育

素质教育强调培养学生在德、智、体、美等方面全面发展，为此，《决定》指出："实施素质教育，必须把德育、智育、体育、美育等有机地统一在教育活动的各个环节中。学校教育不仅要抓好智育，更要重视德育，还要加强体育、美育、劳动技术教育和社会实践，使诸方面教育相互渗透、协调发展，促进学生的全面发展和健康成长"。

1. 德育

德育是教育工作者组织适合受教育者品德成长的价值环境，是培养学生正确的人生观、世界观、价值观，使学生具有良好的道德品质和正确的政治观念，形成学生正确的思想方法的教育。

普通学生在德育方面的要求是：①帮助学生初步了解马克思主义的基本观点和具有中国特色的社会主义理论；②热爱党，热爱人民，热爱祖国，热爱劳动，热爱科学；③建立民主和法制意识，养成实事求是、追求真理、独立思考、勇于开拓的思维方法和科学精神；④形成社会主义的现代文明意识和道德观念；⑤养成适应改革开放形势的开放心态和应变能力。

2. 智育

智育是教育者创设一定的情境以提升教育对象的智慧水平为目标的教育。即授予学生系统的科学文化知识、技能，发展他们的智力和与学习有关的非认知因素的教育。

普通学生在智育方面的要求是：①帮助学生进一步系统地学习科学文化基础知识，掌握相应的技能和技巧；②发展学生的思维能力、想象能力和创造能力，养成良好的学习习惯和自学能力；③培养学生良好的学习兴趣、情感、意志和积极的心理品质。

3. 体育

体育是以发展学生的体能为目标的教育活动，授予学生健康的知识、技能，发展他们的体力，增强他们的自我保健意识和体质，培养参加体育活动的需要和习惯，增强其意志力的教育。

普通学生在体育方面的要求是：①使学生掌握基本的运动知识和技能，养成坚持锻炼身体的良好习惯；②培养学生的竞争意识、精神和坚强毅力；③培养学生良好的卫生习惯，了解科学营养知识。

4. 美育

美育是培养学生感受美、鉴赏美、创造美的能力，从而促进学生以追求人生的情趣与理想境界为目标的教育。即健康的审美观、高尚的情操与文明素养的教育。美育不等于艺术教育，也不仅仅是"美学"的学习，它的内容要比艺术教育和"美学"学习宽阔得多。

普通学生在美育方面的要求是：①提高学生感受美的能力，即对自然、社会中存在的现实美，对艺术作品的艺术美的感受能力。提高学生感受美的能力，从根本上说是提高人的整体性的精神素养；②培养学生鉴赏美的能力，即具有区分美的程度和种类的能力，懂得各种类型美的特性与形态的丰富性，领悟美所表达的意蕴和意境，从而达到"物我同一"的审美境界，并使人格与性情得到陶冶；③形成学生创造美的能力，即能把自己独特的美感用各种不同的形式表达出来的能力。创造美的能力既包括艺术美的创造，也包括生活美的创造。形成学生创造美的能力是美育的最高层次的任务。

5. 劳动技术教育

劳动技术教育是引导学生掌握劳动技术知识和技能，形成劳动观点和习惯的教育。

普通学生在劳动技术教育方面的要求是：①通过科学技术知识的教学和劳动实践，使学生了解物质生产的基本技术知识，掌握一定的职业技术知识和技能，培养学生的动手能力，养成良好的劳动态度、劳动习惯和艰苦奋斗的精神；②结合劳动技术教育，还可以授予学生一定的商品经济知识，使学生初步懂得商品的生产、经营和管理，了解当地的资源状况和经济发展规划，以及国家的经济政策、法律法规，具有一定的收集和利用商品信息的能力。

（三）素质教育是促进学生个性发展的教育

当今世界所有有识之士都认为，21世纪所需要的是一种全面发展的具有独立个性的创新型人才，适合新世纪的人才应具有丰富的知识、灵活的应变能力、乐于合作和勇于创新的能力。随着社会发展的加速，人类面临的新问题、新矛盾也越来越多，更需要培养具有更多的认识人类社会发展规律的能力的、能面对社会的发展方向做出正确判断的、具有健全人格和丰富个性的人。在此基础上，我们的教育教学应当要面向全体学生，因材施教，让每个人的潜能都有获得充分发展的机会。

事实上，人与人之间在基本素质大体相同的基础上，每个人由于先天禀赋、环境影响、接受教育的内化过程等方面存在诸多差异，存在多样的个性。我们把人的个性看作人性在个体上的反映，是共同性与差别性的统一。因此，教育在重视人的全面发展以外，也应当促进学生的个性的发展。这两者是相互依存、互为表里的关系。

以往的教育，一般只着重于对学生的共同要求，过分强调统一性而忽视差别性，以统一性代替个别性，对所有学生按统一模式进行教育，结果抹杀甚至是扼杀了学生的个别性。

针对教育的这种弊端，素质教育强调要把学生的全面发展与个性发展结合起来，即充分重视学生共性的发展，对学生的基本方面的发展有统一的要求；在此基础上，又要重视学生个性的多样性，对不同的学生有不同的发展要求、不同的教育模式、不同的评价方案，从而把学生的差别性显示出来并加以发展，使每一个学生成为具有高度自主性、独立性与创造性的人。

（四）素质教育是以培养创新精神为重点的教育

创新能力是一个民族进步的灵魂，是国家兴旺发达的不竭动力。一个没有创新能力的民族，难以屹立于世界前列。作为国力竞争的基础工程的教育，必须培养具有创新精神和能力的新一代人才，这是素质教育的时代特征。

1. 创新能力不仅是一种智力特征，更是一种人格特征，是一种精神状态

创新能力离不开智力活动，离不开大量具体的知识，但创新能力决不仅仅是智力活动，它不仅表现为对知识的摄取、改组和运用，不仅表现为对新思想、新技术的发明，而且是一种追求创新意识，是一种发现问题、积极探求的心理倾向，是一种善于把握机会的敏锐性，是一种积极改变自己并改变环境的应变能力。

2. 创新精神与创新能力相辅相成

创新精神与创新能力相辅相成，面对多样的、多变的世界，任何一个人、一种职业、一个社会都缺少不了创新精神和创新能力。对教育来说，培养创新精神和创新能力不是一般性的要求，而应成为教育活动的根本追求，成为素质教育的核心。应试教育不仅加重学生的学习负担，牺牲多数学生的发展，更重要的是应试教育忽视甚至是扼杀学生的创新精神和创新能力。因此，能不能培养学生的创新精神和创新能力是应试教育和素质教育的本质区别。

3. 重视创新能力的培养，也是现代教育与传统教育的根本区别所在

传统教育是以教学内容的稳定性和单一性为基本出发点，以知识记忆和再现为基本学习目标，它强调的是掌握知识的数量和准确性，强调的是对过去知识的记忆。因此，传统教育把掌握知识本身作为教学目的，把教学过程理解为知识积累的过程。在这样的教学过程中，创新能力的培养没有也不可能得到重视。现代社会，知识创造、更新速度的急剧加快，改变着以知识的学习、积累为目的的教育活动。知识的学习成为手段，成为认识科学本质、训练思维能力、掌握学习方法的手段。在教学过程中，强调的是"发现"知识的过程，而不是简单地获得结果，强调的是创造性解决问题的方法和形成探究的精神。在这样的教学过程中，学生的应变能力、创新能力也就在解决问题的过程中得到了培养和发展。

【自测题】

一、单项选择题

1. 制定我国教育目的的指导思想和理论基础是（　　）。

A. 社会本位价值取向　　　　　B. 个人本位价值取向

C. 马克思主义的人的全面发展学说　D. 文化本位价值取向

2. 马克思主义教育观认为造就全面发展的人的唯一方法是（　　）。

A. 教育与生产劳动相结合　　　　B. 加强现代人文教育

C. 开展素质教育　　　　　　　　D. 加强现代科学教育

3. 中国当代历史上第一个以法律形式确定的教育目的的是（　　）。

A. 1958 年《关于教育工作的指示》

B.《关于正确处理人民内部矛盾的问题》

C. 1982 年《中华人民共和国宪法》

D. 1995 年《中华人民共和国教育法》

4. 教育目的与培养目标之间的关系是（　　）的关系。

A. 理论和实践　　B. 整体和部分　　C. 具体和抽象　　D. 普遍和特殊

5. 素质教育思想提出要以培养学生的（　　）为重点。

A. 探索能力　　　　　　　　　　B. 创新能力

C. 实践能力　　　　　　　　　　D. 创新精神和实践能力

6. 全面发展教育的组成部分是（　　）。

A. 教育、智育、体育、美育和劳动技术教育

B. 思想政治教育、智育、体育、美育和劳动技术教育

C. 德育、智育、体育、美育和劳动技术教育

D. 道德教育、智育、体育、美育和劳动技术教育

7. 我国现阶段的教育目的是(　　)。

A. 陶冶学生的人格，注重培养有教养的人

B. 注重科学技术教育，培养具有创新思想和开拓精神的人

C. 适应时代精神，强调个性自由发展

D. 以培养创新精神和实践能力为重点，造就"四有"的德、智、体、美等全面发展的社会主义建设者和接班人。

8. 根据各级各类学校任务确定的对所培养对象的特殊要求叫作(　　)。

A. 教育目的　　　B. 教学目标　　　C. 培养目标　　　D. 培养目的

9. 当代中国教育的导向思想是(　　)。

A. 应试教育　　　B. 双轨制教育　　　C. 素质教育　　　D. 终身教育

10. 我国全面发展教育中起保证方向和保持动力作用的是(　　)。

A. 德育　　　　　　　　　　B. 智育

C. 美育　　　　　　　　　　D. 劳动技术教育

二、辨析题

1. 培养目标的制定受教育目的的制约。

2. 教育目的、培养目标、课程目标和教学目标构成学校教育目的的层次结构。

三、简答题

1. 简述制定教育目的的依据。

2. 如何全面理解素质教育？

参考答案

一、单项选择题

1. C　2. A　3. C　4. D　5. D　6. C　7. D　8. C　9. C　10. A

二、辨析题

1. 该说法错误。教育目的与培养目标是普遍与特殊的关系，培养目标的制定当然要考虑到教育目的，但制定培养目标还要考虑教育对象的特点及特定的社会领域，如化工医疗等的特点。

2. 该说法正确。教育目的是国家对教育培养什么样的人才的总的要求，是各级各类学校遵循的工作方针，但它不能代替各级各类学校对所培

养的人的特殊要求，即培养目标。这便决定了教育目的的层次性。培养目标是由特定的社会领域和特定的社会层次的需要所决定的。教育目的是对所有受教育者提出的，而培养目标是针对特定对象提出的，两者是普遍与特殊的关系。教学目标是教育者在教育教学的过程中，在完成某一阶段学习任务的情境下提出的，教学的主要任务在于使学生的能力得到发展。

三、简答题

1. 答：（1）特定的社会政治经济文化背景；（2）人的身心发展特点需要；（3）人们的教育理想；（4）我国确立教育目的的理论依据是马克思关于人的全面发展学说。

2. 答：（1）素质教育是面向全体学生的教育；（2）素质教育是全面发展的教育；（3）素质教育是促进学生个性发展的教育；（4）素质教育是以培养创新精神为重点的教育。

第五章　教育与个人的发展

引言

中午加餐时，老师为小朋友分发威化饼干。2岁半的毛毛看着她盘子里的威化饼干突然大哭起来："我不要这个，我不要这个！"老师定神一看，原来那块威化饼干残缺了一角，赶忙给她换了一个完整的，毛毛这才平静下来。

上厕所时，毛毛要求将卫生间冲洗干净，否则坚决不上厕所。由此，我们想到了什么？

教育是培养人的社会活动，因而必须清楚教育与人的发展的规律，正确处理教育与人的发展的关系，这是做教育工作的重要前提。

（摘自孙瑞雪：《捕捉儿童敏感期》，天津，新蕾出版社2007年版）

学习目标

1. 了解个体身心发展的概念。
2. 理解个体身心发展的一般规律。
3. 理解个体身心发展的动因。
4. 理解个体身心发展的影响因素及相互关系。
5. 了解教育对人类地位的提升。
6. 了解普通中等教育在促进青少发展中的特殊作用。

第一节　个体身心发展的一般规律

人的发展问题，是哲学、生理学、心理学、教育学、社会学、人类学、文化学等学科共同关注的课题。一般而言，人的发展通常有两种理解：一是作为物种的人的发展，指人类在地球上出现以及进化的过程；二是指个体的发展，是随着时间的推进个体身心所发生的变化。教育学所讲的"人的发展"主要是指个体的发展，因为教育面对的是个体的、现实的、具体的人，教育的根本目的在于促进人的发展。

一、个体身心发展的概述

(一)个体身心发展的概念

发展是指事物从小到大、由简到繁、由低级到高级、由旧质到新质连续不断的变化过程。这一变化过程既有量的变化，又有质的变化；有正向的变化，也有负向的变化。个体身心发展是指个体从出生到生命的终结，其身心诸方面所发生的一切变化转变为现实特征的过程。因此个体发展不仅是其机体的生物成熟过程，而且是其认识发展的过程，个性和社会性发展的过程。

个体身体的发展是人的生理方面的发展，包括机体的自然形态和各种组织系统(骨骼、肌肉、神经、呼吸系统等)及其机能的发展和完善。个体的心理发展指人的心理过程与个性心理的发展，包括认知、情感、意志和各种高级社会性的发展。个体的生理与心理发展密切相关。身体的发展，特别是神经系统的发展，为心理发展提供了物质基础，影响、制约着心理的发展，心理的发展也指导和影响着身体的发展。

一般说来，学生的发展是指学生在遗传、环境和学校教育以及主观能动性的相互作用下身体和心理两个方面所发生的量和质的变化过程与结果，是诸多内外因素综合作用的结果。从外部因素看，可以分为可控和不可控、积极和消极等维度。学校是影响学生发展的主要外部因素。它是通过可控的、积极的学校因素和从社会环境中选择出的积极因素来影响学生的发展的。从内部因素看，学生身心发展的社会需要与个体现有发展水平之间的矛盾和由这种矛盾所构成的现实性活动是学生发展的根本动力。由于影响学生发展的内外因素都是发展变化并相互作用的，不同的个体有不同的发展道路，其发展呈现多种可能性。

(二)人的身心发展的特殊性

人是在社会实践的过程中接受环境的影响，同时也在改造环境的过程中改造着自己。也就是说人的身心发展是在社会实践中实现的，并具有能动性。

1. 人的身心发展是在社会实践过程中实现的

马克思曾经说过："环境的改变和人的活动的一致，只能被看作是并合理地理解为变革的实践"。[①] 人是在社会实践中接受客观世界的影响，反映客观现实的，环境对人的影响离不开人的社会实践。因为外部环境的因素只有作为个体的活动对象，才能显示它的意义和作用，才会映入个体的主观意识，与个体的动机、需要、认识、意志等发生交互作用，将客观世界的东西与主观世界的东西联系起来。如果离开了人的实践活动，客观环境条件没有成为主观的活动对象，那么再好的客观环境条件，也不会对人的发展起到什么作用。

阅读材料：

与世隔绝的王子

1828 年 5 月 26 日，德国纽隆贝尔克城的街头，市民发现一位穿着古怪的农民服装、神情疲倦且摇摇晃晃向前移动的青年。这位青年是谁呢？后来才知道他是在 1812 年德国出生的当时巴登大公国的王子——卡斯巴·豪瑟。

卡巴斯·豪瑟出生后，被争夺王位的宫廷阴谋家将他同普通人家的婴儿对换，三四岁时，被关进黑暗低小的地牢里，他可以找到面包和水，但从未见过人，直到他 17 岁时，才被放出来。经检查，他身高只有 144 厘米，膝盖已经变形，走路如同婴儿学步，目光呆滞、怕光，暗视觉特别敏锐，黑夜能看到 180 步以外的马匹，听觉、嗅觉比较灵敏，但不会说话，智力如同幼儿。例如，他看到镜子里自己的影像却以为镜子后面还有一个人；不能区别生物和非生物、自然的东西和人造的东西；语言能力很有限，只能讲 6 个词和几句简单的拉丁语，并只能使用第三人称。他放出来后过上正常人的生活并经过学习，才逐渐恢复普通人的智力水平。然而卡斯巴·豪瑟最后还是没有逃脱阴谋家的魔掌。1833 年 12 月 14 日，他 22 岁时遇刺身亡。经解剖，他的大脑特别小，没有覆盖住小脑。

（资料来源：http://wenku.baidu.com/view/7fd3c81014791711cc7917c2.html）

---

① 中央编译局：《马克思恩格斯选集》（第二版）第 1 卷，北京，人民出版社 1995 年版第 59 页。

　　社会环境、社会实践对人的身体和心理发展起着重要的作用，人的实际生活过程不同，心理活动也就有所不同，人的心理也就具有不同的水平和特长。长期与世隔绝的生活造就了王子特殊的大脑，而他的这种特殊的大脑反过来也限制了他的心理的发展。所以人的社会实践对人的发展起着决定性的作用。人的思想和才能是在后天的社会实践中逐步形成和发展起来的，人们不从事某方面的实践，就不会具有某方面的发展。脱离了社会实践，社会环境无论提供什么样的条件，人的发展都难以实现。

　　2. 人的身心发展具有能动性

　　人具有认识世界和改造世界的能力，这已经使人超越了动物界。人还有认识和改造自己的能力，人具有自我意识，发展到一定阶段的人，具有规划自己的未来和为未来发展创造条件的能力。自觉的能动性是人类的特点，人们接受环境影响不是消极的、被动的，而是积极的、能动的实践过程。因此社会环境对人的发展，不仅要通过人的实践，也要通过人的主观努力才能实现。比如，一个儿童的家里藏有万卷书籍，但如果他根本不去接触、阅读这些书籍，这些书籍对于他的发展是起不到什么作用的。由于人们对待环境的主观态度不同，人们就有不同的发展和成就。因为人们总是按照他已有的知识、经验、兴趣、爱好以及自己的需要等来对客观环境做出反应的。由于人们具有的知识、经验和心理倾向不同，对客观环境的反应也不同。在良好的环境中，有的人却没有取得成就，甚至走向与环境所要求的相反道路。在恶劣的环境中有的人却成为很有作为的人，因而人的能动性能否较好地发挥，是一个人的发展能否达到较高水平的重要因素。对人的潜在能力的充分信任，对社会实践在人的发展中重要作用的高度重视，以及对发展主体自我意识在人的发展中的价值的清醒认识，是学校教育个体发展功能正常发挥的重要认识前提，也是教师在教育活动中促进学生发展的基本要求。

二、个体身心发展的动因

　　人的身心发展的动力是什么？这个问题不同的观点有不同的回答。

（一）内发论

　　内发论认为身心发展的动力来自个体自身的内在需要，身心发展顺序也是由身心成熟机制决定的，身心发展是自然而然的成熟和完善过程。孟子可以说是中国古代内发论的代表。他认为人的本性生来就是善的，万物皆备于我心，人生来就有所谓不学而能的"良能"，不虑而知的"良知"。他说："人之所不学而能者，其良能也；所不虑而知者，其良知也。孩提之童无不知爱其亲者，及其长也，无不知敬其兄也。亲亲，仁也；敬长，义也；无他，达之天下也。"(《孟子·尽心上》)人性中就有恻隐、羞恶、辞让、是非四端，这是仁、义、礼、智四种基本品性的根源，人只要善于修身养性，向内寻求，这些品性就会得到发展。

现代西方的内发论者进一步从个人的机体需要和物质因素来说明内发论。如奥地利精神分析学派的创始人弗洛伊德(S. Freud)认为，人的性本能是最近本的自然本能，它是推动人发展的、潜在的、无意识的、最根本的动因。美国当代生物社会学家威尔逊(E. O. Wilson)把"基因复制"看作决定人的一切的本质力量。而美国心理学者格赛尔(A. Gesell)则强调成熟机制对人的发展的决定作用，他认为，人的发展顺序受基因决定，教育要想通过外部训练抢在成熟的时间表前面形成某种能力是低效的，甚至是徒劳的。格赛尔不仅认为人的机体机能发展顺序受到生长规律的制约，而且"所用其他能力，包括道德都受成长规律支配"。

(二)外铄论

外铄论的基本观点认为，人的发展主要依靠外铄力量的推动，包括环境的刺激和要求、他人的影响、学校的教育和训练等。

对于人的自身因素，有人认为是需要改造的，如我国古代性恶论的代表人物荀子就主张这样的观点，荀子认为人生性好利、好嫉妒、好声色、好争斗，把人的性恶也看成先天生来的，需要外在因素施以影响。

有观点认为，人的心灵犹如一块白板，它本身没有内容，可以任人涂抹，外部的力量决定了人的发展状况。英国哲学家洛克的"白板说"是一个典型的代表。外铄论的另一个典型的代表是美国行为主义心理学的创始人华生，他是环境决定论的代表人物，他在《行为主义》一书中写道："给我一打健康的婴儿，一个由我自由支配的特殊的环境，让我在这个环境里抚育他们，不论他们祖宗的才干、爱好、倾向、能力和种族如何，我保证能把其中任何一个训练成为任何一种人物——医生、律师、美术家、商人或乞丐、盗贼。"由于外铄论者强调外部力量的作用，故一般都注重教育的价值，对教育改造人的本性，形成社会所要求的知识、能力、态度等方面，都持积极乐观的态度。他们关注的重点是人的学习以及学习什么和怎样才能有效地学习。

(三)多因素相互作用论

辩证唯物主义认为，人的发展是个体的内在因素(如先天遗传的素质、机体成熟的机制)与外部环境(外在刺激的强度、社会发展的水平、个体的文化背景等)在个体活动中相互作用的结果。人是能动的实践主体,没有个体的积极参与,个体发展是不能实现的;在主观条件大致相似的情况下,个体主观能动性发挥的程度,对人的发展有着决定性的意义。因此,我们把时间、把个体积极投入实践的活动,看作内因和外因对个体身心发展综合作用的汇合点,也是推动人身心发展直接的、现实的力量。根据这样的观点,教育活动中,主客体之间的关系、师生之间的关系,怎样促进学生主动积极地参与各种教育活动,自然特别受到重视。

三、个体身心发展的一般规律

个体的身心发展遵循某些不同的规律,这些规律制约着我们的教育工作。遵循这些规律,利用这些规律,可以使教育工作取得较好的效果,反之,则可能事倍功半,甚至伤害学生。

(一)个体身心发展的顺序性

个体的身心发展具有一定的顺序,即经过由低级到高级、由量变到质变的过程。例如,身体发展是从头部、躯干向四肢,从中心部位向全身的边缘发展的;行为的发展是先爬后行再跑;记忆的发展是从机械记忆到意义记忆;思维的发展是从具体思维到抽象思维;情感的发展是先有喜、怒、惧等一般情感,而后出现道德感、理智感等高级情感等。瑞士心理学家皮亚杰关于发生认识论的研究,解释了个体认知发展的一般规律,即个体是按照感知运算水平、前运算水平、具体运算水平、形式运算水平顺序发展的。美国心理学家柯尔伯格研究证明,皮亚杰的发生认识论在个体的道德认知过程中,也具有普遍的推广意义,人的道德认知遵循着从前世俗水平到后世俗水平的发展过程。这对于教育工作有非常重要的意义。

(二)个体身心发展的阶段性

个体身心发展也有一定的阶段性,它反映了量变与质变的统一。个体在不同的年龄阶段表现出身心发展不同的总体特征即主要矛盾,面临着不同的发展任务,这就是身心发展的阶段性。它表现为青少年身心发展的年龄特征,即在发展的不同年龄阶段中身心发展的一般的、典型的、本质的特征。如在童年期,思维特征是以形象思维为主,情感特征是不稳定且形于外;而在少年期,其抽象思维已有较大发展,对情感的体验开始向深与细的方向发展,但很脆弱;在青年初期,以抽象思维为主,情感较丰富细腻、深刻稳定,同时道德情感、理智感等在情感生活中占主要地位。当然不同发展阶段之间是相互关联的，上一阶段影响着下一阶段发展方向的选择，所以，人生的每一阶段对于人的发展来说，不仅具有本阶段的意义，而且具有人生全程性的意义。

(三)个体身心发展的不平衡性

个体的身心发展是不均衡的，表现在两个方面。

第一是同一方面的发展，在不同的年龄阶段是不均衡的。如个体的身高、体重有两个发展的高峰，第一高峰出现在出生的第一年(从出生的约50厘米增长到约75厘米)，第二高峰出现在青春发育期。这两个高峰期，个体的身高、体重的发展较之其他年龄阶段更迅速。有人对人的智力发展进行研究，发现人的感知、思维、记忆、想象等都存在不同的关键期。

第二是不同方面发展的不平衡性。有的方面在较早的年龄阶段就会达到较高的发展水平，有的则要到较晚的年龄阶段才能达到成熟的水平。如在生理方面，神经系统、淋巴系统成熟在先，生殖系统成熟在后。在心理方面，感知成熟在先，思想成熟在后，情感成熟更后。

人的身心不同方面有不同的发展期现象，越来越引起心理学家的重视，心理学家提出了发展关键期或最佳期的概念。所谓发展关键期是指身体或心理的某一方面机能和能力最适宜于形成的时期。在这个时期，对个体某一方面的训练可以获得最佳成效，并能充分发挥个体在这一方面的潜力。错过了关键期，训练的效果就会降低，甚至永远无法弥补。

(四)个体身心发展的互补性

整体互补性反映个体身心发展各组成部分相互联系、相互影响、相互补充，共同构成了人的生命整体。个体某一方面的机能受损甚至缺失后，可通过其他方面的超常发展得到部分补偿。如失明者，通过听觉、触觉、嗅觉等方面的超常发展来补偿。机体各部分存在着互补的可能，为人在自身某方面缺失的情况下依然能与环境协调，从而为继续生存与发展提供条件。人的精神力量、意志、情绪状态对整个机体起到调节作用，帮助人战胜疾病和残缺，使身心依然得到发展。我们身边有很多这样出色的人物。相反，如果一个人的心理承受能力太差，缺乏自我调节能力和坚强的意志，那么不是很严重的疾病或磨难也会把他击倒。互补性告诉我们，发展的可能性有些是直接可见的，有些却是隐现的，培养自信和努力的品质是教育工作的重要内容。

(五)个体身心发展的个别差异性

由于人的发展的主客观条件不一样，即先天素质、环境、教育和自身的主观能动性的不同，其身心发展的过程与结果也有差异。个体差异在不同层次上存在。从群体角度看，首先表现为男女性别的差异，它不仅是自然性上的差异，还包括性别带来的生理机能和社会地位、角色、交往群体的差异。其中有些是发展水平的差异，有些是心理特征表现方面的差异。个体的差异不仅表现在同一年龄阶段儿童在不同时期的发展速度和水平有个体差异，而且在相同方面的发展速度和水平也有个体差异。在教育工作中发现、研究个体间的差异特征，做好因材施教工作是非常重要的。

第二节　影响个体身心发展的因素

影响个体身心发展的因素很多，但概括起来，主要有遗传、环境、教育和个体的主观能动性四个方面。这四个方面的因素相互联系，交织在一起，共同作用于个体身心发展。

一、遗传及成熟对个体发展的影响

(一)遗传对个体发展的影响

1. 遗传的概念

遗传是指人们从上代那里继承下来的生理解剖方面的特点，如机体的构造、形态、肤色、感官特征、神经系统的结构和机能等。这些遗传的生理特点也叫遗传素质。在遗传下来的生理解剖特点中，生理特点指功能特点，如出生后感觉的灵敏度、知觉的广度、注意的持久性、记忆的强度、思维的灵活性等；解剖特点是指结构特点。

健康的孩子常常表现了很多特征性的遗传。例如肤色，父母均为黑皮肤，孩子不可能白皮肤；下巴，尖下巴父亲的儿子，十有八九也为尖下巴；身高，70%来自父母的遗传；肥胖，父母都胖，有53%的孩子是小胖墩；秃顶，50%以上遗传，并会隔代遗传；等等。

2. 遗传的意义

遗传在人的发展中的意义是不可忽视的，具体来说有以下几个方面。

(1)遗传素质是人的发展的生理前提，为人的身心发展提供了可能性

人的发展总要以遗传获得的生理组织和最初的生命能力为前提条件。没有这个前提条件，人的任何发展都是不可能的。健康的身体是一名优秀运动员的生理前提，正常的智力是一名科学家的基本心理素质要求。一个

先天失明的人就不能发展视觉，成为画家；一个生来就聋哑的人，也就不能发展听觉，成为音乐家；一个无脑畸形儿或染色体畸变者，无论外在条件如何优越，他们都无法得到正常人应有的心理发展。个体在智力、情感、意志等方面具有的先天的心理特征，也会对他后天的学习和取得社会成功产生很大的影响。

人的遗传素质优于动物的最大特点，在于它潜藏着发展的巨大可能性。恩格斯曾经指出，即使最低级的野蛮人的手，也能做几百种任何猿手所模仿不了的动作。例如，人初生时，似乎比初生的其他动物软弱得多，但由于初生婴儿具有比其他动物优越千百倍的遗传素质，就蕴藏着比其他动物大百倍的发展潜力和可能。在后天的环境和社会影响下，人就可以掌握丰富的语言文字和高深的科学文化知识，就具有发达的思维和高超的能力而成为万物之灵。

人体的器官中，脑是最宝贵、最重要的器官，人脑接受外界刺激所产生的心理现象，恩格斯称它是"地球上最美丽的花"。人体其他器官，其功能远不如许多动物，如在空中，人不如鸟，不会飞，对鸟可望而不可即；在水里，人与鱼比赛，差远了，只好望洋兴叹；在陆地上，人的力气没有牛、象、骆驼大，远比马、鹿跑得慢；人的嗅觉只有狗的嗅觉的百万分之一；人的视觉远在老鹰之下，也不如猫，在漆黑的夜里还能逮住老鼠……但是，尽管这样，人类仍不失为万物之灵，是这个地球上不可匹敌的主宰，人唯一依靠的是人有世界上最高级的物质——人脑，它能思维、能想象、能认识和改造世界，能支配一切动物。

可见，如果一个人大脑不正常，就不会有正常的思维发展和思维活动。最高等的动物，即使长期与人接触并接受人的专门训练，也不可能具有人的心理发展水平，因为它不具有人的遗传素质。比如，"狼孩""熊孩"等，他们都是先由动物养育，而后被人发现又重新回到人类世界的。到目前为止，这方面的案例不下 30 个，最著名的要算是印度孟加拉州发现的"狼孩"了。

阅读材料：

印度"狼孩"的故事

1920 年 10 月，一位印度传教士辛格在印度加尔各答的丛林中发现两个被狼哺育的女孩。大的女孩约 8 岁，小的 1 岁半左右。据推测，她们必是在半岁左右时被母狼带到洞里去的。辛格给她们起了名字，大的叫卡玛拉、小的叫阿玛拉。当她们被领进孤儿院时，一切生活习惯都同野兽一样，不会用双脚站立，只能用四肢走路。她们害怕日光，在太阳下，眼睛只开一条窄缝，而且，不断地眨眼，她们习惯在黑夜里看东西。她们经常白天睡觉，一到晚上则活泼起来，每夜10点、1点和3点循例发出非人非兽的尖锐的怪声。她们完全不懂语言，也不发出人类的音节。她们两人经常像动物似的卷伏在一起，不愿与他人接近。她们不会用手拿东西，吃起东西来真的是狼吞虎咽，喝水也和狼一样用舌头舔。吃东西时，如果有人或有动物走近，便呜呜作声去吓唬它们。在太阳下晒得热时，即张着嘴，伸出舌头来，和狗一样喘气，她们不肯洗澡，也不肯穿衣服，并随地便溺。

她们被领进孤儿院后，辛格夫妇异常爱护她们，耐心抚养和教育她们，总的说来，小的阿玛拉的发展比大的卡玛拉的发展快些。进了孤儿院两个月后，当她渴时，她开始会说"水"，并且较早对别的孩子的活动表现兴趣。遗憾的是，阿玛拉进院不到一年便死了。卡玛拉用了25个月才开始说第一个词"ma"，4年后一共只学会了6个字，7年后增加到45个字，并曾说出用3个字组成的句子。进院后16个多月卡玛拉才会用膝盖走路，2年8个月才会用两脚站起来，5年多才会用两脚走路，但快跑时又会用四肢爬行。卡玛拉一直活到17岁。但她直到死还没真正学会说话，智力只相当于三四岁的孩子。

（［印］辛格著，陈苏新等译：《狼孩：对卡玛拉和阿玛拉的抚养日记》，长春，吉林人民出版社1982年版）

由此可见，遗传素质是人的先天素质的构成部分，不是全部。如果离开了后天社会生活和教育，遗传素质所提供的可能性便不能变为现实。一个人的发展除了遗传提供给他的可能性之外，还要由他所处的社会条件、所受的教育和个人的主观努力来决定。由于社会分工的不同，社会生活条件和所受教育的不同，个人的主观努力不同，导致人们从事不同的职业，在思想意识和道德品质方面千差万别。另外，在不同的社会生活和教育影响下，人的遗传素质可以向着肯定或否定的方向发展。例如，一个天赋智力素质比较好的儿童未必将来一定成为一个科学家，一个音乐素质好的儿童未必一定就成为一个音乐家。所以说，遗传素质为人的发展提供的可能性，要在一定的环境、教育和个人的主观努力等的影响下，才能转化为现实性。

(2)遗传素质的差异性对人的身心发展有一定的影响作用

个体的遗传素质是有差异的。我们常说："一母生十子，十子各不同。"正常的儿童都具有人类的遗传素质，这是遗传素质的共性，但不同个体之间在遗传素质上是存在着客观差异的。人的遗传素质的差异，不仅表现在体态、感觉器官方面，也表现在神经活动的类型上。在医院的婴儿室里，你可以看到，出生几天后的婴儿，就有不同的表现——有的爱闹，有的较安静。从两岁的婴儿身上，你也可以看到，他们对外界事物的反应快慢、情感表现的强弱等方面也存在着差异。每个儿童的智力水平、个性特征等都在一定程度上受先天遗传素质的影响。即使是同卵双生子，在机体的构造和机能上也有不尽相同的特点，如感觉器官、神经系统等的构造和机能都会具有不同的素质差异。

遗传素质对人的发展影响的大小与其本身是否符合常态有关。人的遗传素质大部分处于常态。对于遗传素质处于常态的人来说，它在人的身心发展中不起决定性作用。而对处在常态两端的各占 3‰～5‰ 的个体来说，便常常有决定性的作用。先天的生理缺陷几乎决定了一个儿童终生处于低能状态；而对超常儿童来说，则因他具备了一般人不具备的极优越的天资，因而处于发展的先天优势地位，并且无可比拟，虽然这一优势要受到相应条件的限制。大凡有成就者，其童年大多都有突出表现，文学家们多对读书听故事兴趣极浓，艺术家们多对所痴迷的艺术有所偏爱，军事家们或许学习成绩一塌糊涂，但对打架斗殴却表现出一种发自于内心的热衷，政治家们对统御人心多有不少实践。

事实证明，智力和遗传是有着一定关系的，这在音乐、绘画方面可能更明显。英国科学家曾对 27 000 对同胞兄弟、姐妹进行调查，结果表明，同卵双生者之间，智商相关系数为 0.9，异卵双生者之间为 0.82，同胞兄弟之间为 0.5。如果说智力是遗传的，是指智力的物质基础——脱氧核糖核酸（DNA）是遗传的物质。遗传物质决定脑细胞的发生和表达，脑细胞发育的第一个高峰在妊娠 10～18 周，第二个高峰是出生后头 6 个月。脑细胞的发育直到 2 岁半至 3 岁，脑细胞至少与数百种遗传基因有关。但我们必须注意：孩子的聪明与否，除了有好的智商，还要有好的情商。孩子的智力不仅仅取决于父母亲遗传物质的传递、基因控制的表达、遗传信息的诱导，还取决于各种环境因素的影响，特别是优育的影响。

可见，遗传素质为人的发展的个别差异性提供了最初的可能性，对人的发展具有一定的影响作用，所以我们应高度重视优生优育问题。从有利于未来父母的工作、学习、健康、经济实力、体力、精力等多种因素考虑，女性在 23 岁以后结婚，24～29 岁生育，男性在 25 岁以后结婚，26～30 岁生育对胎儿最有利，是最佳婚育年龄。因为这个年龄段的青年男女，体格发育是一生中最好的时期，生殖机能已完全成熟，心理发育成熟稳定，既能够胜任为人父母的职责，也能确保下一代的健康。同时，我们也要正确地估计人的遗传素质的差异，承认人与人之间先天素质的差别，这是对待遗传学的科学态度。

（3）遗传素质具有可塑性

我们知道，决定孩子的遗传基因有 46 条染色体，一半来自于父亲，一半来自于母亲。那么，就父亲和母亲这两个个体而言，遗传给下一代的机会应该是均等的。只不过在创造后代的过程中，父母赋予子女的遗传基因谁呈现显性，谁遗传给子女的可能多些罢了。父母遗传给子女的只是生理方面的东西，而心理是不能遗传的。也就是说作为意识反映的客观物质外壳——大脑是可以遗传的，然而人类的文化、思维靠遗传是无法传递给后代的；人的智力根本不是完全由先天决定的。诚然，儿童的先天素质存在着差异，但较好的先天素质只是具备了发展智力的条件，这种条件是否顺利地得以发展还要看其他条件。就像有了一粒好种子，不等于就会长出好苗子、结出好果子一样，还要看它是否落到好的土壤里，是否得到雨露的滋润，是否得到良好的栽培和管理。一株低级的植物尚且如此，何况人呢？我们的先哲马克思说得好："搬运夫和哲学家之间的原始差别要比家犬和猎犬之间的差别小得多，他们之间的鸿沟是分工掘成的。"

人在实践活动中，一方面是适应环境、创造环境；另一方面也改变着自己的本性。许多实践表明：一个在遗传素质上神经机能强、平衡而灵活的人，在不良的环境和教育影响下，也可变成类似弱而不灵活的人。反之，弱而不灵活的人，在良好的教育下，也会变成很有涵养、有纪律的人。

阅读材料：

卡尔·威特的故事

小卡尔·威特于 1800 年 7 月出生于德国哈勒附近一个叫作洛赫的小村庄，他的父亲老卡尔·威特是这个小村庄的牧师，一个上帝和凡人的信使。小卡尔·威特出生时是一个被认为有些先天不足、痴呆的婴儿，邻居都认为孩子是白痴，但他的父亲老卡尔·威特坚信孩子的智力是教育的结果，并有着自己独特而鲜明的教育观："对于孩子的成长来说最重要的是教育而不是天赋。孩子最终成为天才还是庸才，不取决于天赋的大小，关键决定于他或她从生下来到五六岁时的教育。诚然，孩子的天赋是有差异的，但这种差异毕竟有限。在我看来，别说那些生下来就具备非凡禀赋的孩子，即使仅具备一般禀赋的孩子，只要教育得法，也能成为非凡的人。"正因为始终坚持这样的教育观点，老卡尔·威特在儿子一出生后便以自己独特的、正确的方法去爱他，同时制定出周密而严格的教育方案，寓教于乐，循序渐进，坚持不懈。经他培养了几年后仍未见成效，连他的妻子也失去了信心，认为是白费力气。但老卡尔·威特仍坚持教育，最后这孩子高超的智力轰动了附近的人们。小卡尔·威特八九岁时就已通晓化学、物理学、动物学和植物学，尤其擅长数学，并且能自由运用德语、英语、法语、意大利语、希腊语和拉丁语等 6 国语言。9 岁时考入莱比锡大学，10 岁进入格廷根大学，1812 年发表了关于螺旋线的论文，13 岁出版了《三角术》一书，1814 年 4 月，年仅 14 岁的他便被授予哲学博士学位，16 岁又获得了法学博士学位，并被任命为柏林大学的法学教授。23 岁时出版了《但丁的误解》一书，成为研究但丁的权威。而他所取得的这些惊人的成就，全都是他父亲悉心教育的结果。

（摘自［德］卡尔·威特著，小五等译：《卡尔·威特教育全书》，北京，中国妇女出版社 2005 年版）

因此说，我们承认遗传素质在人的身心发展中具有一定的作用，但它仅仅为人的身心发展提供物质前提、自然基础，只是生理方面的潜在能量，只是人的发展的某种可能性，它不起决定作用，也不能决定人的发展方向和水平。随着环境、教育和实践活动的作用，人的遗传素质会逐渐地发生变化，具有可塑性。

（4）遗传在人的发展中的作用不能夸大

遗传素质不能预定或决定人的发展，不能夸大遗传的作用。资产阶级遗传决定论的创始人英国人类学家高尔顿则把人的发展完全归因于遗传素质，甚至认为人的智力，乃至人的道德善恶都是在胚胎中形成的。他在 1869 年出版的《遗传的天才》一书中写道："一个人的能力，乃由遗传得来，其受遗传决定的程度，如同一切有机体的形态及躯体组织之受遗传决定的一样。"他于 1883 年首次提出"优生"一词，其原意为"健康的遗传"。他主张通过选择性的婚配来减少不良遗传素质的扩散和劣质个体的出生，从而达到逐步改善和提高人类遗传素质的目的。

阅读材料：

高尔顿名人家谱调查法

高尔顿采用名人家谱调查法进行研究，他从英国分别选取了两组人群作为调查对象。一组为名人组，包括英国部分著名的科学家、艺术家、文学家、政治家、法官、军官等共977人；另一组为对照组，包括人数相等的普通人。之后调查这两组人群的亲属中有多少人成名。结果发现，名人的亲属中有332人具有名声，而对照组普通人的亲属中只有一个人具有名声。由此，他得出结论：非凡的才能主要是由遗传决定的。

然而，对这一次的研究结果，许多教育家、心理学家都提出了反对意见，认为调查过程由于没有排除一些包括环境在内的干扰因素，把能力上的差距归结为遗传因素是没有说服力的。高尔顿为了证明自己的观点，随后又进行了一个比较调查，这一次高尔顿选取的调查对象分别是名人的孩子和教皇的养子，结果发现教皇的养子成名的比率不如名人之子多，而这两者的生长环境相仿，高尔顿认为之所以有这种结果，是因为人的发展是由遗传而不是环境决定的。

（摘自桑标主编：《当代儿童发展心理学》，上海，上海教育出版社2003年版）

美国心理学家、教育家霍尔主张"复演说"，把儿童在胎儿期和出生后的发展分别看作动物和人进化的复演，把生物的发展规律机械地搬到人的发展上来。比如，他认为儿童的追逐打闹活动是狩猎本能的复演，少年期打猎、捕鱼、爬山、游泳、划船等活动是祖先野外生活的复演。他曾说过："一两的遗传胜过一吨的教育"，他把人的发展过程完全归结为遗传素质的作用，忽视和否认了后天的环境和教育对人的身心发展的作用。

遗传决定论者把遗传看作决定人发展的唯一因素，他们认为社会生活条件和教育作用只在于延迟或加速遗传能力的实现，忽视了或否定了社会环境、实践活动和教育等的重要作用，是不可取的。

（二）成熟对个体发展的影响

1. 成熟的概念

美国生理和心理学家格赛尔认为，胎儿的发育大部分是由基因制约的。这种由基因制约的发展过程的机制就是成熟。它还表现在人的身体的各种器官的形态、结构及其机能的发展变化与完善上，如青少年身高体重的增加、骨骼构造的变化、心肺和大脑的发育、性的成熟等。遗传素质是逐步成熟的，如人们常说："三翻、六坐、八爬、十个月会喊大大。"又如，儿童发展的几个年龄阶段（乳儿期、婴儿期、幼儿期、童年期、少年期、青年初期），都与成熟过程相联系。再如，从人的思维的发展与脑重发展的关系看，据研究，人脑的平均重量发展的趋势是：出生时脑重约为390克（约占成人脑重的25%），8～9个月乳儿达660克（约占50%），2～3岁的婴儿达990～1 011克（约占75%），6～7岁的幼儿达1 280克（约占90%），9岁的儿童达1 350克，12～13岁的少年儿童大脑平均重量达到1 400克，已和成人差不多，这一过程也正是人的成熟过程的表现。在教育学中，成熟是指儿童个体生长发育的一种状况，指个体的生理和心理机能与能力都达到比较完备的阶段，即由儿童成长发育为成人。其主要的标志是：生理方面的生殖能力成熟、心理方面具有独立自主的自我意识。

2. 成熟的意义

人具有某种先天素质，它是在发展过程中逐步成熟的。人的各种身体器官的构造和机能在出生时是很不完备和孱弱无力的。个体的器官和整个系统的结构、功能都随年龄的增长而发展。人的机体的成熟程度制约着身心发展的程度和特点，它为一定年龄阶段身心特点的出现提供了可能和限制。有些早期运动机能的获得是直接建立在成熟的生理基础上的。成熟与教学的效果是契合的，一种技能的发展由成熟支配时，没有必要超前训练。在这方面，美国心理学家格赛尔的双子爬梯实验就说明了这一点。格赛尔曾选定同卵双生子二人做登梯训练。对双生子甲从出生后第46周开始训练登梯，每天练习10分钟，经过6周的训练后，同双生子乙比较，甲用26秒完成登梯动作，乙则用了45秒。从第52周开始对乙也做登梯训练，两周后再次测验，乙只用10秒就完成了登梯动作。显然，训练乙既省时效果又好。这是因为甲在46周时，其大脑功能、骨骼肌肉的发育还不完善，不能支持其很好地完成登梯动作，而在52周时，乙身体各方面发育成熟，可以支持其很好地完成登梯动作。格赛尔据此提出了个体发展的成熟决定论。这虽然夸大了成熟的作用，但教育中充分重视成熟程度是非常必要的。教育只有以成熟程度为依据，才能取得良好的教育效果。成熟的作用在思维、情感、个性等高级心理活动中也同样有不可忽视的作用。所以，小学的入学年龄定为6周岁是比较合适的。如果让4岁的儿童学高等数学，不仅徒劳，而且无益。这是由于他的大脑皮层的生理机制还未成熟到具备学习高等数学的程度。只有身体的发展具备了一定的条件，学习一定的知识技能才有可能。心理学家和教育学家都认为：早于成熟期的学习或迟于成熟期的学习都无助于发展。

二、环境对个体发展的影响

(一)环境的概念

环境是指个体生活中影响个体身心发展的一切外部因素。

若按环境的性质来分，环境包括自然环境和社会环境两个相互联系的部分。自然环境指环绕着人类并影响人类生存与发展的自然界，主要有大气、土壤、水、岩石、植物、动物、太阳等自然条件和地理位置。这些自然环境在为人的发展提供物质生活条件的同时，也对人的生理结构和行为性格产生一定的影响。如我国北方多山，北方人的身材就比较高大，性格也显得刚毅耿直；南方多水，南方人的身材就相对娇小，性格也显得比较温和机灵。但在人的发展中，社会环境起着更为主导的作用。环境影响人，主要是通过社会环境实现的。

社会环境指人类在自然环境基础上创造和积累的物质文化、精神文化和社会关系的总和。包括社会生产力的发展水平、社会物质生活条件以及社会的政治经济制度和道德水准。社会生产力的发展水平决定着人的发展程度和范围，社会关系影响着人的发展方向和性质，社会的精神文化影响着个体的身心发展内容。一个人的身心能否得到发展和发展到什么程度，都与他的社会环境分不开，社会环境是人身心发展的外部的客观的条件，对人的发展起着一定的制约作用。

若按环境的范围分可分为大环境和小环境两个系统。大环境指个体所出的总体自然环境与社会环境，如某一国家、某一地区。小环境则是与个体直接发生联系的自然环境和社会环境，如一个家庭、一所学校。在同一个国家或地域内，人们的大环境通常相差不大，但小环境却千差万别。我们很难改变大环境，但小环境却随个体自身的活动和选择而改变。小环境对个体的影响更为直接，所以，教育者要把注意力集中在小环境上。但由于社会的变化不断加快，社会通信、交往手段更加丰富和便利，大环境对人尤其是青少年的影响也不容忽视。

(二)环境对个体发展的影响

环境对个体的影响具体表现在以下几个方面。

1. 环境对人的发展提供了多种可能，同时也做出一定限制

环境首先为人的发展提供了认识与实践的客体、客观条件和机遇等，从而为个体的发展提供了选择的可能，个体可以选择、利用环境中的有利因素为自我的发展服务。例如，改革开放将国有企业推到了竞争的最前沿，国有企业改制并涌现出一大批改革家、企业家、弄潮儿、女强人……可谓"时势造英雄"。另外，人生活在不同的小环境中，这些环境所提供的条件并不相同，对个体发展的意义也不相同，因而不同的环境中人的发展有很大的区别。但个体对环境的作用也不是消极的，处在同一小环境中的个体，其发展水平也不会完全相同。个体对环境持积极的态度，就会发觉环境中有利于自己发展的因素，克服消极的阻力，从而扩大发展的天地。所以教育者不仅要注意为受教育者提供较有利的条件，更要培养受教育者认识、利用和超越环境的意识和能力。

此外，在一定时空条件下，环境为人的发展提供的可能性是有限的，可能会限制甚至阻碍个体的发展。俗话说：橘生淮南则为橘，橘生淮北则为枳。淮河以南气候温和湿润，所栽之橘，味甜汁丰，但移橘北栽后，所结之果，细小干涩，虽"叶徒相似，其实味不同"，"所以然者何？水土异也"。一条淮河分隔出了截然不同的两种气候与土质，淮南之橘，至淮北则为枳，生长环境的不同结出了味道相去甚远的两种水果。自然界如此，社会环境亦然。法国作家巴尔扎克在《高老头》中描写了拉斯蒂涅在巴黎求学期间，面对尔虞我诈、残忍丑恶的社会现实，良心逐步被野心所吞噬的经历，证实了社会环境对人们的重大影响。其实，我们做每件事，小到修身齐家，大到治国平天下，都不能忽视环境因素的干扰作用。

2. 环境对人作用的大小与环境本身的性质、变化相关，也与个体发展水平相关

在童年期，自然环境、家庭环境对人的发展影响较大；到了青年期，社会环境尤其是文化因素对人的发展的影响相对增强。而且环境的影响随着主体自我意识的形成而相对减弱，影响的性质也由限制逐渐转向更有效的利用。此外，环境因素的作用还随着个体活动能力的大小而变化。活动能力强的个体能够很好地利用环境因素促进自身的发展，而活动能力弱的个体，环境因素的作用则相对较小。

人生的最初几年极为重要，人出生时的素质几乎没有多少区别，但降生在什么环境，由谁教养，却直接决定着孩子的社会素质。俗话说：近水则知鱼性，近山则识鸟音。在狼窝里成为狼孩，在熊窝里成为熊孩；同原

始人生活成为原始人，同现代人生活成为现代人……

科学家的实验和很多事实都表明，在人生的 8 岁前存在着关键期。在这个关键期里，如果受到的是动物的影响，就会形成动物的习性，而不可能形成人性。过了这个关键期再进行训练，即使是专家，训练过程也会十分困难，而且很多都永远无法达到本来应该达到的水平。请看下面的例子。

到目前为止，关于"兽孩"的记载约有 40 起，其中以狼孩居多，占一半以上，其次是熊孩、猴孩、豹孩等这些由野兽抚育大的孩子，他们完全不通人性。狼养大的只会狼嚎，吃生肉喝生水；猴养大的只会爬树摘果，翻腾跳跃……虽然有的后来被人训练，试图恢复其人性，但效果很差，而这些成为兽孩的孩子，大多在 3 岁之前就被野兽叼养，他们的大脑在最关键的成长期与野兽的环境嫁接在了一起，这样最终完全成为脱离人类习性的兽孩。

以上事例足以说明，人的身心发展受后天环境的影响与制约，且环境对人作用的大小与环境本身的性质、变化相关，也与个体的发展水平相关。即使有正常的遗传基因，但如果脱离了人的社会环境或接触的是不完整的人类社会，错过了发展的关键时期，就会造成永远无法弥补的缺陷。

3. 环境对人发展的影响有积极、消极之分

社会环境是多种因素的复合体，其中有积极的因素，也有消极的因素。作为以培养人为职能的教育者或教师，应正确认识环境的性质、特点与作用方式，按时代发展方向，将环境因素做尽可能多的正向组合，使环境影响始终与学校教育保持一致，控制和减少环境因素对青少年学生产生的不利影响，提高环境积极因素的作用强度。青少年学生不仅缺乏正确的道德信念，而且辨别是非的能力比较低，加之好奇心、模仿性强，求知欲旺盛，因而很容易接受环境因素的正、反两个方面的影响。"昔孟母，择邻处""近朱者赤，近墨者黑"等教育格言，都是长期教育实践经验的总结。

环境因素不仅具有广泛性、经常性等特点，而且又具有自发性、偶然性和片面性特点。因此环境对人的影响既是自发的、潜移默化的，同时又是无目的、无系统、偶然零碎的；既有与教育相平行的影响，也有与教育相矛盾的影响。但人与动物的根本不同之处在于人有主观能动性，人对环境的作用和影响不是消极被动地接受，人在接受环境影响的同时，又凭借自己的经验和创造能力，积极地改造环境、利用环境。

4. 人在接受环境影响和作用时也不是消极的、被动的

环境对青少年身心发展的影响虽然是经常的、广泛的，但这种影响在大部分情况下是自发的、分散的和偶然的。它没有既定的目标，不能像学校教育那样有目的、有计划、有系统地去影响人，甚至有时还对人产生不利的、消极的影响，具有自身的局限性。但这些影响具有耳濡目染、潜移默化的性质，具有一定的深刻性，有的甚至令人终身难忘，因此我们不能低估环境的作用。

环境对人的发展虽然起着非常重要的作用，在根本程度上制约着人的发展方向、水平、速度和个别差异，但它也有自身的局限性，我们不能片面夸大外在因素的作用。我们不能忽视人的主观能动性，把人看成环境的消极适应者，认为生长在某种环境中的儿童，就只能消极地成为某种样子的人。比如，我国古代墨子说："染于苍则苍，染于黄则黄，所入者变，其色亦变。"荀子说："蓬生麻中，不扶自直；白沙在涅，与之俱黑。"这些说法都夸大了环境的作用，最终导致机械唯物论。实践证明，那种忽视人的主观能动性的"环境决定论"的观点是错误的。

三、学校教育对个体发展的特殊功能

学校教育是根据一定社会的要求，有目的、有计划、有组织地影响人的一种社会实践活动。它是有承担教育责任的教师和接受教育的学生共同参与和进行的，学校教育的环境具有极大的人为性，具有明确的目的、有指定的教育内容与活动计划、有系统的指导和特殊的教育条件，学校弥漫着科学、文化和道德规范的气息。这些构成了学校教育的特殊性。从个体角度看，学校中的个体活动与其他社会活动的区别在于有教师指导，活动结果还要接受检查。这种特殊性使学校在影响人的发展上具有独特的功能。

(一)学校教育按社会对个体的基本要求对个体发展的方向与方面做出社会性规范

从广义上说，教育是社会环境的一部分，但它是社会环境中比较特殊的一部分。教育是有目的、有意识地培养人的社会活动。关于教育在人的发展中的重要作用，曾被历史上许多思想家和教育家所肯定。人的发展离不开教育，教育是影响人发展的最有效手段。教育，尤其是学校教育，与遗传因素和自发的环境影响相比，其能按照社会对个体的基本要求对个体发展的方向与方面做出社会性规范，具体体现为当社会对个体在体质、思

想道德、知识能力等多方面提出一系列规范时，学校教育能根据这些要求，针对不同的年龄做出相应调整，并有意识地以教育目的和目标去规范学校的其他工作，通过各种教育活动引导个体的发展方向，即帮助个体对发展的多种可能性做出判断和价值选择，使自身的发展方向与社会发展对人的要求和谐一致，达到规范的目标。

(二)学校教育具有加速个体发展的特殊功能

学校教育作为一种有目的、有计划的以培养人为目的的活动，与环境中的自发影响相比，具有巨大优势。它能根据一定社会政治经济制度的要求和生产力发展的需要，按照一定的方向，选择适当的内容，采取有效的方法，利用集中的时间，有计划、有系统地向学生传授各种科学文化知识并进行一定的思想品德教育。学校教育还可以协调和优化各种环境因素对人的自发影响，充分发挥个体遗传上的优势，限制和排除不良环境因素的干扰，充分利用和发挥积极因素的作用，以确保个体沿着社会规定的轨道进步。此外，学校教育使个体处在一定的学习群体中，个体之间发展水平有差异，这也有助于个体的发展。如果学校教育能正确判断学生的最近发展区，这种加速作用将更明显、更富有成效。苏联心理学家维果茨基的研究揭示：教育对儿童的发展能起主导作用和促进作用，但需要确定儿童发展的两种水平。一种是已达到的发展水平，表现为儿童能够独立解决的智力任务，另一种是儿童可能达到的发展水平，表现为"儿童还不能独立解决任务，但在成人的帮助下，在集体活动中，通过模仿，却能够解决这些任务"。这两种水平之间的距离就是"最近发展区"。学校把握好最近发展区，能加速学生的发展。

(三)学校教育对个体发展的影响具有延时的价值

学校教育的内容大部分具有普遍性和基础性，对个人今后的学习具有长远价值。此外，学校教育提高了人的需求水平、自我意识和自我教育的能力，为人的终身发展奠定坚实的基础，为离开学校后个体的继续发展创造条件，具有更长远的意义。

(四)学校教育具有开发个体特殊才能和发展个性的功能

在开发特殊才能方面，普通学校教育内容的多面性和学生集体中学生各自表现出的差异性，有助于个体特殊才能的表现与发现。在个性发展方面，学校教师和领导有教育学和心理学方面的知识素养，这有助于他们发现学生的个性，尊重和促进学生个性的健康发展。同时，学生在群体中的生活也有助于他们从其他人的身上吸取闪光点，丰富自己的个性。

但是，我们必须明确学校教育对个体特殊才能的发挥是有条件的，主要表现在以下几方面。

第一，受教育者自身的主观能动性。人与动物不同，自觉的能动性是人类的特点。环境和教育对人的影响作用的大小与人的主观能动性有着直接的关系。人的主观能动性是人的一种内在需要和动力，是一种积极的学习动机和渴望。当受教育者具备了积极的求学动机时，环境和教育的外因才能发挥相应的作用。学习者的学习积极性越高，教育的作用就越大。只有在教育者和受教育者发生共鸣时才会产生教育过程中的"教学相长"。

第二，教育的自身状况。教育主导作用发挥的程度和能力的大小，与教育自身的条件也有很大的关系。这些条件包括教育的物质条件、教师的素质、学校的管理水平以及相关的精神条件。

第三，家庭环境的效应。家庭环境包括家庭经济条件、父母的文化水平以及良好的家庭氛围。只有当家庭教育与学校教育保持一致时，教育者才能做好教育工作，学生才能积极主动参与，教育才能发挥主导作用；否则，有可能出现"5＋2＝0（或负数）"的教育效应。因此，教育工作者应主动争取学生家庭的支持与配合，协调一致地开展教育工作，取得"1＋1＞2"的增值效应。

第四，社会发展状况。社会发展状况包括社会生产力发展水平、社会政治经济制度的进步程度、整体的社会环境、民族心态、文化传统、科学技术发展状况等。学校教育不能超越它所依存的社会条件去发挥它的能动作用。

综上，教育在人的身心发展中发挥的特殊的功能不是无条件的，不能片面夸大教育的作用。此外，教育在人的发展中的重要作用，曾得到历史上许多思想家、教育家充分的肯定。法国的启蒙思想家卢梭说："植物的形成由于栽培，人的形成由于教育。"康德说："人只有通过教育才能成为一个人。人是教育的产物。"英国资产阶级哲学家、教育家洛克说："我敢说我们日常所见的人中，他们之所以或好或坏，或有用或无用，十分之九都是由他们的教育所决定的。人类之所以千差万别，便是由于教育之故。"在洛克看来，儿童"是一张白纸或一块蜡，是可以随心所欲地做成任何式样的。"① 这些说法过分夸大了教育的作用。伴随着社会的发展，科学技术

---

① 王道俊，王汉澜主编：《教育学》，北京，人民教育出版社1989年版。

的日益进步，教育对人发展的主导作用，表现得越来越明显。在现代社会生活中，在新的技术革命影响下，有人认为图书馆、电视机和计算机可以取代学校与教师，从而提出了"学校消亡"和"教师取消"的论点。这是一种非常肤浅的认识和错误的说法。现代技术的发展，可以引起教学组织形式的变化，电视机和计算机等可以作为教学的手段，但却不能代替学校和教师的作用；图书馆可以给人很多信息，但是，如果没有专职教育人员的指导，受教育者很难有效地获得系统知识，特别是儿童和少年的学习，图书馆是代替不了学校教育的。

四、个体主观能动性的巨大作用

人不仅是社会历史活动的主体，而且是自身发展的主体。人在自身发展的过程中也会表现出人所特有的能动性，能动性是指人的主观意识和活动对于客观世界的积极作用，包括能动地认识客观世界和能动地改造客观世界，并统一于人们的社会实践活动中，可以说，自觉的能动性是人类的特点。这种能动性是促进个体发展从潜在的可能状态转向显性状态的决定性因素。从过程结构的角度看，包括活动主体的需要与动机，指向的客体对象，活动的目的、内容、手段与工具、行为程序、结果及调控机制等基本要素。从活动水平的角度看，有生理、心理和社会三种不同层次和内容的互动构成。每一层次的互动对个体身心发展都具有特殊的、整体的影响。

个体主观能动性的第一层次的互动是人作为生命体进行的生理活动。它是人这一有机体与环境中的物质发生交换的过程，为维持人的生命服务，与人的身体发展直接相关，也是其他方面发展的基础。第二层次是个体的心理活动，心理活动的内容丰富多彩，它是人对外部世界能动的、带有个体性的反映，也包括人对自己的意识、态度与倾向，其中最基本的是认识活动。第三层次也是最高层次是社会实践活动。对个体来说，社会实践活动具有满足人的生存、发展和创造需要的意义，是人与环境之间最富有能动性的交换活动，是一种能量的交换。它具有鲜明的目的性、指向性和程序性，体现了人的主动选择。

以上三类不同水平的个体活动及其作用，实际上是共时、交融的。人的生理活动、心理活动渗透在一切社会活动中，人的一切社会活动又受到它们的支持和影响。人的主观能动性从综合的意义把主体与客体、个体与社会、人的内部世界与外部世界联系起来，成为推动人本身发展的决定因素。

个体主观能动性的强弱直接关系学习的效果和质量。现实生活中，常有这种情况，同一个教室里的学生，学习状况千差万别，究其原因，除了遗传素质、家庭教育等因素的影响外，最主要的是学生个体主观能动性的发挥程度。如果学生没有学习的需要和动机，甚至厌恶学习，那么教师的教学就无法对学生构成影响，学生自身也无法得到更好的发展。美国教育心理学家莫里斯·比格认为，在生活空间里，一个人和他的心理环境是同时发生相互作用的，而且是相辅相成的。外部环境的东西如不被个人注意并与个人发生相互作用，就无法影响个人的心理和行为；而一旦被个人注意并相互作用，就会构成他个人的生活空间，影响他的心理和行为，最终影响个体自身的发展。

阅读材料：

跳出你心中的高度

有人往一个玻璃杯里放进一只跳蚤，发现跳蚤立即轻易地跳了出来。再重复几遍，结果还是一样。根据测试，跳蚤跳的高度一般可达它身体的400倍左右，所以说跳蚤可以称得上动物界的跳高冠军。

接下来实验者再把这只跳蚤放进杯子里，不过这次是立即同时在杯子上加一个玻璃盖，"嘣"的一声，跳蚤重重地撞在玻璃盖上。连续多次后，跳蚤改变了起跳高度以适应环境，每次跳跃总保持在盖顶以下高度。一天后，实验者开始把这个盖子轻轻拿掉，跳蚤不知道盖子已经去掉了，它还是在原来的这个高度继续地跳。三天以后，他发现这只跳蚤还在那里跳。一周以后他发现，这只可怜的跳蚤还在这个玻璃杯里不停地跳着……其实它已经无法跳出这个玻璃杯了。

难道跳蚤真的不能跳出这个杯子吗？绝对不是。只是它的心里已经默认了这个杯子的高度是自己无法逾越的。

其实，让这只跳蚤再次跳出这个玻璃杯子的方法十分简单，只需拿一根小棒子突然重重地敲一下杯子，或者拿一盏酒精灯在杯底下加热，当跳蚤热得受不了的时候，它就会"嘣"的一下，跳了出去。

不仅跳蚤如此，人有时候也是这样。尤其是当今的青少年学生，在追求实现自身价值的过程中，由于抗挫折的能力比较低，遭遇困难和挫折的时候容易灰心丧气，容易自我设限，行动的欲望和潜能被自己扼杀。那么，教育工作者或教师，应能根据青少年儿童身心发展的特点，充分发挥其自身的主观能动性，让他们相信自己是最棒的，鼓励他们不断突破"心理高度"，朝着更高的目标努力奋斗。

（摘自雅瑟编著：《小故事大道理全集》，北京，海潮出版社 2005 年版）

第三节 教育对人类地位的提升

教育使得人的价值得到越来越充分的体现，使得人的个性发展的空间越来越大。

一、教育对人的价值的发现

（一）人的价值的含义

所谓人的价值，是指人在世界中的地位得到肯定，人的作用得到发挥，人的尊严得到保证。

（二）教育怎样使人的价值得到发现

在人类历史上，人的价值并不是一开始就能被发现和认识。原始社会的人，经常处于外在客观力量的威胁之下，因而总觉得自己软弱无力，看不到自己已有的和应有的地位与作用；奴隶社会是一匹马可以换几个奴隶的时代，奴隶毫无人的地位和尊严；封建社会作为农奴的人，也只能过着被剥削、被压迫的生活，人身没有自由。直到资本主义早期人文主义思潮出现和抬头以后，才开始听到关于人的价值的呼唤。但几百年来，人的价值始终没有摆脱资产阶级的桎梏。即使到 20 世纪后期，对人价值的肯定仍然受到种种干扰。现代科学技术的发展使得人的尊严又受到生产流水线、电脑程序、科学管理程序奴役的危险。教育有责任不断提高人们对人身价值的认识，提高人们对人与人、人与社会、人与自然关系的认识，使人充分认识到人的生命价值、人的主体地位、人的个体的独特尊严。教育不仅要教给人们知识和技能，而且要教会人们驾驭知识的技能，教会人们怀疑知识的技能。

二、教育对人的潜能的发掘

（一）人的潜能的意义

潜能是人区别于动物的重要标志，是能够把未成熟的人培养为成熟的人、把平凡的人培养成出色的人的可能性和前提条件。

(二)教育发掘人的潜能

任何人都具有一定的潜能，甚至是巨大的潜能。现代科学研究表明，人的发展已实现的水平与其可能达到的水平仍有较大的差距。人的发展是一种动态的历史过程，历史的无限性与人的发展的无限性相统一。人的潜能很少能自动表现出来，人的潜能的充分发掘，必须通过教育、学习才能实现。教育者必须做到，当具备了某种条件时，人的潜能会得到超常发挥。充分认识学生的潜能存在的事实及价值，尽可能地使学生的潜能得到发展，是教育工作者应该努力追求的目标。

三、教育对人的力量的发挥

(一)人的力量的含义

人的力量是人的身体力量与精神力量的综合。人类早期在与自然的争斗中，主要是依靠人身体的力量，历史上流传着无数力大无比的英雄故事。但人的根本力量，人与动物的区别，在于人具有精神力量。精神力量能创造和使用工具以增强人自身的生存能力；它能认识自己和改造自己，发展和完善人自身。

(二)教育怎样发挥人的力量

人的身体力量的发展有多种途径，但人的精神力量的发展只有通过教育才能实现。教育不仅需要分别培养和发展人的身体之力和精神之力，而且要力图使人的身心得到和谐、充分的发展。

四、教育对人的个性的发展

(一)个性意义

个性是指个体在社会实践活动中形成的独特性。心理学认为个性亦称人格，指个体稳定的心理特征，具有整体性与独特性。前者体现为个体的信念、理想等，后者体现为个体的能力、气质、性格。个性又是人的共同性与差别性在每个个体身上的具体统一。

(二)教育怎样发展人的个性

发展个性，是要在人的共同性的基础上，充分把人的差别性表现出来，从而使每个人都具有自主性和独特性，实现生命的个体价值与社会价值。人的社会化过程必然伴随个性化，个性化的形成与实现依赖于教育的作用。

教育通过促进人的主体意识的发展、个体特征的发展以及个体价值的实现等方面，促进人的个性发展。首先，人的主体意识突出表现为人的创造意识，教育对于人的个性化功能也突出地表现在它能为培养个体的创造意识从而焕发个体的创造性服务。其次，人的个体特征是指人的身心发展的个体差异性。这里侧重指人的心理发展，如个人兴趣、爱好、智能结构、性格、气质等方面的特征。人的遗传素质中寓含着个体差异性，但人的个体差异性的发展和形成则更多地取决于后天的因素，其中主要取决于教育的作用。学校教育通过不同的教育内容与教育形式，促进个体特征的发展。最后，教育使人意识到生命的存在并努力追求生命的价值和意义，赋予人创造生命价值的信心与力量。

【自测题】

一、单项选择题

1. 教学中的"揠苗助长""陵节而施"违背了个体身心发展的(　　)。

A. 顺序性　　　　B. 阶段性　　　　C. 不平衡性　　　　D. 个别差异性

2. 个体身心发展的个别差异性要求教育工作应做到(　　)。

A. 循序渐进　　　B. 因材施教　　　C. 切己体察　　　D. 虚心涵泳

3. "白板说"体现了个人身心发展的(　　)。

A. 外铄论　　　　　　　　　B. 内发论

C. 各因素交互作用　　　　　D. 实践活动论

4. 墨家"蓬生麻中不扶而直，白沙在涅与之俱黑"的说法，强调在人的发展中起巨大作用的是(　　)。

A. 遗传　　　　　　　　　　B. 环境

C. 教育　　　　　　　　　　D. 个体的主观能动性

5. 学校教育对人的发展起(　　)。

A. 决定作用　　　B. 主导作用　　　C. 影响作用　　　D. 激励作用

6. 强调"人的身心发展的动因是人自身的内在需要，身心的发展是人的潜能的完善"，这种理论是(　　)。

A. 外铄论　　　　　　　　　B. 内发论

C. 各因素交互作用论　　　　D. 实践活动论

7. 关于学校教育的特点，表述不正确的是(　　)。

A. 教育职能的专门性　　　　B. 教育作用的主导性

C. 教育内容的全面性　　　　D. 教育形式的变化性

8. 人的身心发展的状态和程度称为(　　)。

A. 发展   B. 成长   C. 成熟   D. 生长

9. 人的自觉能动性的最高表现是（　　）。

A. 主体活动的选择性   B. 主体活动的计划性

C. 主体活动的预见性   D. 主体活动的创造性

10. 个体身心发展的不均衡性要求（　　）。

A. 教育教学工作要抓关键期

B. 教育工作要循序渐进

C. 因材施教，有的放矢

D. 教育工作要根据不同年龄分阶段进行

11. "唯上智与下愚难移"说明（　　）。

A. 遗传决定论   B. 环境决定论   C. 先天决定论   D. 经济决定论

12. 制约人的身心发展的因素可归结为（　　）。

A. 遗传和环境   B. 环境和文化   C. 先天和后天   D. 社会和生物

13. 人才成长有一个"逆境定律"，说明"逆境"可以改造为有利的顺境，所以人是（　　）。

A. 被动的   B. 主观能动的   C. 先天的   D. 偶然性的

14. 社区教育是（　　）在时间和空间上向社会延伸与发展。

A. 学校教育   B. 家庭教育   C. 社会教育   D. 民俗教育

二、辨析题

1. 教育只能适应青少年发展而不能促进其发展。

2. 只要教育得法，人人都可以成为歌唱家、科学家、诗人。

3. 因为"近朱者赤，近墨者黑"，所以"出淤泥而不染"是做不到的。

4. 遗传素质上的差异对人的发展起着决定性的作用。

三、简答题

1. 简述个体因素在人身心发展中的作用。

2. 简述学校教育如何有效地促进人的发展。

3. 简述环境在人的身心发展中的作用。

4. 简述学校教育在完成青少年发展的任务中发挥的作用。

四、论述题

1. 论述教育如何适应人的身心发展规律。

2. 影响人的身心发展的因素有哪些？如何处理？

参考答案

一、单项选择题

1. A　2. B　3. A　4. B　5. B　6. B　7. D　8. C　9. D　10. A　11. A
12. C　13. B　14. A

二、辨析题

1. 该说法错误，教育还可以促进青少年的发展。

2. 该说法错误，教育并不是万能的，个体的发展还要考虑遗传素质、环境、成熟和个人能动性多种因素的影响。

3. 该说法错误，片面夸大了环境的作用，忽视了在环境中的人的主观能动性。

4. 该说法错误，遗传素质不能预订或决定人的发展，它为人的发展提供了可能性。

三、简答题

1. 答：(1)个体因素指的是个体的能动性，是人的主观意识和活动对于客观世界的积极作用，包括能动地认识客观世界和能动地改造客观世界，并统一于人们的社会实践活动中，是促进个体发展从潜在的可能状态转向显性状态的决定性因素。

(2)个体主观能动性的第一层次的互动是人作为生命体进行的生理活动。它是人这一有机体与环境中的物质发生交换的过程，为维持人的生命服务，与人的身体发展直接相关，也是其他方面发展的基础。第二层次是个体的心理活动，心理活动的内容丰富多彩，它是人对外部世界能动的、带有个体性的反映，也包括人对自己的意识、态度与倾向，其中最基本的是认识活动。最高层次是社会实践活动。对个体来说，具有满足人的生存、发展和创造需要的意义，是人与环境之间最富有能动性的交换活动，是一种能量的交换。它具有鲜明的目的性、指向性和程序性，体现了人的主动选择。

(3)以上三类不同水平的个体活动及其作用，实际上是共时、交融的。人的主观能动性从综合的意义把主体与客体、个体与社会、人的内部世界与外部世界联系起来，成为推动人本身发展的决定因素。

2. 答：(1)学校教育按社会对个体的基本要求对个体发展的方向与方面做出社会性规范。

(2)学校教育具有加速个体发展的特殊功能。

(3)学校教育对个体发展的影响具有延时的价值。

(4)学校教育具有开发个体特殊才能和发展个性的功能。

3.答：(1)环境对人的发展提供了多种可能，包括机遇、条件和对象，同时也做出一定限制。

(2)环境对人作用的大小与环境本身的性质、变化相关，也与个体发展水平相关。

(3)环境对人发展的影响有积极、消极之分。

(4)人在接受环境影响和作用时，也不是消极的、被动的。

4.(略)

四、论述题(略)

第六章　教育制度

引言

中国自清末(1903年)颁布《奏定学堂章程》至国民政府时期,虽都规定要实施义务教育,但从未真正实行。1982年《中华人民共和国宪法》做出了普及初等义务教育的规定。1985年《中共中央关于教育体制改革的决定》要求有步骤地实行九年制义务教育。1986年7月1日颁布《中华人民共和国义务教育法》,通过立法程序,正式确立了中国义务教育制度,标志着中国普及教育事业进入了一个以法治教的新阶段。明确提出义务教育是国家统一实施的所有适龄儿童、少年必须接受的教育,是国家必须予以保障的公益性事业。1992年,国家教委发布了《中华人民共和国义务教育法实施细则》,对实施义务教育进行了全面规范。

义务教育的意义:(1)义务教育既标志着一个国家的经济发展水平,又会不断促进国家经济的发展;(2)义务教育既体现着一个国家现代文明的水平,又会促进现代文明的提高;(3)义务教育既可以保障公民的基本权利,又可以培养公民的法律意识。

新中国成立后,我国在义务教育方面进行了一系列学制改革实验,其中最有影响的是五四制实验和六三制实验。五四制实验始于1981年,由北京师范大学学制研究小组在其附属中小学开始实验。六三制实验在我国最早可追溯到1922年的学制改革,1996年秋,六三制的覆盖面在全国为61%。目前,我国义务教育主要实行九年一贯制。

学习目标

1. 掌握教育制度与学校教育制度的概念。
2. 了解学制确立的依据。
3. 了解1951年和1958年学制改革的基本精神及其意义。

4. 重点把握我国改革开放以来教育体制改革的发展脉络和主要内容。

5. 能够联系当地实际分析我国普及九年义务教育中存在的问题及其对策。

第一节　教育制度概述

一、教育制度的内涵

教育制度是指一个国家或地区各级各类教育机构与组织的体系及其各项规定的总称。它包括相互联系的两个基本方面：一是各级各类教育机构与组织的体系；二是教育机构与组织体系赖以存在和运行的一整套规则，如各种各样的教育法律、法规、条例等。

教育制度有广义和狭义之分。广义的教育制度是指国民教育制度，即一个国家为实现其国民教育目的，从组织系统上建立起来的一切教育设施和有关规章制度的总和。狭义的教育制度是指学校教育制度，简称学制。学制是指一个国家各级各类学校的系统，它规定各级各类学校的性质、任务、入学条件、学习年限及其相互间的关系。

二、教育制度的特点

教育制度既有与其他类型的社会制度相类似的特点，又有其自身的特点。

(一)客观性

教育制度作为一种制度化的东西，不是从来就有的，而是一定时代的人们根据自己的需要制定的。教育制度的制定虽然反映着人们的一些主观愿望和特殊的价值需求，但是，人们并不是也不可能随心所欲地制定或废止教育制度，某种教育制度的制定或废止，有它的客观基础，是有规律可循的。而这个客观基础和规律主要是由社会生产力发展水平所决定的。

(二)取向性

任何教育制度都是其制定者根据自己的需要制定的，是有其一定的取向性的。任何教育制度的变革都可以说是重新对教育取向选择的结果。在阶级社会中，教育制度的取向性主要表现为阶级性，即教育制度总是体现着某一阶级的价值取向，总是为某一阶级的利益服务。

(三)历史性

教育制度既是对客观现实的反映，具有一定的客观性；又是一种取向的选择和体现，而客观性和取向性的具体内容又是随着社会的变化而变化的。因此在不同的社会历史时期和不同的文化背景下，就会有不同的教育制度，就需要建立不同的教育制度。教育制度是随着时代和文化背景的变化而不断创新的。

(四)强制性

教育制度作为教育系统活动的规范是面向整个教育系统的。在某种意义上说，它独立于个体之外，对个体的行为具有一定的强制作用。只要是制度，在没有被废除之前，都不管个人的好恶，无条件地要求个体遵守，违反制度就要受到不同形式的惩罚。

三、制约教育制度的社会因素

教育制度如同整个教育一样，除受人的身心发展规律的制约外，还受整个社会的制约。人的身心发展规律制约着教育制度的纵向分段以及其他许多方面，但是，教育制度的性质、状况及其发展，则主要是由各种社会因素决定的。

(一)经济

经济的发展为教育制度提供了一定的物质基础和相应的客观需要。例如，在古代社会，教育制度基本上把教育机构与组织的功能规定成为上层建筑服务，而不是为生产力服务。学校教育的内容也绝大多数是一些伦理的、宗教的内容，而不是生产知识与技能。这一方面与统治阶级脱离生产劳动，鄙视生产劳动有关；另一方面也与当时生产力水平和经济发展水平总体上不高，不需要通过专门的教育机构来传递有关知识和技能有关。只有当社会生产的发展达到与之相关的知识和技能再也不能依靠经验获得的时候，才逐渐地把生产的知识和技能，纳入教育体系中去，才会出现一些专门性质的工业、农业、商业等学校。当前，人类社会正进入一个知识经济时代。这个时代出现的许多新型高科技产业和经济，必将对教育的层次、科类以及人才培养的目标产生深刻的影响，从而影响到教育制度的发展和变革。

(二)政治

教育是人类的一种社会活动，在阶级社会里具有鲜明的阶级性。掌握着政权的统治阶级必然要掌握教育权，决定着谁能否享受教育，决定着不同社会背景的学生享受教育的类型、程序和方式。统治阶级的这些要求既体现在他们的教育观念上，又体现在他们的教育制度上，而且必须借助教育制度加以保障和实现。因此，政治制度对教育制度的影响是直接的。例如，在古代社会里，由于社会政治的阶级性和等级性，古代教育制度也具有阶级性和等级性，能够享受学校教育的也只能是一部分有特权（出身、军功或宗教信仰）的人，其余的人都被排斥在学校教育体系之外，接受一些粗浅的生活教育或师徒式的教育。

(三)文化

教育活动既是在一定的文化背景下进行的，又承担着一定的文化功能，如文化选择、文化传承、文化整合与文化创造等。不同的文化类型必然会影响到教育的类型和教育制度。例如，同为资本主义国家的法国和美国，由于其文化背景的不同，以至于在教育行政上出现了法国的教育集权制，而美国则是教育分权制。同时，在文化因素中，科学技术对教育制度的影响非常明显，而且其影响力还在逐渐增大；人文精神对教育制度的影响也日益增强，把受教育权视为基本人权，要求尽可能地实现教育公平。

第二节　现代学校教育制度

一、现代学校教育制度的形成

现代教育制度的核心部分是学校教育制度。学校教育制度简称学制，是指一个国家各级各类学校的系统及其管理规则，它规定着各级各类学校的性质、任务、入学条件、修业年限以及它们之间的关系。

现代学校教育制度的形成是与现代学校的产生和发展密不可分的。在古代，无论是东方还是西方，学校都没有严格的大、中、小学之分，更没有幼儿园。即使被称作大学和小学的机构（如我国西周的大学和小学，欧洲中世纪的大学），和今天的大学和小学相比，也存在着极大的差别。近代以来，随着商品经济和资本主义的发展，逐步产生了现代大学和现代中学，特别是随着为劳动人民子女设立的国民学校的产生和发展，逐步形成为公共教育制度，出现了大、中、小学的严格区分，形成了现代学校教育系统。

(一)大学和高等学校

12 世纪在欧洲，随着商业、手工业和城市的发展，中世纪大学应运而生。中世纪大学最早产生于意大利、法国和英国。到 14 世纪，欧洲已有几十所大学。这些大学普遍设文学科、神学科、医学科和法学科。

在中世纪大学的四科中，文学科教授七艺，属于普通教育性质，起着后来的普通中学的作用，是大学的预科。当时大学的四科，入学年龄和修业年限都没有严格的规定。文学科一般为 6～7 年，其他三科为 5～6 年。在文学科学习三四年，学完文法、修辞学和辩证法"三艺"之后，就可当助教，这就是学士。学完文学科"七艺"后，获得在文学科任教许可证的，就是硕士。文学科修业期满，就有权进入大学的其他三科中的某一科学习，毕业合格并获得任教许可证的，就是博士。

现代大学和现代高等学校是经过两条途径发展起来的：一条是通过增强人文学科和自然学科，把这些中世纪大学逐步改造成为现代的大学，如牛津大学、剑桥大学和巴黎大学；另一条是创办新的大学和新的高等学校，如伦敦大学、洪堡大学、巴黎高等师范学校。现代大学和现代高等学校是在 18—20 世纪随着市场经济、现代生产和现代科技的发展而发展和完善起来的。

(二)中学

在欧洲文艺复兴前后，曾出现了以学习"七艺"和拉丁文或希腊文为主要内容的学校。在英国叫文法学校或公学，在德国和法国叫文科中学。这批学校修业年限不等，有 6 年的，也有 8～10 年的。但它们的教学内容、修业年限、毕业生的权利和中世纪大学的文学科基本相同，都是为大学培养预备生和为教会、国家培养僧侣、官吏。因此，我们把它们统称为古典文科中学。古典文科中学与中世纪大学的文学科有着十分密切的联系，有的就是由中世纪大学的文学科演变而来的，例如 18 世纪德国就把大学文学科的第一阶段并入了文科中学。

18 世纪初，商业和手工业的发展提出对管理人才和技术人才的需求，于是在欧洲出现了以学习自然科学和现代外语为主要课程的实科中学。实科中学的出现是中等教育发展史上的一个里程碑，这意味着中等学校向现代学校迈出了决定性的一步。比起古典文科中学来，实科中学更适应生产和国民经济的需要，更接近生活，它具有更鲜明的现代中等学校性质。

实科中学与具有浓厚的古代学校传统的古典文科中学，曾经历了长达 200 年的斗争，其结果是实科中学的地位越来越强大。在斗争中，两者都得到了改进和发展，但总的方向是两者都逐步变成了愈益完善的现代中等学校。现代普通中学是随着市场经济和资本主义的产生、发展而产生、发展起来的。

（三）小学

早在文艺复兴以前，西欧就有行会学校和基尔特学校，学习本族语的读、写、计算和宗教，这些学校就是欧洲城市最早的初等学校。在文艺复兴时期，教会又兴办了很多小学。

在18世纪末和19世纪这一百多年的时间里，欧洲发生了以蒸汽机的发明和广泛使用为标志的第一次工业技术革命。这场革命要求劳动者必须具有初步读写算的能力和一定的自然与社会常识，这就推动了以劳动人民子女为教育对象的小学教育的广泛发展。到19世纪后半叶，英国、德国、法国、美国、日本都通过了普及初等教育的义务教育法，这些先进的资本主义国家都先后普及了初等教育。

（四）幼儿教育机构

作为公共教育的现代幼儿教育机构，最早出现于第一次工业技术革命后的18世纪下半叶。19世纪，各个先进的资本主义国家都先后出现了幼儿教育机构。20世纪上半叶，随着第二次工业技术革命的深入发展，各发达国家的幼儿教育机构得到了突飞猛进的发展。第二次世界大战以后，发达国家中的幼儿教育逐步走向普及。与此同时，幼儿教育的性质也在发生着变化，即从以保育为主向以教育为主发展。幼儿教育机构在不少国家已被列入学校教育系统，成为国民教育体系的组成部分，并将成为终身教育的一个有机组成部分。

（五）初级中学

从19世纪末到20世纪中叶的近一百年的时间里，又发生了以电气在工业上的广泛应用为标志的第二次工业技术革命。这一革命要求从事电气化生产的劳动者必须具备更高的文化科学基础知识，也就是说，只具有小学文化程度已经不够了，必须具有中学文化程度。于是，每个发达的资本主义国家都先后把义务教育延长到了8～9年。所延长的这部分义务教育，尽管名称上各不相同，但事实上却都是初中教育。英国叫现代中学，法国叫市立中等学校，德国叫初级中学。这些中学旨在把劳动人民子女培养成有文化的体力劳动者，而不是要把他们培养成脑力劳动者。美国在19世纪前半期掀起了儿童涌入小学的高潮，19世纪后半期又掀起了儿童涌入中学的高潮。

(六)高级中学

从 20 世纪中叶起，开始了以电子计算机为标志的第三次工业技术革命。这一时期，各种新技术在生产上的广泛应用引起了生产和劳动性质及整个社会生活的革命性变化，同时也就决定了对劳动者掌握科学技术知识提出新的要求。由于脑力劳动者的人数和比例的扩增，以及体力劳动者的脑力劳动因素的日益增加，要求每个生产者必须具有高中或高中以上的文化程度，才能满足当前和今后日益发展的生产和社会生活的要求。因此，从 20 世纪中叶起，各发达国家的教育都经历着一个进一步延长义务教育年限、提高教育水平、普及完全中等教育的时期。目前，美国、日本、俄罗斯等国家已经普及了高中教育，其他发达国家也正向普及高中教育发展。

(七)职业学校

适应现代生产的劳动者不仅应具有初中的文化水平，而且还应具备一定的职业技术技能。传统的学徒制已不能满足这个要求，于是许多发达国家先后通过了各种职业教育法令，在发展初中水平教育的同时，也大力发展这个阶段的职业教育。第一次世界大战对发展职业教育起了很大的推动作用。1919 年，德国决定对 14～18 岁的青少年继续实施义务的职业教育；同年，法国通过了《阿斯蒂埃法案》，规定每个市镇设立一所职业学校，对 18 岁以下的青少年实施免费的和义务的职业教育；1924 年，英国也采取了类似措施；1917 年，美国通过了《史密斯—休士法案》，在全国范围内建立中等职业学校，影响更为深远的是把普通中学办成综合中学，设立职业科，开设各种职业选修课程；"十月革命"后，苏联也建立起了完善的初中程度和高中程度的职业学校，形成了初等教育或初中教育后的职业教育系统。

(八)短期大学和大学

20 世纪中期以来，随着现代生产、现代科技的大发展，以及高中教育的逐步普及，高等教育也日益走向了大众化。美国、日本、德国、法国、俄罗斯、英国等国适龄青年升入高校的已达同龄人的 $1/5$～$2/3$。

(九)研究生教育机构

现代生产和现代科技的发展，使得对高级科学技术人才和教育人才的需求越来越大，这就要求部分大学本科生毕业后进一步攻读高级学位。19 世纪初在德国产生了现代学位(哲学博士)之后，又出现了现代研究生教育机构。在接下来的一百多年里，研究生教育在发达国家中得到了广泛的发展。到了 20 世纪，研究生教育机构已成了不少发达国家学校教育系统的组成部分。20 世纪中期以来，研究生教育得到了长足的发展，有的国家的研究生以高于本科生增长速度的2～4倍激增。

(十)成人教育机构

成人教育，古已有之，即活到老，学到老。这是指自学、向生活和实践学习、自我修养以及手艺上的精益求精等。现代成人教育已超出上述含义，它是现代社会的产物，是以在生产上运用科学技术为特征的大生产的产物。

一方面，现代科学技术的创造周期和陈旧周期越来越短，因此，每个人从学校毕业后，在劳动生活中如果不多次更新知识，就不能适应人员流动和转业的需要。于是，成人教育就蓬勃地发展起来，并成为现代学校教育制度的一个重要构成部分。另一方面，由于科技和社会的进步、劳动者闲暇时间的增多，以及个性多方面发展的需要，成人接受多方面的教育已经成为人们的一种精神追求。即使退休的老人也在追求这种个人的精神享受，于是老年人学校、老年人大学应运而生。正是这两个方面使我们有充分的根据认为，现代社会已显示了学习化社会的若干特征，未来社会肯定是学习化社会。因而，现代学校教育制度正在向终身教育制度发展，并将成为完善的终身教育制度。

二、现代学校教育制度的类型

现代学制主要有三种类型：双轨学制、单轨学制和分支型学制。原来的西欧学制属于双轨学制，美国的学制属于单轨学制，苏联的学制则属于分支型学制。

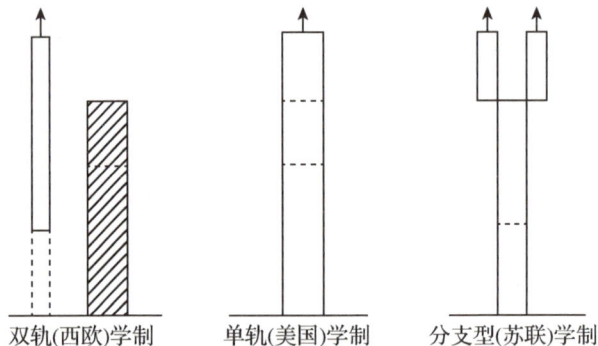

双轨(西欧)学制　　单轨(美国)学制　　分支型(苏联)学制

图 6-1　三种类型学制示意图①

---

① 黄济，王策三：《现代教育论》，北京，人民教育出版社1996年版。

(一)双轨学制

从 18 世纪开始，由于生产与经济的发展加之欧洲国家特定的历史文化条件的影响，古典的等级制学校逐渐演变成现代学术性学校，与此同时，应社会对劳动者提出的文化、技术方面的新要求而新办的专供劳动阶级子女学习的现代普及型学校充分发展，由此形成了欧洲现代教育的双轨学制：一轨是为上层社会服务的、有着优良师资与设备条件的教育体系，其结构是——大学(由古典大学发展而来)和其他高等学校、中学(包括中学预备班)、家庭教育；另一轨是为下层劳动阶级服务的、办学条件较差的教育体系，其结构是——中学(包括职业技术学校，先是与小学相连的初等职业教育，后发展为和初中联结的中等职业教育)、小学。两轨之间平行并列，互不衔接。双轨学制的阶级对立性十分明显。

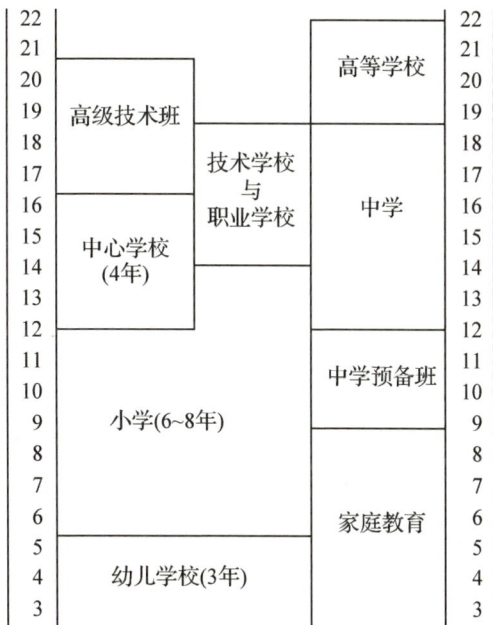

图 6-2　20 世纪初的英国学制①

19 世纪末，由工业技术革命带来的社会化大生产与这种双轨制教育产生了尖锐的矛盾，导致了欧洲双轨学制的改革，特别是在世界范围内的教育民主化浪潮的冲击下，双轨制国家为劳动阶级举办的普及义务教育有了

---

①　黄济，王策三：《现代教育论》，北京，人民教育出版社 1996 年版。

更大的发展，劳动阶级教育程度有所提高。但是双轨学制的变化并没有从根本上消除教育的不平等。

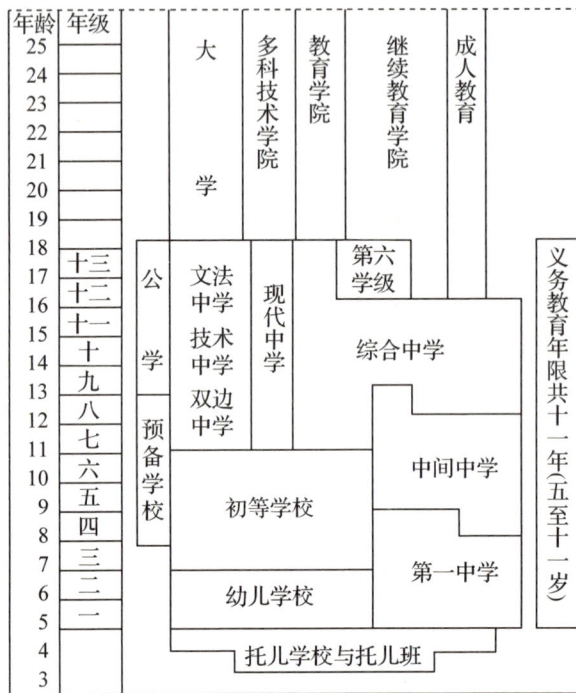

图中文字：

年龄　年级

25 24 23 22 21 20 19　大学　多科技术学院　教育学院　继续教育学院　成人教育

18 17 16 15 14 13 12 11 10 9 8 7 6 5 4 3　十三 十二 十一 十 九 八 七 六 五 四 三 二 一

公学　预备学校

文法中学 技术中学 双边中学　现代中学　第六学级　综合中学

初等学校　中间中学

幼儿学校　第一中学

托儿学校与托儿班

义务教育年限共十一年（五至十一岁）

图6-3　英国现行学制图①

（二）单轨学制

北美多数国家最初都曾经沿用欧洲的双轨学制。哈佛、耶鲁大学是牛津、剑桥大学的翻版，拉丁语学校类似于欧洲的文法学校。后来拉丁语学校逐渐演变成为兼重文、实的文实学校。18世纪末，美国颁布了初等学校普遍设立的法令。1830年，小学得到了蓬勃发展。当美国从农业社会向工业社会转变以后，产业革命和电气化推动了中学的普及，这种经济条件和美国没有特权的传统文化背景，致使美国原有的双轨制中的学术性一轨没有得到充分的发育，而为劳动阶级举办的普及性的中小学教育体系迅速发展，于是形成了美国特有的单轨学制。其结构是小学、中学、大学。其特点是一个起点、一个系列、多种分段，如六三三、五三四、四四四、八

---

① 黄济，王策三：《现代教育论》，北京，人民教育出版社1996年版。

四、六六等分段制。单轨学制最早产生于美国，后来被许多国家采用，其优点在于它有利于教育逐级普及，对现代科技和现代生产的发展具有更大的适应能力。

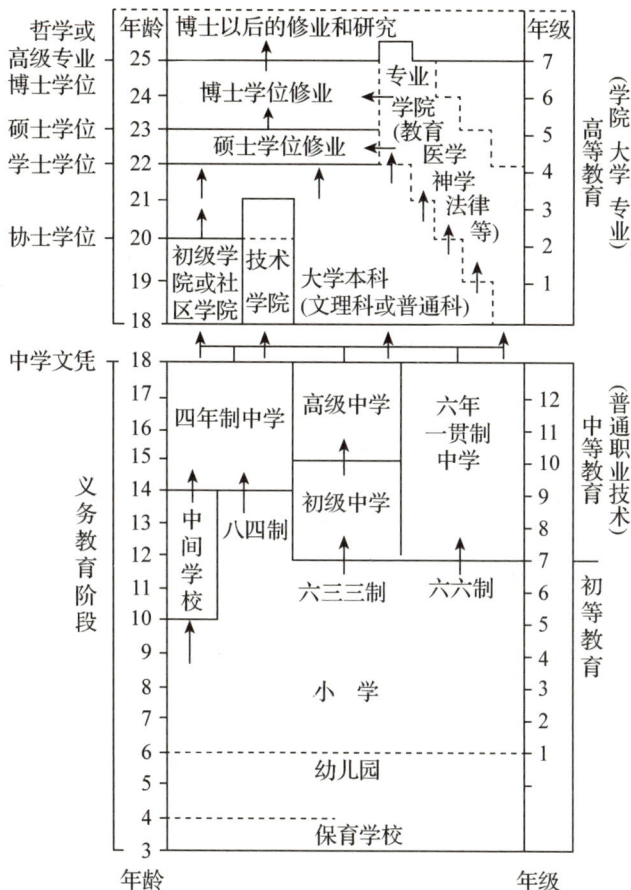

图 6-4　美国现行学制图①

(三)分支型学制

俄国十月革命前实行双轨学制，十月革命后建立了统一的社会主义劳动学校系统，后来随着经济建设的发展，又恢复了原文科中学的某些传统和职业学校单设的做法，于是形成了既有单轨学制特点又有双轨学制特点

---

① 黄济，王策三：《现代教育论》，北京，人民教育出版社 1996 年版。

的苏联式的分支型学制。此学制前段是单轨，后段分叉介于双轨学制和单轨学制之间的分支型学制。

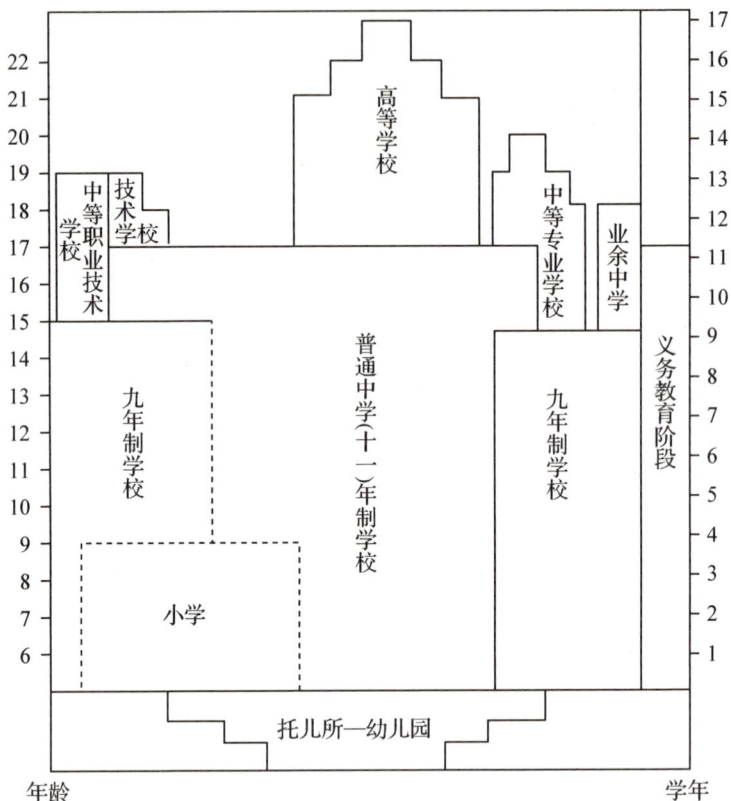

图 6-5　苏联 20 世纪 80—90 年代学制图①

三、现代学校教育制度的改革与发展

现代学制在形成后的近百年来，不论是从学校教育系统还是从学校阶段来分析，都发生了重大的变化。

（一）从纵向学校系统分析，双轨学制在向分支型学制和单轨学制方向发展

人们在对三种类型学制进行比较研究后，充分认识到三种类型学制各

---

① 黄济，王策三：《现代教育论》，北京，人民教育出版社 1996 年版。

有优劣利弊，于是，世界各国在保持本国原有学制的优良传统，改正原有学制中的缺点的基础上，汲取其他类型学制的优点，不断进行学制的科学试验研究和学制改革。例如，20 世纪初，欧洲双轨制国家学制中的一轨有小学，另一轨没有小学，上层社会的儿童都在家庭中接受教育。第二次世界大战后，出于政治、经济多种因素影响，英、法、德等国进行学制改革，普及初等义务教育，初等教育阶段并轨实行一贯制，设立了与中等教育相联系的中间学校或初级中学。以后，中等教育通过设立综合中学也实现了并轨。同样，实行单轨制和分支型学制的国家也都进行了学制改革，改革的共同之处除了进一步充实和完善大中小学的机构系统外，还具有向其上端——研究生教育、下端——幼儿教育方向发展与完善的趋势。学制改革基本目的是向教育的民主化、特色化、高质量前进。

(二)从横向学校阶段来看，每个阶段都发生了重大变化

1. 幼儿教育阶段

近年来，各国纷纷把幼儿教育列入学制体系。这是现代学制的一个重要特点，是现代学制向终身教育制度发展的重要标志之一。近年来发达国家幼儿教育发展迅速，有的国家(如法国)已经达到普及的水平，4～5 岁儿童的入园率已近 100％。与此同时，幼儿教育机构也发生了重要变化：一是幼儿教育的结束期有提前的趋势，提前到 6 岁或 5 岁；二是加强小学和幼儿教育的联系，如英国将 5～7 岁幼儿学校教育作为义务教育的初级阶段。

2. 小学教育阶段

随着第一次工业革命运动的兴起，小学已不再是结业教育，而已发展为普通文化科学基础教育的初级阶段。出于重视儿童早期智力开发的缘由，对智力超常发展的儿童在学制中有弹性的灵活规定，允许早慧儿童提前入学、跳级、提前毕业，并设立了专门的教育机构。如 20 世纪 60 年代，苏联开办的数学、化学专门学校就是为了从全国各地选拔智力超常发展的儿童进行专门培养；日本也开设有"英才实验学校"。随着社会生产和科技发展，各发达国家逐步将义务教育年限延长，在学制上这种趋势表现为：提早小学入学年龄；义务教育年限延长；初中与小学相互连接，不用升学考试。

3. 初中教育阶段

由于义务教育早已延长到了初中阶段，而且很多国家义务教育年限是逐步延长的，同时，初中阶段已成了科学基础教育的重要阶段，初中的科

学基础教育对而后的职业教育和进一步的科学教育有重要作用，因而导致了初中阶段教育结构的变化：一是初中学制延长；二是把初中阶段看作普通教育的中间阶段，中间学校即由此而来；三是不把它看作中学的初级阶段，而是把它和小学联结起来，统一进行文化科学基础知识教育，取消小学和初中之间的考试，加强初中结束时的结业考试，把这整个阶段看作基础教育阶段，而后再进行分流，或进行进一步的科学文化知识教育，或进行职业教育。

4. 高中教育阶段

高中本身是现代学制发展到一定阶段的产物。西欧双轨学制的中学过去没有严格的初高中之分，美国单轨学制中最先有了高中，接着苏联学制中也有了高中，最后是欧洲双轨学制的中学在变革中也不得不分为两段，因而也才有了高中。第二次世界大战之后，由于普及教育已到了初中阶段，双轨学制中原来不分段的学术性中学不得不分为两段，使前段和群众性的初中合并共同完成普及教育的任务，后段即变成了欧洲高中。从此三种类型的学制都有了高中。三种类型学制的小学和初中，尽管学习年限有差别，但其基本任务却是完全一样的，都是进行文化科学基础教育，即变成了一种类型。所以，在当代，所谓三个类型的学制，事实上变成了高中阶段的三个类型了。高中阶段学制的多类型，即高中阶段教育结构的多样化，乃是现代学制在当代发展中的一个重要特点。

如果把高中阶段单设的职业学校单独讨论，那么，三类高中事实上是因为它们肩负着三类不同任务而形成的：仅仅肩负升入大学预备教育单项任务的西欧高中，同时肩负大学预备教育和普及高中文化科学知识教育两项任务的苏联高中，肩负大学预备教育、普及高中教育和进行职业教育的美国综合高中。这样，三类高中就有了共同点，它们都有进行大学预备教育的任务。可以预料，随着普及教育达到高中阶段，中小学学制的三个类型终将会被单轨学制一个类型所代替。

5. 职业教育阶段

当前，发达国家的职业教育基本上都是在高中阶段进行的。职业教育既是古代学徒制教育向现代职业教育的发展，也是现代生产要求下职业教育从普通教育中的分化。随着科学技术的不断发展，职业教育的进行完全依赖于现代生产所据以存在的科学技术基础的状况。现代职业教育最初是在小学阶段进行的，后来依次发展到了初中、高中和初级学院阶段进行。目前，发达国家的职业教育已有移向高中后的明显趋势，这是因为在当代职业教育日益建立在更高的科学技术基础之上，只有在高水平文化科学基础知识之上培养出来的人才才更具有适应性。从总体上看，职业教育在当代有两个突出的特征：一是文化科学技术基础越来越高；二是职业教育的层次、类型的多样化。

6. 高等教育阶段

19 世纪和 20 世纪初的高等学校是文化和科学发展的最高阶段，那时的大学与生产技术的联系并不密切。到了第二次世界大战以后，高等教育有了飞速发展，和生产技术的联系也日益密切。随着科学技术在生产中的广泛应用，在高中教育普及、职业技术教育发展的基础上，短期大学出现了，高等教育步入大众化。在当代，高等教育改革的呼声越来越高，于是推动了高等教育结构的变化：一是多层次，从过去主要为本科一个层次，发展到现在的大专、本科、硕士、博士等多个层次；二是多类型，现代高等学校的院校、科系、专业类型十分繁多。

第三节　我国现行学校教育制度

一、我国现行学校教育制度的演变

我国现代学制始于清末期。1840 年鸦片战争后，帝国主义列强的疯狂侵略和国内资本主义势力的兴起，迫使清政府不得不对延续了几千年的封建教育制度进行改革。于是"废科举，兴学校"，改革教育，制定现代学制。

1902 年，清政府颁布了钦定学堂章程，亦称"壬寅学制"，这是我国正式颁布的第一个现代学制。这个学制未及实施，到 1904 年又颁布了《奏定学堂章程》，亦称"癸卯学制"，这是我国正式实施的第一个现代学制。此学制的突出特点是教育年限长，总共 26 年。如果 6 岁入学，中学毕业为 20 岁，读完通儒院则是 32 岁。

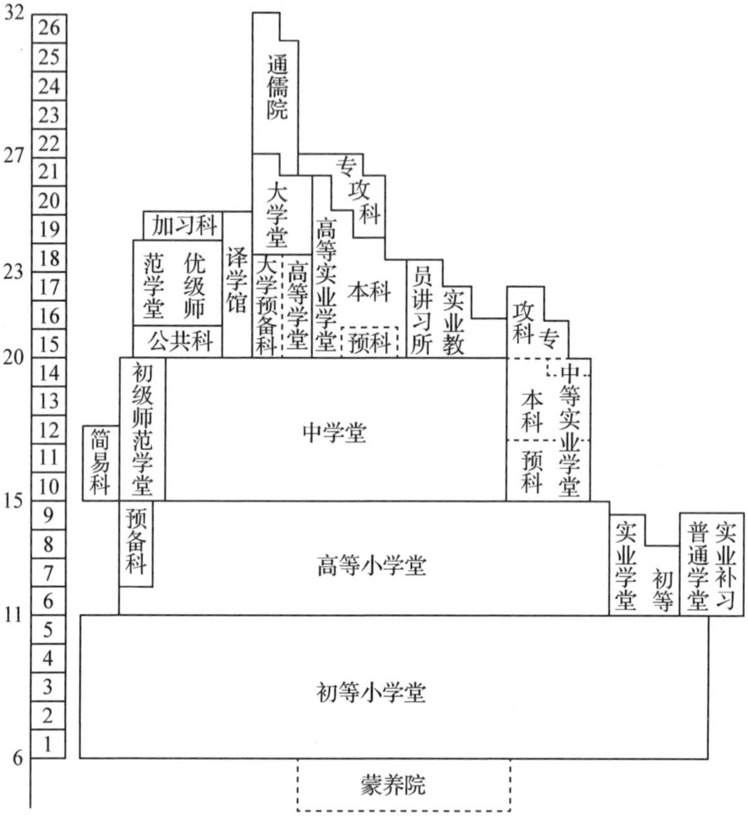

图 6-6 癸卯学制系统图①

（1904 年 1 月 13 日，光绪二十九年 11 月 26 日）

  第一次世界大战后，西方文化进一步传入中国，当时留美派主持的全国教育联合会，以美国的学制为蓝本，又提出了改革学制的方案，于 1922 年颁布了"壬戌学制"，即通称的"六三三制"。这个学制受美国实用主义教育的影响，强调适应社会进化的需要，发扬平民教育精神，谋求个性的发展，注重生活教育。在国民党统治时期，这个学制虽几经修改，但基本没有变动，其影响深远。

----

  ① 王道俊，王汉澜：《教育学》（新编本），北京，人民教育出版社 1989 年版。

年龄　学年

24	十八
23	十七
22	十六
21	十五
20	十四
19	十三
18	十二
17	十一
16	十
15	九
14	八
13	七
12	六
11	五
10	四
9	三
8	二
7	一
6	

年龄　学年

大学院

大学校　　专门学校

师范学校　　高级中学　　职业学校

初级中学

（高级）

小学校

（初级）

幼稚园

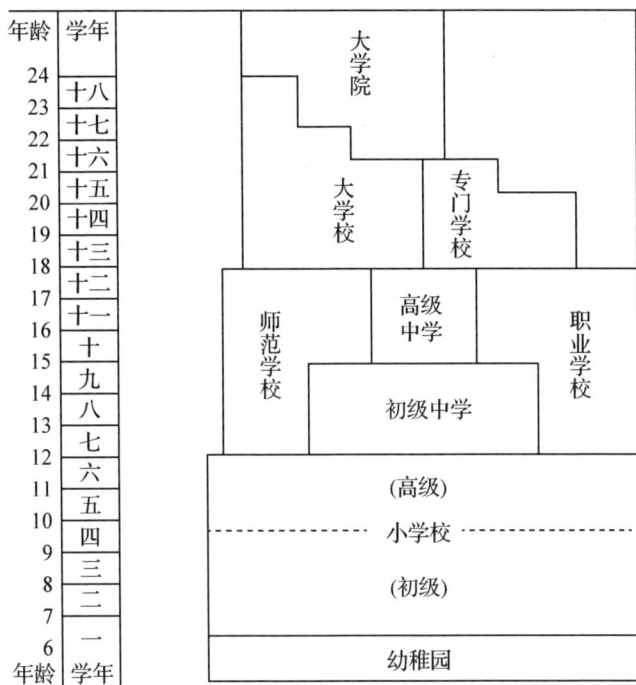

图 6-7　壬戌学制系统图①

（1922 年公布）

　　1949 年中华人民共和国成立，中央人民政府政务院于 1951 年颁布了《关于改革学制的决定》，明确规定了中华人民共和国的新学制。这是我国学制发展的一个新阶段。首先，这个学制吸收国内外的先进经验，将各级各类学校互相衔接，保证了劳动人民子女受教育的平等权利；其次，职业教育在新学制中占有重要地位，体现了重视培养各种建设人才和为生产建设服务的方针，表现了我国学制向分支型学制方向的发展；再次，重视工农干部的速成教育和工农群众的业余教育，坚持了面向工农和向工农开放的方向，初步表现了我国学制由学校教育机构系统向包括幼儿教育和成人教育在内的现代教育施教机构系统的发展，显示出终身教育的萌芽。

---

① 王道俊，王汉澜：《教育学》（新编本），北京，人民教育出版社 1989 年版。

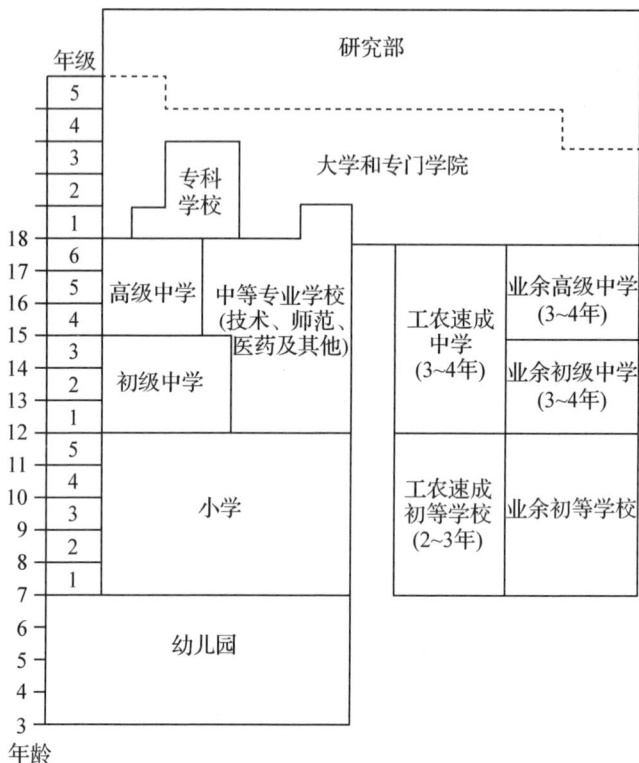

图 6-8　中华人民共和国学校系统图①

(1951 年)

1958 年，中共中央和国务院发布了《关于教育工作的指示》，明确指出："现行的学制是需要积极地妥当地加以改革的。各省、市、自治区党委和政府有权对新学制积极地进行典型试验，并报告中央教育部。经过典型试验取得充分经验之后，应当规定全国通行的新学制。"随后，许多地区开展了学制改革的试验，如提早入学年龄，进行了 6 岁入学的试验；为了缩短年限，进行了中小学十年一贯制的试验；为了贯彻"两条腿走路"的方针，采取多种形式办学，创办了农业中学、半工半读学校，进一步发展了业余学校。但是由于"左"的影响，由于急躁冒进和盲目发展，不仅使学制改革的试验不可能在正常的教学秩序下进行，而且一大批新创办的各级各

---

① 王道俊，王汉澜：《教育学》(新编本)，北京，人民教育出版社 1989 年版。

类学校，由于师资、设备跟不上，也难以维持。在中央的及时觉察下，1961 年开始贯彻"调整、巩固、充实、提高"的方针，特别是制定了大、中、小学工作条例，在肯定一些积极成果的同时，对当时各种"左"的表现做了纠正。

"文化大革命"提出了"学制要缩短""教育要革命"等口号，对我国的学制和教育事业造成了严重破坏。第一，和当代中学学制延长的发展趋势相反，毫无根据地把中学学制大大缩短，把初高中都缩短到两年；第二，和当代中等教育结构多样化的发展趋势相反，对中专和技校大加砍杀，盲目发展普通高中，使普通教育和职业教育的比例失调；第三，和当代高等教育多层次和多类型的发展趋势相反，把高等教育缩短为三年和一个层次，把很多院校、科系、专业取消，使人才培养比例完全失调；第四，和当代成人教育、业余教育大发展以及发展终身教育的趋势相反，把这类教育形式完全取消，扼杀了职工提高文化科学水平和知识更新的机会，等等，从而把中华人民共和国成立以来建起的具有某种终身教育因素的社会主义新学制糟蹋得满目疮痍，破坏得不成样子。这完全是一种倒退行为。

十一届三中全会以后，我国迅速结束了"十年浩劫"所造成的教育上的混乱局面，着手重建和发展被破坏的学制系统：延长中学的学习年限；恢复和重建中专和技校，创办职业高中；恢复高等学校专科和本科的两个层次；扩大高等专科学校；恢复和重建很多院校、科系和专业；建立学位制度和完善研究生教育制度；恢复和重建各级各类成人教育机构；等等，从而使我国学制逐步向合理和完善的方向发展，使各级各类学校形成了一个完整的系统。

二、我国现行学校教育制度的分类

经过一个世纪的发展，我国已建立了比较完整的学制，这个学制还在1995 年颁布的《中华人民共和国教育法》里得到了确认。它包括以下几个层次的教育。

学前教育（幼儿园）：招收 3～6、7 岁的幼儿。

初等教育：主要指全日制小学教育，招收 6、7 岁儿童入学，学制为5～6 年。在成人教育方面，是成人初等业余教育。

中等教育：指全日制普通中学、各类中等职业学校和业余中学。全日制中学修业年限为 6 年，初中 3 年，高中 3 年，职业高中 2～3 年，中等专业学校 3～4 年，技工学校 2～3 年。属于成人教育的各类业余中学，修业年限适当延长。

高等教育：指全日制大学、专门学院、专科学校、研究生院和各种形式的业余大学。高等学校招收高中毕业生和同等学力者。专科学校修业年限为 2~3 年。大学和专门学院修业年限为 4~5 年，毕业考试合格者，授予学士学位。业余大学修业年限适当延长，学完规定课程经考核达到全日制高等学校同类专业水平者，承认学历，享受同等待遇。条件较好的大学、专门学院和科学研究机关设立研究生教育机构。硕士研究生修业年限为 2~3 年，招收获学士学位者和同等学力者，完成学业授予硕士学位。博士研究生修业年限为 3 年，招收获硕士学位者和同等学力者，完成学业授予博士学位。在职研究生修业年限适当延长，完成学业者也可获相应学位。

从形态上看，我国现行学制是从单轨学制发展而来的分支型学制。

我国 20 世纪初从西方引入的现代学制，从总体上看是单轨学制。那是因为我国的生产力、科技水平和商品经济还很不发达，学校的主要任务还是培养政治人才、管理人才和提高部分人口的科学文化水平，而不是培养大批为生产和经济服务的各级各类人才。因此，这种单轨学制不像美国单轨学制那样是由于现代生产的急剧发展，群众性一轨淹没了另一轨的那种单轨学制。换句话说，这种单轨学制是现代生产和现代社会生活还未充分发展条件下的单轨学制，而不是现代生产和现代社会生活充分发展条件下形成的单轨学制。这种单轨学制的中学阶段的职业教育极其薄弱就是明证。

随着生产和社会的发展，对有文化的劳动者的需求越来越大且越来越迫切，我国的单轨学制必然要走向分支型学制。所以，1951 年参考苏联分支型学制制定我国的新学制，在总体上是正确的和进步的措施。"十年动乱"对这一学制的破坏，确系反动倒退，因为它违背了教育发展的这个历史趋势。

二十多年来，我国学制改革和发展的基本方向就是重建和完善分支型学制。我们现在正在走的道路是通过发展基础教育后的职业教育走向分支型学制，下一步要走的道路将是过高中综合化走向单轨学制。这是现代学制发展的大趋势。

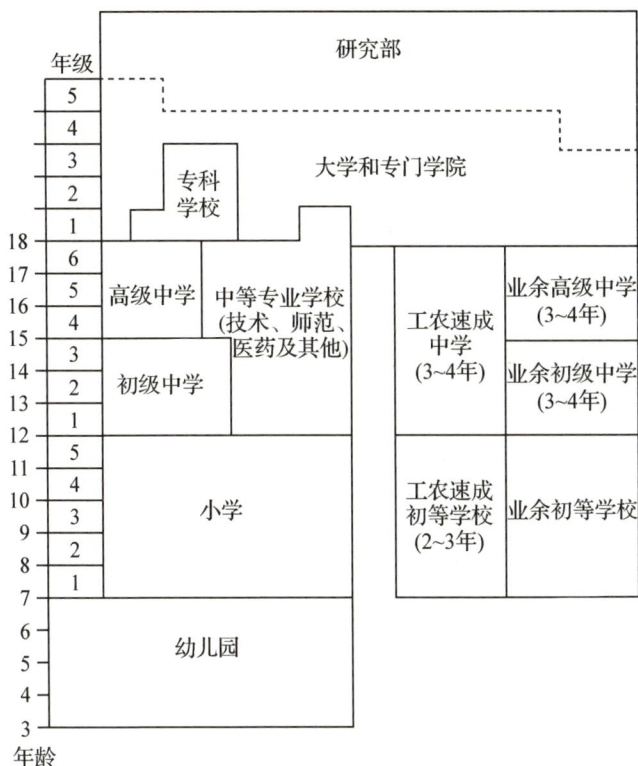

图 6-9　我国现行学校系统图①

三、我国现代学校教育制度改革

改革开放以来，我国教育随着社会的发展而不断改革，其中最重要的就是教育体制改革。

为了指导 20 世纪末 21 世纪初我国教育的改革和发展，使教育更好地为社会主义现代化建设服务，中共中央、国务院于 1993 年 2 月 13 日印发了《中国教育改革和发展纲要》，其中明确规定了以"两基""两全""两重"为总目标的教育制度。然而，针对我国当前教育改革的实际情况，我国现行学制还需要继续改革，以适应社会发展对教育的要求。

---

① 吴文侃，杨汉清主编：《比较教育学》(修订本)，北京，人民教育出版社 1999 年版。

(一)适度发展学前教育

近年来,全世界学前教育发展迅速。我国学前教育虽有结束期提前、由高班到低班逐步普及和使学前教育与小学低年级联系与结合起来的趋势。但值得注意的是,针对我国国情,我国学前教育学制不宜急于改动,发展也要量力而行。因为在世界范围内,都是在普及小学、初中甚至高中后,学前教育才由高班至低班分段逐级普及。当然更不宜急于把学前教育都缩短至 6 岁,因为这一切都涉及社会经济文化等一系列复杂的问题。

(二)全面普及义务教育

义务教育是国家统一实施的所有适龄儿童、少年必须接受的教育,是国家必须予以保障的公益性事业。我国所实行的九年义务教育,对于人的发展、教育发展和社会发展都有重大意义。《中华人民共和国义务教育法》规定:"凡具有中华人民共和国国籍的适龄儿童,不分性别、民族、种族、宗教信仰等,都应依法享有平等接受义务教育的权利,并履行接受义务教育的义务。"经过各方面的努力,到 2006 年年底,我国已基本完成普及九年义务教育的任务;这是我国教育发展史上取得的十分了不起的成绩。但是,我国普及义务教育的工作也存在不少问题,如有关法规贯彻不力,法规体系不完备;教育投入总量不足,义务教育资金严重短缺;义务教育在不同地区的发展不平衡;义务教育师资队伍质量不高,待遇较低,队伍不稳定;等等。因此,要全面普及义务教育,提高义务教育质量,就必须认真解决好这些问题。

(三)继续调整中等教育结构

为了适应青年的方向选择和满足社会的需要,义务教育后的学制应该多样化,即应有普通高中、职业高中、中等专业学校和技工学校等不同类型的学校供学生选择,这是一个层次。另外,应当扩大普通高中在高中阶段所占的比例,以满足我国近年来高等学校不断扩大招生的需要。而对于没有考取高等学校的学生,则应给予或长或短的职业培训,以使他们能顺利地走向社会。中等教育的多样化和普通教育后的职业教育,保证了不继续升学的学生可以接受就业前的职业培训,尽管实现这一点还有很多困难,但这无疑是一个好的开端和巨大的进步。

高中阶段学校类型的多样化是解决青年选择未来方向的办法之一,即分支型学制的办法。但是当普及教育达到高中阶段时,高中综合化就更成了一个要优先选择的办法。

(四)大力发展高等教育

不久前的大学还多是只有少数人才能进入的高科学和高文化的金字塔。近几十年来，由于高等学校和生产、科学技术、社会生活各方面的联系日益密切，高中的逐步普及使越来越多的人要求接受高等教育，于是大学走出了象牙塔，日益走向开放和大众化。近年来，我国高等教育发展也出现了这种趋势。当然，高等教育开放的重要条件是新成立的和社会生产及社会生活密切联系的高等学校越来越多，特别是短期大学和社区学院，以及开放大学的出现。高等教育走向开放和大众化主要表现在三个方面：一是高等教育的多层次，如大专、本科、硕士和博士多个层次；二是高等教育的多类型，如理、工、农、林、医、师、文法、财经、军事、管理等多种院校、科系和专业；三是高等教育向在职人员开放，为他们提供学习方便，如函授大学、夜大学、广播电视大学、网络大学等，使在职人员有机会进修高等学校的课程和学位。

(五)大力推行终身教育

终身教育的概念也在不断发展。国际 21 世纪教育委员会在其向联合国教科文组织提交的《教育——财富蕴藏其中》的报告中，对终身教育这个概念的内涵做了进一步的揭示，终身教育固然要重视使人适应工作和职业需要的作用，然而，这决不意味着人就是经济发展的工具。除了人的工作和职业需要之外，终身教育还应该重视铸造人格、发展个性，使个人潜在的才干和能力得到充分的发展。

【自测题】

一、单项选择题

1. 教育制度即(　　)。

A. 国民教育制度　　　　　　　　B. 学校教育制度

C. 学制　　　　　　　　　　　　D. 义务教育制度

2. 学校教育制度简称(　　)。

A. 国民教育制度　　　　　　　　B. 教育制度

C. 学制　　　　　　　　　　　　D. 义务教育制度

3. 现代学制中，双轨学制以(　　)为典型。

A. 欧洲国家　　　B. 美国　　　　C. 苏联　　　　D. 中国

4. 现代学制中，单轨学制最早产生于(　　)。

A. 欧洲国家　　　B. 美国　　　　C. 苏联　　　　D. 中国

5. 现代学制中,分支型学制以( )为代表。

A. 欧洲国家　　　B. 美国　　　　　C. 苏联　　　　　D. 中国

6. 我国第一个以法令形式在全国颁布并推行的现代学制是 1904 年公布的( )。

A. 癸卯学制　　　B. 壬寅学制　　　C. 壬戌学制　　　D. 六三三制

7. 我国第一个以法令形式在全国颁布并推行的现代学制"癸卯学制",以( )的学制为蓝本,并保留了封建科举制的残余。

A. 美国　　　　　B. 日本　　　　　C. 欧洲　　　　　D. 俄国

8. 对我国教育事业发展有重大影响的第二个学制是"壬戌学制",它以( )的学制为蓝本,虽然几经修改,但变动不大,一直沿用到新中国成立初期。

A. 美国　　　　　B. 日本　　　　　C. 欧洲　　　　　D. 俄国

9. ( )奠定了我国新学制的基础。

A. 癸卯学制　　　　　　　　　　B. 壬戌学制

C. 1951 年学制　　　　　　　　　D. 1958 年的学制改革

10. 在我国,进行 6 岁入学的试验起于( )。

A. 癸卯学制　　　　　　　　　　B. 壬戌学制

C. 1951 年学制　　　　　　　　　D. 1958 年的学制改革

11. ( )开始提出实行九年义务教育。

A.《关于教育工作的指示》

B.《中共中央关于教育体制改革的决定》

C.《中国教育改革和发展纲要》

D.《中共中央、国务院关于深化教育改革,全面推进素质教育的决定》

12. 规定"学校逐步实行校长负责制"的教育法规性文件是( )。

A.《关于教育工作的指示》

B.《中共中央关于教育体制改革的决定》

C.《中国教育改革和发展纲要》

D.《中共中央、国务院关于深化教育改革,全面推进素质教育的决定》

13. 有步骤地实行九年义务教育是( )的核心内容。

A.《关于教育工作的指示》

B.《中共中央关于教育体制改革的决定》

C.《中国教育改革和发展纲要》

D.《中共中央、国务院关于深化教育改革，全面推进素质教育的决定》

14.（　　）改革的最终目的在于：通过教育制度内部权力与资源的重新调整和优化配置，来提高教育的效益以及教育适应变革的能力。

A.《国务院关于基础教育改革与发展的决定》

B.《中共中央关于教育体制改革的决定》

C.《中国教育改革和发展纲要》

D.《中共中央、国务院关于深化教育改革，全面推进素质教育的决定》

15. 确定了基础教育、职业教育、成人教育、高等教育四种类型的教育结构的文件是（　　）。

A.《国务院关于基础教育改革与发展的决定》

B.《中共中央关于教育体制改革的决定》

C.《中国教育改革和发展纲要》

D.《中共中央、国务院关于深化教育改革，全面推进素质教育的决定》

二、辨析题

1. 单轨学制体现了明显的等级性和不公平性，所以是反动的，没有什么优点。

2. 制定教育制度的时候，只要考虑制度是否先进就可以了。

3. 我国的现代学制是从西方引进的。

4. 1951 年学制奠定了我国新学制的基础。

5. 强化普及义务教育是现代教育制度的发展趋势之一。

三、简答题

1. 何为学制？

2. 学制确立的依据是什么？

3. 现代学校教育制度发展的趋势是什么？

四、论述题

试分析论述改革开放以来教育体制改革的基本精神。

参考答案

一、单项选择题

1. A　2. C　3. A　4. B　5. C　6. A　7. B　8. A　9. C　10. D　11. B　12. B　13. B　14. A　15. C

二、辨析题

1. 该说法错误，其优点在于它有利于教育逐级普及，对现代科技和现代生产的发展具有更大的适应能力。

2. 该说法错误，制定教育制度的时候，应综合考虑制度的先进与不足。

3. 该说法正确。

4. 该说法正确。

5. 该说法正确。

三、简答题

1. 答：学制是指一个国家各级各类学校的系统，它规定各级各类学校的性质、任务、入学条件、学习年限及其相互间的关系。

2. 答：(1)经济。经济的发展为教育制度提供了一定的物质基础和相应的客观需要。

(2)政治。教育是人类的一种社会活动，在阶级社会里具有鲜明的阶级性。掌握着政权的统治阶级必然要掌握教育权，决定着谁能否享受教育，决定着不同社会背景的学生享受教育的类型、程序和方式。统治阶级的这些要求既体现在他们的教育观念上，又体现在他们的教育制度上，而且必须借助教育制度加以保障和实现。因此，政治制度对教育制度的影响是直接的。

(3)文化。教育活动既是在一定的文化背景下进行的，又承担着一定的文化功能，如文化选择、文化传承、文化整合与文化创造等。不同的文化类型必然会影响到教育的类型和教育制度。

3. 答：(1)从纵向学校系统分析，双轨学制在向分支型学制和单轨学制方向发展。

(2)从横向学校阶段来看，每个阶段都发生了重大变化：在幼儿教育阶段，近年来，各国纷纷把幼儿教育列入学制体系。与此同时，幼儿教育机构也发生了重要变化：一是幼儿教育的结束期有提前的趋势，提前到6岁或5岁；二是加强小学和幼儿教育的联系。如英国将5～7岁幼儿学校作为义务教育的初级阶段。在小学教育阶段，随着第一次工业革命运动的兴起，小学已不再是结业教育，而已发展为普通文化科学基础教育的初级阶段。在初中教育阶段，由于义务教育早已延长到了初中阶段，而且很多国家义务教育年限是逐步延长的，同时，初中阶段已成了科学基础教育的重要阶段。在高中教育阶段，教育结构的多样化，乃是现代学制在当代发展中的一个重要特点。在职业教育阶段，从总体上看，职业教育在当代有两个突出的特征：一是文化科学技术基础越来越高；二是职业教育的层次、类型的多样化。在高等教育阶段，主要是结构的变化：一是多层次，从过去主要为本科一个层次，发展到现在的大专、本科、硕士、博士等多个层次；二是多类型，现代高等学校的院校、科系、专业类型十分繁多。

四、论述题（略）

第七章　教师与学生

引言

　　《地球上的星星》讲述的是一个有阅读障碍症的小孩的故事。艾沙是个九岁的孩子，聪明可爱，但也调皮捣蛋，学习是他最大的敌人，每次考试成绩垫底，正在蹲级读三年级。艾沙成为学校老师眼中的问题人物，到教室外被罚站更是家常便饭。父母只好将他转至外地的一所寄宿学校，在那里他的人生变得更悲惨，自己感觉被家庭所抛弃，而学校的教师也摧毁了他最后的自信心，逐渐走向自闭。

　　一个不守常规的美术代课老师拯救了他。导演阿米尔·汗自己扮演老师，与《三个白痴》里的主角一样的风格，他不赞同现有的教育制度，认为每个人都有待发挥的才能，也能拥有不一样的生活。他的教学方式很是鬼灵精怪，同时他对孩子充满了爱心。他找出了艾沙症结所在——阅读障碍症，同时也发现了他独具的天赋——异乎寻常的绘画才能。他使用的办法也很简单，他因材施教，让孩子恢复信心。艾沙终于在老师的调教之下，找到了人生的方向。

　　　　　　　　　　　　　（摘自《走出民族电影的沼泽——评地球上的星星》）

　　教育活动是通过教师与学生来进行的，教师和学生都是教育活动的主体。教师是教育教学活动的组织者、指导者，在教学活动的开展与师生关系构建中起主导作用；而学生是受教育者、是受影响者，有自己的身心特点，促进学生的健康成长是教育活动的目的与归宿。作为教师应该懂得尊重学生的主体性，充分调动与发展学生的积极性和主动性，促进良好师生关系的生成。

学习目标

　　1. 了解教师职业及其产生与发展状况。

2. 理解教师职业素养，在实践中能自觉促进自身教师专业发展。

3. 理解学生的本质特点，形成正确的学生观。

4. 掌握良好师生关系的特征及建构策略。

第一节　教　师

何谓教师？广义的教师是指一切能给别人以积极影响的人，正如孔子说的"三人行，必有我师焉"。狭义的教师是指一种职业身份。教师职业是指人们终身或较长时期所从事的，并以此为主要生活资料来源的教育、教学事务。而教师便是从事这样一种职业的人。《中华人民共和国教师法》指出："教师是履行教育职责的专业人员，承担教书育人、培养社会主义事业建设者和接班人、提高民族素质的使命。"

一、教师职业的产生和发展

教师是一个古老的职业。自从有了人类社会，就有了教育活动，也就有了老师。古代原始部落的氏族首领和具有生产、生活经验的长者，为了部落自身的生存和发展，把生产知识、生活经验，特别是风俗习惯、行为准则，有意识地传授给年青一代，例如我国典籍上记载的燧人氏教民熟食、伏羲氏教民畋猎、神农氏教民农耕。这就是教师职业活动的雏形，但他们并不代表职业教师。

现代意义上的教师是伴随着学校的出现而产生的。奴隶社会时期，我国就有了学校的雏形。传说夏代有"庠""序""校"三种教育机构，商代又有了"学""瞽宗"，并且已有大学、小学之分。西周时期，实行政教合一，官师一体，官学中设有专职的教育官"师氏"，有"大师""小师"之分。战国时期，韩非子主张以法为教，以吏为师。秦始皇二十四年（公元前213年）采纳丞相李斯"若欲有学法令，以吏为师"的建议，实行吏师制度。汉代以后，中央及地方官学中有"博士""祭酒""助教""直讲""典学"等专职教师。唐代以后，除了有"祭酒""司业""博士""助教"以外，还有"学正""学录""监丞""典薄""典籍""掌馔"等专职教师。这种官学的教师以及后来的公办教师都是由政府委派，其待遇和俸禄往往参照国家官员的标准。除官学外，春秋战国之后，随着奴隶主势力的衰落，官学废弛，典籍扩散，知识下移，私学开始兴起。儒家的孔子、法家的韩非子及墨家的墨子都办有私学，通过授课来宣传自己的主张和培植自己的势力。在私学任教的老师既有官吏兼任或辞官还乡专任教师；也有名儒大师不愿出仕，退而授徒；亦有清贫文人充任乡间塾师、书师。从其来源和报酬上看，私学的教师与当代的民办学校中的教师或公办学校的民办教师十分相似。

在西方，古希腊时期出现的"智者派"是最早的教师，以教授无知的人有知识而生存，很受尊重。在古代印度，教师处于最高的社会等级，属于婆罗门的一部分。但在古希腊后期，照本宣科的教学比较普遍，导致教师特别是启蒙教师的地位普遍下降、工资微薄。古希腊和古罗马的上层阶级，经常雇佣奴隶担任教师，称为"教仆"。教仆向儿童传递知识，然而身份依然是奴隶，并不是真正意义上的教师。高级学科如哲学、修辞学教师的地位则好得多，不仅有较高的待遇，而且享有很高的社会地位。在19世纪以前，欧洲各国初等学校的教师大多数由教堂里的唱诗人、旅馆的掌柜以及"坐着的手艺匠"来兼任。而在西方封建社会，学校完全被教会控制，有专门的主教学校和僧院学校，也有相当于小学性质的教区学校，这些官校的教师一般由神父兼任。

进入资本主义社会后，随着教育的制度化，教育理论和实践日益丰富和发展，教育教学工作日益成为一种越来越重要的专门的职业。现代社会普遍实行了义务教育制度，把教师职业推进到一个新的发展阶段。到了近代，出现了培养教师的专门机构——师范学校。1974年，拉萨尔在法国巴黎创立了师范学校，开创了人类师范教育的先河。19世纪初，德国师范教育也发展起来。到19世纪末，我们开始发展师范教育，1897年，上海的南洋公学中开设"师范院"。

随着师范教育的兴起，教师职业发展进入了一个新的发展阶段。在当代社会，教育已成为社会持续发展的动力，教师已经成为教育活动中的主体，教师的作用也在增强和扩大，它不仅是人类文化的继承者与传递者，也是社会物质财富的创造者，还是社会发展与变革的重要力量。

二、教师职业的作用和地位

(一)教师职业的作用

社会在发展过程中积淀了深厚的智慧结晶，只有将这些智慧结晶传递下去，社会才能更好地向前发展，而推动这个过程的重要主体就是教师。教师在社会发展中的作用主要体现在以下两个方面。

1. 传递人类文化，促进社会文明

纵观教师职业的产生，教师自始至终都担负着传播人类文化知识的使命。教师闻道再先，掌握着较多的文化知识，可以在一定时间里将人类积累起来的科学文化知识通过一定的方式、方法传授给学生，使人类的优秀文化成果得以总结和世代相传。同时，教师通过启发学生的智慧，开启他们的潜能，使得人类的文化知识不断丰富、发展和突破。

教师通过理论建构、知识创新、品德示范、宣传咨询等直接参与社会物质文明和精神文明建设，起着"先导"作用。教师还通过培养人才，使其服务于社会，为社会创造巨大的物质财富和精神财富，极大地丰富了人类的思想境界。而且教师在一定时期内还为传播进步的思想意识和科学的革命理论，维护进步的生产关系和精神文明，促进社会的变革和发展做出了积极的贡献。

2. 塑造人类灵魂，促进社会发展

有人把教师比喻成"人类灵魂的工程师"。在人类从蒙昧野蛮时代向文明时代迈进的过程中，教师作为先驱先导，通过自己的探索来发展未来人才的规格与要求，进而通过教书育人来提升人类素质。教师在促进人类自身完善的过程中，还进一步改变人们的精神面貌，提高人们的思想觉悟，启迪人们的心灵，进而培养各种专门人才。

教师是人才生产的主要承担者，担负着培养一代新人的重任，在学生发展中起着引导作用。因此，教师职业的社会作用不可取代，教师的劳动理应受到全社会的尊重与承认。

除了对社会的作用，教师职业也具有个体作用。教师职业的个体作用是教师职业的内在价值的体现。教师职业是由教育教学专业人员在社会分工条件下所从事的培养人的活动。教师职业劳动具有经济价值，教师职业生活充盈着自由和快乐，内含着创造的幸福；教师工作不仅付出与奉献，也在不断地收获。因此，教师职业是个人生命价值与教师职业生命价值的统一体，对教师个体具有生存、发展、创造和享受的价值。

(二)教师职业的地位

教师的社会作用的大小与其地位高低呈正相关。教师职业对社会发展的作用是巨大的，自然在社会中占有重要的地位。

教师职业的社会地位是通过教师职业在整个社会中所发挥的作用和所占有的地位资源来体现的，主要包括政治地位、经济地位、法律地位、专业地位。

1. 教师的政治地位

教师的政治地位是指教师参政议政的程度以及在社会政治中所处的位置和所起的作用，具体表现为教师的政治身份的获得、教师自治组织的建立、政治参与度、政治影响力等。

从教师产生的历史不难发现，教师职业在产生初期，教师的政治地位总体上是低下的，处于一种被利用的地位。在半封建半殖民地社会，教师在政治上甚至是受歧视的。在中国社会，教师的地位也出现过起起伏伏。从世界发展的趋势看，形成统一的专业组织是认同教师专业和争取专业权利的重要手段。随着许多国家都成立了教师组织，如全美教育协会、美国教师联盟、英国全国教师联盟、日本教职员组合等，教师职业的专业化程度日益提高，教师的政治影响力也不断提高和扩大，这也成为提高教师职业社会地位的前提。

2. 教师的经济地位

教师的经济地位是指将教师职业与其他职业相比较，其经济待遇的相对高度，包括社会财富的分配、占有和享用的状况，以及待遇、生活水平、行业吸引力等。它是衡量教师社会地位最直接、最基础，也是最重要的指标。有研究指出，在我国，教师的经济收入对其社会地位的影响占到70%，而政治地位的相应权重仅为10%。

理论上，经济地位取决于职业的专业化程度、辛苦程度和所创造的价值。而教师的劳动属于复杂劳动、创造性劳动，具有较高的价值，同时又是专业化程度很高的劳动，且是耗费体力脑力的劳动，因此理论上教师的经济地位应相当于社会复杂劳动者所享有的经济待遇水平。但在我国，教师的工资报酬属于低下型。近年来在国家和社会的共同努力下，教师的经济收入在提升，教师的经济地位得以充分体现。

3. 教师的法律地位

教师的法律地位是指法律赋予教师职业的权利、责任。教师职业的权利主要是指法律赋予教师在履行职责时所享有的权利。教师享有的社会权利，除一般公民权利（如生存权、选举权，享受各种待遇和荣誉等）外，还包括职业本身特点所赋予的专业方面的自主权：①教育的权利，即教师依法享有对学生实施教育、指导、评价的权利。《中华人民共和国教师法》第七条规定，教师拥有"进行教育教学活动，开展教育教学改革和实验，指导学生的学习和发展"，"评定学生品行和学业成绩"的权利。②专业发展权，即教师依法享有发展自己、提高专业文化水平的权利。《中华人民共和国教师法》第七条规定"教师享有从事科学研究、学术交流、参加专业的学术团体、参加进修或其他方式的培训",并在有关条款中规定各级人民政府教育行政部门、学校主管部门和学校应当制定教师培训规划,对教师进行多种形式的思想政治、业务培训,"国家机关、企事业单位和其他社会组织应当为教师的社会调查和社会实践提供方便,给予帮助"。③参与管理权,即教师可以通过各种合法途径参与学校建设和管理。教师是学校的主人,有权对学校的教育、教学、管理工作提出建议,或通过教职工代表大会及其他形式参与学校的民主管理。

教师所享有的权利,尤其是专业权利的多少,不仅反映国家和社会对教师职业的重视与保护程度,而且直接影响到教师在社会民众及学生心目中的威望与地位。因此,以法律手段确立、保障教师的权利,是提高教师社会地位的必要措施。教师职业的法律责任是指遵照法律规范的教师应该承担的责任和义务。我国《教师法》这样表述:"教师承担教书育人、培养社会主义事业的建设者和接班人提高满足素质的使命,教师应当忠诚人民的教育事业。"同时,《教师法》还通过具体条例列出了教师对学生、社会、民族和国家的责任和义务。因此可以说,教师职业的权利与责任是统一的整体。

4. 教师的专业地位

教师的专业地位是教师职业社会地位的内在标准,其实质就是拥有专业人员的权利和义务。

教师通过接受一定期限的职业训练,树立教育职业的意识态度,掌握专业知识和技能,以获得教师任职资格,然后行使教师的专业权利。一般来说,一种职业所需要的教育培训时间越长,可替代性越弱,那么这一职业的专业化程度就越高,社会地位也因此越高。教师职业需要经过长期且专业的培训,达到从业标准。尽管教师职业的从业标准很难像医生、律师专业那样严格规范,但教师的从业标准是相对较高的。教师职业的从业标准既有软性标准,如道德要求、个性要求等,也有硬性标准,如高学历、教师资格证书等,这成为教师职业学术性要求和从事专业活动的基本要求,它保证了教师队伍的专业性。

教师职业的社会地位与教育地位紧密相连,它不仅与人们对教育地位的认识有关,而且与社会对教育的需要与期望有关,还与它拥有的社会地位资源及对社会的实际贡献相关。古代教育依附于政治、经济,教师的社会地位不稳定;现代教育的独立性提高了,逐渐占据了社会中心,教师的社会地位也相应地提高了。

三、教师的职业角色

教师的地位、作用，最终都是通过其职业角色来反映的。一个专业化程度高的教师必然善于扮演自己的职业角色。

社会分工意味着某个人或某一类人在社会关系中处于特定地位，其职能有别于其他的个人或其他类别的人，这就是社会角色差异。教师的职业角色是教师的多种社会属性和社会关系在教学活动中的反映，是教师在教育教学中的一整套行为规范和社会、学生对教师的角色期待。教师职业最大的特点就在于教师的职业角色多元化。

(一)知识的传授者

知识传授者的角色是教师职业最显著的标志，也是教师最首要的角色。教学中的基本矛盾是知与不知，知之不多与知之较多、知之完善的矛盾。这一矛盾的正确解决是解决教学矛盾的基石。在解决这对矛盾中，教师无疑充当着主导者的角色，学生是接受者的角色。教师作为传授者，古今的含义也有区别，古代教师的传授，多以讲、诵、问、答为主，而现代教师作为知识的传授者，除讲求教学的科学性之外，还必须讲求教学的艺术性和创造性。

(二)学习者和学者

教师被认为是智者的化身，作为教师，首先必须是一个学者，要学习教材、了解与教材有关的信息，要以严肃的态度来研究教材、处理教材，把知识客体内化为自身的主体结构。此外，教师还要不断地学习，更新自己的知识结构，以便使教知识建立在更宽广的知识背景之上，适应学生的整体发展需要。

(三)学生心灵的培育者

教育的目的是为了使学生变得更聪明、更高尚、更成熟。只传授知识的教师是"经师"，只有那些使学生能生动活泼地、主动地得到较好发展的教师，才是最好的教师。这样的教师不但教学生学习知识，而且教学生学会学习；善于激发学生的学习热情，培养学生自主学习的能力和习惯，调整学生的不良情绪和心态；经常提醒学生仔细认真、勤奋、刻苦，培养良好的学习心理品质；善于发现学生的学习差距，特别关注学习成绩不佳的学生；并善于使学生相互帮助，形成良好的学习风气。

(四)教学活动的设计者、组织者和管理者

教学活动是一种集体活动，要全面实现教学的整体功能，就必须精心设计、周密组织和科学管理。首先，教师是教学活动的设计者。好的教学设计可以使教学有序进行，给教学提供良好的环境，使学生养成循序渐进的习惯，全面地完成教学任务。要精心地进行教学设计，就要求教师全面把握教学的任务、教材的特点、学生的特点等要素。其次，教师是教学活动的组织者，即教师在教学资源分配（包括时间分配、内容安排、学生分组）和教学活动展开等方面是具体的实施者。通过科学地分配活动时间，采取合理的活动方式，可以启发学生的思维，协调学生的关系，激发集体学习的动力。再次，教师是教学活动的管理者。教学管理是对教学要素及其关系进行系统的调控。教学行政人员通过调整教员、教学计划、教学评价等，来实现其管理职能。教师则主要是通过对教学活动的调控来实现其管理功能，如对教学环节的调控，对学习态度、学习活动、学习习惯、学习质量的调节，对教学偶发事件的处理等。传统的教学将管理这一概念理解为管制约束，常通过纪律的维持来实现，教师扮演的是"警察""保姆"的角色；而好的教师在教学管理活动中的角色行为应是：①建立各种教学常规，特别是课堂教学常规；②倡导学生参与管理，树立集体观念，充分发挥集体的凝聚力；③通过建立自己的威信，充分发挥情感在管理中的作用，教师扮演的是"向导""建议者"等角色。

(五)示范者

夸美纽斯说过，教师的职责是用自己的榜样教育学生。教师的言行是学生最直接的学习和模仿的榜样，因为学生具有向师性的特点，会受到教师的言论行为、处世态度的耳濡目染、潜移默化的影响。教师的示范作用具有双重性质。好的示范，给学生留下公正、正义、理智、热情、坚强、果断的印象；而差的教师的"榜样"作用会给许多学生留下心理上的阴影，甚至导致行为上的缺陷。

(六)学生的朋友

虽然教师与学生有一定的年龄、地位、阅历等方面的差异，但并不妨碍师生之间友情的建立。学生往往期待与教师做朋友。而教师把学生当作朋友，可以使学生更亲近老师，教师也可以更全面了解学生。作为朋友，教师就应成为学生的交心对象，关心学生的生活和全面成长，以平等的身份与学生交往，帮助学生解决困难。苏霍姆林斯基曾强调，最好的教师是在与学生的精神交往中，忘记自己是教师，而把学生视为志同道合的朋友

的那种教师。

教师的角色是多方面的，既有显性的，也有隐性的；既有认知方面的，也有情感方面的。这些角色统一于教育教学活动中，作为教师，要熟练地运用积极的角色技能，成功地扮演相应角色，避免角色不清、角色冲突和角色失败。

四、教师的职业素养

从教师的作用和劳动特点，可以看到教师工作的重要性和艰巨性，这必然要求教师具备良好的职业素养。

(一)职业道德素养

职业道德是社会对从事某种职业的人们的一种特殊道德要求，是从事一定职业的人们在共同活动中逐步形成的具有行业特点的行为规则。教师的职业道德，简称师德，是指教师在教育教学活动中应当遵循的道德准则和行为规范。一位学者说过："物质的阳光照在人身，只能暖和他们的肌肤于一时，只有精神的太阳才能照临他们心灵深处，才能暖透他们一生一世。"师德就是人民教师心中精神的太阳。而教师的职业道德是在长期教育实践中形成的，它反映客观的教育活动对教师的行为所提出的要求。[①]

1. 对事业——热爱教育，无私奉献

热爱教育事业，是教师职业态度的首要内容和崇高境界，是做好教育工作的基本前提，是教师工作动力的源泉。热爱教育事业不仅可以激发教师对工作的责任感和对事业的忠诚。而且可以使教师产生对教育工作的高涨热情和浓厚兴趣。教师对教育事业的无私奉献是教师职业道德的最高要求，是对职业价值的深刻认识，是教师实现人生价值的崇高选择。如人民教育家陶行知所说"捧着一颗心来，不带半根草去"。

2. 对学生——热爱学生，诲人不倦

托尔斯泰曾经说："如果一个教师仅仅热爱事业，那么他只能是一个好教师。如果一个教师仅仅像父母一样爱学生，那么他将比那种虽然读过许多书，但却不热爱事业，也不爱学生的教师好。如果一个教师把热爱事业和热爱学生结合起来，他就是一个完美的教师。"热爱学生，孜孜不倦地教诲学生，是教师职业素养的核心，也是教师忠于人民教育事业的具体表

---

① 蔡家宗：《精神的太阳——我心中的师德》，广西教师教育网，全国师德论坛广西分论坛，2004-09-11。

现，是对教师道德评价的重要标志。教师对学生的热爱，是教师对学生的亲近感，可以消除学生对教师的许多不必要的疑虑，可以密切师生关系，营造良好的教育气氛，从而开启学生的心扉，使学生乐于接受教师的教育，并将之长久地保存在内心深处。正如加里宁说："教师的世界观，他的品行，他的生活，他对每一种现象的态度都这样或那样地影响着全体学生。这点往往是觉察不出的"。①

阅读材料：

这样的"问题学生"

英国科学家麦克劳德上小学的时候曾偷偷地杀死了校长家的狗，这在西方国家显然是难以原谅的错误。幸运的是麦克劳德遇到了一位高明的校长，校长的惩罚是要麦克劳德画两张解剖图：狗的血液循环图和骨骼结构图。正是这个包含理解、宽容和善待学生的"惩罚"，使小麦克劳德爱上了生物学，并最终因他发现胰岛素在治疗糖尿病中的作用而走上了诺贝尔奖的领奖台。

（摘自钟祖荣：《现代教师学导论》，第 140 页，北京，中央广播电视大学出版社 2001 年版）

3. 对集体——热爱教师集体，团结协作

教育劳动具有群体性特征，教育过程是教师集体配合、齐心协力的过程。教师集体是一个由完成共同的教育任务的成员所组成的复杂整体。学生的塑造靠教师集体的劳动智慧。因为在现代社会中，学校的教育任务不可能由个别教师来完成，它必须由各门学科和发挥各种不同职能的教师来共同承担。只有教师集体中的每一个成员协调一致地活动，教育工作才能有效地进行。因此，每一个教师在充分发挥自己个体的积极性、创造性的同时，还必须为建设良好的教师集体做出自己的努力，这是教育过程本身的需要，也是教师个体发展不可缺少的条件。在教育教学过程中，教师间的相互支持、团结合作是对学生起决定性影响的因素，是教育工作取得卓越成绩的必要条件。正确处理好教师个人之间以及个人与集体之间的关系，做到彼此尊重、相互支持、通力合作，是正确处理教师之间关系的道

---

① 加里宁：《论共产主义教育与教学》，第 177 页，北京，人民教育出版社 1957 年版。

德准则。

4. 对自己——严于律己，以身作则

教师的劳动具有示范性，在教育教学活动中，教师不仅以自己的知识、技能去影响学生。他的品德修养、道德情操、作风仪表、治学精神以至劳动态度都对学生起着潜移默化的影响，这种表率作用对于可塑性、模仿性很强的青少年学生来说，是任何其他教育因素都无法代替的。正如我国春秋时期教育家孔子说："其身正，不令则行；其身不正，虽令不从。"唐代教育家韩愈又提出了"以身立教"的观点。美国教育家怀特海说：受教育者"如果不能经常目睹伟大崇高，道德教育便无从谈起"。可见，教师要做到严于律己，以身作则，做好学生的表率，正向影响学生的成长。

阅读材料：

中小学教师应该具备六个职业道德素养

1. 爱国守法。热爱祖国，热爱人民，拥护中国共产党领导，拥护社会主义；全面贯彻国家教育方针，自觉遵守教育法律法规，依法履行教师职责权利；不得有违背党和国家方针政策的言行。

2. 爱岗敬业。忠诚于人民教育事业，志存高远，勤恳敬业，甘为人梯，乐于奉献；对工作高度负责，认真备课上课，认真批改作业，认真辅导学生；不得敷衍塞责。

3. 关爱学生。关心爱护全体学生，尊重学生人格，平等公正对待学生；对学生严慈相济，做学生良师益友；保护学生安全，关心学生健康，维护学生权益；不讽刺、挖苦、歧视学生，不体罚或变相体罚学生。

4. 教书育人。遵循教育规律，实施素质教育；循循善诱，诲人不倦，因材施教。培养学生良好品行，激发学生创新精神，促进学生全面发展；不以分数作为评价学生的唯一标准。

5. 为人师表。坚守高尚情操，知荣明耻，严于律己，以身作则；衣着得体，语言规范，举止文明；关心集体，团结协作，尊重同事，尊重家长；作风正派，廉洁奉公；自觉抵制有偿家教，不利用职务之便谋取私利。

6. 终身学习。崇尚科学精神，树立终身学习理念，拓宽知识视野，更新知识结构；潜心钻研业务，勇于探索创新，不断提高专业素养和教育教学水平。

[摘自我国 2008 年《中小学教师职业道德规范(修订)》]

(二)知识素养

知识是教师教育学生必不可少的重要手段，是教师与学生的关联要素。教师凭借合理的知识结构，实现对社会文化的传承功能。教师的知识素养包括广博的文化修养、扎实的专业知识和丰富的教育理论知识。

1. 广博的文化修养

教师历来给人以有文化、有知识的形象。当今，随着科学知识与技术的高度分化与综合，学科间的不断交叉融合，学科内容涵盖各种领域，对教师文化知识素养的要求越来越高。要求教师必须坚持学习、博古通今。教育，不仅仅是传授给人以知识，更是提高个人的修为，而教师与提高学生的修为，首先要自己具备广博的文化修养。

阅读材料：

教育的意义

教育它到底还有啥用？网上前段时间流行过一个段子：我们之所以要多读书，多受教育，就是因为，当看到湖面上有一群鸟飞过的时候，我们能吟诵出：落霞与孤鹜齐飞，秋水共长天一色。而不是在那儿吵吵：我去，全都是鸟！当我们去戈壁旅游，骑着骏马奔腾之时，心中默念着：大漠孤烟直，长河落日圆。而不是在那儿喊：哎呀妈呀，都是沙子，快回去吧！

当然，这是一种调侃，但是，不自觉间，就道出了教育的核心含义。教育，不仅仅是传授给人以知识，更是提高个人的修为，增强我们对于生命的感受力，从而更好地认知自己，并且不断地提升自己，我认为这是教育的核心目的，也是指引我们前行的希望的明灯。

（摘自《我是演说家》之《教育的意义》）

2. 扎实的专业知识

学科专业知识是教师与所教科目相对应的专业理论知识，教师对自己所教学科的专业知识要达到精通、细密、扎实、深刻的地步，这是教师进行教育活动的必要条件。教师只有系统地掌握所教学科的基本理论、基础知识以及相应的技能、技巧，牢固掌握本学科的基本概念、原理、公式，熟悉学科的发展历史和现状，了解其最新科研成果和发展趋势，懂得本学科的学习方法和研究方法，才能在教学中统观全局，科学地处理教材，使知识摒弃符号、推理、结论的方式，展现活力、充分发挥学科知识的育人价值，真正实现科学精神与人文精神、理论与实践、知识与人生的统一。

3. 丰富的教育理论知识

文化知识广博、专业知识扎实是教师完成教育任务的必备条件。正所谓"学者未必是良师"，教育工作是一种特殊的社会实践活动。教学工作要求教师不仅对所教科目的专业知识有扎实的基础和深刻的认识，而且还要懂得怎样教的知识，学会通过一定的方式和技巧传授给学生，让学生真正地理解和接受。每一门学科都有其独立的知识系统和科学派系，有其独特的逻辑体系和发展脉络，教师应该采取不同的教学策略和方法来进行学科教学。正所谓"君子既知教之所由兴，又知教之所由废，然后可以为师也。"教师要"善教""善喻""善问""循序善诱"，将教育的科学和艺术完美结合。

（三）能力素养

教育教学工作是一项复杂而艰辛的工作，要适应工作的需要，每一位教师应具备良好的能力素养。教师的专业能力是指胜任教育教学的能力，它是教师开展有效教育活动的重要条件。没有教师能力素养做保证，教师的职业道德得不到体现，知识修养也无法对教育教学产生实质性影响。

教师的能力素养主要包括以下几方面。

1. 组织管理能力

组织管理能力体现在三方面：一是教育教学工作的计划能力。在课堂教学之前，明确所教课程的内容、学生的兴趣和需要、学生的发展水平和特点、教学目标、教学任务以及教学方法与手段，有程序、有步骤地安排教学工作的各个环节，使教学工作有条不紊地进行，并预测教学中可能出现的问题与可能的教学效果。二是课堂教学的组织能力。包括课程教学过程中激励、唤醒和调动学生积极性的能力，维持和组织课堂教学秩序的能力，创设和谐的教学氛围与教学环境以激发学生参与教学的能力。三是管理班集体的能力。包括了解研究学生的能力，组织和培养班集体的能力，培养积极分子和选拔学生骨干的能力，营造舆论和班风的能力，组织和指导班级活动的能力。如果教师缺乏组织管理能力，班级就会成为一盘散沙，整个教育活动也难以推进。

2. 语言表达能力

语言表达能力是教师教学的基本功，教学过程离不开语言表达，语言表达能力直接关系着教育教学工作的成败。教师的语言表达能力主要表现为口语表达能力、体态语表达能力和板书、多媒体设计能力。口语表达能力要求做到标准无误、形象生动、抑扬顿挫、节奏始终、层次清晰、风趣幽默，做到春风化雨，起到激励鼓舞的作用；体态语要自然恰当、锦上添花，达到此处无声胜有声的效果；板书设计要求教师粉笔字书写工整，板书设计合理，现代教学还要求教师需要掌握多媒体设计和操作的能力，熟练掌握多媒体操作与课件制作，以更好地传递知识和信息。

3. 交往沟通能力

苏霍姆林斯基说："教育是人和人心灵上的最微妙的相互接触"。真正的教育是以知识的陶冶与智慧的激发来照料人的灵魂。教师主要通过与学生的交流交往来引导和影响学生。有人说教师的一句话、一个眼神都会影响孩子的一生。有调查表明，学生最喜爱的老师，最主要的因素不是专业知识、不是教学能力，而是交流沟通。尊重学生、关注学生、愿意和学生交流沟通的老师会受到学生的欢迎，进而会对学生产生影响力。

阅读材料：

崔永元的两扇窗

崔永元是中央电视台的节目主持人，但数学成绩很差。崔永元在他的《不过如此》中道出原委。事情是这样的，小学时，数学老师发现崔永元上课走神，就把粉笔头准确无误地砸过去，还批评说"你把全班同学的脸都丢尽了"。崔永元患上了"数学恐惧症"，数学成绩一落千丈。从此，在崔永元的人生走廊里关闭了数学这扇窗。教语文的王老师对崔永元的第一篇作文大加赞赏，从此，在崔永元的人生走廊里语文这扇窗分外透亮……

（摘自赵公明：《神奇的教育世界》，北京，新华出版社2004年版）

4. 教育科研能力

教育科研能力是教师综合运用知识的一种决策和创造能力。该能力表现在选择和确定研究课题、运用研究方法、收集和整理研究材料、开展实验活动、制订研究计划、撰写论文和调查报告等方面。教育教学与教育科研是相辅相成的。围绕教学搞科研，搞好科研促教学，这是对教师的要求。教师要充分利用身处教育实践一线的优势，对教育教学过程中出现的问题有敏感性，有问题意识和探究精神，将传统的"教书匠"的角色转变成"教育研究者"的角色。

(四)心理素养

作为塑造人类灵魂的工程师，教师要具备良好的心理素养。教师的心理素养是指表现在教师身上的那些经常的、稳定的、本质的心理特征。

1. 积极乐观的情绪

教师的情绪对学生的智力和个性发展产生推进或阻碍作用。因此，每位教师都应重视自己的情感修养，使自己有积极、乐观、平静、幽默的情绪，他们的外部表现就是和颜悦色、面带微笑。有人说教师的微笑是美丽衣裳，是心灵展露的彩霞，对学生有无限的魅力，可使强硬变得温柔，可使苦难变得容易，可使辛苦者解除疲乏，可使绝望者得到希望。① 让学生通过这种积极向上的情绪熏陶，形成良好的情感，并引导学生培养出乐观向上的人生态度。

2. 豁达开朗的性格

豁达开朗是健全性格的标志之一，表现为胸怀开阔、度量宽宏、情绪稳定、善于忍让，能体谅和理解别人，将心比心，听得进不同意见，能做到礼让宽恕，能与学生融洽相处，给学生留下良好印象。

3. 坚韧不拔的意志

教师的行为要有很强的自觉性、果断性，当行则行，当止则止，而不优柔寡断或者轻率、鲁莽，对复杂的需要长期进行的工作能坚持不懈，决不半途而废，面对困难，能积极应对努力克服，坚持不懈，力求做学生意志的榜样。

五、教师的专业发展

(一)教师专业发展的内涵

教师专业发展是指教师作为专业的教学人员，要经历一个由不成熟到相对成熟的专业人员的发展历程。教师专业发展一般包括三层含义。

1. 教师专业发展的内容是教师的专业特性

教师专业的特殊性在于双专业性，即教师专业既是学科专业也是教育专业。教师专业发展包括知识的积累和技能的提高，但仅此定位是极为有限的。教师专业发展还包括综合素质的提升。教学专业既需要教师传统的专业特质，还要扩展专业特性，如探究意识、合作能力、反思能力、实践

---

① 徐厚道主编：《教育学通论》，第 154 页，北京，北京工业大学出版社 2003 年第 1 版。

能力。

2. 教师专业发展是教师成长的结果，也指教师成长的过程

这个过程是非线性的过程，包括多个不同的阶段，在不同的阶段有不同的发展表现，这些阶段构成教师整个职业生涯过程。所以教师专业发展是一个动态的过程，而非静态的结果。教师专业发展把重点放在过程中，让所有教师朝着专业成熟的方向持续前进。

3. 教师专业发展的主体是教师

教师的专业发展依靠教师自身的经验和智慧为专业资源，在日常的专业实践中学习、探究，形成自己的实践智慧。教师的专业发展必须依赖教师的主动参与和自助发展。

教师的专业发展是一个漫长的过程，所有教师都必须成为终身学习者，保持没有最好只有更好的信念，不断地持续学习。富勒和鲍恩把教师专业化分成四个发展阶段，即从教前关注阶段、早期求生阶段、关注教学情境阶段、关注学生阶段。叶澜从自我更新取向角度把教师专业化分成五个发展阶段，即非关注阶段、虚拟关注阶段、生存关注阶段、任务关注阶段、自我关注阶段。

(二)教师专业发展的影响因素

1. 社会环境

教师的社会属性注定其专业发展必然受到社会环境的影响。教师专业发展是国家社会政治、经济和文化的需要。从宏观来看，教师的专业发展也是提高国民素质、增强综合国力、提升国际竞争力的需要。目前的社会环境，对教师职业发展来说是最好的时期，教师的职业价值越来越被认同、地位越来越高、前途越来越好、方向越来越明，标准也越加明确，为教师的专业发展提供了广阔的社会背景。

2. 组织文化

这里的组织是教师未来任职的学校。教师就职后的学校是教师影响最大的组织，影响着教师的职业化。学校的领导、同事及学生也都是教师职业化的重要影响因素。教师群体的职业亚文化与教师的职业化之间具有密切关系。[①] 除此，学校办学条件、管理方式以及学校之外的社会文化结构都是形成社会期望与规范的环境力量，对教师的角色态度、职业价值与职

---

① 吴康宁：《教育社会学》，第 220 页，北京，人民教育出版社 1997 年版。

业行为产生极为重要的作用。

3. 个人经历

个人生活史研究源于对美国土著历史回忆的研究，盛行于 20 世纪 20—40 年代，是个人回溯记录的一种重要形式。这种方法应用于教育领域，主要通过叙述教师自己教育生活的成长史，反映教师教育行为及教育观念的建构。教师个体的家庭环境、成长中的重要他人，对教师从教产生特殊体验的关键事件对教师成长都有非常重要的影响。①

(三)教师专业发展的途径

1. 专业学习

教师的专业发展是一个终身学习的过程，专业学习是教师专业发展的起点和基础。专业发展既包括教师职业所接受的学科专业训练、师范训练和职后培训。职前专业学习使教师具备职业所需要的专业知识和能力，需要把学术性、示范性和服务性结合起来，形成专业信念体系，培养敬业爱业精神，建构专业知识和技能体系，加强教育理论与实际的联系，建立有效的教育实习制度。职后培训主要在弥补理论缺陷的基础上锤炼自己的教育教学研究能力和素养，帮助教师转型。

2. 专家引领

专家引领是将专业研究人员引入教师专业发展的过程中。专业研究人员是相对一线老师而言的，是长期处于系统的理论积累过程中，具有较高的理论修养的人，包括骨干教师、科研人员、教研人员、大学教师等。这些专家主要通过学术专题报告、理论学习辅导讲座、教学现场指导、座谈、合作课题研究等形式对一线教师进行引领。有这些专家引领，会加速教师的专业发展，对于专家的理论深化也具有推动作用。

3. 同伴互助

同伴互助是专业人员之间的对话、互动与合作，是教师专业发展的基本途径。同伴互助强调教师团队的力量，个体需要借助团队的力量，促进自我专业能力、专业知识等方面的发展。同伴互助的表现形式多样，实践中会有"帮扶式""研讨式""谈话式"等。学校中的教研组，是帮助教师专业发展的重要组织，借助教研组的教育研究活动，教师个体可以借助集体的智慧，促进自我发展。

----

① 张乐天主编：《普通高等教育"十一五"国家级规划教材 高等院校教师教育公共课教材 教育学》（新编本），第 24 页，北京，高等教育出版社 2007 年版。

4. 自我反思

教师的自我反思是教师专业发展的根本性动力因素，是在没有外在行政命令和群体意识的前提下，来自教师个体的、内在的发展意识和动力，通过自我反思、自我设计，以充实生活，丰富体验，拓宽加厚文化底蕴，以实现自我专业发展和更新的目的。[①] 教学反思是沟通教学理论与教学实践的桥梁，是理论与教学实践之间的对话。正如波斯纳提出的教师成长公式：经验＋反思＝成长。教学反思可以通过教学后记、观摩教学、微格教学、行动研究等形式来实现，能帮助教师解决教学困境，提高教师教学研究能力，能使教师获得成就，产生强烈工作动机。

第二节　学　生

一、学生的本质属性

（一）学生的独特性

个性在很大程度上是天生的，孩子的个性有时比成年人有过之而无不及。苏霍姆林斯基说：每个孩子都是一个世界……完全特殊的独一无二的世界。每个人的生命都有自己不同的"样子"，每个儿童的生命都与成人不同，他们不是父辈的复制与延伸，他们有自己独立的人格和精神世界；他们的生活阶段并非仅仅是成人期的一种预备，他们有着与成人相异的价值观念和行为方式。卢梭说："大自然希望儿童在成人之前就要像儿童的样子。如果我们打乱了这个次序，我们就会造成一些早熟的果实，它们长得既不丰满也不甜美，而且很快就会腐烂；我们将造成一些年纪轻轻的博士和老态龙钟的儿童。儿童是有他特有的看法、想法和感情的，如果想用我们的看法、想法和感情去代替他们的看法、想法和感情，那简直是最愚蠢的事情。"[②]

美国哈佛大学教授、发展心理学家加德纳于 1983 年提出的"多元智能理论"，认为每个儿童所具有的独特能力存在着质的不同。每个儿童都拥

---

① 郑友训：《第三条路径：教师专业成长的新视点》，高等师范教育研究，2003（4）。

② ［法］卢梭，李平沤译：《爱弥儿：论教育》，北京，商务印书馆 1978 年版。

有相对于他人或是相对于自己的智能强项，教育旨在帮助儿童发现培育自己的优势智能，并以优势智能带动弱势智能的发展，从而建构起自己的优势智能组合，实现自身全面、和谐的发展。因此，学生的智能类型不存在好坏、优劣之分，只是各自特点不同。

教师要关注学生的独特性，从学生个体的兴趣、爱好、言行，善于发现、剖析和挖掘学生表现出的潜在优势，然后采取多种措施去激发它、发挥它、强化它。只要教育方法得当，每个学生的身心发展水平都能得到较大幅度的提高。尊重生命独特性的教育可以避免做"最愚蠢的事情"，尊重生命独特性的教师可以让每一个学生都能获得成功的机会，体验到生命成长的快乐。

(二)学生的未完成性

人是未完成的存在，也是非特定化的存在，人与动物在生命意义上的本质不同首先是人的未完成性和非特定化。严格地说，人的一生始终处于未完成之中，总是不停息地变化着，只不过各时期的成长幅度有所差异而已，学习期间的学生恰处于人生最为关键的"未完成期"，可塑性极大，不仅表现在身体上，更表现在心理上；不仅表现在速度上，而且还表现在广度和深度上。这说明，学生正是处于发展中的人，都具有某方面的潜在特长或能力，而"发展过程总是一个比较简单的结果向一个更复杂的结构的过渡，而这样的一个过程是按照没有止境的后退过程进行的(根据现有的知识)"[1]。因此，他们迫切需要接受人类社会的熏陶和教育，使其在未来的发展中能跟上社会的进步。

教师需要掌握学生身心发展的规律以及不同年龄阶段学生身心发展的特点，并据此开展教育教学活动，为学生创设一个有助于其生命充分成长的情境，把学生蕴含的生命潜能激发出来，使学习过程成为学生生命成长的历程。

(三)学生的自主性

生命的成长离不开外界环境与条件，然而生命本身具有自主性，外界因素可以影响它，但无法取代它，这也是生命的意义。学习的主体是学生，教育的终极目的就是学生，因此，学生在学习中的自主性不可忽视，无论学生年龄大小、能力强弱，都具有强烈的自主学习欲望。

---

[1] [瑞士]皮亚杰，倪连杰等译：《结构主义》，北京，商务印书馆1984年版。

　　教师应积极地引导、开发学生学习的自主意识，促进学生的自主成长。教师切勿将自己的意志强加于学生，否则就会在无形中挫伤学生的主动性、积极性，扼杀学生的学习兴趣，窒息学生的思想。然而，在现实教育中，学生主动地行动、思考、选择、应答常常会受到压抑，被所谓"标准答案"压抑，被各种"科学"的标签压抑，人的创造的天性也就被压抑了。因此，具有现代生命意识的教师，应当担负起发现、尊重和解放儿童的重任，让学生在探索世界、探索自我的过程中增强自主性，在不断超越自我的过程中体验到生命的力量与意义。

(四)学生的整体性

　　学生并不是单纯的抽象的学习者，而是有着丰富个性的完整的人。作为完整的人而存在的学生，不仅有学习知识、发展能力(认知系统)的需要，也具有强烈的认知的欲望和要求，而且有情感、有信念、有意志(动力系统)。如果教师只注重培养学生的认知能力，那就弱化了教学的根本意义。教学要注重人的全面发展，不仅是让学生对知识进行一般性的认知、积累和加工，还要通过体验与反省使知识进入个人的内心世界，与学生的生活境遇和人生经验融化在一起，塑造学生健康的人格。

　　杜威说过："我们所需要的是儿童以整个的身体和整个的心灵来到学校，并以更圆满发展的心灵和甚至更健全的身体离开学校。"因此，打通学生的"生活世界"和"书本世界"，杜绝动脑与动手的分离、记忆与思维的分离以及智育与其他各育的分离，找寻完整的生命意义，是对当代教育，特别是对当代教师的一项最为严峻的挑战。

二、学生的地位

　　学生的地位包括学生的社会地位和学生在教育过程中的地位以及学生的法律地位、权利与义务。了解学生的地位是教师与学生建立良好师生关系，并进行教育与引导的前提与基础。

(一)学生的社会地位

　　学生的社会地位是指他们作为社会成员应具有的主体地位。长期以来，整个社会并没有把青少年儿童看作有独立价值的生命存在，从而忽视儿童的兴趣与需要，侵害儿童身心健康的现象屡见不鲜。青少年儿童是未来社会的主人，有着独立的社会地位，并依法享受各项社会权利。要确保儿童的主体地位，关键是看儿童的合法权利是否得到保障。

　　世界各国都非常重视儿童权益问题，并制定了相应的法规。1959年联合国通过了《儿童权利宣言》，1989 年又通过了《儿童权利公约》，明确指出：18 岁以下的任何人都是积极和创造性的权利主体，拥有包括生存、发展和充分参与社会、文化、教育、生活以及他们个人成长与福利所必需的其他活动的权利。为了保护这权利，又提出儿童利益最佳原则、尊重儿童尊严原则、尊重儿童观念与意识原则、无歧视原则。

我国作为《儿童权利公约》的缔约国之一，在履行《儿童权利公约》的同时，在相关法规中也对青少年儿童的权利及其保护做出了明确的规定。如《中华人民共和国宪法》第四十九条规定："父母有抚养教育未成年子女的义务。"新修订的《中华人民共和国义务教育法》第四条规定："凡具有中华人民共和国国籍的适龄儿童、少年，不分性别、民族、种族、家庭财产状况、宗教信仰等，依法享有平等接受义务教育的权利，并履行接受义务教育的义务。"第五条分别阐述了各级人民政府及其有关部门、适龄儿童、少年的父母或者其他法定监护人、义务教育的学校、社会组织和个人在义务教育中的责任。

根据《中华人民共和国未成年人保护法》和联合国《儿童权利公约》，我国儿童应享有受教育权，生命权，身体权，健康权，身体自由权和内心自由权，肖像权，名誉权，隐私权，财产受到管理、保护权，独立财产权，生活获得照顾权，民事活动代理权，休息娱乐权，获得良好的校园环境权，拒绝乱收费的权利，拒绝不合理劳动权，拒绝不合理校内外活动权，荣誉权，著作权和平等对待权。

(二)学生的身份和法律地位

从法律角度看，我国未满 18 周岁的公民均被称为未成年人。未成年人在具有独立的法律地位的基础上，享有特别的受保护权；从社会学角度看，学生是一种独特的社会存在，他们既不是不承担任何社会义务的婴幼儿，也不是以职业劳动与社会进行交换的成人，他们是介于婴幼儿与成人之间的"半"社会成员。这一点正是 1989 年 11 月 20 日联合国大会通过的《儿童权利公约》的核心精神。体现这一精神的基本原则是：儿童利益最佳原则、尊重儿童尊严原则、尊重儿童观点与意见原则、无歧视原则。

我国自 20 世纪 80 年代以来，随着有关法律的相继颁布，初步明确了教育领域中中小学生的身份和法律地位。从有关学生的法律法规看，对中小学生身份地位的确认是从三个层面进行的：第一个层面，中小学生是国家公民；第二个层面，中小学生是国家和社会未成年的公民；第三个层面，中小学生是接受教育的未成年公民。因此，中小学生是在国家法律认可的各级各类中等或初等学校或教育机构中接受教育的未成年公民，中小学生身份的特殊性决定了他们权利与义务的特殊性。

(三)学生在教育过程中的地位

学生在教育过程中的地位一直是教育史上争论的重大问题。至今主要有两种对立的观点。一种是"教师中心论"，它把学生看作可以随意涂抹的一张白纸，一个可以任意填灌的装知识的容器。学生对教师来说，处于一种从属地位。另一种是"学生中心论"，它把学生视为教育过程的中心，教育的一切措施应围绕着他们转动，全部的教育教学都要从学生的兴趣、需要出发，教师只能处于辅助地位。这两种观念都不适当地贬低或抬高了学生的地位，是不科学的。

现代教育理论认为，在教育过程中，学生既是认识的客体，又是认识的主体。学生作为教育认识的客体是指学生相对于社会的要求、新的教学内容和教师的认识来说都处于一种被动状态，需要教师有目的、有计划、有组织地引导，将一定社会要求转化为学生内部需要，将新的教学内容转化为学生的素质。承认学生的客体性和客体地位，就是强调教育和教师的主导作用。然而，在教育过程中外界的一切影响并不是简单地输送或移植给学生，必须经过学生主体的主动吸收、转化，学生是活生生的具有主观能动性的人，是学习的主人。教师的作用只是外因，任何知识技能的领会与掌握都要依靠学生独立自主的学习，教师不可能包办代替；任何有效的教学必须以尊重学生身心发展规律，特别是学习规律为前提。因此，学生在教育过程中处于主体地位，是主体与客体的统一体。

第三节 师生关系

一、师生关系概述

(一)师生关系的概念

对于师生关系的概念界定从不同的角度出发有不同的表述。

师生之间存在主体与客体的关系、主体间关系。——哲学认识论角度

师生之间是教育和被教育的关系。——教育学的角度

师生之间存在着认知、情感、个性相互作用。——心理学角度

师生之间存在文化交流、共享和创新关系。——文化角度

师生之间存在角色关系、互动关系。——社会学角度

师生之间存在管理与自我管理的关系。——管理学角度

一般认为，师生关系是指教师和学生在教育教学过程中结成的相互关系，包括彼此所处的地位作用和相互对待的态度等。它是一种特殊的社会关系和人际关系，是教师和学生为实现教育目标，以各自独特的身份和地位通过教与学的直接交流活动而形成的多性质、多层次的关系体系，表现为社会关系、教育关系和心理关系。师生之间的社会关系是人与人的各种社会关系在教育活动中的反映，表现为师生之间的代际关系、政治关系、道德关系及法律关系等，是一种背景关系；师生之间的教育关系是师生关系的主体，是教师和学生在教育教学过程中为促进学生的整体发展和自主发展而结成的教育与被教育、组织与组织、引导与被引导等主体间的关系，是一种基本关系；师生之间的心理关系是教师和学生为了维持和发展教育关系而构成的内在联系，是教育关系的基础和深化，具有情境性和弥散性的特征。

(二)师生关系的特点

师生关系的特点可以从三个层次加以认识。

1. 师生在教学上结成授受关系

授受关系是师生在教学中的关系的最简单的表述。在教育活动中，教师处于教育和教学的指导地位，从教育内容的角度说，教师是传授者，学生是授受者。教师处于教学的主导地位，建立正确的学生观，决定了教育的质量。教师的任务是帮助学生掌握知识、发展智力、积累社会经验；学生是教师的教育对象，也是教育目的，教育最终要培养生动活泼、主动发展的个体。教师对学生指导、引导的目的是促进学生的自主发展。

2. 师生关系在人格上是平等关系

教育工作的特殊性在于其工作对象是有思想、有情感的个体。教育活动中形成的师生关系是整个活动的基本关系。学生作为独立的社会个体，有着独立的社会地位和法律地位，在人格上与教师是平等的。现代师生关系强调教师尊重学生的人格，要平等地对待学生、热爱学生。但是同时，学生又是不成熟的、发展中的个体，需要教师对他们正确引导。

3. 师生关系在社会道德上是互相促进的关系

师生关系从社会学角度就是任何人的关系，是师生间思想交流、情感沟通、人格碰撞的社会关系。教师对学生的影响除了知识上、智力上的影响，更是思想上、情感上、人格上的影响。教师对学生产生的影响并不停

留在说教上，而是通过精神的感染、道德的儒化，潜移默化地发生影响。教师真正的威信来源于他的人格魅力，这会对学生产生终身影响。

二、师生关系在教育中的作用

(一)良好的师生关系是提升教育效能的重要途径

教师是以学生的发展为最终目的的，要达到这一目的，必须充分调动学生的积极性、主动性、创造性和热情。然而，师生关系如何，如学生愿不愿意接受教师的教育影响，能不能主动配合教师，都直接影响着教育教学质量。良好的师生关系使学生产生兴趣和接受性，产生安全感，乐于接受教师的教育和影响，从而激发学习的兴趣，集中学习的注意力，启发积极思维，同时，良好的师生关系也唤醒教师的教学热情与责任感，激励教师专心致志地从事教育工作，从而达到提升教育教学的质量和效率的目的。正如赞科夫所说："就教育工作效果来说，很重要的一点就是要看教师和学生之间的关系如何。"

(二)良好的师生关系是衡量师生价值建构的重要手段

不同类型的师生关系，体现了师生不同的生命活动形态，对建构师生自身的价值具有不同的意义。专制的师生关系下培养学生具有依从性、专制的品质，民主的师生关系下培养的学生具有民主素质。师生关系除了对教育教学目标的实现具有手段价值以外，还对教师和学生的发展具有本体价值、目的价值。理想的师生关系是教师和学生既作为独立的、完整的人，又作为合作者、共享共创者所形成的相互理解、相互尊重、相互信任、相互合作的和谐亲密关系。学生在教育交往中感受到人格的尊严，体现出自主，张扬着个性，体验到人生的价值和最初的人生幸福，进而发展自由的个性形成健康的人格。教师在与丰富多彩的年轻生命的交往中，感受到生命的神奇与可敬，体验到自己工作的价值。

(三)良好的师生关系是师生心理健康发展的一剂良方

正如有的学者所说："教师有良好的心理状态，才能有良好的师生关系，而有良好的师生关系是激发学生发展的催化剂……"良好的师生关系中，师生会做到同理对方，彼此具有同理心。教师对学生的同理，即站在学生的立场去理解学生，设身处地去了解学生，就能做到对学生尊重、信任、鼓励、支持和赞扬，使学生心灵深处充满愉快和幸福，逐渐养成自信、乐观、向上、积极、友好等优良品格，同时情感、意志等都能得到健康发展。同时，在良好的师生关系中，教师的也会得到学生的理解、尊重和支持，内心也会愉悦和幸福。

(四)师生关系是一种重要的课程资源和校园文化

师生关系是教育教学实践中形成的一种课程资源，具有重要的德育功能、心理功能和认知价值。教学实践充分表明：良好的师生关系也是提高教学质量的宝贵的人文资源。师生间真诚的信赖与沟通，教学的平等民主，不仅有利于建立起和谐、融洽的师生关系和亲密、真挚的师生感情，而且能使学生受到正义与人格的熏陶，养成学生追求真理与正义的品格、礼貌谦逊的交往方式等，具有独特的价值。相反，教师居高临下，学生被动接受，师生间相互割裂和封闭，缺乏必要的沟通和交流，师生关系疏远和淡漠，学生有可能养成"看客"心理和占有性人格。

同时，师生关系作为学校中最基本、最重要的人际关系，是一所学校的精神风貌、校风教风、学风的整体反映和最直观反映。师生关系状况投射出学校价值取向、人际关系状况、管理水平等。师生关系作为校园文化的组成部分，对学校精神文化的建设、对学生在校的发展和今后的成长都起着重要的作用。

三、理想师生关系的建立

(一)理想师生关系的基本特征

理想的师生关系是教育活动顺利进行和教育目标完成的基本保证，建立理想的师生关系是教育工作者的共同追求，又是教育规律的必然要求。理想的师生关系是师生主体间关系的优化，从其发生发展的过程及其结果来看，具有三个基本特征。

1. 尊师爱生

尊师爱生就是学生尊重教师，教师热爱学生，师生互尊互爱，这是建立良好师生关系的基础。

尊师就是尊重教师的劳动和教师的人格与尊严，对教师要有礼貌，了解和认识教师工作的意义和价值，理解教师的意愿和心情，主动支持和协助教师工作，虚心接受教师的教育和指导。尊师是学生对教师正确的认识、情感和行为的综合体现，是人类的美德。教师也会因为得到学生尊重而得到莫大的心理满足。

爱生就是爱护、信任、尊重学生，严格要求并公正对待每一个学生，它是教师热爱教育事业的重要体现，是教师对学生进行教育的感情基础，是教师的基本道德要求，也是培养学生热爱他人、热爱集体的道德情感基础。现代"尊师爱生"不是封建等级关系、政治连带关系、伦理依附关系，而是体现了新型师生关系，是师生交往与沟通的情感基础、道德基础，其目的主要是相互配合与合作，顺利开展教育活动，实现师生的共同成长。

2. 民主平等

师生关系的民主平等是同志式的团结互助关系在教育过程中的反映，是现代社会民主化趋势的需要，而且也是教学生活的人文性的直接要求和现代人格的具体体现，强调了师生在教育过程中相互尊重人格和权利、相互开放、平等对话、相互理解、相互接纳等关系。民主平等要求教师善于向学生学习，善于倾听学生的意见，信任学生、尊重学生。

民主平等是师生在共同参与的过程中形成的。共同参与，意味着教师和学生以不同的主体地位和作用进入实际的教育生活，形成需要、智能、个性等方面的互补，发挥各自的积极性、主动性、创造性。民主平等、共同参与的结果是师生的融洽、协调，形成和谐亲密的关系，从而建立起师生之间的信任，帮助学生自我实现。

3. 教学相长

《学记》中指出："学然后知不足，教然后知困。知不足，然后能自反也；知困，然后能自强也。故曰：教学相长也。"这是对教学相长客观规律的揭示。教学相长就是教育过程中师生相互制约、相互促进、相互提高。教师教的过程也是学的过程。教师尽管闻道在先，但不是完人，现在的学生接受信息的渠道多且广，各有所长，教师要善于听取学生的建议，虚心向学生学习，从学生身上汲取信息和知识。这样会打破传统师生间的尊卑等级，有利于发展良好的师生关系，使师生关系更融洽，从而促进师生相互促进、共同发展。

(二)良好师生关系构建的基本策略

良好师生关系的构建就是师生关系建立、调整和优化的过程。师生关系总是建立在一定社会背景之中的，与师生双方密切相关，受多种因素制约。但就教育内部而言，建立良好的师生关系要靠双方共同努力。教师在师生关系建立与发展中占有重要地位，起着主导作用。要建立民主、和谐亲密、充满活力的师生关系，教师有以下几种策略。

1. 了解和研究学生

了解、研究学生是形成良好师生关系的基础。教师要与学生取得共同语言，使教育影响深入学生的内心世界，就必须了解和研究学生。了解和研究学生包括了解学生个体的思想意识、道德品质、兴趣、需要、知识水平、学习态度和方法、个性特点、身体状况和班集体的特点及其形成原因。了解和研究学生发生在教师教育生活的每一时空。

2. 树立正确的学生观

学生观就是教师对学生的基本看法，它影响教师对学生的认识及其态度与行为，进而影响学生的发展。我国传统的学生观将学生看作被动的受体、教师塑造与控制的对象，学生在教育中处于边缘位置。正确的学生观包括：学生都有巨大的发展潜力；学生的不成熟性具有成长价值；学生具有主体性，特别是创造性；学生是责权主体，有正当的权利和利益；学生是一个整体的人，是知、情、意、行的统一体。正确的学生观来自教师对学生的观察和了解，来自教师向学生的学习和对自我的反思。

3. 热爱、尊重学生，公平对待学生

热爱学生包括热爱所有学生，对学生充满爱心，经常走到学生之中，忌讳挖苦、讽刺学生、粗暴对待学生。尊重学生特别要尊重学生的人格，保护学生的自尊心，维护学生的合法权益，避免师生对立。教师处理问题必须公正无私，使学生心悦诚服。

4. 主动与学生沟通，善于与学生交往

师生关系一般要经历生疏、接触、亲近、依赖、协调、默契阶段。在师生交往的初期，往往出现不和谐因素，如因为不了解而不敢交往或因误解而造成冲突等，这就要求教师掌握沟通与交往的主动性，经常与学生保持接触、交心；同时，教师还要掌握与学生交往的策略和技巧，如寻找共同的兴趣或话题、一起参加活动、邀请学生到家做客、通信联系等。

5. 努力提高自我修养，健全人格

教师的素质是影响师生关系的核心因素。教师的师德修养、知识能力、教育态度、个性心理品质无不对学生发生深刻的影响。教师要使师生关系和谐，就必须通过自己崇高的理想、科学的世界观、人生观、渊博的知识、严谨的治学态度、活泼开朗的性格、多方面的爱好与兴趣等来吸引学生。为此，教师必须做到以下几点：①加强学习和研究，使自己更加智慧；②经常进行自我反思，正确评价自己，克服个人的偏见和定式；③培养自己多方面的兴趣和积极向上的人生观；④学会自我控制，培养耐心、豁达、宽容、理解等个性品质。

阅读材料：

有一年秋天，北大新学期开始了，一位外地来的年轻学子背着大包小包走进了校园，实在太累了，就把大包小包放在路边。这时正好一位老人迎面走来，年轻学子走上去说："您能不能替我看一下包呢?"老人爽快地答应了。

那位年轻的学子就轻装地去办理各种入学手续。一个多小时以后回来了，老人还在尽职尽责地完成着自己的使命。谢过，两人各自走了。

几日后是北大的开学典礼，这位年轻的学子惊讶地发现，主席台上就座的北京大学副校长季美林先生正是那一天替自己看包的老人。在那一瞬间，这位年轻人的心里是一种怎样的震撼。但在我们听到这个故事之后，却强烈地感觉到：人格，才是最高的学位。

〔白岩松：《最高的力量是人格》，《新闻与写作》，1999(6)〕

【自测题】

一、单项选择题

1. 教师是教育者，教师职业是促进个体(　　)的职业。

A. 知识化　　　　B. 专业化　　　　C. 社会化　　　　D. 现代化

2. 教师职业的最大特点在于(　　)。

A. 专职性　　　　　　　　　　B. 拥有高深知识

C. 是传道者　　　　　　　　　D. 职业角色多元化

3. 为人师表反映了教师劳动所具有的特点是(　　)。

A. 艰巨性　　　　B. 创造性　　　　C. 示范性　　　　D. 长效性

4. "要给学生一杯水，教师应有一桶水。"这要求教师应具备的职业素质是(　　)。

A. 马列主义理论素养　　　　　B. 教育理论知识素养

C. 学科专业知识素养　　　　　D. 广博的文化科学知识素养

5. 对学生的指导、引导的目的是促进学生的(　　)。

A. 全面发展　　　B. 人格平等　　　C. 自主发展　　　D. 主导地位

6. 教师对学生的热爱，从内容上看，在较低层次上，是指教师对学生的(　　)。

A. 亲近感　　　　B. 理解感　　　　C. 尊重感　　　　D. 期待感

7. 师生关系在教学上结成的是(　　)。

A. 人格平等关系　　　　　　　B. 授受关系

C. 相互促进关系　　　　　　　D. 思想交流关系

8. 师生关系在社会道德上是( )。

A. 人格平等关系　　　　　　　B. 授受关系

C. 相互促进关系　　　　　　　D. 思想交流关系

9. 教师社会地位的最直接表现是( )。

A. 教师的政治权利

B. 教师的经济权利

C. 教师的职业权力

D. 社会对教师职业的认可程度

10. 教师的言行是学生最直接的学习和模仿的榜样，体现了教师的( )角色。

A. 传授者　　　　B. 管理者　　　　C. 示范者　　　　D. 朋友

二、辨析题

1. 教师职业的最大特点在于其职业角色的多样化。

2. 教师工作时间越长意味着其专业化程度越高。

3. 教师应尊重学生的人格，平等地对待学生。

三、简答题

1. 教师的职业道德表现在哪些方面？

2. 教师的知识素养包括哪些方面？

3. 教师专业发展的影响因素有哪些？

4. 教师专业发展的途径有哪些？

5. 理想师生关系的基本特征是什么？

6. 建立良好师生关系的基本策略有哪些？

四、论述题

1. 简述学生在教育构成中的地位。

2. 简述教师专业发展的内涵。

参考答案

一、单项选择题

1. C　2. D　3. C　4. D　5. C　6. A　7. B　8. C　9. B　10. C

二、辨析题

1. 该说法正确，教师的角色主要有：知识的传授者、学习者和学者、学生心灵的培育者、教学活动的设计者、组织者和管理者、学生学习的榜样、学生的朋友等，所以说教师职业的最大特点在于其职业角色的多样化。

2.该说法错误，教师的专业化是教师作为专业人员，从专业思想到专业知识、专业能力、专业心理品质等方面由不成熟到比较成熟的发展过程。一生为师不意味着专业化程度很高。教师专业化虽然与实践有关，但不仅是实践的自然延续，更是教师自身素质的提高和专业自我的形成，最终真正成为教育世界的创造者。

3.该说法正确，教育工作的最大特点在于其工作对象是有思想、有情感的活动着的个体。学生作为一个独立的社会个体，有着独立的社会地位和法律地位，在人格上与教师是平等的。

三、简答题

1.答：(1)对事业——热爱事业，无私奉献。

(2)对学生——热爱学生，诲人不倦。

(3)对集体——热爱集体，团结协作。

2.答：(1)广博的文化知识。

(2)扎实的专业知识。

(3)丰富的教育理论知识。

3.答：(1)社会环境；(2)组织文化；(3)个人经历。

4.答：(1)专业学习。

(2)专家引领。

(3)同伴互助。

(4)自我反思。

5.答：(1)尊师爱生；(2)民主平等；(3)教学相长。

6.答：(1)了解和研究学生。

(2)树立正确的学生观。

(3)热爱、尊重学生，公平对待学生。

(4)主动与学生沟通，善于与学生交往。

(5)努力提高自我修养，健全人格。

四、论述题

1.答：现代教育理论认为，在教育过程中，学生既是认识的客体，又是认识的主体。学生作为教育认识的客体是指学生相对于社会的要求、新的教学内容和教师的认识来说都处于一种被动状态，需要教师有目的、有计划、有组织地引导，将一定社会要求转化为学生内部需要，将新的教学内容转化为学生的素质。承认学生的客体性和客体地位，就是强调教育和教师的主导作用。然而，在教育过程中外界的一切影响并不是简单地输送或移植给学生，必须经过学生主体的主动吸收、转化，学生是活生生的具有主观能动性的人，是学习的主人。教师的作用只是外因，任何知识技能的领会与掌握都要依靠学生独立自主的学习，教师不可能包办代替；任何有效的教学必须以尊重学生身心发展规律，特别是学习规律为前提。因此，学生在教育过程中处于主体地位，是主体与客体的统一体。

2. 答：教师专业发展一般包括三层含义。

(1)教师专业发展的内容是教师专业特性。教师专业的特殊性在于双专业性，即教师专业既是学科专业也是教育专业。教师专业发展包括知识的积累和技能的提高，但仅此定位是极为有限的。教师专业发展还包括综合素质的提升。教学专业既需要教师传统的专业特质，还要扩展专业特性，如探究意识、合作能力、反思能力、实践能力。

(2)教师专业发展是教师成长的结果，也指教师成长的过程。这个过程是非线性的过程，包括了多个不同的阶段，在不同的阶段有不同的发展表现，这些阶段构成教师整个职业生涯过程。所以教师专业发展是一个动态的过程，而非静态的结果。教师专业发展把重点放在过程中，让所有教师朝着专业成熟的方向持续前进。

(3)教师专业发展的主体是教师。教师的专业发展依靠教师自身的经验和智慧为专业资源，在日常的专业实践中学习、探究，形成自己的实践智慧。教师的专业发展必须依赖教师的主动参与和自主发展。

第八章 课 程

引言

　　课程是学校教育的基础，课程改革是教育改革的核心，是提高教育、教学质量的根本保证。通过课程的学习，形成民主、科学和开放的课程观，是教师走上工作岗位前应有的基本准备。教材是课程内容的表现形式之一。教材，不应该也越来越不可能成为唯一的课程资源，更不能等同于课程本身。我们只能说，教材是一种重要的课程资源，对于学校和教师来说，课程实施更多地应该是如何更好地"用教材"而不是简单地"教教材"。

学习目标

　　1. 了解主要的课程理论流派。

　　2. 理解课程类型及影响课程的主要因素。

　　3. 了解课程组织的几个方面。深刻理解并掌握当前的课程改革的三维课程目标的内涵。

　　4. 了解义务教育课程结构。

　　5. 理解发展性课程评价的内涵并会运用它分析现实教育评价中存在的问题。

　　6. 理解并掌握新一轮基础教育课程改革的六项具体目标。

第一节 课程概述

　　课程在学校教育中处于核心地位，教育目标、教育价值主要通过课程来体现和实施。课程改革一直是西方教育改革的核心，课程研究始终是西方教育理论的中心论题。而在我国却长期重教学轻课程，我国的学校课程长期是由国家统一制定的。20世纪50年代，我国中小学的课程因袭苏联模式，所有课程都是必修课，教学计划片面强调统一要求、统一标准，形成了单一化的课程结构。20世纪60年代以后（1963年），高中阶段开始有适当弹性，允许高三年级开设选修课。到了20世纪80年代（1981年），我国课程灵活性得到进一步扩大，教育部颁发的《全日制六年制重点中学教学计划（实行草案）》规定："为了适应学生的爱好和需要，发展他们的特长，更好地打好基础、高中二、三年级开设选修课。"这中间包括了单科性选修课和文理性分科。这是我国课程改革走向多元化的开始。

把课程理论与教学理论放在平等的水平来看，课程论侧重研究的是教什么，教学论侧重研究的则是怎样教。或者说，课程论侧重研究提供哪些教育内容，怎样有效地组织这些内容，教学论侧重的是研究如何有效地教学这些内容的问题。

一、课程的一般概念

课程一词在我国最早大约出现于唐宋年间。唐代孔颖达在《五经正义》里为《诗经·小雅》中"奕奕寝庙，君子作之"一句注疏时写道："教护课程，必君子监之，乃得依法制。"这里的课程是指"秩序"。据考，这是我国课程一词最早的出处。宋代朱熹在《朱子全书·论学》中亦多处使用课程一词，如"宽着期限，紧着课程""小立课程，大作工夫"等。这里的课程是指功课及其进程。

英文中，"课程"一词源自拉丁语，原意为"跑道"。据此，课程常被理解为"学习的进程"或"学习的路线"，即"学程"，既可以指一门学程，也可以指学校提供的所有学程。把课程用于教育科学的专门术语，始于英国教育家斯宾塞（1820—1903），他在著名的《什么知识最有价值？》一文中，把课程理解为知识或学科。1949年泰勒出版的《课程与教学基本原理》一书奠定了现代课程研究领域的理论构架。

概括起来，对课程多种多样的理解大致可以归纳为以下四类。

（一）课程即知识

这种观点认为课程的主要使命在于使学生获得知识，而知识是按学科分类的。因此，这种观点的另一种表述就是"课程即学科（科目）"。《中国大百科全书·教育》中的课程是这样定义的：课程是指所有学科（教学科目）的总和，或学生在教师指导下各种活动的总和，这通常被称为广义的课程；狭义的课程则指一门学科或一类活动。把课程看成知识是一种比较传统的观点，也是比较有代表性和普遍性的观点。

这种课程定义把课程内容和课程过程割裂开来，并片面强调内容，而且把课程内容仅限于源自文化遗产的学科知识，其最大缺陷是把课程视为外在于学习者的静态的东西，对学习者的经验重视不够。

(二)课程即经验

这种课程定义把课程视为学生在教师指导下所获得的经验或体验，以及学生自发获得的经验或体验。这种课程观强调让学习者体验各种各样的经历，杜威实际上把课程视为学生在教师指导下所获得的经验。这种课程定义的突出特点是把学生的直接经验置于课程的中心位置。在很大程度上可以弥补课程即知识观点的不足。这种观点的缺陷是它过于强调个体的、直接的经验，在实践中往往过于迁就儿童兴趣和个体感受，忽视系统知识的学习；而且在现有的社会条件下，学校和教师也很难完全实现课程即经验这一理念。

(三)课程即目标或计划

这种观点把课程视为教学过程要达到的目标、教学的预期结果或教学的预先计划。这是一种预设性的课程观，它揭示了课程的目标性和计划性，认为课程总是指向一定的目标，并通过有计划的实施而进行的。

这种课程观的不足是把课程看作由某种预定的、现成的知识及进程安排所构成的，认为课程是在正式的教学活动发生之前已经编制好的固定的东西。

(四)课程即活动或进程

把课程界定为活动或进程是一种生成性的课程观，这种观点认为课程不是静止的"跑道"，也不仅仅是需要贯彻的课程计划或需要遵循的教学指南，而是个体生活经验的改造和建构。把课程视为活动或进程，意味着课程观应当发生如下变化：课程不再只是特定知识的载体，而是师生共同探索新知的过程；课程发展的过程不再是完全预定的和不可更改的，而是具有开放性和灵活性，课程不再是控制教学行为和学习活动的工具和手段，而是能有效地弥合个体与课程之间的断裂，成为师生追求意义和价值、获得解放与自由的过程；课程形态不再是在教育情境之外固定的、物化的、静态的知识文本，而是在教学情境中师生共同创生的一系列"事件"，是师生开放的、动态的、生成的生命体验。由于注重开放、动态和生成，这就对教师的能力和素养提出了更高的要求。在实践中，如果把握不好，活动有可能沦为无序躁动和粗浅的体验，过程也可能意味着美好时光的白白流逝。

通过以上对各种课程定义的考察可以发现：每一种有代表性的课程定义都有一定的指向性，都是指向当时特定社会历史条件下课程所出现的问题，所以都有某种合理性，但同时也存在着某些局限性；而且，每一种课程定义都隐含着定义者的哲学假设和价值取向。因此。对于教育工作者而言，重要的不是选择何种课程定义，而是要意识到各种课程定义所要解决的问题以及由之可能带来的新问题，以便根据课程实践的要求，做出明智的决策。

二、课程理论流派

(一)学科中心课程论

学科中心课程论的主张是，学校课程应以学科的分类为基础，以学科教学为核心，以掌握学科的基本知识、基本规律和相应的技能为目标。

这一主张的早期代表是英国的斯宾塞，他在《什么知识最有价值?》一文中提出，为人类的种种活动做准备的最有价值的知识是科学知识，认为在学校课程中自然科学知识应占最重要的位置，学习自然科学是所有活动的最好准备。他主张依据人类生活的五种主要活动组织课程，即：依据人类维护个人的生命和健康的活动，设置生理学和解剖学课程；依据生产活动，设置读、写、算以及逻辑学、几何学、物理学、化学、地质学、生物学等课程；依据教养子女的活动，设置心理学、教育学课程；依据调节自己行为的活动，设置历史、社会学等课程；依据闲暇、娱乐活动，设置了解和欣赏自然、文化、艺术知识的课程。

德国教育学家赫尔巴特指出，编制课程以人类"客观的文化遗产"——科学为基础，以发展人的"多方面的兴趣"为轴心，设置相应的学科。他认为人的兴趣主要有六个方面或六个层次，并由此开设六类课程：了解事物"是什么"的兴趣，即经验兴趣——相应地开设自然、物理、化学、地理等学科；思考事物"为什么"的兴趣，即思辨兴趣——相应开设数学、逻辑学、文法学课程；审美兴趣——开设文学、绘画、音乐等课程；同情兴趣——开设语言课程；社会兴趣——开设公民、历史、政治、法律等课程；宗教兴趣——开设神学课程。

20世纪30年代美国要素主义对进步主义的儿童经验论持批判态度，认为人类文化遗产中有着"一种知识的基本核心"，即共同的、不变的文化要素，包括各种基本知识、基本技能和传统的态度、理想。要素主义强调以学科为中心和学习的系统性，主张恢复各门学科在教育过程中的地位，严格按照逻辑系统编写教材。第二次世界大战以后，以科南特为代表的要素主义者提出了改革美国教育的一系列建议，特别强调中学应学习各门学科的"基本核心"，包括英语、数学、自然科学、社会研究和美国历史。这一思想成为美国 20 世纪 50 年代末课程改革的指导思想，并将数学、自然科学和外语称为"新三艺"。

美国心理学家布鲁纳的结构化思想是当代学科中心课程论的一个发展。布鲁纳等人认为，一门学科的概念、原理及其相互关系是一门学科的基本结构，是组成一门学科的核心，这种知识结构应成为教育的重点。布鲁纳在《论认知》中说："赋予学习的对象以意义，开拓新的经验领域的，正是这种结构，亦即使七零八落的现象得以系统化的概念。"具体说，学科结构由三种结构组成：一是组织结构，即说明一门学科不同于其他学科的基本形式，同时也规定了这门学科研究的界限；二是实质结构，即探究过程主要回答的各种问题，即基本概念、原理和概念系统；三是句法结构，即各门学科中收集数据、检验命题和对研究结果做出概括的方式。他认为按照这样的结构组织的教学才有利于理解，有利于记忆，有利于迁移。

(二)活动中心课程论

活动中心课程又叫儿童中心课程或经验课程，代表人物是美国的杜威及其学生克伯屈。它是以儿童的主体性活动和经验为中心组织的课程，即以选择和组织学习经验为基础，用儿童(学习者)的兴趣、需要、问题等组成的课程，其学习形式是通过儿童的活动解决问题。儿童中心课程论的思想首先应追溯到 18 世纪法国启蒙思想家卢梭。他提倡"自然主义"，倡导"自然教育论"，主张采用摆脱封建统治影响的"适应自然"的教育方法，培养"自然人"。卢梭的课程论的核心，在于创造性地发现儿童内在的"自然性"，教育不能无视儿童的本性和现实生活，必须遵循儿童的"自我活动"，采取适应儿童"年龄发展阶段"的教育方法。卢梭非常重视"直接经验"，甚至提出："世界以外无书籍，事实以外无教材"。在卢梭所写的《爱弥儿》中，已经提出了活动中心课程论的基本思想。

给活动中心课程以系统的理论基础的是美国实用主义教育家杜威。他进一步阐述了儿童中心的观点，批判了传统的课程论，提出了自己的课程论主张。他在《儿童与课程》一书中说：现在课程最大的流弊是与儿童生活不相沟通。这不相沟通的原因是：①儿童生活与成人经验的不同；②分类的科目是历来科学研究的成果，不合乎儿童的经验；③儿童的世界狭小而偏于个人，课程所示的世界则遥远而不切己；④儿童的生活连贯而一致，课程则分门而别类；⑤儿童生活为切实的、感情的，课程分类标准则为抽象的、逻辑的。

根据儿童中心的思想，杜威提出自己的课程主张，主要包括以下两点。

第一，儿童和课程之间的关系不是相互对立而是相互联系的。并认为：儿童是起点，课程是终点，只要把教材引入儿童生活，让儿童直接去体验，就能把两者连接起来，使儿童从起点走向终点。

第二，学校科目相互联系的中心点，不是科学，不是文学、历史、地理，而是儿童本身的社会活动。他认为应该通过活动和经验来学习，不同意把内容划分为各个学校科目。

杜威的学生克伯屈创立的"设计教学法"（1918年）把杜威的儿童中心课程论体现得最为完善。所谓"设计教学"就是要学校在学生的有计划的活动中进行教育。这种活动必须由儿童决定目的，儿童制订活动计划，儿童自己实施活动，儿童自己评价活动效果。儿童在设计活动中可以获得知识，培养兴趣、能力和各种品质。1919年成立了"进步教育协会"，使儿童中心课程在美国中小学（主要是小学）广泛流行，形成一个全国性的持续近五十年之久的教育改革运动。

在旧中国，陶行知先生倡导的"生活教育""教学做合一"以及其他一些实验学校的实验，都是以"活动中心课程"和"设计教学"的原则为依据的。新中国成立后批判了这种课程论。

（三）社会中心课程论

社会中心课程论，又称为社会再造主义课程论，是主张围绕重大社会问题来组织课程内容的理论。社会中心课程论认为，教育的根本价值是社会改造而不是个人的发展。为此该理论批判了儿童中心课程理论过于注重学生的个人需要、兴趣、自由及活动而忽视了社会的需要。主张课程建设要关注社会焦点问题，反映社会政治经济变革的客观需求，课程学习应深入社会生活中，强调课程结构有意义的统一性，深刻认识到社会因素对教育的制约作用，因此它具有一定的特色和优势。但它同样走向另一个极端，即夸大了学校变革社会的功能，把课程设置的重心完全放在适应和改造社会生活上，忽视学生的主体性。

在中国，作为文化传统主流的儒家文化，以恢复周礼为目标，以道德教化为实现治国平天下的主要手段；在道德观念上，以君臣、父子、夫妇、兄弟的伦理关系为准则，并强调通过教育形成人的道德品质，教育的功能和目的也就是使人们明了和践行这种关系，"大学之道，在明明德，在亲民，在止于至善"。这就决定儒家教育以伦理纲常为主要教育内容，以"四书""五经"为千年不变的教材。直到近代，课程几乎没有实质性变化。

在西方，社会再造主义的课程思想早在柏拉图的《理想国》中就有反映。柏拉图把理想国的人分成三种等级，即受理性支配的哲学家、受意志支配的武士、受情绪驱动的农民和手工业者。为了让这三种人在社会各司其职，就要对他们分别施以不同的教育。他提出，儿童7岁以后应开始学习军人所需要的各种知识和技能，包括读、写、算、骑马、投枪、射箭的教育，对那些表现出特殊抽象思维兴趣的人应学习算术、几何、天文学和声学等，以锻炼他们的思考能力。他主张未来的统治者在三十岁以后，要进一步学习辩证法，以洞察理念世界。这为形成后来支配欧洲的"七艺"教育，即文法学、修辞学、辩证法（逻辑学）、算术、几何学、天文学和音乐产生了重要影响。

进入近代，英国思想家洛克，对教育特别是绅士教育倾注了极大的热情，提出著名的"白板说"。他认为人的心灵如同白板，观念和知识都来自后天，并得出结论："天赋的智力人人平等，人类之所以千差万别，便是由于教育之故。"所以他特别重视教育，著有《教育漫话》一书，专门讨论绅士教育问题。他强调要根据社会需要确定教育目的和教育活动，绅士应当既有贵族气派，又有资产阶级的创业精神，还要有健壮的身体。绅士的教育要把德行教育放在首位，基本原则是以资产阶级功利主义的理智克制欲望，确保个人的荣誉和利益。他主张绅士需要有"事业家"的知识，学习的课程不必注重古典，要扩大实用知识。

当代社会再造主义课程论的代表，当数功能主义的教育社会学思想，早期代表迪尔凯姆认为，人生活在社会群体中，群体的作用得到发挥，个体才能受益。形成社会成员共同的观念、情操、价值观，社会才能维持和发展，所以，他提出教育目的"在于使年青一代系统地社会化"，"使出生时不适应社会生活的自然个体成为崭新的社会个体"，这就要求把社会的集体意识灌输给个体，以使他们适应社会生活。相应的，学校课程就应该为实现这种适应而努力，成为维护社会结构、保持社会平衡的手段。他认为，整个教育活动在某种程度上都应该服从国家所施加的影响，把纪律、忠诚和自制归结为德行三要素，把学习科学和进行具有德行性质的教学视为道德规范内化的主要途径。

三、课程类型

课程类型是课程的基本要素。每一种课程类型都有其特殊的教育价值，也有其自身难以克服的局限性。探究课程的类型及各课程类型之间的内在联系，准确把握各种课程类型在教育中的优势与不足，是确定课程结构的重要环节。从不同的角度出发，可将课程分为不同类型。

(一)学科课程、经验课程、综合课程

根据课程内容的组织方式不同(内容所固有的属性)可以将课程分为学科课程、经验课程和综合课程。

1. 学科课程

学科课程也称分科课程，是指以文化知识(科学、道德、艺术)为基础，按照一定的价值标准，从不同的知识领域或学术领域选择一定的内容，根据知识的逻辑体系，将所选出的知识组织为学科的课程类型。它是最古老、使用范围最广的课程类型。其主导价值在于传承人类文明，强调使学生掌握、传递和发展人类积累下来的文化遗产。

学科课程具有以下四个方面的优势。

第一，学科课程按照学科自身的逻辑体系组织课程内容，系统完整地展示某一学科领域中的知识系统和逻辑顺序性，有助于人类文化遗产的系统传承。

第二，学科课程注重完整的学科知识结构和严密的逻辑性，强调对学生的系统训练以及教学的连续性和科学性，有助于学生全面、准确地了解该领域的发展状况，实现智力的充分发展。

第三，学科课程的教学活动容易组织，也容易评价，便于提高教学效率。

第四，学科课程体现了学科的学术性、结构性和专门性，在保证尖端人才的培养和促进国家科学技术的发展方面具有不可替代的基础性作用。

学科课程也有以下三个方面的局限性。

第一，由于学科课程是以知识的逻辑体系为核心组织起来的，容易脱离学生的现实生活世界以及在生活中所获得的直接经验，难以解决学生的个别差异问题，在具体的教学实践中，很容易导致轻视学生的兴趣爱好、忽略学生个性发展的不良后果。

第二，学科课程拥有相对独立和稳定的逻辑系统，这使得学科课程与

现实生活存在较远的距离，缺乏活力，造成学习内容的凝固化。

第三，学科课程在教学实践中很容易导致偏重知识授受的倾向，表现为教学方法过于注重讲授，这对实现学生的全面和富有个性的发展十分不利。

2. 经验课程

经验课程亦称"活动课程"或"儿童中心课程"，是指围绕着学生的需要和兴趣、以活动为组织方式的课程形态，即以学生的主体性活动的经验为中心组织的课程。经验课程以开发与培育主体内在的、内发的价值为目标，旨在培养具有丰富个性的主体。学生的兴趣、动机、经验是经验课程的基本内容。其主导价值在于使学生获得关于现实世界的直接经验和真切体验。

经验课程的优点是显而易见的，主要体现为以下三个方面。

第一，经验课程强调学习者当下的直接经验的价值，把学习者的经验及其生长需要作为课程目标的基本来源，充分满足学习者的需要、动机、兴趣，有助于使学习者真正成为学习的主体。

第二，经验课程把人类文化遗产以学生的经验为核心整合起来，要求把学科知识转化为学生当下活生生的经验，强调教材的心理组织，有利于学生在与文化、与学科知识交互作用的过程中实现个性的发展。

第三，经验课程的主题和内容源自于现实生活，容易激发学生的学习兴趣，有助于发展学生的实践和创新能力。我国新课程改革设置的综合实践活动课程，就是典型的经验课程。

当然，经验课程也存在其自身难以克服的局限性，表现在以下方面。

第一，经验课程以学习者的经验为中心来组织，容易导致学科知识的支离破碎，学生难以掌握完整系统的学科知识的体系。

第二，经验课程以学习者的活动为中心，但学习者的活动具有多种性质，并非所有的活动都有教育价值，也并非所有的活动都能带来同样的教育价值，因此在实施中容易导致"活动主义"，为活动而活动，如果把握不当，会极大地影响教学效率和教育质量。

第三，经验课程在课程实施中对教师的教学组织能力以及相关教学设施提出了较高要求，它要求教师具有相当高的专业素养和教育艺术素养，在师资条件不具备的情况下，经验课程的实施具有一定的风险性。

3. 综合课程

综合课程是由两门或两门以上的学科知识交叉、渗透、融合而生成的课程，它强调学科之间的关联性、统一性及内在联系。其主导价值在于使学生掌握综合性知识并形成解决问题的能力。

综合课程倡导者认为，科学是一个统一体，实践中的很多问题需要多种学科的知识综合运用才能解决。物理发现可以用数学公式来阐述；化学发现可以用物理原理来阐述；生物机体的特征可以被视为一个复杂的物理化学系统；心理学特征可以用生物学术语来解释；社会学现象也可以从心理学角度来阐述；数学是一种语言，在所有自然科学和大部分社会科学中，它可以帮助人们组织思想，以数字、符号或图表的形式表达一般性结论。而且在当代社会，不断发展的科技文化带来了越来越严重的环境问题。环境问题既涉及科学领域，又涉及社会、法律、政治、文化、经济等诸多领域，绝不可能依靠某一门学科来解决，而必须运用综合学科。因此，应该把所有的知识视为一个整体，采用综合课程的形式教授。此外，他们还认为，尽管不同学科的研究方法和探究过程的细节有所不同，但是它们的基本研究方法和探究过程是相同的。

心理学家认为，综合课程可以发挥学习者的迁移能力。通过综合课程的学习，学生常常会把某一学科领域的概念、原理和方法运用到其他学科领域。这样，不同学科的相关内容就会互相强化，学习效果就能得到加强。

目前，综合课程不仅是科学发展、学习方法的需要，而且也是学生未来就业的需要。随着社会的发展，科学技术不断综合，在未来的就业生涯中，学习者必须学会综合运用不同学科的知识，才能获得成功。

综合课程主要有三种类型。

①学科本位的综合课程（或综合性的学科课程）。这种课程的特点在于，它试图把那些具有相关性的学科知识整合起来，形成一种新的综合学科。比如，将植物学、动物学、生理学、解剖学融合为生物学，将地质学、自然地理、人文地理、历史地理融合为地理学。

②社会本位的综合课程。即以值得关注的、重要的社会问题为核心，来组织和编排不同学科的知识内容。20世纪70年代以来，国际上盛行的社会本位的综合课程，主要有"科学—技术—社会课程"（简称STS课程）、"环境教育课程""国际理解教育课程"。STS课程主要关注：科学、技术与社会三者之间的交互作用和相互影响；"环境教育课程"主要关注人类生存环境日益恶化的状况，试图唤起学生的环境保护意识，增强学生对人与环境相互关系的理解，发展解决环境问题的技能等；"国际理解教育课程"则

主要关注如何使学生在尊重差异的基础上，发展对其他国家、民族、文化的理解能力，以促进国际交往与合作。

③儿童本位的综合课程。其特点是以儿童当下的生活与经验为核心，来组织课程活动，前文所讲的"经验课程"即是这种类型的综合课程。

综合课程具有以下几方面的优势。

第一，打破了分科课程固有的界限，克服学科课程分科过细的缺点，实现了课程内容以及教育价值的有机整合，体现了学科知识间相互作用、彼此关联的发展需求。

第二，能够增进课程内容与现实生活的联系。过于强调分科课程易导致的一个弊端是使学生的学习与当代社会生活剥离，导致学生对学习的不满、冷淡，最终导致学生学习的失败。解决这个问题的办法是鼓励学生在与真实的世界的际遇中进行学习，这就需要将学校课程以问题和观点为核心组织起来。

第三，实现学生的心理的整体发展。学生心理发展的整体性必然要求学校课程具有综合性。而且综合课程能够为学习者提供更多潜在的机会，以使其发展和完善有意义的知识和技能，从而增强学习者的自我效能感和学习动机，提高学习者的兴趣。

综合课程的不足之处在于以下三方面。

第一，难以向学生提供系统完整的专业理论知识，不利于高级专业化人才的培养。

第二，在课程内容的组织中，容易形成"大拼盘"的现象；事实上，通晓各门学科的人才是较少的，聘请各门学科的学校教师来编写综合课程的教材会有一定的难度。

第三，在课程实施中对教师自身的专业素养提出了较高的要求，课程实施的难度增大。比如，师资问题。过去培养的师资，专业划分过细，那些只受过单一学科训练的教师往往不能胜任综合课程的教学。例如，原先的物理教师、化学教师、生物教师都难以胜任综合理科的教学。这提示我们的师范教育要考虑及时调整师范教育的结构，既要培养胜任分科教学的教师，又要培养综合理科和综合文科的教师。

(二)必修课程与选修课程

根据课程计划中对课程实施的要求不同可以将课程分为必修课程和选修课程两种类型。

1. 必修课程

必修课程是某一教育系统或教育机构规定学生必须学习的课程种类。在我国基础教育领域，主要是指同一年级的所有学生都必须修习的公共课程，是为保证所有学生的基本学力而开发的课程。必修课程还可分为国家必修课程、地方规定必修课程和校定必修课程等。其主导价值在于培养和发展学生的共性。

必修课程的根本特征是强制性，它是社会或机构权威在课程中的体现，具有多方面的功能。例如，选择传递主流文化；帮助学生掌握系统化知识，形成特定的技能、能力和态度；促进社会政治、经济、科技的发展等。

必修课程的优势主要有：能够全面反映课程目标的要求，是实现既定教育任务的主要途径；使学生养成作为未来社会公民和个体生活所必需的基本素养；有助于组织课程实施和课程管理与评价。

必修课程的不足之处在于：过分注重学生的共性发展，而忽视了学生的个性发展；容易走向极端的社会本位倾向，淡化或放弃了学生的个体发展。

2. 选修课程

选修课程是指某一教育系统或教育机构中，学生可以按照一定规则自由地选择学习的课程种类。它依据不同学生的特点与发展方向，允许个人选择，是为适应学生的个性差异而开发的课程。其主导价值在于满足学生的兴趣、爱好，培养和发展学生的个性。

选修课程一般分为限定选修课程与任意选修课程两类。限定选修课程是指在规定的范围内学生按一定的规则选择学习的课程，如学生必须在若干组课程中选修一定组数的课程，或在若干门课程中选修一定门数的课程。任意选修课程则是不加限制，由学生自由选择学习的课程。

选修制的产生有其历史土壤和必然性。它的产生主要与知识本身的多样化发展以及个性自由的思想传播有关。选修制的确立最初是在大学，而后才延续到中学。历史上最早倡导选修制的是18世纪末创办柏林大学的德国新人文主义者洪堡，他主张在大学里，教授可以自由地教他认为最好的课程，学生也可以学习他愿意学习的任何课程。不过，选修制真正的发展是在美国。1825年，深受杰弗逊总统民主、自由精神影响的弗吉尼亚大学借鉴德国的经验，首开选修课，但选修课作为一种制度尚未得到正式的确立，直到教育家、哈佛大学校长埃利奥特给予正式确立，并大力推行。选修制传入我国是在 20 世纪初，它的出现与五四运动时期倡导科学与民主、个性自由与解放的思潮有着直接的关系。

选修课程具有以下几个方面的优势。

第一，能适应地区间经济文化的差异，具有一定的变通性。我国幅员辽阔，各地发展水平存在较大差异，不同水平的发展需要不同文化知识结构的人才，因此应当允许各地根据本地社会发展的现实需要选择相应的课程，以适应这种经济和社会差异。从文化程度看，我国是多民族国家，不同民族对本民族的文化有强烈的认同感和归属感，选修课程有利于不同地区根据自身的需要做出选择，设置适合地区需要的课程。

第二，能适应不同学校的特点。课程计划取得成功在于发挥学校和教师的主体性。学校的主体性集中体现在通过选择并设置能够创造和形成本校文化特色的课程。不论国家课程还是地方课程，在课程门类及其关系方面都应适应每一所学校的文化特殊性，学校有必要也有能力根据本校的教育宗旨对国家课程和地方课程进行选择和再开发，创造性地实施国家课程和地方课程，选修课程无疑为之提供了可能。

第三，能适应学生的个性差异。教育面对的是一个个具有独特个性的学生，教育的根本目的和内在价值是促进每一个人的个性发展。选修课程有助于适应学习者的差异性，包括文化背景差异、发展水平差异、兴趣爱好差异等，满足学生个性发展的需要。

第四，在人类进入知识爆炸时代，而学校学习时间又是相对有限的情况下，选修课程能够为教学内容的选择和组织提供一种较为灵活的方式。

要真正处理好必修课程与选修课程的关系，有些关键问题是必须予以解决的。这些问题包括以下几点。

首先，弄清区分必修课与选修课的内在依据是什么。不弄清内在依据，在开设和划分必修课与选修课时，就难免会带有主观性与随意性，导致有些学科我们没有正当理由要求学生学习但却为必修课来开设，而另一些学科我们有正当的理由要求学生学习却只是作为选修课来开设，这种情况在实践中是经常出现的。

其次，选修课何时开设以及开设多少才比较合适。关于选修课何时开设比较合适，绝大多数人认为，对小学生开设选修课是不必要的，对初中生可以考虑少量开设甚至不开设选修课，对高中生开设一定比例的选修课是完全必要的。关于选修课开设多少才比较合适，目前也只能从原则上回答这一问题，即选修课开设过多过滥，势必影响普通教育的共同基础，导致学生基础学力的下降，开设过少又不利于发展学生的个性特长。例如，20 世纪 80 年代，美国就曾因为中小学开设的选修课太多太滥，引发基础教育质量的下降，从而不得不采取措施强化必修课的学习，削减选修课程。但就我国目前的情况而言，又似乎走向了另一个极端。我国选修课主要是在高中阶段开设，且比例明显偏低，一般不超过每周 4～5 课时。

最后，如何确保选修课的开设质量。这涉及如何强化和保障选修课开设的质量问题。比较有效的应对措施主要有以下几点：一是加强对学生的选课指导，减少学生选课的随意性与盲目性，原因是学生并不总是能够意识到自己的才能、倾向与内在需要，而按自发的兴趣、爱好的指引来选修课程，也并不总是合理的、正确的。二是将选修制与学分制结合起来使用，这样做使得选修课的学习也带有一定的强制性，避免使选修课的学习成为一种随意的、散漫的学习或可有可无的学习。三是必须采取一定措施确保选修课本身的质量。

（三）国家课程、地方课程与校本课程

根据课程设计、开发和管理的主体不同可以将课程分为国家课程、地方课程与校本课程三种类型。

1. 国家课程

国家课程是指由国家统一组织开发并在全国范围内实施的课程。它具有统一规定性和强制性的特征，其主导价值在于通过课程体现国家的教育意志。国家课程是一个国家基础教育课程方案的主体部分，它面向全国，保证所有学生都享有在一定领域内的学习权利，都享有获得知识、发展智力的权利，使公民获得实现自我价值和自身发展所必需的技能等。国家课程明确规定学生在接受学校教育期间应达到的标准，从总体上规定了不同学段的教育目标，体现了国家对学生发展的基本要求和共同的质量标准，是教育评价的重要依据，也是不同学校、不同地区甚至不同国家之间进行教育质量比较的重要依据。它是决定一个国家基础教育质量的主要因素，对于基础教育的发展，特别是人才培养的质量和规格具有决定性作用。因此，在我国，国家课程在基础教育课程体系中占有绝对数量的比重。

国家课程采用"自上而下"的课程开发机制，教育行政管理人员、教育理论工作者和学科专家是课程的规划者和设计者，学校和教师是课程的实施者，且课程实施过程中应尽可能反映课程规划者和设计者的意图，以便能达到预期的课程目标。在国家课程实施过程中，也需要对课程做出必要的调整或修改，当然，这种改动只是在课程计划框架之内进行的微调，其

最终目的是为了更好地实现既定的课程目标。

2. 地方课程

地方课程是指由地方组织开发并在本地实施的课程，即由地方根据国家教育方针、课程管理政策和课程计划，在关注学生共同发展的同时，结合本地的优势和传统，充分利用本地的课程资源，直接反映地方社会、经济、文化发展的需求，自主开发并实施、管理的课程。它的主导价值在于通过课程满足地方社会发展的现实需要，其目的主要有以下几个方面：地方课程开发是以合理利用和开发地方丰富的课程资源为基础，强调因地制宜，具有鲜明的地域性特征，具有较强的针对性，可弥补国家课程所没有涵盖、不能满足或无法考虑周全的内容空缺，促进国家课程的有效实施；地方课程能调动地方参与课程改革与课程实施的积极性，使地方能紧密结合本地的社会、经济和文化发展现状，充分利用本地的课程资源，促进地方社会、经济和文化的发展；地方课程也有利于培养地方的课程开发能力，从而促进课程改革的可持续发展。

3. 校本课程

校本课程是指由学校根据本校实际自主开发并在本校实施的课程。其主导价值在于体现学校办学特色，提升学校的办学水平，促进学生的个性发展。校本课程的多样性和灵活性可以照顾学生的个别差异，满足学生多样化的需要。校本课程的开发也要求教师成为课程与教学的领导者，使其在充分了解学生的发展特点和现实需要基础上参与课程改革。这对促进教师的专业发展具有十分重要的意义，是实现教师持续的专业发展的有效途径。

(四)显性课程和隐性课程

从课程是否正式公开分为显性课程和隐性课程。

1. 显性课程

显性课程是指一个教育系统或教育机构中要求学生必须学习并通过考核，达到明确规定的教育目标，以获取特定的教育学历或资格证书的课程。显性课程具有特殊的目的性，这就是达到明确规定的教育目标，使学生获取特定的教育学历或资格证书。另外，显性课程还具有特殊的形式，就是以教学为根本途径，包括教师与学生面对面地直接教学，也包括教师与学生在空间和时间上分离开的间接教学。如，课表中的学科就属于显性课程。

2. 隐性课程

隐性课程(也称潜在课程、隐蔽课程、无形课程、自发课程等)的概念产生于20世纪中期。一般而言,隐性课程是指学校教育中的那些虽然在课程计划或学校政策中未明文规定,但显然是学校教育经验中经常的和有效的部分的实践和结果。换言之,隐性课程是一个教育系统或教育机构中,学生在显性课程以外所获得的所有学校教育的经验,不作为获取特定的教育学历或资格证书的必备条件。

隐性课程的范围几乎涉及学校的各个层面、各个角落以及各种行为,大致说来有这些内容:①在物质层面上,包括学校的建筑、教室的布置、桌椅的排列、校园的环境等;②在行为层面上,包括学生之间的交往、教师之间的交往、师生之间的交往、教师与家长的交往、社区与学校的交往等;③在制度层面上,包括学校管理体制、学校组织机构、班级管理方式、班级运行方式等;④在观念层面上,主要包括校风、办学方针、教学风格、教学观念、教学指导思想等。

隐性课程与显性课程有以下三方面的区别:①在学习结果上,学生在隐性课程中获得的主要是非学术性知识,而在显性课程中获得的主要是学术性知识;②在学习计划上,隐性课程是无计划的学习活动,学生在学习过程中大多是无意中接受隐含于其中的经验的,而显性课程则是有计划、有组织的学习活动,学生有意参与的成分很大;③在学习环境上,隐性课程是通过学校的自然环境和社会环境进行的,而显性课程则主要是通过课堂教学的知识传递进行的。

四、制约课程发展的因素

课程的编制受到许多因素的制约,其中主要有社会、知识和学生。在设计、评价和管理课程时,需要恰当处理学校课程与这些因素的关系。

(一)社会对学校课程的制约

社会对学校课程的影响主要是通过一定社会的生产力、政治经济制度和社会意识形态综合作用于课程的。学校课程是随着人类社会的变化和发展而不断演变的,不同的社会由于对培养下一代的素质要求不同,课程的设计思想也有差异,因而课程内容就会不断变化与发展。由于学校课程设计和实施所需要的物质条件,如经费、教材编制出版的条件以及仪器设备等,均受国家或社会的经济实力的制约,每一个国家的文化水平、师资状况和课程管理水平也不同。所以,课程设计与实施情况也不同。

学校课程与社会政治制度密不可分。在阶级社会，课程的设置为占统治地位的阶级所控制，并为统治阶级的利益服务，具有鲜明的阶级性。在我国封建社会，为了培养能够治国、平天下的人才，以儒家伦理道德内容为主的课程体系，一直是学校课程结构的主体。在当今资本主义社会，虽然阶级矛盾不像以前那样尖锐，不再把不同经济地位的学生纳入不同类型的学校，但往往通过设置不同课程标准，把大多数下层阶级的子女"筛选"掉。课程的内容也在很大程度上受统治阶级的意识形态、价值体系的束缚，服从于统治阶级的教育目的。每当意识形态发生变化，往往会迅速引起课程内容的相应变化。西方"社会批判理论"认为隐性课程是隐蔽地传播社会统治阶级的道德规范、价值观念和行为方式的工具。这充分说明了课程浸透着社会统治阶级的意识形态的内容。

经济对课程的影响，主要通过生产力与科学技术之间互动关系来体现。这表现为，在古代社会，学校设置的课程大多数属于哲学、政治、道德、宗教等人文学科，以及语言学等工具学科，与生产力直接联系的自然科学和技术方面的课程很少。在近代，由于科学大规模地运用于生产，各国普通学校课程内容中科学技术知识所占的比重日益增大。

传统文化是一个民族、一个国家世代沿袭的具有悠久历史的物质或文化模式。传统文化的意识层面是指属于观念形态的典章制度、典籍文化，非意识层面是指没有经过思想家加工整理过的人们的精神状况和心理结构。传统文化是今天教育的根基，各国特有的传统文化，哲学的、道德的、艺术的、科学的等，无不对教育发生作用，对课程产生一定的影响。例如，英法等西欧国家的一些中学至今还有拉丁文、希腊文的课程，是和欧洲文艺复兴以来就一贯重视这些学科的文化传统相关的。我国哲学中的礼治观念、伦理道德中的"君君臣臣、父父子子"的观念，长期对教育思想与课程内容产生重大影响，如把崇善作为最高范畴，道德教育居于教育的首位。

总之，课程目标的性质、课程设置的类别、课程内容选择的范围，都受社会结构因素的影响，没有不与社会结构因素相关的课程。其中，经济发展水平和经济制度，是制约课程内容的决定性因素。

(二)知识对课程的制约

知识是人类在社会实践中认识自然、社会和人的精神产物，是学校课程取之不尽的源泉。人类知识的积累经历了一个从简单到复杂、从低级到高级、从量变到质变的发展过程，因此，学校课程的内容无论在广度还是在深度上都存在着类似的变化。

科学结构的演进也对课程设置产生了深远的影响。科学结构经历了笼统综合化—纵向分科化—整体综合化的演进过程。学校课程的设置也经历了类似的变化。古代学校的课程，内容具有很大的综合性。近代学校课程，科目逐渐分化，而且越分越细。到了现代，学校课程走向综合。许多国家不仅在高等学校开设综合课，而且在中学设置综合性学科课程。目前，中小学课程设计的整体化、综合化已成为教育发展的世界性趋势。在社会实践的基础上，人们形成一定的认识世界的方式，建构起对知识的起源与性质、知识的价值、知识的形式与分类的观点，而这些都对课程发生深刻影响。这具体表现在以下方面。

1. 有关学科知识结构划分的观点是学校课程门类结构的依据

在古代，由于人们对自身物质的和精神的活动结构尚未进行精细的分析研究，因此还未对知识的类别做严格的细分。在当时学校课程的设置上也呈现这一特点，即一直以古典人文学科和治人征战之术作为课程，没有自然科学的课程体系。到了近代，人类的思维方式进入以分析方法为主导的阶段，文化知识开始逐步形成有独立对象、有较为充实和稳定内容的系统独立学科，文化知识是按事物的内部特征机械地排列、分门别类的。当时学校课程同样出现了这样的特点，如西方 16 世纪以前的地理学，在 17、18 世纪被分化为地理学、植物学和动物学。

随着科学的发展和学科日益分化和多样化，需要按知识之间的内在联系进行知识的分类，孔德依照纵向式学科划分法将全部学科划分为天文学、物理学、化学、生物学和社会学。孔德划分的学科知识的种类也就是他所持的学校课程的门类。

恩格斯根据不同门类知识彼此联系、相互转化的形式，提出了按机械的、物理的、化学的、生物的和社会的物质运动形式进行科学分类的理论。长期以来，一些国家的课程门类结构大致是以恩格斯的这一知识分类思想为基础的。现代科学知识的分类产生了群体学科划分法、综合式学科划分法等，这些学科知识的分类法正对当代学校课程门类结构产生强烈影响。

2. 知识的来源观对课程观起着直接的指导作用

教育史上由于对知识来源的不同认识导致了人们不同的课程观。古希腊哲学家柏拉图认为"没有任何一种配称知识的东西是从感觉得来的"。知识只能来源于理念，知识早就存在于人的内心世界。因此学校课程应围绕如何将学生先天的观念引导、挖掘出来进行安排。欧洲中世纪教育家托马斯·阿奎那虽然不否定人的理性能力，但他把宗教信仰凌驾于理性之上，认为只有对神、上帝的默祷才能达到对真理的认识，因为无所不知的上帝使人感悟，揭示着人类的知识，因此，他特别重视学生对《圣经》等宗教教义的学习。与阿奎那一样，夸美纽斯认为，敬畏上帝是智慧的开端与结尾，他把《圣经》看作学生"最甜最好的乳汁"。英国经验主义者洛克认为一切知识来源于"人心以外的物体在我们感官上造成的一些印象，以及人心本身内在的固有的能力所发生的活动"，知识由符合观察到的事实的观念所组成。因而他主张学校课程应注重知识和技能。美国实用主义者杜威试图超越主观与客观的对立，把"经验"作为主客体相互作用的产物，提倡"从做中学"的课程。

各门科学知识的新发现、新发展对课程方向、内容、范围、结构的发展变化，都有极其重要的影响。20世纪中叶以来，在新技术革命影响下，各国都积极进行课程改革，许多新兴的科学技术，如原子物理激光技术、计算机技术、遗传工程、系统理论相继纳入学校课程内容以培养符合现代生产力发展要求的合格人才。

(三)学生身心的发展对课程的制约

课程不仅受制于社会和知识，也受学生的制约。课程的设计必须适合并促进学生的发展，这主要表现在以下几个方面。

首先，课程的设计必须符合学生身心发展的规律。学生身心发展的阶段性及各阶段的特点，要求课程目标的制定既要照顾到各学段的重点，又能前后衔接。学生身心发展的统一性，要求课程设置的类型要多样化，将课内与课外、必修与选修合理搭配，科学安排。学生身心发展的顺序性制约着教材编排的顺序，只有学科教材的逻辑顺序符合学生认知发展规律，才能促进学生主动有效地学习。

其次，课程的设计必须符合学生身心发展的水平。小学、初中、高中，每一阶段均有其相对的起点和终点。学生身心发展水平决定着课程设计的水准，学生的不断发展，又要求课程制定的水平不断提高；此外，同龄学生间在品德、智能、审美、体质诸方面的差异，又要求某些科目的课程标准应有多层次，以满足学生的不同需要。要实现一定的课程目标就必须合理地组织课程内容。所谓合理地组织课程内容，就是要求课程的组织，不仅要遵循学科内容本身的逻辑，而且要遵循学生身心发展的客观需要和阶段顺序，因为这直接关系到课程目标所能实现的程度。

个体发展的需要制约课程目标和内容。个体发展一般有六种需要：认识活动的需要、价值定向活动的需要、操作活动的需要、社交活动的需要、审美活动的需要、体力活动的需要。为促进个人发展所设计的课程，必须全面包括这些内容。

现代心理学对学生学习活动的研究，都把学生心理活动的特点、规律，视为课程内容组织的关键变量。认知派的代表人物奥苏贝尔认为，只有当把课程内容与学生自己的认知结构中已巩固的观念联系起来进行同化时，才会发生有意义的学习，并且学生已获得的新的意义在认知结构中会被进一步加工和组织以构成新的认知结构。

人本主义心理学与认知心理学不同，强调学生非认知因素对学习发生的影响，认为学校课程内容必须与学生的情感、信念和意图相联系，学生才会有效地投入学习。学生在寻求知识的个人意义时，知识保持的量和质才会大大提高。因此，要求课程内容的组织，不能以牺牲学生的情感为代价，而应促进学生个性的整合。

心理学对学生心理与课程内容组织之间关系的研究成果，给我们的启示是：不仅要根据科学知识的难易程度，而且应根据这些知识对学生智力和情感、意志的挑战程度来组织课程内容。这就是说，课程的门类、内容的广度与深度、编排的顺序，直接受到学生的发展水平与知识基础的制约。教师只有了解学生对学习内容是如何组织的，尽可能使教学内容与学生心理活动相一致，才会取得最优化的教学效果。学生个体发展的差异也明显地制约着选修课的设置。

第二节　课程目标

一、课程目标的内涵

课程目标是对课程所要达到的结果的规定。它在课程设计、实施、评价等各个环节起着导向作用，不仅为课程设计提供指导准则，而且为课程内容的选择和组织规定基本方向，并为课程的实施和评价提供基本依据。

二、教育目的、培养目标、课程目标和教学目标之间的关系

(一)教育目的

教育目的是指国家培养人的总要求。它反映一定社会对受教育者的要求，是教育工作的出发点和归宿，"培养德、智、体等全面发展的社会主义事业的建设者和接班人"，这是我国学校教育的目的。它普遍适用于各级各类学校教育，因而具有高度的概括性。

(二)培养目标

培养目标是教育目的的具体化。培养目标是对各级各类学校的具体培养要求。它是根据国家的教育目的和自己学校的性质及任务，对培养对象提出的特定要求。教育目的是整个国家各级各类学校必须遵循的统一的质量要求；培养目标则是某级或某类学校的具体要求，后者是前者的具体化。因此两者的关系可以说是一般与个别的关系。

(三)课程目标

各级各类学校培养目标的实现，主要是通过学校所设置的课程而达成的。但培养目标通常不涉及具体的学习领域，所以，还必须把培养目标具体化，即要确定课程目标。

(四)教学目标

教学目标是课程目标的进一步具体化，是师生在学科教学活动中预期达到的教学结果、标准。它具有这样几个特征：教学目标具有可操作指标体系；教学目标体现学生学习行为及其变化；教学目标具有灵活性，教师可根据教学实际情况进行调整。

总之，教育目的、培养目标、课程目标、教学目标，四者的层次不同，但方向一致，每一层都是上一层的具体化。

三、三维课程目标

根据我国的教育目的和培养目标，新课程改革从知识与技能、过程与方法、情感态度与价值观三个维度设计课程目标。

(一)知识与技能

"知识与技能"强调学生基础知识和基本技能的获得，相当于传统的"双基教学"。

知识主要指学生要学习的学科知识（教材中的间接知识）、意会知识（生活经验和社会经验等）、信息知识（通过多种信息渠道而获得的知识）。

技能是指通过练习而形成的对完成某种任务所必需的活动方式。技能目标可为分"四种"：一是基本技能，如读、写、算的技能；二是智力技能，如感知、记忆、想象和思维、推理等技能；三是动作技能，如绘画、做操、打球等；四是自我认知技能，即认知活动的自我调节和监控技能，如自己会做计划，会核对自己的成绩，会检查自己解题方法是否合理、有效，会评价自己的作业水平等。

(二)过程与方法

"过程与方法"目标突出的是让学生"学会学习"，使学生获得知识技能的同时成为获得学习方法和能力发展的过程。过去教学重结论轻过程，现在要求学生不仅知道简单的结论，更要了解和体验问题探究的过程。过去重教法，现在要重学法。

(三)情感态度与价值观

"情感态度与价值观"则关注的是"形成积极的学习态度、健康向上的人生态度、具有科学精神和正确的世界观、人生观、价值观，成为有责任感和使命感的社会公民等"。

准确把握相关概念及其关系是理解三维目标并以此推进课程改革的前提。三维目标不是三个目标，而是一个问题的三个方面，三位一体、不可分割。在落实三维目标的过程中，要以"知识与技能目标"为主线，渗透"情感、态度、价值观"，并使得这两个维度充分体现在师生共同探究的"过程与方法"中。

第三节　课程内容

我国中小学的课程内容表现为课程计划、课程标准和教科书三种形式。

一、课程计划

(一)课程计划的概念

课程计划又称为课程方案，是课程设计的整体规划，是国家根据教育目的和培养目标制定的有关学校教育教学工作的指导性文件。

(二)课程计划的构成

课程计划包括课程设置、课程开设顺序以及课时分配等。

课程设置即根据教育目的和各级各类学校的培养目标和修业年限，确定学校应设置的课程。

课程开设顺序即依据规定年限、各门课程的内容、课程之间的衔接、学生的发展水平，确定各门课程开设的顺序。

课时分配即根据课程的性质、作用、教材的分量和难易程度去分配各门课程的授课时数，包括各门课程授课的总时数，各学年(或学期)的授课时数和周学时等。

学年编制和学周安排即学年阶段的划分、各学期的教学周数、学生参加生产劳动的时间、假期和节日的规定等。

课程计划的核心内容是课程设置。我国基础教育的课程设置通常是由国家教育主管部门制订的。随着我国课程改革的发展，它在统一要求的前提下也呈现出多元灵活的特征。

一般来说，中小学教育的课程设置，体现义务教育、基础教育的基本性质，遵循学生的身心发展规律，适应社会进步、经济发展和科学技术发展的要求，能为学生个性全面发展奠定良好的基础。因此，认真贯彻和落实义务教育和普通高中的课程计划，开足、开齐所规定的课程，是实施素质教育、提高基础教育质量的基本保证。借口学校条件不够，轻率地停开某门课程或出于片面追求升学率的意图，任意更改课程开设的时期和更改每门课程的上课时数与周学时及总学时，都是一种不负责任的甚至是非法的行为，都将给学生的身心发展带来这样或那样的不良后果，对此都是不能允许的。如果出现这些情况，我们应当及时地加以制止与纠正。

(三)我国义务教育阶段的课程结构

1. 我国义务教育阶段课程结构的特征

(1)整体设置九年一贯的义务教育的课程。《基础教育课程改革纲要》第三条明确规定："整体设置九年一贯的义务教育课程"。设置义务教育课程应体现义务教育的基本性质，遵循学生身心发展规律，适应社会进步、经济发展和科学技术发展的要求，为学生的全面发展和终身发展奠定基础。基于此，这次课程改革将义务教育作为一个整体，九年一贯地进行课程设置。

"整体"指将各类课程按横向关系组织起来，通过课程的横向组织，使各门课程在差异得以尊重的前提下互相整合起来，消除以往学科本位所造成的学科之间彼此孤立甚至壁垒森严的对立局面，使各门课程、各个学科产生合力，使学习者的学习产生整体效应，从而促进学生人格整体发展。

"一贯"指将各类课程按纵向的发展序列组织起来。就一门课程而言，要强调"连续性"，使课程内容在循环中加深、拓展，并不断得到强化、巩固；就各门课程关系而言，要强调"顺序性"，使不同课程有序地开设，前后相互连贯，同时使课程门类由低年级到高年级逐渐增加。从而使学习者的学习产生累积效应，促进学生可持续发展。

（2）小学阶段以综合课程为主。小学低年级开设语文、数学、体育、艺术（或音乐、美术）等课程；小学中高年级开设语文、数学、科学、外语、综合实践活动、体育、艺术（或音乐、美术）等课程。

（3）初中阶段设置分科与综合相结合的课程。主要包括语文、数学、外语、科学（或物理、化学、生物）、历史与社会（或历史、地理）、体育与健康、艺术（或音乐、美术）以及综合实践活动。积极倡导各地选择综合课程。学校应努力创造条件开设选修课程。在义务教育阶段的语文、艺术、美术课中要加强写字教学。

（4）从小学至高中设置综合实践活动并作为必修课程。其内容主要包括：信息技术教育、研究性学习、社区服务与社会实践以及劳动与技术教育。强调学生通过实践，增强探究和创新意识，学习科学研究的方法，发展综合运用知识的能力。增进学校与社会的密切联系，培养学生的社会责任感。在课程的实施过程中，加强信息技术教育，培养学生利用信息技术的意识和能力。了解必要的通用技术和职业分工，形成初步技术能力。

2. 九年一贯义务教育课程的具体设置

基于"整体"和"一贯"而设置的九年义务教育新课程方案如表 8-1、表 8-2 所示。

表 8-1　义务教育课程设置表①

课程门类	年　级								
	一	二	三	四	五	六	七	八	九
	品德与生活		品德与社会				思想品德	思想品德	思想品德
							历史与社会（或选用历史、地理）		
			科学				科学（或选用生物、物理、化学）		
	语文	语文	语文	语文	语文	语文	语文	语文	语文
	数学	数学	数学	数学	数学	数学	数学	数学	数学
			外语	外语	外语	外语	外语	外语	外语
	体育	体育	体育	体育	体育	体育	体育与健康	体育与健康	体育与健康
	艺术（或选择：音乐、美术）								
	综　合　实　践　活　动								
	地方与学校课程								

表 8-2　义务教育课程设置及比例②

课程门类	年　级									九年课时总计（比例）
	一	二	三	四	五	六	七	八	九	
	品德与生活	品德与生活	品德与社会	品德与社会	品德与社会	品德与社会	思想品德	思想品德	思想品德	7%～9%
							历史与社会（或选择历史、地理）			3%～4%
			科学	科学	科学	科学	科学（或选择生物、物理、化学）			7%～9%
	语文	语文	语文	语文	语文	语文	语文	语文	语文	20%～22%
	数学	数学	数学	数学	数学	数学	数学	数学	数学	13%～15%
			外语	外语	外语	外语	外语	外语	外语	6%～8%
	体育	体育	体育	体育	体育	体育	体育与健康	体育与健康	体育与健康	10%～11%
	艺　术（或选择音乐、美术）									9%～11%
	综　合　实　践　活　动									16%～20%
	地方与学校课程									

---

① 余文森主编：《新课程背景下的公共教育学教程》(第二版)，第 176 页，北京，高等教育出版社 2009 年版。

② 余文森主编：《新课程背景下的公共教育学教程》(第二版)，第 177 页，北京，高等教育出版社 2009 年版。

续表

	年　　级									九年课时总计(比例)
	一	二	三	四	五	六	七	八	九	
周总课时数(节)	26	26	30	30	30	30	34	34	34	274
学年总课时(节)	910	910	1 050	1 050	1 050	1 050	1 190	1 190	1 122	9 522

注：(1)表格内为各门课的周课时数,九年总课时按每学年35周上课时间计算。

(2)综合实践活动主要包括:信息技术教育、研究新学习、社区服务与社会实践以及劳动与技术教育。

(3)2016年起,义务教育小学和初中起始年级"品德与生活""思想品德"教材名称统一更改为"道德与法治"。

(四)我国普通高中课程结构

我国基础教育课程结构是一个有机的整体,普通高中教育阶段的自身特点和所承担的任务,又使得它在课程结构的具体设置层面与义务教育阶段的课程有所区别。

1. 高中课程结构层次

根据《普通高中课程方案(实验)》,新的高中课程以分科为主,课程结构分三个层次:最上层为学习领域;学习领域下设科目;科目下设模块。学习领域、科目和模块构成了新的高中课程的基础结构。高中课程由语言与文学、数学、人文与社会、科学、技术、体育与健康、艺术和综合实践活动八个学习领域所构成。除综合实践活动这一特殊领域外,其余七个学习领域均由若干科目构成,每一科目又包括若干模块。

(1)学习领域。普通高中的八个学习领域是基于学生的经验和发展需要以及学科群的发展趋势而规划的。设置学习领域的根本目的就在于加强科目之间的整合,避免以彼此孤立的单科的逻辑体系为中心组织课程,既关注学科群的内在联系,又关注学生的经验和发展需要,以更好地反映现代科学综合化的趋势。

学习领域的设置有利于在学习领域的视野下指导教师教学;有利于整体规划课程内容,提高学生的综合素养,体现对高中学生全面发展的要求;同时,要求学生每学年在所有学习领域都获得一定学分,可防止学生过早偏科,避免所学科目过多,有利于学生全面发展。

(2)科目。科目即学科，在普通高中新课程中它是学习领域的构成单位，性质相同或相近的若干科目构成一个学习领域。八个学习领域共包括语文、数学、外语（英语、日语、俄语等）、思想政治、历史、地理、物理、化学、生物、艺术（或音乐、美术）、体育与健康、技术等12～13门科目。其中技术、艺术是新增设的科目，艺术与音乐、美术并行设置，供学校选择。有条件的学校还可开设两种或多种外语。在学习领域统摄下的各个科目不再局限于单科的逻辑体系，而是强调彼此间的关联。而且每一门学科都强调向学生的经验与生活回归。

(3)模块。模块是基于教育目标，围绕某一特定内容，整合学生经验和相关内容，所构成的相对完整的学习单元。每一科目由若干模块组成。模块之间既相互独立，又反映学科内容的逻辑联系。每一模块都有明确的教育目标，并围绕某一特定内容，整合学生经验和相关内容，构成相对完整的学习单元。每一模块都对教师教学行为和学生学习方式提出要求与建议。图 8-1 展示了学习领域、科目、模块之间的具体构成与关系。

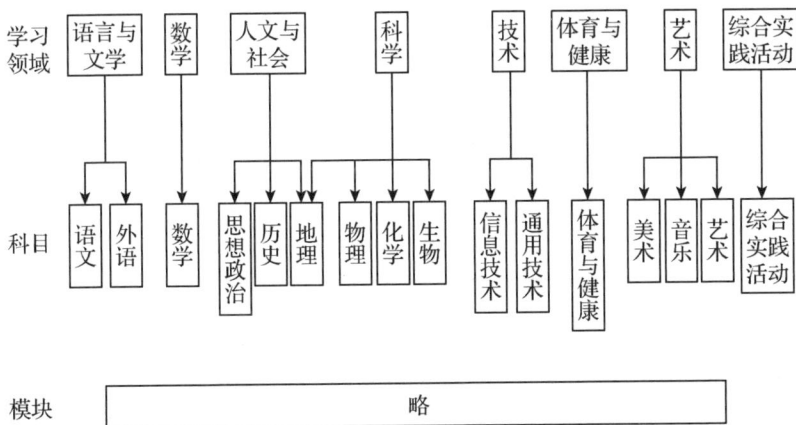

图 8-1　学习领域、科目、模块之间的具体构成与关系图①

2. 高中课程具体设置

普通高中学制为三年。课程由必修和选修两部分构成，并通过学分描述学生的课程修习状况。具体设置如表 8-3 所示。

---

① 余文森主编：《新课程背景下的公共教育学教程》（第二版），第 178 页，北京，高等教育出版社 2009 年版。

表 8-3　普通高中教育课程设置表①

学习领域	科目	必修学分 (共计 116 学分)	选修学分 I	选修学分 II
语言与文学	语文	10	根据社会对人才多样化的需求,适应学生不同潜能和发展的需要,在共同必修的基础上,各科课程标准分类别、分层次设置若干选修模块,供学生选择。	学校根据当地社会、经济、科技、文化发展的需要和学生的兴趣,开设若干选修模块,供学生选择。
	外语	10		
数学	数学	10		
人文与社会	思想政治	8		
	历史	6		
	地理	6		
科学	物理	6		
	化学	6		
	生物	6		
技术	技术(含信息技术和通用技术)	8		
艺术	艺术或音乐、美术	6		
体育与健康	体育与健康	11		
综合实践活动	研究性学习活动	15		
	社区服务	2		
	社会实践	6		

3. 高中课程具体要求

具体而言,在普通高中新课程中要求做到以下几点。

(1)每学年 52 周,其中教学时间 40 周,社会实践 1 周,假期(包括寒暑假、节假日和农忙假)11 周。

(2)每学期分两段安排课程,每段 10 周,其中 9 周授课,1 周复习考试。每个模块通常为 36 学时,一般按每周 4 学时安排,可在一个学段内完成。

(3)学生学习一个模块并通过考核,可获得 2 学分(其中体育与健康、

---

① 余文森主编:《新课程背景下的公共教育学教程》(第二版),第 179—180 页,北京,高等教育出版社 2009 年版。

艺术、音乐、美术每个模块原则上为 18 学时，相当于 1 学分)，学分由学校认定。技术的 8 个必修学分中，信息技术和通用技术各 4 学分。

(4)研究性学习活动是每个学生的必修课程，三年共计 15 学分。设置研究性学习活动旨在引导学生关注社会、经济、科技和生活中的问题，通过自主探究、亲身实践的过程综合地运用已有知识和经验解决问题，学会学习，培养学生的人文精神和科学素养。

此外，学生每学年必须参加 1 周的社会实践，获得 2 学分。三年中学生必须参加不少于 10 个工作日的社区服务，获得 2 学分。

(5)学生毕业的学分要求：学生每学年在每个学习领域都必须获得一定学分，三年中获得 116 个必修学分(包括研究性学习活动 15 学分，社区服务 2 学分，社会实践 6 学分)，在选修Ⅱ中至少获得 6 学分，总学分达到 144 学分方可毕业。

另外，综合实践活动作为一个学习领域，是每个学生的必修课程，包括研究性学习活动、社区服务与社会实践。在普通高中新课程中，综合实践活动作为一门必修课程的总学分数高达 23 学分，在高中所有必修学分中所占的比重近 20%，是所有学习领域中必修学分最高的。

二、课程标准

(一)课程标准的概念

课程标准是指在一定课程理论指导下，依据培养目标和课程计划以纲要的形式编制的关于教学科目内容、教学实施建议以及课程资源开发等方面的指导性文件。它是课程计划的具体化，是编写教材的直接依据，属于课程编制的第二个层次。2001 年新课程改革前曾称之为教学大纲。

(二)国家课程标准的基本结构

我国国家课程标准主要包括五个部分。

第一，前言。根据本课程门类的特点和要求，扼要阐述课程的性质、课程的基本理念、总体设计思路。这是统帅课程标准的指导思想。

第二，课程目标。从知识与技能、过程与方法、情感态度与价值观三个维度确定本课程门类的总目标和学段目标。

第三，课程内容标准。此部分是对课程目标的具体化，对课程的各个领域或单元、模块的内容与活动应达到的质量标准做出具体的规定，用明确的行为动词表述学习目标和学习结果。

第四，实施建议。为确保达到课程目标和内容标准而提出的课程实施建议，包括教与学的建议、评价建议、课程资源开发与利用、教材编写建议等。

第五，附录。本课程门类的有关附件，如教学活动案例、行为动词用法一览表等。

三、教科书

教科书又称课本，是依据课程标准和学生接受能力编写的、系统反映学科内容的教学用书。教科书的内容一般包括目录、课文、习题、实验、图表、注释、附录等部分。

(一)教科书的作用

第一，教科书是学生在学校获得系统知识、进行学习的主要材料，它可以帮助学生掌握教师讲授的内容，便于学生预习、复习、完成作业，进一步扩大学生的知识领域。

第二，教科书也是教师进行教学的主要依据，它为教师的备课、上课、布置作业、学生学习情况的评定等提供了基本材料。熟练地掌握教科书的内容是教师顺利完成教学任务的重要条件。

(二)编写教科书的基本要求

第一，教科书的编排形式要有利于学生的学习，要符合卫生学、教育学、心理学和美学的要求。教科书的内容阐述要层次分明；文字表述要简练、精确、生动、流畅；篇幅要详略得当；标题和结论要用不同的字体或符号标出，使之鲜明、醒目。

第二，教科书的编写在内容上要体现出科学性与思想性。科学性是基础，思想性寓于科学性之中。

第三，教科书编写的形式要多样化。教科书要突破以语言文字符号编制"书"的局限性，利用现代化教育技术创造全新的教科书，如录音、录像、软件、多媒体等。这些教科书正成为教学的重要选择或重要补充。

第四，教科书编写由"教程"式向"学程"式发展，不仅关心教师教的需要，更注重学生学的需要。

教材与教科书不同，教材是教师和学生据以进行教学活动的材料，包括教科书、讲义、参考书、练习册及各种视听材料。

第四节 课程实施

一、课程实施的概念

课程实施是指把课程计划付诸实践的过程，它是达到预期的课程目标的基本途径。课程实施是整个课程编制过程中的一个实质性的阶段。课程实施的研究所关注的焦点是课程计划在实际上所发生的情况，以及影响课程实施的种种因素。狭义的课程实施就是教学。

二、课程实施取向

课程实施一般有三种取向：忠实取向、相互适应取向和创生取向。

（一）忠实取向

课程实施的忠实取向认为，课程实施的过程就是忠实执行课程计划的过程，衡量课程实施成功与否，主要依据预定课程计划实现的程度。忠实取向的课程实施曾备受推崇，因为通过控制教师的课程行为、监视课程实施的成效，可以在学生的学习结果和课程计划之间建立联系，有利于评价最初的课程计划的优劣，从而提供反馈、改进课程计划。但实践证明，这种取向的课程实施并不能按专家设计的意图成功地运行。因为教师总是有意或无意地对课程做出增删和调适，完全忠实地"复制"课程内容的实施在实践中是不存在的；对教师行为的控制实际上消解了教师作为专业人员的课程自主权，不利于教师能动地创造性地实施课程。

（二）相互适应取向

相互适应取向认为教师在课程实施中可以根据具体教育情境对课程做出适当的调适。在这种取向下，教师可以不按照既定的课程计划去实施课程，因为既定的课程计划更多考虑的是学校教育的共性，而不同学校、不同班级以及不同教师的课程实施都是个性化的，为了更好地实现课程意义，需要对课程做出相应的调适。这就要求课程本身一定要有灵活性，留出空间让教师对课程目标、课程内容、课程的组织方式和评价方式等做出调整。这种取向的课程实施认为，要成功地落实课程计划的意图，必须在课程和教师的实施之间做出相互的调适；课程实施的关键就在于调适，而不是标准化的课程行为。在这种取向下，教师成为积极的协调者和课程的共同决定者，教师的课程角色和课程功能受到重视，有利于发挥教师的积极作用，创造性地实施课程计划。

(三)创生取向

课程创生取向认为课程不是既定的计划或产品，而是教师和学生经验的总和。官方的课程计划、课程标准、教材等不是需要教师忠实推行的学习材料，而只是协助教师和学生创造课程的一些工具。在这种取向下，教师实施课程的过程也是教师和学生创生课程的过程。因此，这种取向的课程实施消解了专家的权威角色，使教师和学生成为课程创生的主体，老师不再需要忠实于专家的意见，而是扮演着课程开发者的角色。

三、课程实施的影响因素

影响课程实施的因素可以归纳为课程计划、课程实施的主体、课程实施的背景三个方面。

(一)课程计划(课程方案)

成功的课程实施来自于切实的课程计划。设计课程计划要考虑到各方面的实际情况和实施课程所需资源。课程计划本身的特点对课程实施有着重要的影响，具体来说有以下六个方面：①合理性，课程计划本身要合乎逻辑，其理念、目标和手段在实施层面上应适合课程实施地区、学校的实际，是该地区、学校经过努力能够达成的；②相对优越性，相对于原有的课程计划而言，新的课程计划应具有自己的长处或优势，如理念的时代性、目标的完善性、手段的多样性、评价的科学性等；③需要程度，课程计划应让家长、学生、教师和社会各方切实感受到其实施的必要性和迫切性；④推广度，一般而言，课程计划推广的范围小，其实施起来相对较为容易，如果推广的范围广，而教师队伍的整体素养和数量不能很快适应，课程实施就会困难重重；⑤可操作性，课程改革应是普通教师能够操作和实施的，如果课程计划让教师感到非常复杂，含糊不清，则教师可能回避方案要求而采取其他容易的对策；⑥课程材料的质量，课程材料及其组合方式应该反映一种新的教学观念，具有一定的理论基础，有新意，而且能够达到课程设计的目标。

(二)课程实施的主体

课程实施的主体，主要指教师、学生和校长，此外也包括各级教育行政部门、社会人士和其他专业人员。

1. 教师

教师作为直接的课程实施者，其参与课程实施的积极性与主动性对课程实施的成败起着重要作用。课程计划只有经过教师的充分理解和转化，才能被合理有效地运用于实践，体现其理论与实践价值。教师对于课程实施的影响主要包括教师对课程实施的态度、教师实施课程的能力、教师与其他实施主体之间的交流。

2. 学生

学生对于课程实施的影响不仅表现在对待课程计划的态度上，也表现在对课程实施的配合与反馈上。当学生主动参与课程实施时，一方面，他们能够积极了解课程内容和学习方式，并积极配合教师或学校实施各种课程计划的内容、形式和方法；另一方面，他们作为课程实施最为直接的感受者，能够提供最有价值的反馈信息，这些都将影响到课程实施的效果。

3. 校长

校长作为学校层面课程实施的领导者，其影响涉及课程实施的各个方面：根据新的课程计划，协调国家课程、地方课程和校本课程，规划学校具体实施的课程计划；选择或自主开发实施的课程内容（教材）；课程实施规章制度的制定，如教师的任课情况、课时安排，课程的实施步骤等；提供思想与物质方面的支持；处理好有争议的课程问题等。

(三)课程实施的背景

课程实施的背景一般指课程计划的社会环境和时代特征、人们对课程计划的价值判断以及学校和社区的历史文化等。

成功的课程实施应对社会环境有敏锐的把握，充分了解社会的结构、传统和权力关系，为课程计划争取有利的政治和经济支持。这部分因素包括国家和地方政策的变化、财政拨款、技术支援、舆论支持等。课程计划的顺利实施需要得到教育系统之外的各方力量的支持。

人们对课程计划的价值判断将对课程实施造成间接影响。理想的课程实施要争取到最多的舆论支持，消除人们对于课程计划的疑虑，并通过交流和改进课程计划来提高课程实施的成效。

学校和社区的历史文化对课程实施的影响也很重要。课程实施顺利与否，与其所在学校的历史文化背景密切相关，因此要推进课程实施，必须研究学校既有的历史文化背景，分清有利和不利因素，有针对性地加以控制和利用。

第五节　课程评价

课程评价是教育领域中教师、教育管理工作者或其他有关人员经常进行的一种价值认识活动，其目的在于保证课程设计与实施的合理性，当代课程评价尤其强调其对学生发展的作用。

一、课程评价的概念

课程评价就是运用一定的方法和手段，通过系统地收集、分析、整理信息和资料，考查课程目标的达成程度或对课程研制过程、课程计划及实施效果做出价值判断的过程。课程评价的本质是对课程的价值判断。

要正确理解课程评价的概念，需明确以下两点：一是课程评价是一种价值判断活动，其结论要受到评价者教育价值观的影响，树立正确的教育价值观是有效开展课程评价、使课程评价对教育实践发挥正确的导向作用的必备前提；二是课程评价对象的范围很广，涉及教育的各个方面，包括受教育者的发展变化以及构成其变化的各种因素。

二、课程评价的主要模式

(一)目标达成模式

目标达成模式旨在确定课程方案达成目标的程度，由美国课程评价专家泰勒倡导。泰勒认为，教育的目的在于改变学生的行为，评价就是要衡量学生行为实际发生变化的程度。

目标达成模式的评价程序包括如下步骤：①拟定一般目标或具体目标；②将目标加以分类；③用行为术语界定目标；④确定应用目标的情境；⑤发展或选择测量目标的技术；⑥收集学生的行为表现资料；⑦将收集到的资料与行为目标比较。

目标达成模式是一种较客观并有一定效率的评价模式，它的提供是评价领域技术上的一次进步。该模式极大地影响了许多教育学者的评价研究，后来课程评价模式的发展都与这一模式有关。

目标达成模式的优点是：它把评价与测验做了区分，提出课程评价的目的不仅仅是评价学生的优劣，还在于改进课程开发，这一观点揭示了评价的本质；这一模式结构紧凑、操作性强，也是它在课程评价理论中占有重要地位的重要原因。不过，该模式亦有一定的局限性，由于受到预定目标的束缚，使得评价忽略了未预期的目标，更忽略了丰富的互动的课程教学历程。

(二)目标游离评价模式

目标游离评价模式形成于 20 世纪 60 年代，以美国学者斯克里文为代表，它是针对目标达成模式的弊病提出来的。斯克里文认为，实际进行的教育活动除了产生预期效果之外，还会产生各种非预期的效果(或副效果)，这种副效果的影响有时是很大的。为了能全面地评价教育活动的效果，为了使评价者不受预期课程目标的影响，他主张不把预定的评价目标告诉评价者，以利于评价者搜集全部有关方案和计划信息，从而对教育活动做出全面的评价。

但是，该评价模式也存在不少问题：如果在评价中把目标搁置在一边去寻找各种实际效果，可能顾此失彼，背离评价的主要目标；完全目标游离的评价是不存在的，因为评价者总有一定的评价准则，游离了课程编制者的目的，评价者很可能用自己的目标取而代之。

(三)背景—输入—过程—成果模式(CIPP 模式)

背景—输入—过程—成果模式(CIPP 模式)是美国教育评价学家斯塔夫尔比姆于 20 世纪 60 年代后期倡导的课程评价模式。斯塔夫尔比姆认为，课程评价不应局限在评价目标达到的程度，课程评价应该是一种过程，旨在描述、取得及提供有用资料，为判断课程计划服务。这一模式将课程评价分为背景评价、输入评价、过程评价、成果评价四个环节。

背景评价即确定课程计划实施机构的背景的评价，采用的方法主要是系统分析、调查、文献评论、倾听意见、会谈和诊断性测验等；输入评价旨在确定如何运用资源以达成目标，采取的方法主要是文献调研、访问、试点试验等；过程评价主要是通过描述实际过程来确定或预测课程计划本身或实施过程中存在的问题，为计划的设计和实施者提供定期的反馈，在方法上可以有多种选择；成果评价即测量、解释和评判课程结果的评价，旨在帮助课程决策者决定课程计划是否应该终止、修正或继续执行。

CIPP 模式是一种力图摆脱传统的局限于目标的评价模式，其重点不在引导一项个别研究的进行，而在为决策者提供信息。其目的不在证明而在改良，以更好地反映社会对评价提出的新的要求。但是这种模式实施过程比较复杂，所需要的投入相对也高，操作起来有一定的困难。

三、发展性课程评价

针对我国现行课程评价存在的问题与不足，我国新一轮课程改革倡导发展性评价。发展性评价体现了当前课程评价发展的新趋势与先进的评价思想，对于推进我国基础教育课程改革意义深远。

发展性课程评价代表着未来课程评价的发展方向，它的基本内涵有以下几个方面。

(一)强调评价的根本目的在于促进发展

淡化原有的甄别与选拔的功能，突出评价的激励与调控的功能，关注学生、教师、学校和课程发展中的需要，激发学生、教师、学校和课程的内在发展动力，促进其不断进步，实现自身价值。

(二)关注人的发展

强调评价的民主化和人性化，重视被评价者的主体性与评价对个体发展的建构作用。

(三)关注发展过程

将形成性评价与终结性评价有机地结合起来，使学生、教师、学校和课程的发展过程成为评价的组成部分；而终结性的评价结果随着改进计划的确定亦成为下一次评价的起点，进入被评价者发展的进程之中。

(四)评价内容综合化

重视知识以外的综合素质的发展，尤其是创新、探究、合作与实践等能力的发展，以适应人才发展多样化的要求；评价标准分层化，关注被评价者之间的差异性和发展的不同需求，促进其在原有水平上的提高和发展的独特性。

(五)评价方式多样化

将量化评价方法与质性评价方法相结合，适应综合评价的需要，丰富评价与考试的方法，如成长记录袋、学习日记、情景测验、行为观察和开放性考试等，追求科学性、实效性和可操作性。

(六)评价主体多元化

评价从一元变为多元，增强评价主体间的互动，强调被评价者成为评价主体中的一员，建立学生、教师、家长、管理者、社区和专家等共同参与、交互作用的评价制度，以多渠道的反馈信息促进被评价者的发展。

第六节 我国基础教育课程改革

一、我国当前的课程改革进程

在知识经济、信息化和全球化的时代背景下，为迎接新世纪挑战，我国开始了新一轮基础教育课程改革。我国新一轮基础教育课程改革进程经历了以下几个阶段。

(一)酝酿准备阶段(1999—2001 年)

1999 年 1 月，教育部基础教育司正式成立了"基础教育课程改革专家工作组"，2001 年 6 月正式颁布新一轮课程改革的总纲——《基础教育课程改革纲要(试行)》，2001 年 7 月，17 个学科的 18 本课程标准(实验稿)正式公布。

(二)试点实验阶段(2001—2004 年)

2001 年秋季，新课程在全国 38 个基础教育课程改革国家级实验区开始实验。2004 年秋，对实验区工作进行全面评估和广泛交流。

(三)全面推广实施阶段(2005—2010 年)

课程改革进入全面推广阶段，从 2005—2010 年，新课程改革已经在全国全面推开。

(四)2011 版新修订的课程标准于 2012 年秋开始执行

2001 年，国家启动了新世纪基础教育课程改革，经过十年的实践探索，课程改革取得显著成效，构建了有中国特色、反映时代精神、体现素质教育理念的基础教育课程体系。同时，在课程标准执行过程中，也发现一些标准的内容、要求有待调整和完善。

为贯彻落实《国家中长期教育改革和发展规划纲要(2010—2020 年)》，适应新时期全面实施素质教育的要求，深化基础教育课程改革，提高教育质量，教育部组织专家对 2001 版实验稿义务教育各学科课程标准进行了修订完善。2011 年 12 月 28 日，教育部印发了义务教育语文等学科 19 个课程标准(2011 年版)。并于 2012 年秋季开始执行。这是继 2001 年印发义务教育各学科课程标准(实验稿)后，我国义务教育课程改革的又一项重要举措。新修订的课程标准涵盖小学一年级到初中三年级的所有学科，包括语文、数学、物理、外语等主科和音乐、美术、体育等副科。其中，外语科目的课标还细化到英语、日语和俄语三种。

此次修订主要体现了德育为先、能力为重、创新方法、力求减负、审慎设计等特点。

二、新课程改革的理念

(一)新课程改革的基本理念

1.重视终身发展需要的基础知识和能力

课程改革的总体趋势是不断重视学生的课程体验、重视学生在课程活动中的有效参与，但是，促进学生掌握基础知识、提高学生基本能力仍然是各国课程改革首要的关注点。传统的3R，即读、写、算能力和信息素养等是未来公民所不可或缺的基础，是学生适应未来社会的前提，是开展终身学习、促进自身的完善与发展的基础。因此，使学生具备基础学力是课程改革首要的目标。

如美国1994年国会通过的《2000年目标：美国教育法》提出："所有学生在四、八、十二年级结束时，要证明有能力在英语、数学、自然科学、外语、公民和政府、经济学、艺术、历史和地理学科内容方面应付挑战。""美国学生在自然科学和数学方面的成绩将达到世界首位。"德国的课程改革，注重"那些有利于终身学习的基础知识和技能，要注重丰富的、结构良好的基础知识。特别还要培养现代社会所需的基本能力：一方面加强问题解决能力、迁移能力，另一方面培养交往与团队合作能力，创新能力，创新精神，独立学习能力。"法国1995年新颁布的初等教育教学大纲"主旨在让学生掌握'知识和能力共同基石'"。

我国2001年颁发的《基础教育课程改革纲要(试行)》也提出，要培养学生"具有适应终身学习的基础知识、基本技能和方法"。

总之，随着全球化、信息化时代的到来，知识经济成为当代社会发展的重要特征，终身学习的学习化社会是各国政府不能回避的现实，为了应对时代的挑战，各国基础教育课程改革高度重视培养学生具有适宜终身学习时代要求的基础知识和基本能力。

2.创造性与开放性思维的培养

全球化的发展直接带来信息、资本、科研、技术和人员在全球范围内的流动，培养现代公民具有全球视野考察、思考并解决问题的素养，是中小学课程变革的另一重大问题，各国都在探索课程变革的应变之道。同时，全球化增加了国与国之间的竞争压力。在知识作为经济社会发展的引擎的时代，公民的创新意识与能力直接影响着国家的综合国力。

3. 强调价值观教育和道德教育，尊重学生经验、发展学生个性

由于日益增加的全球环境、能源冲突和发展不平衡等问题，在当代科学人文主义思潮的激荡之下，各国基础教育逐渐开始摆脱"科技理性"的主宰，强调价值观教育和道德教育，培养学生对真理、正义、诚实、信任、责任感等美德的信念。强调尊重学生经验、发展学生个性，把学生从成人的控制、知识的控制下解放出来，促进每一位学生的发展。

(二)新课程改革的核心理念

新课程改革的核心理念是教育以人为本，即"一切为了每一位学生的发展"，具体体现在以下几个方面。

1. 关注每一位学生

每一位学生都是生动活泼的人、发展的人、有尊严的人，在教师的课堂教学理念中，包括每一位学生在内的全班所有学生都是自己应该关注的对象，关注的实质是尊重、关心、牵挂，关注本身就是最好的教育。

2. 关注学生的情绪生活和情感体验

教学过程应该成为学生一种愉悦的情绪生活和积极的情感体验。伴随着学科知识的获得，学生的情绪是愉悦的还是冷漠的？学生的学习态度是越来越积极还是越来越消极？学生的信心是越来越强还是越来越弱？教师必须用"心"施教，不能只做学科体系的传声筒。用"心"施教体现着教师对本职的热爱，对学生的关切，体现着教师热切的情感。

3. 关注学生的道德生活和人格养成

教师不仅要充分挖掘和展示教学中的各种道德因素，还要积极关注和引导学生在教学活动中的各种道德表现和道德发展，从而使教学过程成为学生一种高尚的道德生活和丰富的人生体验，这样，学科知识增长的过程同时也就成为人格的健全与发展过程，伴随学科知识的获得，学生将越来越有爱心、同情心、责任感。

三、我国新课程改革的目标

(一)新课程改革的总目标

《基础教育课程改革纲要(试行)》是指导本次基础教育课程改革的基本文件，对课程改革的培养目标主要阐述了以下六个要点。

第一，使学生具有爱国主义、集体主义精神，热爱社会主义，继承和发扬中华民族的优秀传统和革命传统。

第二，具有社会主义民主法制意识，遵守国家法律和社会公德。

第三，逐步形成正确的世界观、人生观、价值观；具有社会责任感，努力为人民服务。

第四，具有初步的创新精神、实践能力、科学和人文素养以及环境意识。

第五，具有适应终身学习的基础知识、基本技能和方法。

第六，具有健壮的体魄和良好的心理素质，养成健康的审美情趣和生活方式，成为有理想、有道德、有文化、有纪律的一代新人。

(二)新课程改革的具体目标

《基础教育课程改革纲要(试行)》不仅提出了新课程的培养目标，而且提出了本次基础教育课程改革的6项具体目标。

1. 转变课程功能

改变课程过于重视知识的传授的倾向，强调形成积极主动的学习态度，使获得基础知识与基本技能的过程同时成为学会学习和形成正确价值观的过程。

2. 优化课程结构

改变课程结构过于强调学科本位、科目过多和缺乏整合的现状，整体设置九年一贯制的课程门类和课时比例，并设置综合课程，适应不同的地区学生发展的要求，体现课程结构的均衡性、综合性和选择性。

3. 更新课程内容

改变课程内容"繁、难、偏、旧"和过去注重书本知识的现状，加强课程内容与学生生活以及现代社会和科技发展的联系，关注学生的兴趣和经验，精选终身学习必备的基础知识和技能。

4. 转变学习方式

改变课程实施过于强调接受学习、死记硬背、机械训练的现状，倡导学生主动参与，乐于探究，勤于动手，培养学生搜集和处理信息的能力、获取知识的能力，分析和解决问题的能力以及交流和合作的能力。

5. 改革考试评价

改变课程评价过分强调甄别和选拔的功能，发挥评价促进学生发展，教师提高和改进的教学实践的功能。

6. 改革课程管理体系

改变课程管理过于集中的状况，实行国家、地方、学校三级课程管理，增强对地方、学校及学生的适应性。

上述六个方面，概括起来是转变课程功能、优化课程结构、更新课程内容、转变学习方式、改革考试评价、改革课程管理体系。它既是基础教育课程改革的基本目标，也是课程改革的核心内容。

【自测题】

一、单项选择题

1. 下列不属于影响课程发展的主要因素的是（　　）。

A. 政治经济　　　B. 教师　　　　　C. 科技进步　　　D. 社会文化

2. 我国现行的新的课程管理模式，具体是（　　）。

A. 国家集中管理　　　　　　　　B. 地方集中管理

C. 学校集中管理　　　　　　　　D. 国家、地方、学校三级管理

3. 由两门或两门以上的多学科知识交叉、渗透、融合而成的课程是（　　）。

A. 学科课程　　　B. 显性课程　　　C. 选修课程　　　D. 综合课程

二、辨析题

1. 课程计划的核心内容是课程开设顺序。

2. 国家依据课程计划以纲要的形式编制的关于教学科目内容、教学实施建议等方面的指导性文件是课程目标。

3. 经验课程能给学习者提供系统的文化科学知识。

三、简答题

1. 简述影响学校课程发展的主要因素。

2. 新课程改革的三维课程目标是什么？三者的关系是什么？

3. 中小学课程内容的三种表现形式是什么？

4. 义务教育的课程结构的特征有哪些？

5. 新课程改革的核心理念是什么？

6. 新一轮基础教育课程改革的六项具体目标包括什么？

四、实践应用

请你根据所学课程理论评析以下童话故事。

动物学校要招生啦！动物园的动物们奔走相告，踊跃报名。泥鳅、松鼠、老鹰……有幸成为首期学员。学校开设了游泳、跳跃、跑步、飞行等课程。

开学第一天的第一堂是游泳课。松鼠、老鹰首先遭遇尴尬，由于他们

是"旱鸭子"，迟迟不敢下水，遭到了老师的训斥和嘲笑。而泥鳅却在这堂课上出尽了风头，他以舒展自如的泳姿得到了老师的赞赏和同学们的喝彩。但接下来的课程却让松鼠、老鹰扬眉吐气，跳跃是松鼠的强项，飞行是老鹰的看家本领，跑步项目对他俩来说更不成问题。但这些训练却让泥鳅吃尽了苦头，尤其是跳跃和飞行，是他的弱势项目。为了提高成绩，他把主要精力放在这两个项目上。一学期过去了，泥鳅被摔得伤痕累累，苦不堪言，虽然期间他想放弃这两个项目的训练，在游泳这个优势项目上得到进一步的发展，但碍于校方的规定和校长、教练的威严，打消了这个念头。

在期末的成绩汇报课上，泥鳅训练刻苦，跳跃、跑步虽有所长进，但也只得了"C"等，飞行项目最终没有学会。原本的优势项目——游泳，因为长期没有训练，泳技大不如前，由期初的"A"等降到现在的"B"等。老鹰在飞行项目上以绝对优势得到了"A"等，但在跳跃与跑步项目上只得到了"B"等，游泳不及格。松鼠在飞行项目上得到了"B"等，跑步得"C"等，游泳没有通过，在跳跃项目上破动物界的最高纪录，但也只得到"B"等，因为他是在树顶上起跳，而没有按照学校规定的要求在地上起跳。

（摘自加拿大的教育童话）

参考答案

一、单项选择题

1. B　2. D　3. D

二、辨析题

1. 此说法错误，课程计划的核心内容是课程设置。

2. 此说法错误，国家依据课程计划以纲要的形式编制的关于教学科目内容、教学实施建议等方面的指导性文件是课程标准，不是课程目标。

3. 此说法错误，学科课程能给学习者提供系统的文化科学知识，经验课程难以让学生掌握系统的知识。

三、简答题

1. 答：(1)社会对学校课程的制约。

(2)知识对课程的制约。

(3)学生身心的发展对课程的制约。

2. 答：(1)知识与技能。

(2)过程与方法。

(3)情感态度与价值观。

准确把握相关概念及其关系是理解三维目标并以此推进课程改革的前提。三维目标不是三个目标，而是一个问题的三个方面，三位一体、不可分割。在落实三维目标的过程中，要以"知识与技能目标"为主线，渗透"情感、态度、价值观"，并使得这两个维度充分体现在师生共同探究的"过程与方法"中。

3.答：课程计划、课程标准、教科书。

4.答：(1)整体设置九年一贯义务教育的课程。

(2)小学阶段以综合课程为主。

(3)初中阶段设置分科与综合相结合的课程。

(4)从小学至高中设置综合实践活动并作为必修课程。

5.答：新课程改革的核心理念是教育以人为本，即"一切为了每一位学生的发展"，具体体现在以下几个方面。

第一，关注每一位学生。

第二，关注学生的情绪生活和情感体验。

第三，关注学生的道德生活和人格养成。

6.答：(1)转变课程功能。

(2)优化课程结构。

(3)更新课程内容。

(4)转变学习方式。

(5)改革考试评价。

(6)改革课程管理体系。

四、实践应用(略)

第九章　教学(上)

引言

"吃不饱"的学生，可以自己去"吃"。

——给学生留下发挥优势的余地

初一地理教材上了一半，学生的学习兴趣一天天高涨起来。我看在眼里，喜在心里。而最近几天上课时，我发现成绩最好的课代表陈超好像有点心不在焉，有时不耐烦地把书翻得哗哗作响，好像有意"找茬"跟我过不去。有一次，我按捺不住了，便用提问法来"警告"他一下。可没料到，溜十来个问题不但没有难倒他，反而让我自己有点口拙了，我有些吃惊，增加了点难度，涉及他们未学的内容和课外的知识，可他居然也能流畅地答出来。

这几天里，陈超下了地理课老是缠着我天南海北地问问题，从今天课堂表现看，他确实是不需要再和其他同学一样按部就班上课了！

怎么办？我产生了一个大胆的设想：能否让他不随堂上课，节约出宝贵的40分钟，自己去查阅资料，研究问题，学习更多的知识呢？

我的设想与学校领导教改举措不谋而合。学校正计划对学习能力强，单科兴趣浓的优秀生实行单科免修，地理学科还没有人尝试过，我想让陈超吃这"第一只螃蟹"。

于是，我找陈超谈了这个设想，孩子十分高兴，眼里闪烁着欣喜和感激的光芒。

从此，每当上地理课时，学校的教师图书馆里多了一位小小的读者，查阅地理资料，研究自己感兴趣的问题，如：全球气候的变迁、环境污染、中国能源开发利用的前景、厄尔尼诺现象等。我呢，工作不但没有减轻，反而更重了：给他提供相关的阅读材料，解答他提出的各种问题，教他动手撰写地理小论文。

一个学期下来，陈超单科免修后搞研究性学习的效果如何呢？他在自学完成浙教版初一《社会》的基础上，对长江流域的自然资源进行了考察，并翻阅了大量相关资料，撰写了《长江流域均衡发展条件与对策》一文，参加宁波市中学生高中组社会科学小论文评比，荣获优胜奖；目前他又在探索某种新能源的开发利用的前景问题，从中国的国情、现状出发，对中国新能源的开发利用提出了大胆的设想……

（摘自傅道春编著：《新课程中教师行为的变化》，第58页，北京，首都师范大学出版社2001年版）

学习目标

1. 掌握教学的概念，理解教学的任务及教学在学校工作中的地位与作用。

2. 理解学生掌握知识的基本阶段。

3. 了解教学过程的本质观，掌握教学过程的基本规律，并能运用相关原理解释一些实际问题。

4. 理解教学原则的含义，掌握中小学常用的教学原则含义、确立依据及其贯彻原则的要求。

5. 掌握中小学常用教学方法的含义及使用要求，树立启发式教学的指导思想。

第一节 教学工作的意义和任务

一、教学概述

(一)教学的概念

教学是在一定教育目的规范下，教师的教和学生的学共同组成的传递和掌握社会经验的双边活动。教学是学校进行全面发展教育的基本途径。它是教师有目的、有计划、有组织地指导学生积极主动地掌握系统的科学文化基础知识和基本技能，发展能力，增强体质，陶冶品德、美感，形成全面发展的个性的活动。

教学的特点包含以下几个方面。

1. 教学以培养全面发展的人为根本目的

教学通过系统知识技能的传授和掌握，不仅使学生掌握一定的知识，了解事物运动与变化的规律，还要对学生的智能发展、身体发展、品德养成等方面产生影响，从而促进学生身心发展。

2. 教学由教与学两方面组成，是师生双方的共同活动

教学是教与学两方面活动的辩证统一，既包括教师"教"的一面，也包括学生"学"的一面。其中，教师是教学的组织者和引领者，学生是教学的对象、学习的主体。没有学生参与的教师教的活动，只能称之为教师的独白；没有教师参与的学生学的活动，只能称之为学生的自学。教学正是在这样一个双边相互依存、相互影响的互动、交往中，进行着师生间信息的传递与情感的交流。

3. 学生的认识活动是教学的重要组成部分

在我国，掌握知识构成了教学活动的基础。在教学中，知识是教师的教与学生的学相互作用的中介、工具与资源，不借助人类社会积累的经验，教学无以进行，学生不借助知识的积累，个体发展只能是一句空话。

4. 教学具有多种形态，是共性与多样性的统一

教学作为学校进行全面发展教育的一个基本途径，具有课内、课外、班级、小组、个别化等多种形态。教师和学生共同进行的课前准备、上课、作业、联系、辅导、评定等都属于教学活动。随着社会的发展，教学既可以通过师生间、学生间的各种交往进行，也可以通过印刷、广播、电视、录音、录像等远距离教学手段开展。教学作为一种活动、一个过程，是共性和多样性的统一。

(二)教学与教育、智育、上课

1. 教学与教育

教学与教育这两个概念的关系，是一种部分与整体的关系。教育包括教学，教学是学校进行全面发展教育的一个基本途径，除教学外，学校还通过课外活动、校外活动、生产劳动、社会实践等途径向学生进行教育；教学工作是学校教育工作的重要组成部分，学校教育工作除教学外，还有德育工作、行政工作、后勤工作等，但教学工作是学校教育工作的中心。

2. 教学与智育

教学与智育两者既有联系又有区别。智育作为教育的一个组成部分，它是向学生传授系统的科学文化知识与技能、发展学生智力的教育活动，主要是通过教学进行的，但不能将二者等同。一方面，教学也是除智育之

外的德育、体育、美育、劳动技术教育等的途径；另一方面，智育也需要通过课外活动、生产劳动、社会实践等途径才能全面实现。

3. 教学与上课

上课是实施教学的一种方式。就当前我国的情况来看，班级上课是教学的基本组织形式。教学工作以上课为中心环节。

二、教学工作的意义

教学是学校教育中最基本的活动，不仅是智育的主要途径，也是德育、体育、美育等的基本途径，在学校整个教育体系中居于中心地位。教学的主要作用有以下几个方面。

(一)教学是传授系统知识、促进学生发展的最有效的形式

教学，作为一种专门组织起来传递人类知识经验的活动，能简捷地将人类积累的科学文化知识转化为学生个体的精神财富，使他们在短时间内达到人类发展的一般水平。通过教学，不仅促进个体实现社会化的进程，而且使人类文化一代代继承发展。因此，教学是传授系统知识、促进学生发展的最有效的形式，也是社会经验得以再生产、适应并促进社会发展的有力手段。

(二)教学是进行全面发展教育、实现培养目标的基本途径

教学的作用直接地、具体地表现在对个体发展的影响。其一，教学使个体的认识突破时空局限及个体直接经验的局限，扩大了他们的认识范围，赢得了认识的速度；其二，教学使个体的身心发展建立在科学的基础上，结合科学知识的传授和学习，在一个统一的过程中实现德、智、体、美诸方面的和谐发展。因此，教学是对学生进行全面发展的素质教育，把学生培养成为合格人才的基本途径，为个人全面发展提供科学的基础和实践，是培养学生个性全面发展的重要环节。

(三)教学是学校工作的中心，学校工作必须坚持以教学为主

学校是专门培养人的机构，要使学生在德、智、体等方面都得以发展，就需要通过教学、课外校外活动、生产劳动等途径来实现。教学在学校教育工作中所占的时间最多，涉及面最广，对学生的发展影响较为全面深刻，对学校教育质量的影响也最大。所以，学校工作必须坚持以教学为主。这意味着学校各项工作的安排，无论是总务后勤工作，还是党务行政工作，均应围绕教学工作来进行。当然，坚持教学为中心，不能搞教学唯一，轻视或不要其他教育活动，要处理好其他教育活动与教学的关系。总

之，教学是学校教育的中心工作，学校教育工作必须坚持"教学为主，统筹安排"的原则。

三、教学的基本任务

(一)引导学生掌握科学文化基础知识和基本技能(双基教学)

教学的首要任务是引导学生掌握系统的科学文化基础知识，形成基本技能、技巧，其他任务的实现都是在完成这一任务的过程中和基础上进行的。所以，只有扎扎实实完成这个教学任务，才能有条件完成其他教学任务，确保培养的人才的质量规格。

知识是人类对客观世界的现象、事实及规律的认识，是人类社会历史实践经验的概括和总结。科学的知识反映了客观世界的本质和规律。教学所传授的基础知识，是指形成各门科学的基本事实、基本原理、基本结论、基本法则、基本符号系统等。它是组成一门学科知识的基本结构，揭示了学科研究对象本质及发生变化的规律性，反映了科学文化的现代水平。基本技能则是指各门学科中最主要、最常用的技能，如语文和外语的阅读、写作技能，数学的运算技能，理、化、生学科的实验技能，史、地、政学科的推理、演绎能力等。技能通过多次操作，可以发展成为技巧。一般来说，知识的掌握是形成技能、技巧的基础，而技能、技巧的形成又有助于进一步理解和掌握知识。

在普通中小学中，教学必须把现代自然科学和社会科学中的基础知识和基本技能系统地传授给学生，其具体指标是：第一，能促进青少年学生德、智、体、美等的全面发展，使他们具有一个现代人所应具有的素质；第二，能为他们参加现代生产劳动和政治、文化生活创造必要的条件；第三，能为他们进一步学习各种专门知识和从事科学研究、进行创造发明奠定初步的基础。

(二)发展学生智力、体力和创造才能

发展学生的智力、体力和创造才能，不仅是高质量地进行教学的必要条件，而且是培养全面发展的人的要求，是现代教学中一项十分重要的任务。

智力是人在认识过程中表现出来的认知能力系统，其构成要素主要包括观察力、注意力、记忆力、想象力、思维能力，其核心是思维能力。具有一定的智力是学生从事学习活动的必要条件和前提，要提高教学效率，促进学生健康发展，必须对智力的培养予以足够的重视。

体力是人体活动时所能付出的力量,包括持久力、适应力和抵抗力,三者均与身体健康水平有关。学生身体发育正常,功能良好,体力充沛,精力旺盛,才能正常地学习、生活,才能保证学生顺利地完成在校期间的学习任务,掌握知识、发展智力与创造能力。同时,健康的体魄也为终身的事业发展和幸福生活打下了良好基础。

学生的创造才能主要是指能运用已有的知识经验和智能去探索、发现和掌握尚未知晓的知识的能力。它是学生个人的求知欲望、进取心和首创精神、意志力与自我实现的信心等的综合体现。

现代教学要求学生不仅要掌握知识,而且要发展以思维力为核心的认知能力,更应具有综合运用知识、技能去解决现实问题的实际能力。

(三)培养学生良好的思想品德,形成科学的世界观

世界观是对世界的总的看法和态度,科学的世界观的形成,必须建立在科学知识的基础之上。中小学阶段是学生思想观念、道德品质形成的关键时期,青少年的品德、审美情操和世界观正处在急速发展和逐步形成的重要时期,教学在使学生形成科学的世界观、培养优良的道德品质方面起着重要作用。

在教学中,学生通过学习掌握自然科学和社会科学的知识并运用所学知识解决实际问题等活动将提高他们的道德修养和审美情趣;他们在班级的集体活动、课外校外活动中,将依据一定的规范和要求来调节自己的思想和行为。这都为学生形成科学的世界观提供了坚实基础。

(四)关注学生的个性发展,培养学生形成良好的个性心理品质

现代教学论关注学生个性的发展。以马克思主义关于人的全面发展学说为指导,协调学生知识、智力、兴趣、情感、意志、性格等各方面的因素,追求教学与教育的统一,促进学生个性的发展。为此,通过教学来激发和发展每个学生的主体能动性,不仅使学生有现代科技文化知识,而且有自觉能动性、独立性和开拓创新性,有强烈的竞争意识、平等观念和合作精神。

教学的基本任务是一个整体,是在统一的教学过程中完成的,诸项任务之间互为前提和基础,相辅相成、相互促进。因此,在教学工作中,要把各项任务落实到每一具体的教学过程中去,全面考虑,统一计划,不可有所偏废。

第二节　教学过程

一、教学过程的概念

教学过程是教师根据一定社会的要求和学生的身心发展特点，通过有目的、有计划地指导学生掌握系统的科学文化基础知识和基本技能，发展学生的智力和体力，培养学生的良好品德和健康个性，形成科学世界观的过程。

构成教学过程的要素有许多方面，人们从不同的立场和视角进行分析，形成了不同的观点。目前我国教学论领域关于教学过程构成要素的分析集中起来可以划分为两大类。一是"多因素论"，这种理论是用现象描述的方法，把教学过程中的全部参与要素都包含其中，认为所有的要素都是必不可少的。比如有学者认为教学过程的构成要素包括教师、学生、内容、方法、媒体、目的六个方面，著名学者李秉德先生提出，教学系统的要素包括学生、目的、课程、方法、环境、反馈和教师七个方面。二是"简单要素论"，这种理论试图从教学系统的众多要素中，找出那些作为"构成事物的主要成分，可以决定事物发展的条件"的最基本要素。如"三要素说"认为教学过程的构成要素包括教师、学生、教学内容，"四要素说"则认为构成教学过程的要素包括教师、学生、教学内容、教学手段四个方面。实际上，这两种观点并不矛盾，要找出教学系统的基本要素，必须以分清作为教学系统组成部分的全部要素为前提。并且，基本要素是教学活动开展的首要条件，有了基本要素，其他要素才有存在的必要性和可能性，弄清楚哪些因素是基本要素，既是对教学系统进行理论研究的根本任务，也是组织和开展教学实践活动的现实需要。

一般认为，教师、学生、教学内容和教学手段是构成教学过程的基本要素。教师是构成教学过程不可缺少的、起主导作用的因素，学生是教学过程的基本因素之一，教学内容和手段是教和学双边活动的中介，只有通过教学内容和手段，才能使教和学双方发生相互作用，否则就不可能有教学过程。教学过程的各个要素在教学活动中不是孤立的，而是相互联系、互相制约的，在教学活动中一环紧扣一环，互相协调、互相促进，显现出教学系统的整体效能。

二、教学过程的本质

教学过程的理论是教学的基本理论，历代中外教育家曾以不同的观点、从不同角度对教学过程做过种种探索，提出各自的见解。

早在公元前 6 世纪，我国伟大的教育家孔子在进行了丰富的教学实践基础上，把学习过程概括为"学—思—行"的统一过程。后来儒家思孟学派进一步提出"博学之、审问之、慎思之、明辨之、笃行之"（《礼记·中庸》），其重点在说明学习的过程。17 世纪捷克教育家夸美纽斯认为"一切知识都从感官的知觉开始"，主张把教学建立在感觉活动的基础之上。19 世纪德国教育家赫尔巴特试图从心理学的"统觉理论"原理角度，认为教学过程是新旧观念的联系和系统化的过程。19 世纪末，美国实用主义教育家杜威以新的知识观和知识形成观作为教学理论的基础，认为教学过程是学生直接经验的不断改造，是"从做中学"的过程。20 世纪 40 年代，苏联教育家凯洛夫认为教学过程是一种认识过程。20 世纪 50 年代以来，学者们以强调师生交往、认知结构的构建、信息加工以及系统状态变换等不同观点来对这一过程进行解释。当代国外教学过程理论主要有：加涅的信息加工理论、布鲁纳的结构教学理论、赞科夫的教学与发展理论、巴班斯基的教学过程最优化理论、斯金纳的程序教学论。

(一)教学过程的几种本质观

1. 认识—发展说

这种观点认为，教学过程是教师有目的、有计划地引导学生掌握科学文化基础知识和基本能力，逐步养成辩证唯物主义世界观和共产主义道德品质的过程。

但是，这一观点的科学性和完善性也受到了一些人的怀疑。第一，以"发展"补充"认识"，违反了逻辑学上的"属种关系"，认识过程是发展过程的上位概念，不能相提并论。第二，"认识—发展说"是教学过程可能具有的功能和属性的机械罗列，随着认识的深入，这种罗列不可能穷尽。而且教学过程是一个多层次的过程，有大大小小各种不同目的、形式和内容的教学过程，罗列的种种功能和属性"不是在任何情况下，对于任何一个细小的教学过程和对于任何目的、内容和形式的教学过程都能够同时达到的"，因而，"没有揭示出这种种功能和属性所产生和发展的内在原因"，即教学过程的本质。第三，由于长期以来实施的是"应试教育"，教师片面注重书本知识的传授，采用"满堂灌""填鸭式"的教学，学生学习负担过重，身心发展严重失衡，个性受到压抑，这种教学不但不能很好地促进学生的发展，反而成了阻碍学生身心全面发展的因素。这就使认识—发展说虽然在理论界得到了认同，但在实践过程中却没有得到真正的贯彻，处于一种"应然"状态。

2. 认识—实践说

这种观点认为，教学过程作为人类社会的一种特殊的认识过程，是认识和实践统一的活动过程；是学生在教师指导下，对人类已有的知识经验的认识活动和改造主观世界、形成和谐发展个性的实践活动的统一过程。

"教学过程是教师精心指导学生掌握知识经验的认识活动和建构完美主体结构的实践活动的统一的过程。"这一本质论的最大特点在于强调学生在教学过程中的主体地位和教师的主导地位的结合，并且以人的全部心理活动为基础。所谓"主体结构"指认知系统和情意系统组成的动态系统，教学任务的完成必须有两个系统的同时参与。这种提法将"实践观"引入教学过程本质的探讨，是对"特殊认识说"的发展。

3. 交往说

这种观点又称双边活动说，这种观点认为，教学是教师的教与学生的学的统一，这种统一的实质是交往，教师与学生是"交互主体的关系"，因此，教学过程是教师与学生以课堂为主渠道的交往过程。

交往说将教学过程看作一个教师的教和学生的学的双边活动过程，为进一步探讨教学过程的本质奠定了认识论的基础。但是，这种观点没有揭示教学过程中教师的教和学生的学之间的主次关系。因为教学的主要任务是解决学生现有的认识水平同教育者提出的要求之间的矛盾，学生的学是教学过程的出发点和归宿，是教和学这对矛盾的主要方面。双边活动说恰恰忽视了这一点。

4. 多本质说

这种观点认为，教学过程既是多层次、多类型的，那么教学过程的本质也应该是多级别、多类型的，从而提出教学过程有认识论、心理学、生理学、伦理学和经济学五个方面的本质。具体表现为：①从认识论角度看，教学过程是特殊的认识过程；②从心理学角度看，教学过程是发展过程；③从生理学角度看，教学过程是发育成熟过程；④从伦理学角度看，教学过程是培养道德品质、思想意识和行为习惯的过程；等等。因此，不能从单一角度去寻找教学过程的本质。

多本质论强调从多学科、多角度研究和分析教学过程，有利于打开人们的思路，清除教学论研究中的形而上学的弊端。但是，认为在教学过程的每一层次上都有一个或几个本质，那么对教学过程本质的认识必然会陷入迷茫，以人的有限的认识是无法穷尽无限的本质的。

（二）教学过程的本质

理论界对于教学过程的本质的认识有许多不同的看法。在我国，长期通行的看法是特殊认识说，就是把教学过程看作一种特殊的认识活动，是实现学生身心发展的过程。

1. 教学过程主要是一种认识过程

这里的认识不等于"认知"，是一个层次高于心理学中的认识的哲学概念，即人脑对于客观世界积极的反映，概括着心理学上认识、情感、意志以及个性心理品质形成等全部活动和过程。教学过程首先主要是一种认识过程，是学生在教师指导下，借助教材或精神客体的中介，掌握科学认识方法，以最经济的途径认识现实世界并改造主观世界、发展自身的活动过程。教学认识的主体是学生，是在教师指导下进行学习活动的主体，具有发展性和可塑性。教学认识的客体以课程教材为基本形式，是人类社会历史经验凝聚的精神客体，既是学生认识的对象，又是他们认识和发展自身的工具，具有中介性。

教学过程是教师教学生认识世界的过程，包括教师教与学生学这两个既有区别又相互依存的有机统一的活动。其内部发展动力是教师提出的教学任务同学生完成这些任务的需要、实际水平之间的矛盾。教学过程同样受一般认识过程普遍规律所制约，也就是说，认识的普遍规律为揭示教学过程的规律指明了总的方向和根本线索。

2. 教学过程是一种特殊的认识过程

教学过程是认识的一种特殊形式，其特殊性在于，它是学生个体的认识，是由教师领导未成熟的主体通过学习知识去间接认识世界。其目的在于：学生在教师的指导下，把社会历史经验变为学生个体的精神财富，不仅使学生获得关于客观的映像即知识，也使学生个体获得发展。学生认识的特殊性表现在以下几个方面。

（1）认识的间接性。学生学习内容是已知的间接经验，并在教学中间接地去认识世界。教学基本方式是"掌握"，是一种简约的经过提炼的认识过程，同样以教学实践活动为基础。

（2）认识的交往性。教学活动是教师的教和学生的学组成的双边活动，教学活动是发生在师生之间、生生之间的一种特殊的交往活动。学生的认识如果离开了师生在特定情境和为特殊目的进行的交往，教学活动的概念就可以扩大到生活教育的领域。

（3）认识的教育性。教学中学生的认识既是目的，也是发展手段，并且在认识活动中追求与实现着学生的知、情、意、行的协调发展与完全人格的养成。

（4）认识的领导性。学生的个体认识始终是在教师的指导下进行。区别于一般的认识过程，教学认识是在主客体之间"嵌入"一个起主导作用的中介因素——教师，形成"学生（主体）——课程与教材（客体）——教师（领导）"相互作用的特殊的"三体结构"。学生的认识实际上走的是人类认识的捷径。

3. 教学过程以认识活动为基础，是促进学生身心发展的过程

教学过程以认识活动为基础，是实现学生身心发展的途径和手段。教学的目的在于使学生理解与掌握知识、形成技能技巧、培养学生的能力。但学生的情感、意志等因素也同时参与学生的认识过程，并与学生的认识过程交织在一起。因此，学生在掌握知识的教学过程中，也在实现着其身心的全面发展。

三、教学过程的基本规律

规律是客观事物内在的本质的必然联系，是不以人们意志为转移的客观过程的反映。列宁说："规律就是关系。……本质的关系或本质之间的联系。"教学过程的规律就是教学过程本质的必然的联系。教学过程的基本规律主要体现在以下几方面。

（一）直接经验与间接经验相统一的规律（间接性规律）

人们认识客观事物主要有两条途径：一是获取直接经验，即通过亲自探索、实践所获得的经验；二是获取间接经验，即他人的认识成果，主要是指人类在长期认识过程中积累并整理而成的书本知识。间接经验与直接经验相结合，反映教学中传授系统的科学文化知识与丰富学生感性知识的关系，理论与实践的关系，知与行的关系。教学活动是学生认识客观世界的过程，要以间接经验为主，直接经验为辅，将二者有机结合起来。

1. 在教学过程中，学生以学习间接经验为主

作为后继者的青少年学生，要适应高度发展的社会，首先应掌握人类积累起来的基本科学文化知识，否则，个人不可能在短暂的时间内达到人类长期认识世界所达到的水平；以间接经验为主组织学生学习，这是学校

为青少年学生精心设计的认识世界的捷径。其主要特点是：将人类世代沉积的科学文化知识加以选择，使之简明化、洁净化、心理化，建构而成课程，引导学生循序渐进地学习，用最短的时间、最高的效率来掌握人类所创造的基本知识。

2. 学生学习间接经验要以直接经验为基础

书本知识，一般表现为概念、原理、定律和公式所构成的系统，是理性的知识，这种知识对于学生而言，是抽象的不容易理解的东西。学生要把这种书本知识转化为自己理解的知识，就必须依靠自己以往积累或现实获得的感性经验。个人只有依靠已知的经验，才能认识尚未知晓的知识，只有引导学生把个人的感性经验、已有知识和所学的新知识有机联系，学生的学习才能顺利进行。所以，教学中要充分利用学生已有经验，增加学生学习新知识所必须具有的感性认识。处理好间接经验和直接经验的关系。教师的教学要做到理论联系实际，学生的学习要做到知与行的统一。

3. 在处理间接经验与直接经验的关系时，要防止两种偏向

两种偏向是忽视系统知识传授或直接经验的积累。这两种偏向，在中外教育史上都曾经出现过，而且常常影响实际教学工作。受传统教育观的影响而产生书本至上的倾向，忽视把学习间接经验同直接经验结合起来，忽视参加必要的实践性活动，学生学习到的是一些生吞活剥的书本知识，不能真正理解和掌握；受实用主义教育观的影响，则又过分强调实践活动，轻视书本知识，学生难以掌握系统的科学文化知识。这两种倾向的共同特点是，割裂了间接经验与直接经验的必然联系，违背了教学的规律。

(二)掌握知识与发展智力相统一的规律(发展性规律)

知识是人们在实践活动中对客观世界的正确反应；智力是一种心理特征，它包括观察能力、注意能力、想象能力、记忆能力和思维能力，其中思维能力是核心。知识是大脑皮层中形成的暂时联系系统，是后天获得的；智力是先天素质和后天环境的合金。掌握知识与发展智力的关系，是教学过程中学生认识发展和心理发展的矛盾关系。如何正确认识和处理这对矛盾关系，一直是教学理论和教学实践的重要问题。

1. 掌握知识是发展智力的基础

系统的知识是智力发展的必要条件，人们的智力发展离不开知识与经验。常言道"无知必然无能"，这是很有道理的。如果没有知识，学生的正确观点就难以形成，分析和思考问题就没有根据，也就谈不上发展智力。离开知识这个前提条件，发展智力就成了"无源之水、无本之木"。智力的

发展是在掌握知识的过程中实现的，掌握知识本身要求学生去不断地观察、想象、思考、记忆和操作，这个过程正是智力发展的过程。因此，我们的教学要用系统的科学文化知识去武装学生的头脑，发展他们的智力。

2. 智力发展是掌握知识的重要条件

个体的智力发展水平直接影响和制约着知识掌握的快慢、难易、深浅与巩固程度等。智力发展差的学生，学习缓慢，对知识难于理解，运用不灵活；而智力发展好的学生，则学习进展快，理解比较深刻，能独立学习和探索某些新的课题。因此，学生对知识的领会和应用，与智力发展的水平息息相关。要提高知识技能的水平，就必须提高学生的智力发展水平。教学应该有目的、有计划地去发展学生的智力，特别是在科学技术迅猛发展的现时代，教学内容迅速增多，难度与深度不断提高，尤其需要在教学中培养和提高学生的智力，发展学生的创造才能。只有这样，他们才能胜任学习，较好地掌握现代科学知识，并在以后的工作中能够胜任各种来自科技革命的挑战。可见，掌握知识与发展智力是相互联系、相互依存、辩证统一的。

3. 掌握知识与发展智力相互转化

学生掌握知识的多少并不标志着他的智力发展水平的高低，而发展学生的智力也不是一个自发的过程。不许探索二者之间的差异以及相互转化的过程和条件，以引导学生在掌握知识的同时，有效地发展他们的智力和认知能力。知识与智力的相互转化，一般来说应注意以下条件。第一，传授给学生的知识应该是科学的规律性的知识。学生只有掌握了基本概念和规律，在学习中才能运用理论思维的形式做到"举一反三""闻一知十"，才能实现知识的迁移。第二，必须科学地组织教学过程。启发学生独立思考、探索和发现，鼓励学生选择不同的学习方法和认知策略去解决问题，学会学习，学会创造。第三，重视教学中学生的操作与活动，培养学生的参与意识与能力，提供学生积极参与实践的时间和空间。第四，培养学生良好的个性品质，重视学生的个别差异。

4. 贯彻掌握知识和发展智力相统一的规律，要防止两种倾向

在整个教学过程中，我们既不能像形式教育论者那样，只强调训练学生的思维形式，忽视知识的传授；也不能像实质教育论者那样，只向学生传授对实际生活有用的知识，忽视对学生认识能力的训练。在教学中，只有把二者有机地结合起来，才能提高教学质量。

（三）教师主导与学生主体相统一的规律（双边性规律）

教学过程是教师和学生共同活动的过程，其中，教师起主导作用，学生是学习的主体，二者在教学过程中相互统一。

关于教师和学生在教学过程中的地位问题，在教学论发展史上有两种看法。一种是学生中心论，以卢梭、杜威等人为代表。他们首先把学生的发展视为一种自然的过程，教师不能主宰这种自然发展的过程，而只能作为"自然仆人"。同时他们还认为，学生的发展是一种主动的过程，教师的作用只在于引导学生的兴趣，满足他们的需求，而不要对学生多加干涉。他们还认为，学生只能从个体经验中获得发展。因此，教学过程不应当由教师直接来进行，而应放手让学生自己去体验。杜威要求教师不要充当向导或指挥官，而只能作为一名看守者和助理。另一种观点是教师中心论，以赫尔巴特等人为代表。他认为把人交给"自然"，并在"自然"中锻炼只是一种蠢事。他形象地把人的自然本性比作一只航行中的大船，若要经得起一切风浪的变化，只能等待舵手去按照环境指导它的航程，指挥它到达目的地。对于学生来说，教师就起了舵手的作用。为此他十分强调教师的权威，认为"学生对教师必须保持一种被动状态"。以上两种观点都是片面的，都是把教师的主导作用和学生学习的主动性对立起来，因而不正确。

1. 教师在教学过程中起主导作用

教师是教学活动的领导者、组织者，是学生学习的指导者和学习质量的检查者，他能够引导学生沿着社会所期望的方向发展，使学生成为社会所需要的人才。在教学过程中，充分发挥教师的主导作用，是有成效教学的普遍规律。教师受过专门训练，精通专业，了解教学规律与青少年学生身心发展规律，懂得如何组织和进行教学，能够发挥主导作用。教师的主导作用表现在：教师的指导决定着学生学习的方向、内容、进程、结果和质量，起引导、规范、评价和纠正的作用。教师的教还影响着学生学习方式以及学生学习主动积极性的发挥，影响着学生的个性以及人生观、世界观的形成。

2. 学生在教学过程中是学习的主体

学生必须发挥主体的能动作用，这是教学成功的必要条件。学生学习的主观能动性具体表现在：受学生本人兴趣、需要以及所接受的外部要求的推动和支配，学生对外部信息选择的能动性、自觉性；受学生原有知识经验、思维方式、情感意志、价值观等制约，学生对外部信息进行内部加工的独立性、创造性。这里需要说明的是，学生的主体地位是在教师主导下逐步确立的。学生这个主体从依赖性向独立性发展，正是教师主导的结果。

3. 教师主导作用与学生主体作用具有内在的联系

在教学过程中，既要发挥教师的主导作用，又要保证学生的主体作用。只有教师主导与学生主体两方面积极地配合，才能获取教学的最佳效果。

贯彻教师主导作用与学生主体作用相统一的规律，要防止教师中心论和学生中心论两种倾向。

(四)传授知识与思想教育相统一的规律(教育性规律)

在教学过程中，学生掌握科学文化知识和提高思想品德修养是相辅相成的两个方面。

1. 知识是思想品德形成的基础

学生思想品德的提高有赖于其对科学文化知识的掌握。首先，科学的世界观和先进的思想都要有一定的科学文化知识做基础；其次，知识学习的本身是艰苦的劳动，这个学习过程可以培养学生的优秀道德品质。正如赫尔巴特说的"我想不到任何无教育的教学"，教学永远具有教育性。

2. 思想品德的提高为学生积极地学习知识提供动力

学习活动是一项十分艰苦的脑力劳动，在学习过程中必然会遇到各种各样的困难，这就需要学习者必须有明确的学习目的、强烈的学习欲望和较高的思想觉悟。如果教师能够在教学中不断提高学生的思想，使学生树立远大的理想，端正学习的态度，把个人的学习与文化的昌盛、科技的发展、祖国的建设、人类的幸福联系起来，那么就能给学生的学习灌注巨大的动力，推动他们自觉、主动地学习。在教学中，教师要不断地培养、提高学生的思想品德水平，引导他们将个人的学习与社会发展、祖国前途联系起来，充分调动他们学习的主动性、积极性，这是学生获取知识的重要保证。

3. 传授知识和思想品德教育相统一时，必须注意两种倾向

在教学中要防止两种倾向：一种是脱离知识进行思想品德教育，这会使思想品德教育成为无源之水、无本之木，不仅不利于学生思想品德的提高，还影响系统知识的教学。另一种是只强调传授知识，忽视思想品德教育。不能认为学生学习了知识后，思想品德自然会随之提高。因为教学的教育性必须要经过教师给学生施加积极影响，必须通过启发、激励，使学生对所学知识产生积极的态度时，教学的教育性才能得以实现，在教学过

程中要注意把二者有机结合起来。

(五)智力因素与非智力因素相统一的规律(知情意的统一规律)

教学活动是学生在教师指导下逐步认知的过程，不仅有师生的智力因素参与活动，也有师生的非智力因素参与。智力因素是学生认识活动的执行者，非智力因素是学生认识活动的调节和推动者。学生是通过观察、记忆、思维、想象等智力因素的活动来认识事物的，没有良好的智力因素，认识活动不能正常地进行。一般说来，同一年级中的多数学生，智力发展的水平大体相近，学习成绩的好坏往往取决于非智力因素的发展水平。而且良好的非智力因素，对不同智力水平学生的认识活动都起积极作用。缺乏良好的非智力因素，虽有良好的智力因素，其在认识活动中也不能发挥作用。因此，作为外显的智慧行为，是智力因素和非智力因素的函数。教学过程要求智力因素与非智力因素相互促进，相辅相成，同步增长，达到智力结构的最佳状态。

智力因素的活动是非智力因素活动的基础，非智力因素对智力因素的活动起着重要的作用。教学中的智力因素主要指学生认知事物、掌握知识而进行的观察、记忆、思维、联想等心理因素；非智力因素主要指学生在认知事物、掌握知识过程中的兴趣、情感、情绪、意志、性格等心理因素。

在教学过程中两种因素同时存在，相互作用，相互渗透。首先，智力因素活动是非智力因素活动的基础。学生掌握知识，认知事物时首先是智力因素的活动，只有通过智力因素的活动，才能使学生顺利认知，若离开观察、思考、记忆、想象等活动，认知是不可能发生的。而学生的非智力因素也都是经过智力因素活动的过程培养而成的，只有通过积极地认知，通过认识丰富多彩的、富有价值的知识，通过曲折艰辛的认知过程，才能培养学生浓厚的兴趣、丰富的情感、坚强的意志和富有个人特色的性格。离开智力因素活动，学生的非智力因素就难以培养。其次，非智力因素对智力因素的活动可起积极或消极的作用。由于学生是能动的人，是从自发到自觉的人，当他们已有的兴趣、情感、意志、性格等心理因素同教学任务相一致时，常表现为强大的内驱力量作用于智力因素活动，对学习产生巨大影响。反之，当学生的动机、兴趣、情感、意志等同教学任务相抵触时，如果处理不当就会对相应的智力因素的活动起消极作用。很难想象一个没有求知欲、没有信念、没有上进心、缺乏毅力的学生能够攀登科学的高峰。因此，教学中也必须重视学生的非智力因素。

适时地按教学需要调节学生的非智力因素，确保有效地进行智力因素活动。由于学生在认知过程中的注意是容易转移的，兴趣容易变化，情感与性格复杂多样，因此，在教学中，学生的智力因素与非智力因素的关系是复杂的。当学生的非智力因素与智力因素活动不一致，如由于知识的枯燥乏味、教学过程的单调死板而造成学生无兴趣且注意力分散等现象，这就干扰了他们的学习与认知，这时就需要调节学生的非智力因素使其与学生的智力活动相统一。调节非智力活动应从两个方面入手：一是通过改进教学本身，使教学内容丰富多彩，教学方法新颖独特，教学手段先进科学，教学组织形式灵活多样，从而调动学生的非智力因素；二是通过学生自我教育能力的提高，逐步培养他们的求知欲、兴趣、毅力、信心和理想，增强学生的学习积极性和自觉性。

教学过程既是利用教师和学生的智力因素和非智力因素，使其积极发挥作用的过程，也是培养学生智力因素和非智力因素的过程。利用和培养是相辅相成的，只有做到有效地利用、自觉地培养，才能使智力因素和非智力因素在教学过程中发挥作用并得到发展。

四、教学过程的基本阶段

教学过程的基本阶段也是教学过程的结构。按照教师组织教学活动中所要求实现的不同认识任务，可以将教学过程划分出以下五个阶段。

(一)激发学习动机

学习动机是推动学生学习的一种内部动力。学习动机往往与兴趣、求知欲和责任感联系在一起。教师要使学生明确学习目的，启发学生的责任感，激发学生学习的积极性。

(二)领会知识

领会知识是教学过程的中心环节。领会知识包括使学生感知和理解教材。感知教材主要是使学生获得关于所学内容的一个整体的表象，是所有教学活动的必经阶段。理解的目的在于形成概念、原理，真正认识事物的本质和规律。

(三)巩固知识

巩固所学知识是教学过程的一个必要环节。通过各种各样的复习，对学习过的材料进行再记忆并在头脑中形成巩固的联系。知识的巩固是不断吸收新知识、运用知识形成技能的基础。巩固知识往往渗透在教学的全过程，不一定是一个独立的环节。

（四）运用知识

学生掌握知识的目的在于运用。在教学中，教师要组织一系列的教学实践活动引导学生动脑、动口、动手，以形成技能技巧，并把知识转化为能力，如完成各种书面或口头作业、实验等。此外，运用知识不只局限于技能技巧的掌握，它还包括"知识迁移"能力和创造能力的发挥。

（五）检查知识

检查知识是指教师通过作业、提问、测验等方式对学生的学习效果进行考查的过程。检查知识的目的在于使教师及时获得关于教学效果的反馈信息，以调整教学进程与要求，并帮助学生了解自己掌握知识技能的情况，以便及时改进。

第三节　教学原则

一、教学原则概述

（一）教学原则的概念

教学原则是根据一定的教学目的和教学过程规律而制定的指导教学工作的基本准则。教学原则贯穿于各项教学活动之中，它的正确和灵活运用，是提高教学质量的重要保证。

教学原则是人们从教学实践中总结出来的。如我国古代《学记》中便总结了"教学相长""启发诱导""藏息相辅""预""时""孙""摩""长善救失"等教学的宝贵经验，这些都属于教学原则范畴，只不过未加科学论证。

随着科学与教学实践的发展，教育界对教学原则的探讨便日益深入。夸美纽斯在《大教学论》中，提出了三十七条教学原则，并试图给予论证。此后，各国的教育家如裴斯泰洛齐、赫尔巴特、第斯多惠、乌申斯基等对教学原则都做了研究。这样，到了近代，在教学理论中，逐步形成了直观性、系统性、巩固性、可接受性、教育性等传统的基本原则。

（二）教学原则与教学规律的区别

教学原则和教学规律应该说是两回事，教学规律是教与学内部矛盾运动的客观规律，它不以人的意志为转移，人们只能发现、掌握和利用它，而不能任意制造、改变或废除它；而教学原则是人们在认识教学规律的基础上制定的一些教学的基本准则，它与科学发展水平、人们的认识能力密切相关。人们的认识、对经验的概括程度、时代要求等不一样，教学原则也就不同。教学原则是教学规律在教学中的反映，它的制定必须以教学规律为依据。

二、我国中小学教学原则及运用

(一)科学性与思想性相统一的原则

科学性和思想性相统一的原则是指教学要以马克思主义为指导，授予学生科学知识，并结合知识教学对学生进行思想品德教育。科学性是指教学内容必须是正确的、科学的，教学方法、教学组织形式也应该是科学的。思想性是指合理地、灵活地结合教材内容对学生进行思想教育。这一原则是培养德智体全面发展的人的要求，是建设社会主义物质文明和精神文明的要求，体现了我国教育的根本方向。同时这也是知识的思想性、教学的教育性规律的反映。这一原则的实质是要求在教学活动中把教书和育人有机地结合起来，教学的科学性与思想性是相辅相成、相互促进的。

贯彻这一原则要求做到以下几点。

1. 保证教学的科学性

教师传授给学生的知识应该是科学的。对中小学生来说，不宜将尚有争议的、不可靠的知识当作科学基础知识传授给他们。对高年级学生，在讲清基础知识的前提下，可以结合教材中的基本知识向他们介绍一些不同观点和学说，以扩大学生的知识面。同时，教师的讲授也应遵循科学性要求，表达要准确，实验、演示、计算要精确、规范。

2. 发掘教材的思想性，对学生进行品德教育

中小学教学涉及的内容均直接或间接地蕴含着思想性，教师教学必须给予认真而足够的重视，根据教材章节内容的特点，把思想性和科学性融于一体，做到既教书又育人。教师要艺术性、创造性地挖掘教材的思想性，使知识与思想水乳交融，避免牵强附会。教学过程中应注意情感的激励和教育作用。重视教学因素中的情感因素和进行情感教育，逐步做到理性认识和非理性认识相融合，是现代教育发展的重要趋势。

3. 教师要不断提高自己的专业水平和思想素质

教学的科学性和思想性主要靠教师来保障。教师必须不断更新知识，提高文化水平和思想修养，从而提高知识教学的科学化程度，并通过自己内在的思想观念、精神风貌、情感状态、行为方式等对学生品德的养成产生积极影响。"学高为师，身正为范"，教师要不断提高自己的德、才、

识、学，才能使科学性与思想性紧密结合。

阅读材料：

一位教师的教学叙事

在课堂上，我教学生"除数是两位数的除法"。课已经进行了一半，有几个学习困难的学生好像仍没有掌握，别的同学都在做练习题，他们几个却在左顾右盼，没有动笔。于是，我轻轻地走过去问他们："为什么不做？"

"不会做"。几个孩子都低着头，不敢看我。

"动脑筋想想，总要试一试吧。"我耐心地劝导。半晌无声。"试也没用，我一做就错。"一个胆子大点的孩子答了一句。

我沉默了。也许，这几年的学习经历，已经让这些学习困难的孩子尝尽了失败和挫折，连他们自己也丧失了信心，懒得动笔了。"那就算是做错，也请你们再错一次，好吗？"情急之中，我竟对学生提出了这样的要求。看着我恳切的眼神，这几个孩子终于拿起笔。我趁机请一个孩子到黑板上写板书，并继续鼓励他们："只要你们敢于尝试，就算做错了也没有关系。只有当你们做错了的时候，我才知道你们的问题出在哪儿，究竟有什么地方不懂，这样，老师就可以有针对性地帮助你们了。知道吗？"上讲台的那个孩子做完了。果然做错了，全班同学议论纷纷。而我却用平和的语调对他说："谢谢你做错了这道题，谢谢你。"班上的同学都哄笑起来。我没有理会，继续说："这是一个典型的错例，它可以提醒我们不要犯这种错误。下面我们仔细分析一下这道题，看看错误出在哪里？"……

临到下课的时候，这几名学习困难的孩子全都学会了。我知道，今天我的一句话，给几个失落的孩子带来了阳光和希望。下次，我要给更多的孩子"错"一次的机会，成功就蕴含在无数次"错"的背后。

（2008 年 4 月自学考试《教育学》考题）

(二)直观性原则

直观性原则是指在教学过程中，教师利用实物、模型、形象的语言描述等多种直观方式，使学生对要学习的事物形成清晰的表象，丰富学生的感性经验，为学生形成新概念、掌握规律奠定基础。这一原则的提出是由中小学生思维发展所处年龄阶段的特征所决定的。

直观性原则的提出是教育史上的一大进步。在教育史上，古今中外教育家对直观性原则进行了非常精辟的阐述。中国古代教育家荀子说过，"不闻不若闻之，闻之不若见之"，"闻之而不见，虽博必谬"，提出了在学习中不仅要"闻之"，更要"见之"，才能"博而不谬"。中世纪捷克杰出的教育家夸美纽斯率先提出了教学中的直观性原则，他在《大教学论》中指出，应该尽可能地把事物本身或代替它的图像放在面前，让学生去看看、摸摸、听听、闻闻等。乌申斯基也指出了直观性原则的重要性。20世纪以来，由于广播、幻灯、电影、录音、录像、电视、电子计算机等现代化技术手段的发展和应用，使直观对象和人的感官的局限有了重大的突破，这为直观性教学原则的贯彻开辟了新的广阔的前景。

贯彻这一原则要求做到以下几点。

1. 恰当选择直观手段

直观手段很多，一般可分为三类：第一，实物直观，是指通过各种实物进行的，包括观察各种实物、标本、实习、实验、教学性参观等。第二，模像直观，是指通过各种实物的模拟形象而进行的，包括看图片、图表、模型、幻灯片、录像、电影等。第三，言语直观，是指通过教师形象化的语言描述进行的。教师在直观手段的选择和使用上，要根据多方面因素综合考虑：一是根据教学内容的特点，针对内容的重点、难点来选择。二是要根据学生的年龄特点，低年级，直观手段多，且偏重于实物、模像；高年级，则倾向于言语直观，实物、模像的手段不宜太多。三是要根据教学内容的特点、现实的教学条件的限制及教师自身的素养加以选择。

2. 直观与讲解相结合

教学中的直观并不是让学生随意地看，而是在教师指导下有目的地进行。在演示过程中，教师必须进行必要的讲解和说明。演示之后，教师还要进行总结，帮助学生从观察和分析具体事物和现象中，得出科学的结论。

阅读材料：

林清玄在《雪的面目》中写道：

在赤道，一位小学教师努力地给儿童说明"雪"的形态，但不管他怎么说，儿童都不明白。

老师说："雪是纯白的东西。"儿童就猜想：雪像盐一样。

老师说："雪是冷的东西。"儿童就猜想：雪像冰激凌一样。

老师说："雪是粗粗的东西。"儿童就猜想：雪像沙子一样。

老师始终不能告诉孩子雪是什么。最后，在考试的时候。他出了"雪"的题目，结果有几个儿童这样回答："雪是淡黄色，味道又冷又咸的砂。"

（摘自郭翠菊：《怎样上好一节课：教师德性与教学艺术》，北京，新华出版社 2009 年版）

3. 从运用直观形象过渡到对抽象内容的掌握

直观只是手段，而不是目的。使用直观教具必须有意识地使学生以后不需要借助教具也能再现有关表象，能摆脱具体形象而进行抽象思维活动。要克服盲目直观、追求形式主义而不讲究教学效果的倾向。

(三)启发性原则

启发性原则是指在教学活动中，教师要调动学生的主动性和积极性，引导他们通过独立思考、积极探索，生动活泼地学习，自觉地掌握科学知识，提高分析问题和解决问题的能力。

启发性原则是在汲取中外教育遗产的基础上提出来的，是教师主导作用与学生主体作用相统一的规律在教学中的反映。苏格拉底的"产婆术"、孔子提出的"不愤不启，不悱不发"的教学要求以及《学记》中"道而弗牵，强而弗抑，开而弗达"的教学思想，都是这一教学原则的体现。第斯多惠也曾说过："一个坏的教师奉送真理，一个好的教师则教人发现真理。"

贯彻这一原则要求做到以下几点。

1. 加强学习的目的性教育，调动学生学习的主动性

这是启发的首要问题。学生学习的主动性受许多因素影响，如学生的好奇心、兴趣、爱好、求知欲，获得优良成绩或得到表扬、奖励的愿望，为实现某个远大理想等，教师要善于因势利导，使许多一时的欲望和兴趣，汇集和发展为推动学习的持久动力。

2. 设置问题情境，启发学生独立思考，培养学生良好的思维方法和思维能力

教师要注意提问、激疑，启发学生的思维，只要提问切中要害、发人深思，脑子一开窍，学生的思想一下便活跃起来，课堂上将出现令人兴奋、紧张有趣的生动局面。教师在启发学生思考过程中，要有耐心，给学生以思考时间，要有重点，问题不能的，更不能蜻蜓点水，启而不发；要深入下去，提出补充问题引导学生去获取新知，不仅要启发学生理解知识，而且要启发学生理解学习的过程，掌握获取知识的方法。

3. 让学生动手，培养独立解决问题的能力

启发不仅要引导学生动脑，而且要引导他们动手。学生掌握知识有一个逐步深化的过程，懂了不一定会做，会做还不一定有创造性。所以教师要善于启发诱导学生将知识创造性地用于实际，向他们布置由易到难的各种作业，或提供素材、情境、条件和提出要求，让学生去独立探索，克服困难、解决问题，别出心裁地完成作业，以便发展创造性才能。

(四)巩固性原则

巩固性原则是指教学要使学生及时将所学的知识、技能达到牢固和熟练的程度，以能够在需要的时候及时地、准确地再现出来。从广泛的学习过程而言，如果一个人边学边忘，那就一无所得，永远处于无知状态。在教学过程中，学生的学习不同于成年人或科学家。学生在短时期内集中地学习大量未经自己亲身感受的间接知识与经验，又不能立刻地、全部地运用于实践，遗忘的可能性极大。因此，巩固工作必不可少。

历代教育家都很重视知识的巩固问题，孔子要求"学而时习之""温故而知新"。夸美纽斯明确提出了"教与学的巩固性原则"。乌申斯基认为"复习是学习之母"。

贯彻这一原则要求做到如下几点。

1. 在理解的基础上巩固

理解知识是巩固知识的基础。教师要使学生对所学知识掌握得牢固，首先在传授知识时就要使学生清晰地感知，深刻地理解，并留下深深的印象。因此，教师讲课要生动形象，明白透彻，条理清楚，逻辑严密，并引导学生把新知识纳入已学知识的体系之中，为知识的记忆巩固创造条件。

2. 组织好复习和练习，指导学生掌握记忆的方法

为了组织好复习，教师向学生提出复习与记忆的任务，要安排好复习的时间，要注意复习方法的多样化。把经常性复习与阶段性复习、总结性复习结合起来，在学生日常学到的知识及时地得到巩固的同时，也可以使学生提纲挈领地掌握学过的知识，抓住最主要的部分，并对学过的知识有一个完整的概念，同时还能起到查漏补缺的作用。教师要指导学生掌握记忆方法，把理解记忆和机械记忆相结合，把培养思考力和记忆力相结合，把学习书本知识和引导学生直接认识周围世界、获取直接经验相结合。

3. 在扩充改组和运用知识中积极巩固

在教学中，教师要引导学生努力学习新知识，扩大加深原有知识和积极运用所学知识来解决实际问题，从而巩固了旧知识，这种办法与复习相

比，是一种更为积极的巩固。国外一些教改经验也说明了这个道理，比如，日本小学理科教材通过培养学生的主动探索精神以巩固知识，他们认为，探索就是最好的巩固。赞科夫认为知识的广度有助于知识的深度(牢固性)，主张把巩固知识寓于大量教学之中。

(五)循序渐进原则

循序渐进原则是指教学按照学科的逻辑系统和学生认识发展的顺序进行，使学生系统地掌握基础知识、基本技能、形成严密的逻辑思维能力。循序渐进原则首先是由科学知识本身的系统性和严密性决定的；其次是由学生认识能力的发展存在生理活动的节律性和心理发展的阶段性决定的。此外，学生认识活动进程本身也是有序的，是由简单到复杂逐步深化的。循序渐进原则中的"序"包括两大方面，即科学知识的逻辑顺序和学生身心发展规律，其中，学生身心发展规律包括学生认识能力的发展顺序、学生的认识顺序以及学生生理发展节律。

在教育史上，对循序渐进原则的论述有很多。《学记》提出"学不躐等""不陵节而施"，提出"杂施而不孙，则坏乱而不修"，也就是说，如果教学不按一定的顺序、杂乱无章地进行，学生就会陷入紊乱而没有收获。朱熹进一步指出"循序而渐进，熟读而精思"，在我国第一次明确提出了循序渐进的教学要求。夸美纽斯主张"应当循序渐进地来学习一切，在一个时间内只应当把注意力集中在一件事情上"。另外，乌申斯基、布鲁纳等都很强调系统知识的学习。

贯彻这一原则要求做到如下几点。

1. 按照学科知识体系的内在逻辑组织教学

循序渐进在教学中的应用，首先体现在课程标准和教材内容上，要求这些教学材料保持合理的体系和顺序，要按照科学的逻辑顺序和学生不同的年龄阶段发展的顺序特点编写。在教学过程中，教师要深入领会教材的系统性，做到对知识的融会贯通，掌握其逻辑结构，在保持知识衔接性的基础上，将学习材料进行个性化处理。

2. 要根据学生的认知规律组织教学

应按照学生认知发展的规律安排教学活动，提出教学要求，使学生从点滴积累、逐步提高，在量变到质变的认识过程中得到提高。内容安排要做到由浅入深、由易到难、由简到繁。不能因为任何理由搞突击、求速度、跳跃前进，如果这样，结果必定是欲速则不达。从不同年级来说，教学必须符合学生认知方面的年龄特征。抓住主要矛盾，解决好重点和难点。

3. 指导学生循序渐进学习

循序渐进学习对于培养学生学习的良好习惯有重要作用，教师要注意给学生做循序渐进学习的示范，同时也要通过有效指导，培养学生有计划、有步骤地学习的良好习惯。

4. 将系统连贯性和灵活多样性结合起来

教学是一门复杂的艺术。为了使学生掌握系统而精确的学科知识，教师必须认真备课，吃透教材的重点和难点，确定教学的目的与任务，以便系统有效地进行教学。但课堂复杂，若教师不顾实际情况的变化，机械地执行，课堂难免会陷入被动、沉闷的局面。另外，循序渐进也并不是在任何的学习情境下都简单化成立，在有些情况下学生学习表现出一定的跳跃性是可能的，同时也是有益的、必要的。故此，教师应当将教学的系统性、连续性与灵活性、多变性机智地结合起来。

(六)因材施教原则

因材施教原则，是指教师要从学生的实际情况、个别差异出发，有的放矢地进行有差别的教学，使每个学生都能扬长避短、获得最佳的发展。

我国古代的孔子善于根据学生的不同特点，有针对性地进行教育，以发挥他们各自的专长。宋代朱熹把孔子这一经验概括为："孔子施教，各因其材"。这是"因材施教"的来源。学生的身心发展各有其特点，尤其在智力才能方面更有他们各自的兴趣、爱好和优势，只有因材施教才能扬长避短，把他们培养成为社会上各种有用的和杰出的人才。

贯彻这一原则要求做到如下几点。

1. 深入了解学生的一般情况和个性特点，处理好一般与个别的关系

教师要通过各种形式对学生进行客观、全面的调查了解，如知识基础、智力水平、学习态度、兴趣爱好、意志性格、健康状况、家庭环境等，把握班级学生的整体面貌，熟知每个学生的特点。做到集体教学与个别辅导相结合，课内与课外相结合，培养"尖子"与"大面积丰收"相结合。

2. 正确对待个别差异，针对学生的特点进行有区别的教学

了解学生个别差异是搞好因材施教的基础。教师应当了解每个学生德智体发展的特点，各学科学习的情况与成绩，有何兴趣、爱好与擅长以及不足之处，然后有目的地因材施教。对反应迟钝的学生，要激励他们积极进行思考，勇于回答问题和进行争辩；对能力较强而态度马虎的学生，要给他们一点难度较大的作业，并严格要求他们注意精益求精；对语言表述

缺乏条理的学生，要多让他们在课堂上做复述和发言，以克服其不足；对注意力不集中、学习不专心的学生，要多暗示、提醒、提问，培养他们的自控能力；对学习感到很轻松或很困难的学生，要加强个别辅导，给能力强者开点"小灶"，增加课业，对困难者给予特殊帮助或补课。

(七)理论联系实际原则

理论联系实际原则是指教学要以学习基础知识为主导，从理论与实际的联系上去理解和掌握知识，注意运用知识去分析问题和解决问题，达到学懂会用、学以致用。这一原则是直接经验与间接经验相统一的教学规律在教学中的体现，是教学原则体系中具有核心意义的一个。学生学习的知识，主要是书本知识，是间接经验，是前人长期实践经验的总结，是人类的已知真理。学生在有限的时间内学习，不可能事必躬亲，而是在教师的指导下，迅速掌握教材中的基础理论，接受前人的认识成果。这就要求教师联系学生的知识基础和思想状况，联系实践活动的实际，用丰富的实际事例，论证书本知识，使学生从具体到抽象，获得必要的直接经验，领会科学知识，用以指导实践。

我国古代教育家十分重视知与型关系的研究。在西方，古希腊智者派认为，没有实践的理论和没有理论的实践都没有意义，裴斯泰洛齐很重视"知识与知识的应用"。他指出"你要满足你的要求和愿望，你就必须认识和思考，但是为了这个目的，你也必须行动，知和行又是那么密切地联系着，假如一个停止了，另一个也随之停止。"乌申斯基也指出："空洞的、毫无根据的理论是一点用处也没有的。理论不能脱离实际，事实不能离开思想。"

贯彻这一原则要求做到以下几点。

1. 加强基本理论和基础知识的教学

只有深刻的理论才有重要的指导意义。赞科夫把"重视理论知识在认识中的指导作用"作为教学原则之一，布鲁纳主张重视学科基本结构的学习，要求重视基本概念、基本原理及其相互关系的掌握。因此，要充分估计理论教学的重要性。教学中理论联系实际的目的，主要是使学生更好地掌握这些基础知识和基本技能。在运用这一原则时，必须保证理论知识的主导作用，切实抓好基础理论的教学，切不可主次颠倒，片面强调联系实际而削弱了理论知识的教学。

2. 重视基本技能的培养

在重视教授基本概念、基本原理的同时，还要通过练习进行基本技能训练，使学生有一定的操作能力。

3. 根据学科内容、任务及学生特点，恰当地联系实际

教师要根据教材内容、教学目标及学生学习的实际水平，正确恰当地联系实际。在教学中，教师联系实际的方式很多，常用的方式有三种：第一，教师在讲解过程中的举例和演示。事例要典型、鲜明、有较强的说服力；演示也要及时准确，突出教学重点和难点。第二，组织学生练习、实验、实习、参观、访问，增强感性认识，培养学生运用知识解决实际问题的能力。第三，在课外活动、校外活动和其他社会实践中，通过教师的引导，使学生了解这些活动蕴含的书本知识，加深对书本知识的理解。

阅读材料：

在挫折中奋起

芦溪外国语学校的李年明老师上"在挫折中奋起"一课时，讲述了一个朋友真实的故事："人生之路不可能永远是平坦的，人生难免有挫折。面对挫折，不同的人有不同的态度。有的人情绪稳定，不慌不忙；有的人紧张不安，束手无策；有的人百折不挠，越挫越勇；有的人心灰意冷，一蹶不振。为什么会出现这样完全不同的态度呢？我们先来听一个故事：这是一个真实的故事。1998年秋，我的家乡一个姓易的小伙子到浙江打工。有一天他们休息，遇到一个人来招工，对方开出的条件、待遇都很好，于是他们三个人就一起跟招工的人走了。一上车，对方很客气地向他们敬烟。之后，他们一直昏昏沉沉任由对方摆布。经过一路折腾，他们在第二天半夜跟随对方到达云南边远山区的一家工厂。这时才发现这里的一切与当时所谈的条件完全不一样。这个工厂建立在一个湖心小岛上，四面环水，工厂建了有1米厚，3米高的围墙，把整个工厂包围起来。有专人持枪带狼狗值勤，24小时不许打电话，不许写信跟外面联系，更不可能外出，每月工资也只有100元，伙食免费，但很差，发两身工作服。他们从事的是有毒的橡胶作业，而且没有任何保护措施。总之，来这里是上当了。"

请问：1. 如果是你遭遇这样的挫折，你会怎么办呢？

2. 你们猜这个小伙子是怎么做的？

（摘自傅道春编著：《新课程中教师行为的变化》，北京，首都师范大学出版社2001年版）

理论联系实际是政治课教学中最基本、最重要的原则。"理论是灰色

的，生活之树常青"。没有实例只讲理论的政治课，是枯燥乏味的政治课。有了实例，就可以设计出具体的能吸引学生探究的问题。坚持这一原则，能使学生经历更多的体验生活的过程，由此引导学生从感性认识上升到理性认识。

（八）量力性原则

量力性原则也称可接受性原则，是指教学的内容、方法、分量和进度要适合学生的身心发展，使他们能够接受，但又要有一定的难度，需要他们经过努力才能掌握，以促进学生的身心发展。

我国古代的墨子很重视学习上的量力而为。他提出："夫智者必量其力所能至而如从事焉。"西方文艺复兴后，许多教育家都重视教学的可接受性问题。经验证明，教学中传授的知识只有符合学生的接受能力才能被他们理解，顺利地转化为他们的精神财富，罗素、布鲁纳、赞科夫都持这种观点。赞科夫以自己进行的小学教学改革实验和所做的理论阐述，充分证实了教学促进学生发展的可行性。

为了应对突飞猛进的社会发展的挑战，现代教学注重促进儿童的发展，因而改称发展性原则更能反映其实质。贯彻这一原则要求做到以下几点。第一，了解学生的发展水平，从实际出发进行教学。第二，考虑学生认识发展的时代特点。

上述各教学原则，或在具体的教学阶段，或在整个的教学活动过程中发挥着独特的功能和作用，这体现的是各个教学原则的相对独立性。但是，教学原则的整体性功能要远远大于单一原则功能的简单相加，要真正实现教学过程的系统优化，必须依赖各教学原则构成一个完整的体系，使之互相联系、互相补充。在教学活动中，不能片面地夸大某个原则，更不能把单个教学原则绝对化。

第四节　教学方法

教学方法是师生在教学过程中为了完成教学任务、实现教学目的所采用的一系列具体方式和手段的总称。现代教学方法既包括教师教的方式和手段，也包括学生在教师指导下学习的方式和手段，是教师引导学生掌握知识技能、获得身心发展而共同活动的方法，它主要解决教师"怎么教"和学生"怎么学"的问题。教师应灵活熟练地运用多种教学方法，提高教学质量和效率。

一、教学方法的概念

我国古代的文献中，"方"和"法"是分开使用的，在很多情况下互相诠释、互相引证。一般认为，作为一个完整词语的"方法"来源于希腊语，在与希腊语有着较密切联系的英语中，"方法"一词运用的灵活性十分典型，能翻译成汉语"方法"的词包括 means、way、approach 和 method 等，这些词汇有的指具体的"工具、手段"，有的包含着"道路、途径"的意思，有的则含有"程序、原则"之义。现代汉语中，与"方法"有关的词汇包括办法、手段、程序、步骤、规则、规划、谋略等。也就是说，方法一词的含义非常丰富，方法是一个系统。综合各种用法，"方法"是由方式与办法、工具与手段、道路与途径、思路与原则等构成的复合概念。基于上述分析，将教学方法做如下界定：为了达成一定的教学目标，教师组织、引导学生进行专门内容的学习活动所采用的方式、策略、途径、程序的总和。教学方法是教师、学生、教学内容密切联系的纽带，是提高教学质量的保证，方法的选择会影响教师威信和师生关系，并最终影响学生的身心发展。

二、现代教学方法的指导思想

依据指导思想不同，各种教学方法可归并为两大类：注入式和启发式，这是两种根本对立的教学方法指导思想。顺应现代社会的基本精神，提倡启发式教学，反对注入式教学，是当代运用教学方法的指导思想。

(一)启发式教学思想的概念

启发式教学思想是指教师从学生实际出发，采取各种有效的形式去调动学生学习的积极性，指导他们自己去学习。衡量一种教学方法是否具有启发性，关键是看教师能否促进学生积极主动地去学习，而不是单从形式上去加以判断。

在我国，"启发"一词最早源于孔子《论语·述而》中的经典性论断："不愤不启，不悱不发。举一隅不以三隅反，则不复也"。宋代朱熹在《四书集注》里释义为："愤者，心求通而未得之意；悱者，口欲言而未能之貌；启，谓开其意；发，谓达其辞。"后来人们概括了孔子的启发思想，结合朱熹注释的基本精神，合称为"启发式"。在西方，首倡启发教学的是古希腊的大思想家苏格拉底。他在教学中运用"产婆术"，引导学生独立思考，自己得出结论。这种"产婆术"在西方被称为启发式谈话法或苏格拉底法。后来，他的思想被学生柏拉图和亚里士多德继承和发扬。近代科学技术的发展和进步，加速了教育改革的进程，同时也促进了启发教学理论的发展。在我国，五四运动时期，一些民主主义教育家如蔡元培就提出了改革"注入式"教学思想，他深刻地批判了那种"牢守几本教科书""像注水入瓶一样，充满了就完事"的做法。人民教育家陶行知也反对把教学只看作教师单方面活动的观点，将"教授法"改为"教学法"。

阅读材料：

苏格拉底法举例

以下是苏格拉底与一位士兵讨论"什么是勇敢"：

"什么是勇敢？"苏格拉底随便地问一个士兵。

"勇敢是在情况变得艰难时能坚守阵地。"士兵回答。

"但是，假如战略要求撤退呢？"苏格拉底问。

"假如这样的话，就不要使事情变得愚蠢。"士兵回答。

"那么，你同意勇敢既不是坚守阵地也不是撤退？"

"我猜想是这样，但是，我不知道。"

"我也不知道。或许它正好可以开动你的脑筋。对此你还有什么要说的？"苏格拉底又问。

"是的，可以开动我的脑筋。这就是我要说的。"

"那么，我们也许可以尝试地说：勇敢是在艰难困苦的时候的镇定——正确的判断。"苏格拉底说。

"对。"士兵最后回答。

（摘自单中惠：《西方教育史思想史》，太原，山西人民出版社1996年版）

（二）启发式教学与注入式教学的区别

注入式教学是一种"填鸭式"的教学指导思想，是指教师从主观出发，把学生看成单纯接受知识的容器，向学生灌注知识，无视学生在学习上的主观能动性。在这种思想的指导下，教师在教学中仅仅起了一个现成信息的载负者和传递者的作用，而学生则仅仅起着记忆器的作用。启发式与注入式是两种根本对立的教学指导思想，它们之间有着根本的区别。

第一，学生观的对立。启发式教学既承认学生是教育的对象，也承认学生是认识的主体；注入式教学只承认学生是教育的对象，而否定学生在认识中的主体作用。延伸至教与学的关系上，启发式教学强调教师的主导作用和学生的积极性、主动性相统一；注入式教学片面夸大教师的主导作用，忽视学生的主观能动性。

第二，教学观的对立。在教学与发展关系上，启发式教学认为教学的目的主要不在于传授知识，而在于培养学生获取知识和更新知识、发现知识的能力；注入式教学认为教学就是向学生传授知识与技能，强调智力、能力是在知识获取中自然得到提高。

第三，教学内容选择的不同。启发式教学重视"少而精"，尤其强调结构的重要性；注入式教学则"多而繁"，面面俱到。

第四，教学信息传输方式不同。启发式教学中，注重信息的双向或多向交流，既有教师向学生呈现信息，也有学生向教师反馈信息及学生之间相互传送信息；注入式教学只单维度强化教师之于学生的单项信息流动。

第五，师生心理相融度不同。在启发式教学过程中，师生之间的情感容易交流沟通，心理相融度高，教学生态和谐；注入式则与之相反，师生心理难以交融。

三、中小学常用的教学方法

人类在长期的教学实践中，创造和积累了众多的教学方法。教学方法分类的标准是多角度的，一般而言，多从外部形态及特点、活动功能、活动性质等角度进行分类。我们认为，从外部形态分析，中小学常用教学方法主要包括以下几种。

(一)以语言传递为主的教学方法

以语言传递为主的一类教学方法运用得极为广泛，是指在教学过程中学生和教师以口头语言向学生传授知识、技能以及学生独立阅读书面语言为主的教学方法，具体包括讲授法、谈话法、讨论法和读书指导法四种。

1. 讲授法

它是教师运用口头语言系统连贯地向学生传授知识、技能，发展学生智力的教学方法。讲授法可以分为讲述、讲解和讲演三种方式。讲述是教师向学生描绘学习的对象、介绍学习的材料、叙述事物产生变化的过程，文科教学中用得较多。讲解是教师对概念、原理、规律、公式等向学生进行解释和论证。讲述是叙述、描绘事实，讲解是说明、解释事实和论证原理，二者各有侧重，在教学中常结合使用。讲演是教师对一个专题做较长时间的深入而广泛的论证，并做出结论的一种讲授方式，是教师经常在中学高年级采用的一种方法。

讲授法可以充分发挥教师的主导作用，使学生在短时间内获得大量系统的科学知识，并且能结合知识传授进行思想品德教育。但是，教师在运用讲授法时，应照顾好学生的个别差异，适当配合其他教学方法，避免"满堂灌""填鸭式"教学，使学生听中有看、有写、有练、有读、有说，以提高讲授效果。其基本要求如下。

(1)要科学组织讲授内容。教师在教学中无论对事实的叙述和描绘，或者对概念、规律的解释和论证，都必须是正确的；讲课做到融会贯通，既要突出重点，分散难点，又要系统、全面；既要有生动活泼、引人入胜的叙述，又要有科学的结论；要抓住教学内容的重点、难点和关键，做到有的放矢、主次分明、详略得当、观点明确、思路有序；既要遵循知识本身的逻辑顺序，又要符合学生的思维特点。

(2)讲授形式要富有启发性。教师讲授中可通过交代讲课思路、讲问结合、善用设问或反诘语等多种形式和途径，诱导学生的"想"，使讲和想相互感应、密切配合，使学生在不知不觉中进入积极的思维状态、深刻领悟知识。

(3)讲究语言艺术。教师的语言要清晰、简练、生动形象、逻辑性强，讲授的音量、速度、节奏要恰当，要以姿势助说话，富有感染力，语言的速度、高低、强弱要和学生心理节奏相适应，避免不必要的重复和语病。

2. 谈话法

它是教师和学生相互交谈，以引导学生根据已有的知识和经验，通过独立思考去获得新知识的教学方法。谈话法能集中学生的注意，激发学生的思维，有利于提高学生的口头语言表达能力。按谈话目的的不同，谈话法可分为复习式谈话与启发式谈话。复习式谈话是教师根据学生已学过的教材提出问题，通过师生间的问答，帮助学生复习、深化知识并检查学生对知识的掌握情况的谈话方式。启发式谈话则是通过向学生提出未思考过的问题，一步一步引导他们去深入思考和探取新知识的一种谈话方式。但是，如果教师准备不足，问题设计不当，掌握不好，将难以控制课堂教学时间。其基本要求如下。

(1)要认真准备，精心设问。教师在摸清学生已有的知识和经验水平的前提下，确定谈话的目的和要求，拟好详细的谈话提纲，估计学生在回答问题时可能碰到的困难，以及怎样帮助他们克服困难。因此，教师设问一定要突出教材的重点和难点，问题的大小、难易要适度，层次有序，具有启发性。

（2）要善于启发诱导。当问题提出后，要善于启发学生利用他们已有的知识经验或对直观教具观察获得的感性认识进行分析、思考，引导他们根据问题之间的线索，进行比较、分析、综合、抽象、概括，揭示问题或矛盾之所在，因势利导，让学生得出正确的结论，一步一步地获取新知。

（3）营造良好谈话氛围。问题提出后，教师要注意创设和谐轻松的课堂气氛，多给学生以鼓励，使其消除紧张惧怕心理，大胆发言，积极思考，通过切磋琢磨，获取知识。

（4）要做好归纳、小结。当问题基本解决时，教师要及时归纳或小结，纠正一些不正确的认识，帮助他们准确地掌握知识，使其知识系统化、科学化。

阅读材料：

一位教师讲授"动物"概念的谈话

师：什么是动物？

生：鸡、鸭、猪、狗是动物。

师：为什么是动物呢？

生：因为它们会叫唤。

师：蚯蚓不会叫唤，可也是动物。

生：蚯蚓会爬；会爬、会走的都是动物。

师：鱼不会爬，只会在水里游泳；鸟不会爬，会飞，它们是不是动物呢？

生：它们是动物，因为它们会活动；能活动的是动物。

师：飞机会飞，汽车会走，是不是动物呢？

生：不是，它们自己不会飞，不会走，是人开动的，没有生命不是动物。

师：对了！能自己活动的生物叫动物。

（摘自王道俊，王汉澜主编：《教育学》，北京，人民教育出版社1987年版）

3. 讨论法

它是在教师的指导下，根据提出的问题，在独立钻研的基础上，组织学生在小组或全班对教材中的重要问题或疑难问题进行讨论，达到互相启发、加深理解的教学方法，它包括班级、小组讨论和综合性、专题性、研究性课堂讨论等多种形式。它能激发学生学习的积极性，使他们更深刻、准确地掌握知识。但是讨论常和其他教学方法配合使用，很少作为一种独立获取知识的方法，一般适于高年级的学生，并且讨论要引向深入比较困难。其基本要求如下。

(1)做好讨论的准备。讨论前，教师根据教学目的确定论题，论题要有吸引力，重要而有价值，能激起学生兴趣与思维。讨论要求要具体，注意指导学生收集有关的资料、准备讨论的意见和发言提纲。

(2)保证讨论有序进行。讨论时，教师要调动全体学生讨论的积极性，根据论题的内容，启发学生独立思考，逐步深入问题的实质，研究关键问题。问题的结论要让学生在讨论中探求，教师不要暗示。同时，要鼓励学生积极思考、勇于发表自己的见解，反对固执己见，敢于承认与修正错误，培养实事求是的精神和创造性地解决问题的能力。

(3)及时归纳讨论结果。讨论结束时，教师要及时对讨论进行归纳，并让学生有时间进一步思考和研究问题。对不同意见，要辩证地进行分析，肯定正确的，纠正错误的、片面的或模糊的认识，使他们获得正确的观点和系统的知识，做出科学的结论。

4. 读书指导法

它是教师指导学生通过自学教科书、参考书和其他课外读物，借助书面语言获得知识、发展智力、提高思想认识、培养读书能力的方法。它包括指导预习、指导复习、指导阅读参考书、指导学生自学教材等多种形式，它对培养学生自学能力和读书习惯有重要作用，是进行终身教育的一种主要方法，是学习化社会中的一种必备技能。其基本要求如下。

(1)教师应结合教学内容的需要，向学生推荐好书。选择、推荐的书籍对学生应是有益、适合的，其知识面应当宽一些，体裁应当多样一些，能为他们打开一个新奇的世界，能激发学习兴趣、丰富精神生活，使他们养成良好的读书习惯。

(2)提出明确的目的、要求。要让学生带着任务、问题学，才能提高学生学习的自觉性、积极性，使他们自主地掌握学习要求、调节学习行为、实现学习目的。

(3)加强辅导，教给学生读书的方法。学生在阅读过程中随时会遇到困难、产生疑惑，需要教师及时指点、解决。他们写的心得、做的作业，也需要教师及时检查、批改。因此，教师需要引导他们掌握朗读、默读和背诵的方法，浏览、通读与精读的方法，学会利用读物本身的目录、序言、注释、图表和工具书（字典与辞书）来帮助理解，学会做记号、提问题、做眉批、做笔记、写提纲和读书心得等。

（4）适当组织一些读书活动，交流读书心得。可以搞班级读报栏、读书角，组织学生举办读书报告会、座谈会、专题讨论会、心得交流会，开展读书竞赛、评比、评奖活动等，以此培养读书的兴趣和爱好，提高读书效率。

(二)以直观感知为主的教学方法

它是指教师通过对实物或直观教具的演示和组织教学性参观等，使学生利用各种感官直接感知客观事物或现象，给学生提供丰富的感知材料，为学生深入领会与掌握抽象的理论知识创造条件而获得知识的方法，具有形象性、直观性、具体性和真实性，主要包括演示法、参观法两种。

1. 演示法

它是教师根据教学目的和内容，在课堂上配合讲授和问答，通过展示实物或直观教具，或示范性的表演和实验，利用现代化教学手段，使学生通过观察获取知识、发展智力的教学方法。它可以加深对学习对象的印象，使学生获得丰富的感性知识，形成正确、深刻的概念，激发学习兴趣，深刻理解知识和巩固知识。教学演示按所用教具可分为实物、标本、模型演示，图片、图画和地图演示，实验演示，幻灯、录音、录像、教学电影演示四大类。随着教学手段的现代化，演示的内容大大扩充，它的作用日益重要。其基本要求如下。

（1）要做好演示前的准备。演示前，教师要根据教学需要，做好教具准备，选择典型的实物、教具等演示材料，突出观察的重点，分析演示过程中可能出现的问题。放大需要认真观察的部分，最好用色彩把易忽略的地方突出，特别是演示实验，还要适当重复演示过程。

（2）要使学生明确演示的目的、要求。在演示中，要引导学生观察演示对象的主要特征，防止注重细枝末节；要尽可能让学生观察一些变化、发展和活动的过程，使他们对演示的对象获得深刻的印象，让他们主动、积极、自觉地投入观察与思考。

（3）要讲究演示的方法。演示要紧密配合教学，每堂课演示的教具不宜过多，要有针对性，展示教具应及时，过早出示或迟迟不收藏教具都会分散学生注意，要使全班学生都能看到演示对象；同时，演示过程中不能为演示而演示，教师要向学生提出问题，或做适当讲解、指点，使演示实物与学习书本知识密切结合起来，使他们边看、边听、边思考、边议论，以获取最佳效果。

2. 参观法

它是教师根据教学目的、任务和教学实验需要，组织和指导学生到实地直接观察、研究客观事物，获得知识的教学方法。参观法能有效地使教学和实际生活相联系，丰富教学内容，开阔学习视野，提高学习兴趣，发展认识能力，培养积极的情感。它可分为准备性参观、指导性参观、总结性参观三大类。其基本要求如下。

（1）要有准备。事前要制订参观计划，选择恰当的参观地点，向学生说明参观的目的、要求、参观对象的情况，确定参观的形式和方法，提出应注意的事项与遵守的纪律。

（2）要有指导。教师要组织学生积极投身到参观活动中去，把提问、观察、谈话有机结合起来，注意收集和记录有关资料，特别应做好参观的组织纪律教育和安全教育。

（3）要有总结。参观结束后，教师要让学生对参观中搜集到的材料进行分析，绘制图表、标本、模型或撰写心得，指导学生及时把参观所得的感性认识上升为理性认识，与所学的理论知识结合起来，写好参观报告，得出科学结论。

（三）以实践为主的教学方法

学生的体力、智力的发展和技能、习惯的形成，除了知识传授外，还必须依靠实际训练，依靠手脑并用。以实际训练为主的教学方法虽然以学生的活动为主，但教师作为指导者，应根据技能、行为习惯和体力、智力的形成与发展规律，设计出一套能进行有效活动的实践程序。它包括实验法、练习法、实习作业法和实践活动法。

1. 实验法

它是在教师指导下，通过运用一定的仪器设备、材料，控制某些条件，使学生独立观察和分析事物及其过程的发生、变化，探求事物的规律，理解、验证知识并形成技能的教学方法。实验法可分感知性实验和验证性实验两种：前者在进行新课之前做，为学新课做好感性认识的准备；后者在讲完新课后做，检验所学原理，巩固知识。实验的场所既可在实验室，也可在校内外的实验园地或教室进行。这种方法广泛地运用于自然科学各学科的教学中，不仅有助于学生把理论和实践结合起来，加深对所学知识的理解，发展学生的观察力、创造能力和实验操作能力，而且能培养学生对科学实验的兴趣和求实精神。其基本要求如下。

(1)做好实验前的准备。实验前，教师要编写实验计划，制订实验的课时计划，提出目的和要求，做先行实验或示范性实验，准备好实验器具，编好实验小组；要求学生做好理论知识准备，懂得实验的原理、过程、方法及注意事项，并明确提出具体可操作的步骤和要求。

(2)注意实验过程中的指导。教师要巡视全班实验情况，要教给学生正确的实验方法，指导观察、操作、记录等各个环节，引导他们独立完成实验任务。同时，如果发现重要或共同的问题要及时向全班作指导，对困难较大的小组或个人要给予帮助，使每个学生都积极投入实验。

(3)做好实验小结。教师应当小结全班实验情况，可以指定学生报告他们实验的过程和结果，指出优缺点，分析问题产生原因、提出改进意见；实验结束时，应要求学生收藏好实验用品，打扫好实验室，完成实验报告。

2. 练习法

它是在教师指导下，学生运用所学知识反复完成一定的操作活动，从而消化巩固知识、形成技能技巧、培养能力和养成行为习惯的教学方法。其突出特点是它的实践性和操作性，根本意义在于促进学生的手脑并用，理论与操作结合，认识与行动结合，培养克服困难的意志、勇于创新的精神以及严肃认真的作风。练习按培养学生不同方面的能力分为口头练习、书面练习、实际操作练习。按学生掌握技能、技巧的进程分为模仿性练习、独立性练习、创造性练习等。其基本要求如下。

(1)做好练习准备。教师应使学生明确练习的目的、要求，掌握练习的原理和方法，以一定的理论指导一定的练习；要根据教学目的的要求和学生发展的需要，精选学习材料，做到系统化和多样化，提高练习的实效性。

(2)指导训练方法。教师要指导学生掌握练习的方法，必要时教师应先做示范，防止练习中的盲目性；练习要适当，在练习的数量、质量、难度、速度、独立程度和熟练程度、综合应用与创造性上，对学生都应有计划、有要求，防止过多过难、加重学生学习负担；应及时反馈练习结果，及时发现解决存在的问题，对学习有困难的学生，要进行个别辅导，使他们能及时完成练习任务。

(3)严格要求，及时讲评。无论是口头、书面练习，还是操作练习，都要严肃认真，要求学生一丝不苟、刻苦训练、精益求精，达到最高的水平，具有创造性。练习结束时，要对练习结果进行讲评，指出练习的优缺点，纠正练习中的错误。

3. 实习作业法

它是根据课程标准的要求，教师指导组织学生在校内或校外参加实践活动，验证间接知识，或将书本知识运用于实践的方法。其侧重于概括理论和验证理论，主要目的在于掌握理论，具有很强的实践性、独立性、创造性，能激发学生的兴趣和求知欲望，培养学生综合运用知识来解决实际问题的能力，但要受各种条件的制约。其基本要求如下。

(1)做好实习作业的准备。实习前，教师要做好组织工作，制订好实习作业计划，确定好地点，准备好仪器，编好实习作业小组；做好实习作业的动员，使学生明确实习作业的目的、任务、程序、组织领导、制度、纪律和注意事项，提高自觉性。

(2)做好实习作业过程中的指导。实习时，教师要认真巡视，必要时要进行示范，积极争取有关实际工作者的协助，全面掌握情况。发现问题和经验，及时进行交流与辅导，以保证质量。同时，随着学生独立工作能力的提高，可以鼓励学生自己设计实习作业，增强实习的创造性。

(3)做好实习作业的总结。实习结束时，可由个人或小组写出全面的或专题的总结，巩固实习作业成效。

4. 实践活动法

它是指让学生参加社会实践活动，培养学生解决实际问题的能力和多方面实践能力的教学方法。在实践活动法中，学生是中心，教师是学生的参谋或顾问，教师必须保证学生的主动参与，决不能越俎代庖。

(四)以情感陶冶为主的教学方法

以情感陶冶为主的教学方法是指教师根据一定的教学要求，有计划地使学生处于一种类似真实的活动情境之中，利用其中的教育因素综合地对学生施加影响的一种教学方法。这种方法改变了传统教学只重认知、忽视情感的弊端，对培养学生的学习动机，丰富学生的生活体验，发展学生的创造能力，培养学生高尚的道德和审美情感都起到了重要的作用。但是，其应用的范围有限，有些抽象的知识不能通过此法来掌握。因此，它更多的是作为辅助性的教学方法来使用。以情感陶冶为主的教学方法，主要包括欣赏教学法和情境教学法两种。

1. 欣赏教学法

欣赏教学法是指在教学过程中指导学生体验客观事物的真善美的一种教学方法。欣赏教学法一般包括对自然的欣赏、对人生的欣赏和对艺术的欣赏等。其基本要求如下。

（1）引发欣赏的动机与兴趣。教师在指导学生欣赏之前，要先准备与教学内容相关的背景材料，如作者生平、故事、逸事等，使学生具备一些必备知识，并有欣赏的兴趣。

（2）增强情感体验。欣赏本身就是对事物的一种情感反应，教师要善于利用各种情境，或通过声调转变、面部表情等种种身体语言的变化，给学生以刺激和暗示，促进学生的想象，增强情感体验。

（3）照顾个别差异。每个学生有不同的知识背景，有不同的兴趣与取向，在欣赏教学中应鼓励多样性，而不应强求统一。

（4）给予展示平台。为了进一步巩固欣赏成果，教师要利用讲述、表演等多种形式，创造机会让学生表达、展示、反馈、巩固内心体验，提高教学成效。

2. 情境教学法

情境教学法是指在教学过程中，教师有目的地引入或创设具有一定情绪色彩的生动具体的场景，以引起学生一定的情感体验，从而帮助学生理解教材，并使学生的心理机能得到发展的教学方法。教师创设的情境一般包括生活展现的情境、图画再现的情境、实物演示的情境、音乐渲染的情境、言语描述的情境等。

（五）以探究活动为主的教学方法

以探究活动为主的教学方法是指学生在教师引导下，通过独立探索、自我发现，创造性地解决问题，获得知识和发展能力的一种教学方法。这种方法有利于学生主动地学习知识，创造性地分析和解决问题，并逐步掌握科学研究的方法。其基本要求如下。

1. 恰当选定研究课题

学生研究的课题要视学生的知识水平和能力而定，要解决的问题可以是书本上要求掌握的概念、原理等，也可以是现实中亟待解决的问题，鼓励学生创造性地运用已学的知识解决问题。

2. 引导学生积极独立思考与探索

探究主要以学生为主，教师应帮助学生学会从简单问题向复杂问题、从问题局部向问题全过程研究过渡，使他们学会独立思考、探索和研究。

3. 创设必要条件

学生毕竟是不成熟的个体，探究过程中，教师可提供设备、资料等，必要时可提供一定示范，增强他们探究的信心与勇气。

总之，中小学常用的教学方法丰富多彩，但是，每一种方法都有它的特定功能，运用时应区别对待、扬长避短。

四、教学方法的选择与运用

(一)选择与运用教学方法的基本依据

俗话说："教学有法，但无定法，关键得法。"教学方法的选择与运用受许多因素的影响，并非轻而易举的事。现代教学对教学方法的要求日益提高，提倡一系统的观点为指导来选择和使用教学方法和教学手段，以便优化教学，提高教学质量。主要依据如下。

1. 教学目的和任务的要求

选择教学方法前，必须先明确教学将要达到的目的和将要完成的任务。只有明确了教学的目的和任务，并且对各种方法在达到目的、完成任务时的可能性和效率性进行认真分析后，才能做出最佳选择。如果目的和任务是传授新知，那么就宜采用以语言传递信息为主的教学方法；如果目的和任务是要使学生获得完善的技能，那么就应选择以实际训练为主的方法。

2. 课程的性质和特点

不同学科性质和同一学科内的不同内容，要求有不同的教学方法。语文、外语多采用讲读法；物理、化学多运用演示法、实验法；体育课本身就要求更多的动作技能目标，因而就应采用练习法与实习作业法。

3. 依据学生的特点

教学对象影响着教学方法的选择。不同年龄阶段的儿童在生理、心理以及文化基础等方面都存在差异，教学方法要适应学生的基础条件和个性特征，教学方法的运用不仅要考虑全班学生的整体水平，也要考虑每个学生的实际水平与兴趣。比如，年级越低，学生抽象思维越差、注意力越不能持久，讲授就不宜过长、抽象知识就不宜过多。

4. 教师本身的素质

教师的素质直接影响教学方法的选用与效果。教师在选择与使用教学方法时应对自己已有的实际经验、个性特征及业务水平有比较清晰的认识，应尽量选用适合自己能力实际的教学方法，并在教学实践中努力学习，克服缺点，逐步形成具有自己特色的教学风格，提高教学质量。

5. 各种教学方法本身的功能

每一种教学方法都有自己的适用范围，且不同的教学方法需要不同的知识与心理准备，因此，我们要针对不同的教学内容、不同的教学形式、不同的对象选择不同的教学方法及其组合。

6.教学时间、设备等其他教学条件

教学的地理、生产和社会环境及其教学手段的现代化程度都是影响教学方法选择的因素。教师在选择教学方法时应考虑教学方法与教学任务之间在时间上是否会出现矛盾、空间是否允许，各地区的教学设备等条件是否具备。比如，发达城市在用现代教学技术呈现教学内容等方面有较大的选择性，而边远山区则没有。

(二)教学方法运用的要求

每一种教学方法均有其自身的特点和适用的条件，在实际中并没有一种最佳的教学方法适应任何教学情境，也没有一种万能的教学方法取得最好的教学效果。不同教学方法对不同的人、情境、教学内容、教学媒介，都会产生不同的教学效果。因此，教学方法运用要做到综合性、灵活性与创造性相结合。

教学方法运用的综合性是指根据教学任务和教学内容的需要，综合运用多种教学方法，而不要长期只使用一种教学方法。

教学方法运用的灵活性是指在实际应用中，要从实际需要出发，随时对其调整。

教学方法运用的创造性是指从教学实践出发，在把握现有教学方法的基础上有所创造。

总之，我们一定要综合考虑教学的有关因素，注意启发式、避免注入式，注重联系实际，防止教条主义，选取适当的教学方法，并加以合理地组合，力求教学效果的最优化。

五、教学方法的发展

教学方法并不是一成不变的。随着科学技术的进步、教育理论和实践的发展、课程教材的改革、学生的发展变化，必然引起教学方法的变革。当前国内教学方法变革中具有代表性的有上海特级教师倪谷音首先倡导的愉快教学法、江苏省特级教师李吉林首创的情境教学法、江苏常州特级教师邱学华首创的尝试教学法、以上海闸北八中校长刘京海为首的一批教改研究者首先提出的成功教学法等。在国外，最有影响力和代表性的教学方法的改革有美国心理学家布鲁纳所倡导的发现法、依据美国教育学家布鲁姆的"教育目标分类"和"掌握学习策略"所形成的目标教学法、美国著名教育心理学家斯金纳倡导的程序教学法、苏联教育家沙塔洛夫创造的"纲要信号"图式教学法、德国学者瓦·根舍因首创的范例教学、保加利亚医学和心理学博士洛扎诺夫首创的暗示教学、美国人本主义心理学家罗杰斯提出的非指导教学法。

当代国内外教学方法发展的趋势，有以下几个特点。[①]

第一，自主性。现代教学方法改革越来越重视学生在教学中的独立自主活动，努力提高学生学习的积极性与参与度。普遍重视学生掌握科学的学习方法，培养学生独立学习、独立探索的能力。

第二，个性化。现代教学方法改革越来越重视学生的个别差异，实行因材施教，以更好地发展学生的潜能。个性化趋势主要表现在两个方面：一方面，个体性活动已成为许多教学方法的重要组成部分；另一方面，现代教育技术手段的发展又为教学方法提供了一个新的发展空间，师生相互作用更趋于多元化，使学生在知识、能力、兴趣、特长等方面的发展成为可能。

第三，合作性。现代教学方法改革越来越重视师师合作、师生合作、生生合作。这些合作，不仅是为了集思广益、相互切磋，也是为了培养学生的合作意识与行为，形成良好的非认知品质，从而顺应教育社会化的要求。

第四，全面性。现代教学方法改革追求全面达成教学目标(包括认知、情感、技能等各种目标)。传统教学方法达成的教学目标比较单一，现代教学方法改革在侧重实现某一目标的同时，兼顾其他目标的达成，以增强方法的适应性和提高学生的综合素质。

第五，综合性。强调多种教学方法的综合运用。人们在选用方法时，开始重视多法结合，互配使用，以期达到最优化的教学效果。

教学方法改革是当今教学改革的一项重要内容。了解国内外教学方法改革的特点与趋势，有助于我们更深入有效地进行教学改革，推动教学方法科学化、艺术化的进程。

六、当代教学方法的改革

(一)情景模拟法

情景模拟法是美国心理学家茨霍恩等首先提出的，原是一种行为测试

---

① 叶上雄主编：《中学教育学》(新编本)，北京，高等教育出版社 2004 年版。

手段，用于测试应试者完成应聘岗位上的典型任务的方法、措施、手段、质量等情况。该法引进教学，就是让学生围绕某个探究的中心问题，模拟表演某个场景，然后讨论表演，并以此来引导学生共同探求对人、事、物的情感、态度、价值取向和问题解决策略，帮助学生形成处理问题的恰当方法与技巧。它的核心是激情和让学生表演操作。该法适用于各年级在解决一些探究难点问题时使用，让学生从现场的情景中获得心理体验，产生求知欲望，激发学习兴趣，使枯燥的探究问题变得易于被学生接受和理解。此法既可用于再现实际生活中遇到的各种社会现象，也可用于问题解决之后的反思拓展，即展示问题解决的主要过程。操作步骤如下。

第一，选择主题中需探究的问题进行情景构思。

第二，设计制作情景模拟所需的多媒体课件（如背景画面等），还可准备一些实物，适当增强仿真效果。

第三，让学生选择扮演、担任角色，教师布置有针对性的观察、思索的任务。

第四，从情景模拟中再现问题，引出问题，展开解决方案的讨论。

(二)案例教学法

案例教学法起源于 1920 年，由美国哈佛商学院（Harvard Business School）所倡导并将其视为一种相当有效的教学模式，1990 年以后我国开始探索。

案例教学法是一种以案例为基础的教学法（case-based teaching），案例本质上是提出一种教育的两难情境，没有特定的解决之道；教师在教学中不是扮演传授知识者的角色，而是扮演设计者和激励者的角色，鼓励学生积极参与讨论。

案例教学法非常适合于开发分析、综合及评估能力等高级智力技能，以及提高承担具有不确定结果风险的能力。为使案例教学更有效，必须能为学生提供案例准备及讨论案例分析结果的机会，让他们面对面地讨论或通过电子通信设施进行沟通。但是学习者必须愿意并且能够分析案例，然后进行沟通并坚持自己的立场，这是由于学生的参与度对案例分析的有效性具有至关重要的影响。因此，案例教学要做好以下几点：①鼓励学生独立思考。②引导学生变注重知识为注重能力。③重视师生双向交流。

案例教学的步骤如下。

1. 学生自行准备阶段

一般在正式开始集中讨论前一到两周，就要把案例材料发给学生，让其阅读案例材料，查阅指定的资料和读物，搜集必要的信息，并积极地思索，初步形成关于案例中的问题的原因分析和解决方案。教师可以给学生列出一些思考题，让其有针对性地开展准备工作。

2. 小组讨论准备阶段

将学生分为3～6人组成的小组。小组成员要多样化，这样他们在准备和讨论时表达不同意见的机会就多些，对案例的理解也就更深刻。各个学习小组的讨论地点应该彼此分开。小组以他们自己有效的方式组织活动，教师不进行干涉。

3. 小组集中讨论阶段

各个小组派出自己的代表，发表本小组对于案例的分析和处理意见。发言完毕发言人要接受其他小组成员的讯问并做出解释，本小组其他成员可以代替发言人回答问题。教师可以提出几个意见比较集中的问题和处理方式，组织各个小组对这些问题和处理方式进行重点讨论。

4. 总结阶段

讨论完成之后，教师留出一定时间让学生自己进行思考和总结。总结可以是总结规律和经验，也可以是获取这种知识和经验的方式。还可让学生以书面的形式做出总结，这样学生的体会可能更深。

案例教学对案例的要求是：真实可信、客观生动和多样化。

（三）抛锚式教学法

抛锚式教学（Anchored Instruction）主要由美国学者布朗斯福特（Bransford J.）等人提倡并开发出来，是指在多样化的生活背景中（或在利用技术虚拟的情境中），运用情境化教学技术以激发学生学习动机、促进学生反思、提高迁移能力和解决复杂问题能力的一种教学方式。具体说就是根据事先确定的学习主题，在相关的实际情境中去选定某个典型的真实事件或真实问题，然后围绕该问题展开进一步的学习，如对给定问题进行假设，通过查询各种信息资料和逻辑推理对假设进行论证，根据论证的结果制定解决问题的行动计划，实施该计划并根据实施过程中的反馈，补充和完善原有认识。

抛锚式教学是使学生适应日常生活，学会独立识别问题、提出问题、解决真实问题的一个十分重要的途径。

"锚"指真实的情境中创设问题所依据的故事情节。抛锚式教学的核心是"锚"，学习活动的设计都要围绕"锚"来进行。"锚"具体包括以下两个方面。

第一，抛锚时教学中强调技术的运用。

第二，宏环境，通常指包含所需要解决的问题主题的一个故事、一段冒险或一个情境，且能引起学生的兴趣。

"抛锚"就是确定这类真实事件或问题。因为一旦这类事件或问题被确定了，整个教学内容和教学进程也就被确定了（就像轮船被锚固定一样）。

抛锚式教学不同于通常课堂上的讲座，它在教学中使用的"锚"是有情节的故事，而且这些故事的设计有助于教师和学生进行探索；它并不把现成的知识教给学生，而是在学生学习知识的过程中向他们提供援助；它鼓励学生主动学习与合作学习。抛锚式课程对教师提出的最大挑战之一就是角色的转换，即教师应从信息提供者、转变为"教练"和学生的"学习伙伴"。教师自己也应该是一个学习者。

抛锚式教学法的设计原则如下。

（1）学习与教学活动应围绕某一"锚"来设计。

（2）课程的设计应允许学习者对教学内容进行探索。

围绕这两条重要的设计原则，可以根据教学的实际情境衍生更多的、具体的教学设计原则，比如 Jasper Series 提出了如下七条教学设计原则：①以录像为主要设计方式；②基于真实问题的叙述（优于纯粹的录像演讲）；③故事生成性方式设计（如历险故事结束后，学生们必须概括出已经解决的问题）；④对所镶嵌数据的设计（如所有解决问题所需的数据都将在录像中提供）；⑤呈现问题的复杂性；⑥与历险相关的问题成对呈现；⑦建立课程间的联结。

（四）微格教学

微格教学（Microteaching）又称微型教学，它以现代教育理论为基础，利用先进的媒体信息技术，依据反馈原理和教学评价理论，分阶段系统培训教师教学技能的活动。

微格教学形成于美国 20 世纪 60 年代的教育改革运动。斯坦福大学（Stanford University）的欧伦（W. Allen）等人在"角色扮演"教学方法的基础上，利用摄录像设备实录受培训者的教学行为并分析评价，以期在短期内掌握一定的教学技能，后来逐步完善形成了一门微格教学课程。在 20 世纪 70 年代末，微格教学已逐步被一些国家作为培训教师教学技能、技巧的一种有效方法而采用。英国诺丁汉大学的乔治·布朗（G. Brown）将微格教学发展改进，提出备课、感知、执教为"微格教学"三要素。我国在 20 世纪 80 年代初开始引进这种教学方法。

微格教学的特点用一句话概括就是"训练课题微型化，技能动作规范化，记录过程声像化，观摩评价及时化"。"微"是微型、片断及小步的意思；"格"取自"格物致知"，是推究、探讨及变革的意思，又可理解为定格或规格，它还限制着"微"的量级标准（即每"格"都要限制在可观察可操作、可描述的最小范围内）。微格教学就是把复杂的教学过程分解为许多容易掌握的单一教学技能，如导入、应变、提问、媒体使用、学习策略辅导、学生学业成就评价等。对每项教学技能进行逐一研讨并借助先进音像设备、信息技术，对师范生或在职教师进行教学技能系统培训的微型、小步教学。其特点可以具体表述如下。

1. 学习目标明确、具体

与传统的教学方法有明显不同就在于对教学过程进行分解，从简单的单项教学技能入手，制订科学的训练计划。每一项技能的达成目标要求翔实、具体，常用行为目标表述，具有可操作性。在对教学技能进行科学分类的基础上构成完善的目标系统。

2. 学习规模小、参与性强

采取分组的方式，小组人数一般 3～5 人，最多不超过 10 人，每人讲课时间一般 5～10 分钟，听讲人由指导教师和其他受培训者组成。在教学的实施过程中，每一位受培训者不仅有机会登台讲课，展示自己对某项技能的理解、掌握及运用情况，感受作教师的真实体验，同时又可作为学生学习其他人的讲课技巧，并参与对教学效果的自评与他评，不断总结经验。这种小组式教学机动灵活，并可穿插其他教学方法，从而使教学方法体系化。

3. 教学实践过程声像化，反馈及时、客观

利用声像设备把每一位受培训者的讲课过程如实客观地记录下来，为小组讨论及自评提供了直观的现场资料。受培训者能及时看到自己的教学行为，获得自我反馈信息。有些不太注意的教学细节如多余的习惯性动作、口头禅，经细节放大以后一目了然、印象深刻，利于及时修正，收到"旁观者清"的效果，产生"镜像效应"。同时也在一定程度上减轻了指导教师的教学负担，以便腾出更多的时间用于对学生教学行为进行评价和指导，提高了培训质量和效率。也可利用录音带、录像带的存储功能，经过一定阶段后再次视听音像带，实现延时反馈，对受训人员进行教学技能的再强化，可达到提高教学效果的作用。利用积累的大量教学声像素材，可编辑制作典型的微格教学片，构成微格教学系列教材，用于微格教学实录

前的观摩及第二课堂学习。

4. 评价技术科学合理

微格教学中不仅对教学技能进行系统分类、明确学习内容，并对教学技能要达到的目标尽量做到细化，提高可操作性，制定科学具体的评价指标体系，运用一定的评价技术，对每项技能进行公正评价。参评人员不仅仅是指导教师，而且包括试讲人和其他受训教师，使信息反馈多元化、教学评议民主化。评价方式定量评价与定性评价相结合，自我评价与集体评价相结合，评价与议论相结合，构成综合评价系统，而且评价是对照着声像记录结果，更有针对性、更直观、具体，评价结果更客观、符合实际。还可以把大量评价数据输入计算机，从而构建评价模型，使评价结果更直观、可靠。

5. 观摩示范与模仿创新相结合，新时期训练与综合训练相结合

为了增加对教学技能的感性认识，对某项技能除做理论阐述外，同时提供一些优秀范例（文字的或声像的）。在观摩、评论的基础上结合给定的题目进行教学设计，并鼓励受培训者积极发挥主动性，在模仿的基础上勇于创新，体现教学的灵活性、创造性，避免过于机械的学习。由于听讲"学生"是指导教师和其他受培训者，即使在执教过程中出现差错也不必担心对学校教学或学生造成不良影响，心理压力小，有利于增强掌握教学技能的信心。每一阶段的训练项目要尽量集中，在重点进行单项训练的同时，注意多种教学技能的组合运用，由线性训练转向综合训练，使各种教学技能运用自如，达到融会贯通。

6. 教育技术的掌握、应用

师范生或在职教师通过观摩录像示范片、施教前的教学设计、操作摄录机进行教学实况录像、重放教学实况、计算机教学评价分析等一系列活动，增强了其对教育技术的应用意识和技能。

【自测题】

一、单项选择题

1. 学校的中心工作是(　　　)。

A. 教学工作　　　　B. 学生管理　　　C. 行政工作　　　D. 总务工作

2. 教学是学校(　　　)得以有效开展的主要途径。

A. 教育　　　　　　B. 智育　　　　　C. 德育　　　　　D. 体育

3. 正确的教学内容应该是科学性和(　　　)的高度统一。

A. 趣味性　　　　B. 知识性　　　　C. 思想性　　　　D. 教育性

4. 孔子要求"学而时习之""温故而知新"，是说在教学中要贯彻（　　）。

　　A. 理论联系实际原则　　　　　　B. 循序渐进原则

　　C. 启发性原则　　　　　　　　　D. 巩固性原则

5. "读万卷书，行万里路"体现的教学原则是（　　）。

　　A. 科学性与思想性相结合的原则

　　B. 理论联系实际的原则

　　C. 启发性原则

　　D. 巩固性原则

6. 发现教学、探究教学和问题教学都属于（　　）。

　　A. 以掌握知识为主的方法

　　B. 以训练技能为主的方法

　　C. 以陶冶情操为主的方法

　　D. 以引导探究为主的方法

7. 学生在教师指导下为解决某个问题而进行探讨、辨明是非真伪以获取知识的方法，这是（　　）。

　　A. 讨论法　　　　　　　　　　　B. 练习法

　　C. 谈话法　　　　　　　　　　　D. 读书指导法

8. （　　）认为，教学过程中教师和学生都是主体性存在，教学实际上是师生以教学资源为中介通过对话、交流、沟通来相互影响的过程，它属于一种特殊的人际交往形式。

　　A. 交往本质说　　　　　　　　　B. 认识—发展说

　　C. 多重本质说　　　　　　　　　D. 特殊认识说

9. 教学的本质是（　　）。

　　A. 教师教的活动　　　　　　　　B. 教师教和学生学的活动

　　C. 一种认识活动　　　　　　　　D. 培养智力的活动

10. 教学过程中，学生掌握知识的中心环节是（　　）。

　　A. 检查知识　　　B. 领会知识　　　C. 巩固知识　　　D. 运用知识

二、辨析题

1. 学校工作要以教学为中心，统筹安排。

2. 教学过程的结构就是教学模式。

3. 教学就是智育。

4. 掌握知识就是发展智力。

5. 教学直观手段包括实物直观、模像直观、言语直观三类。

6. 讲授法就是"满堂灌""填鸭式"教学。

7. 教学方法是由教学内容决定的。

8. 教学中"授之以鱼"不如"授之以渔"。

三、简答题

1. 简述教学的特点。

2. 简述教学的一般任务。

3. 如何理解现代教学过程的一般结构？

4. 简述教学过程的基本规律。

5. 我国中小学教学常用的教学原则有哪些？

6. 联系实际说明启发式教学的含义、意义及要求。

四、实践应用

接纳学生的"异口异声"
——"但坐观罗敷"中的个别声音

一天下午，初二(1)班语文课正在有条不紊地进行……

"我们刚才复习了小说的人物描写，知道人物描写通常分为直接描写和间接描写。所谓直接描写是指直接刻画人物的语言、行动、外貌和心理等，所谓间接描写是通过别人的反映或环境的描写，从侧面烘托人物。为了检验大家是否掌握，老师将一段课外的古诗朗诵给大家，请大家判断一下。"

"行者见罗敷，下担捋髭……耕者忘其犁，锄者忘其锄；来归相怨怒，但坐观罗敷。"同学们声音洪亮地回答道"间接描写"。"很好！"我带着欣赏的目光予以表扬后话锋一转："为什么青少年也好，老年人也罢，行者也好耕者也罢，这么多人见到罗敷以后，都不约而同地停下脚步去'观罗敷'，这说明了什么呢？"一个学生洋洋自得地说："好色！"这下，班里沸腾了，还有几个"不怀好意"的学生起哄。课堂秩序一下子混乱起来了。说实在的，我当时勃然大怒，很想发火，教训教训这个不知天高地厚的家伙。但是，职业的理智告诉我：这个学生顺口说出"好色"二字，很可能是说者无心，听者有意。所以与其大发雷霆，给对方一阵疾风暴雨式的呵斥，或者讽刺挖苦一番，不如先冷静下来稳定课堂秩序，然后再因势利导，引导学生如何鉴赏文学作品，课后再私下找那个"调皮鬼"……

短暂的停顿之后，我在白板上写下"好色"二字，并在"好"字下加上了着重号："同学们，'好'字有两种读音，第三声和第四声，如果是动词，读什么音？请组词。""动词读第四声，如：爱好、喜好、好逸恶劳、好大喜功。"同学们不知我葫芦里卖的是什么药，齐声回答后课堂秩序稍稍稳定了。"如果是形容词，读什么音？请组词。"我见同学们已经转移了注意力，步步追问。"形容词读第三声，如：好坏、好人、好主意、好方法。"同学们回答时仍面带疑惑。"非常好！那么，你们知道'好色'一词当中的'好'是什么词性吗？应该读什么？""动词，读第四声。"这时，同学们好像忘了刚才的喧闹，非常认真地回答道。"很好！通过刚才的那段文字，那么大家能否用一个词概括罗敷的特点？""好看""美丽""漂亮""酷"……同学们争先恐后地回答起来。我连忙说："大家说的都很对，常言说，爱美之心——"

"人皆有之。"同学们异口同声，且面带微笑。

我进一步指出："所以，见到美好的事物，我们都想欣赏一番。这是人之常情。不难看出，刚才那段文字中的青年人、老年人、耕者、行者不约而同地停下来观看罗敷，正是因为罗敷在他们眼里太美丽了，大家都想看个仔细。下面大家试着比较一下，如果说罗敷真美呀！太美啦！美得无与伦比，美得妙不可言等，这样是更具体了呢，还是更抽象了呢？"同学们高兴地回答："更抽象了。""对，如果一味地说她美，只能给大家留下非常模糊的印象。如果通过众人的反映来写罗敷的美，读者就会感到具体真切，而且能给大家以丰富的想象空间。"我看课堂秩序已经完全稳定了，接着又说："我们也常常听说某某是好色之徒，这'好色'是指心怀邪念的男子沉溺于情欲、贪恋女色，而'爱美'是对美好事物的欣赏、钦佩。两个词有本质区别。如此说来，用'好色'一词来概括刚才那些人的表现公平吗？"同学们众口一词："不公平"。这时，我有意识地瞧瞧刚才那个学生，只见他惭愧地低下了头。

我最后小结："通过我们大家刚才的分析，在记叙文的人物描写中，应该注意什么和什么的结合，才能收到较好的描写效果呢？""直接描写和间接描写相结合。"同学们已经心领神会了。

这节课十分顺利地完成了任务，而且学生掌握得好。我也巧妙地平息了"好色"风波。课后，我找到那个学生，他显得很惭愧，说他当时觉得很意外，也很感动，他要让我看他以后的行动。后来，他果不食言，课上积极主动地回答老师的提问，经过不懈努力，成绩大有长进。

[摘自傅道春编著：《新课程中教师行为的变化》，北京，首都师范大

学出版社 2001 年版]

1. 如何处理课堂的突发情况？
2. 你对案例中教师有何看法？

参考答案

一、单项选择题

1. A 2. A 3. C 4. D 5. B 6. D 7. A 8. A 9. B 10. B

二、辨析题

1. 此说法正确，学校工作以教学为主，既是由教学本身的性质决定的，也是多年来教育工作经验的总结，但这并不意味着可以轻视甚至忽略其他工作，应当坚持"以教学为中心，统筹安排"。

2. 此说法错误，教学过程的结构不是教学模式，而是教学过程的基本阶段大致可分为五个阶段：激发学习动机、领会知识、巩固知识、运用知识、检查知识。

3. 此说法错误，作为教育的一个组成部分的智育，即向学生传授系统的科学文化知识和发展学生的智力，主要是通过教学进行的，但不能把两者等同。二者既有联系又有区别。一方面，教学也是德育、美育、体育、劳动技术教育的途径；另一方面，智育也需要通过课外活动等才能全面实现。

4. 此说法错误，发展学生智能，不仅体现在掌握知识方面，更为重要的是培养学生的创新精神和实践能力。

5. 此说法正确，教学直观手段包括实物直观、模像直观、言语直观三类。

6. 此说法错误，"满堂灌""填鸭式"教学属于注入式的教学理念，而讲授法属于一种常用的教学方法，二者的内涵不同。现代教学中，教师使用讲授法时应采用启发式教育的指导思想，适当配合其他教学方法，避免"满堂灌""填鸭式"教学，使学生听中有看、有写、有练、有读、有说，以提高讲授效果。

7. 此说法错误，教学方法的选择与运用受到许多因素的制约，如教学目的和任务的要求、课程性质和特点、每节课的重难点、学生年龄特征、教师业务水平、实际经验及个性特点、教学时间、设备条件等，因此，这就要求教师要全面、具体、综合地考虑各种相关因素，进行权衡取舍。

8. 此说法正确，"授之以鱼"指教师传授给学生知识，"授之以渔"指教师传授给学生学习的方法。"授之以鱼不如授之以渔"重在说明教师要传授给学生学习的方法，而不再一味强调只传授给学生知识。

三、简答题

1. 答：(1)教学以培养全面发展的人为根本目的。

(2)教学由教与学两方面组成，是师生双方的共同活动。

(3)学生的认识活动是教学的重要组成部分。

(4)教学具有多种形态，是共性与多样性的统一。

2. 答：(1)引导学生掌握科学文化基础知识和基本技能(双基教学)。

(2)发展学生智力、体力和创造才能。

(3)培养学生良好的思想品德，形成科学的世界观。

(4)关注学生的个性发展，培养学生形成良好的个性心理品质。

3. 答：教学过程的结构即教学过程的基本阶段。现代教学过程的一般结构大致可分为五个阶段：①激发学习动机；②领会知识；③巩固知识；④运用知识；⑤检查知识。

4. 答：(1)直接经验与间接经验相统一的规律(间接性规律)。

(2)掌握知识与发展智力相统一的规律(发展性规律)。

(3)教师主导与学生主体相统一的规律(双边性规律)。

(4)传授知识与思想教育相统一的规律(教育性规律)。

(5)智力因素与非智力因素相统一的规律(知情意的统一规律)。

5. 答：(1)科学性与思想性相统一的原则。

(2)直观性原则。

(3)启发性原则。

(4)巩固性原则。

(5)循序渐进原则。

(6)因材施教原则。

(7)理论联系实际原则。

(8)量力性原则。

6. 答：启发式教学是指在教学活动中，教师要调动学生的主动性和积极性，引导他们通过独立思考、积极探索，生动活泼地学习，自觉地掌握科学知识，提高分析问题和解决问题的能力。

启发式教学是在汲取中外教育遗产的基础上提出来的，是教师主导作用与学生主体作用相统一的规律在教学中的反映。

贯彻这一原则要求做到以下几点：①加强学习的目的性教育，调动学生学习的主动性；②设置问题情境，启发学生独立思考，培养学生良好的思维方法和思维能力；③让学生动手，培养独立解决问题的能力。

四、实践应用(略)

第十章　教学(下)

引言

课堂是"唤醒"和"激励"的地方
——"苹果广告"的效应

学习课文《曹刿论战》后，我布置作业让学生写读后感。42名学生几乎全从曹刿的角度立意，论证他善于把握时机，或者赞扬他具有远见卓识，观点基本雷同，思维单调，缺少深度和新颖性。为了开启学生的思维之门，作文讲评时，我从报上选取了一则高原苹果广告的故事，讲给他们听。

美国新墨西哥州高原地区有一位种植苹果的农场主，他种植的高原苹果味美，无污染，畅销市场。有一年，一场突如其来的冰雹，把成熟的苹果打得遍体鳞伤，惨重的经济损失在所难免。

然而，智慧的农场主突破常规思维，抓住苹果上的疤痕做文章，从一般人意想不到的角度，拟了一则独特的广告，不但使伤痕累累的苹果极为畅销，而且，后来的经销商还专门请他提供带有疤痕的苹果。广告是："本果园出产的高原苹果，风味独特，无污染，请认准它特有的冰雹疤痕标记，谨防假冒。"

故事讲完，同学们无不对农场主的新奇思维击节赞赏。

"不愤不启，不悱不发。"我见时机成熟，便告诉学生，农场主的智慧在于创新思维。只要我们克服思维的狭隘性，展示思维的广阔性，进行多角度、多层次的思考，就能写出独树一帜的文章。

在我的启发下，高原苹果广告开始产生效应。有的说，写《曹刿论战》读后感，还可从乡人的角度立意，抨击乡人缺乏"天下兴亡，匹夫有责"的爱国心；有的说，对乡人也不应过分指责，他的态度可能事出有因，或许是鲁庄公不能"取信于民"所致。

正如著名教育家第斯多惠所说,"教育的艺术不在于传授知识,而在于唤醒、激励和鼓舞"。高原苹果广告就像一石入水,激起了同学们一串串奇异的思维浪花。

他们有的批评鲁庄公不善战,有的指责鲁庄公急躁冒进。每当有人发表了与众不同的见解,哪怕略显稚嫩,我也带头鼓掌,给予鼓励。学生的兴致愈加浓厚。最令人叫绝的是,一名女同学竟然对鲁庄公大唱赞歌。她慷慨陈词,认为鲁庄公任人唯贤,敢于起用人才,重用人才,比之当今某些领导干部任人唯亲,压制人才的行径,尤为难能可贵,应该大力弘扬。

她的见解博得了阵阵掌声。

同学们眉飞色舞,滔滔不绝,陶醉于创新思维的惊喜之中……

(摘自傅道春编著:《新课程中教师行为的变化》,北京,首都师范大学出版社 2001 年版)

一些有识之士曾进行过这样一个讨论:为什么中国的中学生年年能击败众多对手,获得国际奥林匹克赛的各种个人奖和集体奖?又为什么自从诺贝尔奖设立以来,没有任何一个中国高等学校培养出诺贝尔奖的人才?这确实是一个发人深思的问题。苏霍姆林斯基说:"学生到学校来,不仅是为了取得一份知识的行囊,主要还是为了变得更聪明。"所以,教师要"通过多种方法,引导学生积极思考,鼓励他们进行创造性思维活动"。创新思维是人才的重要素质,是时代发展的要求,创新思维能力培养是各科教学的重要任务之一。教学中,教师特别注意创设情景,激发学生的好奇心、求知欲、进取精神,为进行创新思维训练奠定基础。如鼓励学生敢于质疑,引导学生多角度思考问题等。

学习目标

1. 了解教学的组织形式,理解教学组织形式的含义与功能,掌握班级授课制的优势与不足。

2. 掌握备课、上课、作业布置与批改等教学基本环节的具体要求。

3. 了解我国当前教学改革的主要观点与趋势。

4. 树立教学改革的新理念。

第一节　教学的组织形式

教学是有目的、有计划、有组织的实践活动，任何教学活动都必须通过一定的组织形式才能得以实现。实践证明，教学组织形式运用得科学与否，对教学成效有直接的影响。因此，研究教学的组织形式问题，无论从理论上还是实践上都是必要的。

一、教学组织形式的变化和发展

教学工作不仅要通过各种教学方法来完成，而且还要通过多种形式来进行。教学组织形式就是关于教学活动应怎样组织、教学的时间和空间应怎样有效地加以控制和利用的问题。

教学组织形式受一些客观条件的制约，如社会对人才规格与质量的需求、教学内容的性质与要求，以及现代化科技为教学提供的多种可选择的教学手段等。所以，它不是一成不变的。在教学组织的发展历史中曾出现过各种教学组织的形式。

（一）个别教学

历史上最早出现的教学组织形式是个别教学。个别教学是一种不限制入学年龄和修业年限，把不同年龄和不同知识基础的学生组织到一起，教师分别对每一个人进行教学的一种组织形式，这种教学组织形式盛行许多个世纪，在欧洲一直持续到 16 世纪，在中国则延伸到 19 世纪末 20 世纪初。在这一组织形式中，由于教师只同个别学生发生联系，对学生采取个别对待的方式，因此，它一方面有利于因材施教，另一方面又有教学效率低下的弊端。

（二）班级教学

班级教学相对于个别教学是一种集体教学，亦称班级授课制。

欧洲文艺复兴后，随着资本主义生产的发展和科学文化的进步，社会向学校教育提出了培养大批能适应机器生产的劳动力的要求，机器生产初期要求工人至少要有小学文化水平，这就必然要增加学生人数，扩大教学规模，增加教学内容，于是一些资产阶级教育家适时地提出了"普及教育"的主张。寻找一种与大工业生产的要求相适应的新的教学组织形式，在这一背景下班级授课制应运而生。

在 16 世纪，欧洲的一些学校开始出现了分年级、按班级进行教学的组织形式。17 世纪捷克教育家夸美纽斯对班级教学做了理论上的论证和教法上的阐述，从而确立了班级授课制。班级授课制使教学效率有了大幅度的提高。但是由于班级授课制固有的缺陷，到 20 世纪初，一些教育家提出了许多改革的主张。

(三)设计教学法

设计教学法是 1918 年杜威的学生克伯屈创建的。这种方法主张由学生自发地决定学习目的和内容，在学生自己设计、自己负责实行的单元活动中，获得有关的知识和解决实际问题的能力。它强调教师的任务在于利用一定的环境以引起学生的学习动机，帮助学生选择活动所需要的教材等。它废除了班级授课制，打破学科界限，摒弃教科书。设计教学法强调以学生的经验为基础，它的优点在于能够引起学生的学习兴趣和激发学生学习的积极性，便于学生在独立发现问题和解决问题的活动过程中扩充知识范围，锻炼实际工作能力。但是它降低了班级教学所具有的系统性、科学性，降低了教师的作用，不利于学生获得系统的科学知识。

(四)道尔顿制

道尔顿制是美国人海伦·柏克赫斯特 1920 年创建的。它的特点是用学生个人自学代替课堂讲授，由教师把各科学习内容制成按月划分的作业大纲，规定应完成的各项作业。各科作业室取代了教室，并按学科性质陈列参考用书和实验仪器，供学生学习之用。学习的进行由学生与教师订立学习公约，然后学生按照自己的兴趣，自由支配时间，在各作业室自学。若有需要，可以与同学进行讨论，也可请各作业室配备的作为顾问的教师指导，教师可以为学生介绍资料或答疑。学生的学习进程要求按学习公约进行，经过检查，分别由教师和学生记入学习进度表内。道尔顿制的优点是强调儿童的个性，强调儿童独立工作能力的培养。但它同样不利于教师发挥作用，不利于学习系统科学知识。

(五)分组教学

分组教学是按学生智力水平或学习成绩水平分组进行教学的一种教学组织形式。分组教学有两种基本类型，即校内分组和班内分组。

校内分组又有两种。其一，跨学科能力分组。把同一年级的学生按智力高低或成绩优劣分成几组，教学从实际出发，区别对待，对不同水平的小组，教学内容、教学要求各有不同。其二，学科能力分组。针对一些较难的重点学科，根据学生的学习能力和学习成绩，分成不同水平的小组，如数学、外语等科都分成 A、B、C 组，学生对号参加一个组学习，而其他一般学科仍在原班级进行教学。

班内分组就是在一个教学班内，根据学生的学习成绩和能力分成若干组，对水平不同的组的教学要求有高有低，教学内容有深有浅，经过一段时间，对各组测验检查，然后小组可合并，以后还可重新分组。分组教学从学生的实际出发，适应学生的差异，有助于因材施教，提高教学质量。

当前，教学组织形式的改革发展有两种趋势：首先，班级人数减少，班级趋向小型化，一些国家(如法国)规定每班人数为 20 人左右，这样使教师能对每个学生进行较具体的学习指导；其次，采取班级教学、小组教学相结合的做法。

二、班级授课制——教学的基本组织形式

(一)概念

班级授课制是把年龄和知识程度大致相同的学生，编成固定人数的班级，教师按照各门学科教学大纲规定的内容，组织教材和选择适当的教学方法，按照课程表规定的时间，向全班学生进行分科，集体教学的教学组织形式。

(二)班级授课制的基本特征

第一，以"班"为单位，把学生按年龄和知识水平分别编成固定的班级，即同一个班级学生的年龄和学习程度大致相同。

第二，以"课时"为单位，把每一节课规定在统一而固定的单位时间里进行，教师同时面对全班学生上课。

第三，以"课"为单位，把教学内容以及传送这些内容的教学方法、教学手段综合在课上，把教学活动划分为相对完整且互相衔接的各个教学单元，从而保证了教学过程的完整性和系统性。

(三)班级授课制的优越性和局限性

1. 优越性

班级授课制的优越性体现在以下几点：①有利于经济有效地、大面积地培养人才。由于有较强的组织性和计划性，无论从时间还是空间来看，它都是使学生在较短时间内有系统、有重点地学习人类知识体系的一种经济、有效的形式，较之个别教学制来说，大大提高了单位时间的教学效率和效益。②有利于发挥教师的主导作用。在班级授课制中，教师是面对全班学生进行教学的，能保证每个学生都自始至终在教师直接指导下进行课

业，充分发挥教师主导作用，最大限度提高教师工作效率和使各科教师协调一致对学生进行教育、教学而形成并不断得到改进和完善的。③有利于发挥班集体的教育作用。班级授课制是分班进行教育的一种集体组织形式。把学生编成相对固定的教学班，构成一个有较严密组织领导的集体，各成员的学习内容相同，既有利于教师利用集体的力量对学生进行教育，又有利于学生之间相互切磋、相互帮助、共同提高。④有利于学生身心的发展。班级授课形式是根据学生的生理、心理特点规定了严格的作息时间。合理安排了各门学科的教学顺序，有劳有逸，保证了学生身心的正常发展。

2. 局限性

班级授课制的局限性体现在以下几点：①过于集体化、同步化和标准化，不能照顾学生的个别差异，不利于培养学生的志趣、特长和发展他们的个性。②教师采用分科教学，过分强调书本知识。课堂教学过分强调系统知识的获得，教学活动的范围主要局限在课堂内，使学生对接触课外的社会生活实际，参与社会实践活动都受到一定限制，容易出现理论脱离实际的倾向，在一定程度上还可能影响到学生视野的扩展、埋解的深化和知识的应用。③课堂教学过分强调教师的作用。班级授课过多地以教师的课堂教授为轴心，学生的主动性、独立性及学习潜能的发挥受到一定程度的限制，不利于培养学生的探索精神、创造能力和实际操作能力。

这些局限性的存在，说明班级授课制不是唯一的教学组织形式，它需要其他教学组织形式加以补充，从而促使人们进一步研究、探讨班级授课制的改革问题。

三、教学的辅助组织形式

(一)个别指导

它主要是由学生个人与适合个别学习的教材内容结合，并辅以师生之间的直接联系，较多地是从学生的年龄、程度等方面的共性出发去进行教学，是对课堂教学的一种补充形式。它更强调发挥学生个人的主体作用，让学生从自己的知识基础、兴趣爱好和学习能力出发，以资料为根据，确定学习的内容、进度和学习任务、质量要求。个别指导的方式方法是多种多样的，可视学生的具体情况而定。目前，这种组织形式是中小学课堂教学的重要组成部分，而且它的作用正在日益加强。

(二)小组教学

它是根据教学或学习需要,把全班学生分成若干个人数较少的小组,教师根据各小组的共同特点分别布置教学任务,其关键是教师个别指导和区别对待。这种组织形式比班级授课制更加个别化,能最大限度地适应学生学习水平和能力的差异,可以增强小组成员合作学习、互相激励的能力。小组教学往往与因材施教的原则相联系,与弹性的课程设置与差异教学的思想相结合,注重组内学生的相互帮助和激励、组与组之间学生的竞争与流动。

(三)现场教学

它是教师结合一定的社会生产、生活现场条件,同现场有关人员共同组织的教学。组织现场教学目的要明确,有高度的计划性,重视理论的指导,做好现场教学的总结工作;同时,学生组织可能是小组、班级、个人,施教人员除教师之外,还可以是有关现场的工人、农民、技术人员、工作人员等。此形式打破课堂空间的局限,增强了教学的直观性,可使学生获得更多的感性材料,学到实际有用的知识,能激发他们的学习积极性,培养动手能力和创造力;能使师生了解迅速发展的社会生产和生活信息,改革教材内容,丰富书本知识,进行生动而具体的思想教育。

(四)复式教学

它是一种特殊的教学组织形式,是指把两个年级以上不同程度的学生编在一个班里,由一个教师在同一个教室、同一课时里分别用两种以上的教材交叉进行教学的组织形式。它保持了班级教学的一切本质特征,不同的是教师在一节课内要巧妙地安排几个年级学生的活动,其特点是学科头绪多、讲课时间少、教学任务重、组织教学难度高等。因此,实施复式教学需要教师合理编班与排座,科学编制复式班课表,培养学生从事自动作业的良好习惯,培训小助手,建立良好的课堂常规。如果组织得当,安排得好,它不但不会降低教学质量,反而有利于启发学生独立思考,培养自学能力。

第二节　教学工作的基本程序

教学工作以上课为中心环节。教师进行教学工作的基本程序是备课、上课、作业的布置与批改、课外辅导、学业成绩的检查与评定。

一、备课

备课就是教师根据学科课程标准的要求和本门课程的特点，结合学生的具体情况，选择最合适的表达方法和顺序，以保证学生有效地学习。

(一)备课的意义

备课是教学工作的基础环节，备好课是教好课的前提。"凡事预则立，不预则废"，对教师而言，备好课可以加强教学的计划性，有利于教师充分发挥主导作用。正如有些教师讲的不仅要把教材中的生课讲熟，还应把熟课当成生课讲。从广义上说，教师的教学准备工作从他确定当教师时就应该开始了。教师要像蜜蜂采集百花花蜜那样在平时的学习、生活中有意识地收集教学资料，为上课做准备。

阅读材料：

十五分钟与一辈子

苏霍姆林斯基在自己的著作中曾讲述了这样一个故事：一个在学校工作了 33 年的历史教师，上了一堂非常出色的观摩课。邻校的一位教师问他："你的每一句话都具有巨大的思想威力。请问。你花了多少时间来准备这堂课？"那位教师回答说："这节课我准备了一辈子，而且，一般来说，每堂课我都准备了一辈子。但是，直接针对这个课题的准备，则花了约 15 分钟……"一辈子与 15 分钟，一语道出教师用整个生命去备课之真谛。

[摘自苏霍姆林斯基著，杜殿坤编译：《给教师的建议》(修订版，全一册)，北京，教育科学出版社 1984 年版]

(二)备课的类型

研究备课的类型对于完整理解备课的内涵以及指导实际备课活动是有益的。可以根据不同的标准对备课进行划分。

1. 根据备课主体不同，可将备课分为个人备课和集体备课

个人备课是教师个体钻研教学业务的活动。教师劳动必须以独立的个体劳动为基础，具有独立备课能力是教师完成教学任务的基本需要。个人备课实际上是教师个性化学习的组成部分，既有对一般教学原则等公共知识的学习，也包括教师对教学内容、教学方法等的独特理解。集体备课指教师群体(一般是讲授同一科目的教师)在一起共同研究教学内容，研讨对学生的理解，交流本学科的知识和信息，以达到互相交流、互相促进、互

为补充基础上教学能力共同提高的活动过程。

集体备课以个体备课为基础，没有差异化的个体备课，集体备课实际上并不存在。集体备课可以为个体备课提供专业化的交流平台、更广阔的思维空间及更丰富的教学资源。

2. 根据备课涉及内容的范围，可将备课分为学期备课、单元备课和课时备课

学期备课指教师与教师群体(如教研组)对所教学科在整个学期的全部教学内容与教学活动做出的通盘考虑、规划与设计，属于战略层面的备课。单元备课指教师或教研组在学期备课的基础上，在每个单元进行之前，针对一个单元而进行的教学准备工作。课时备课指教师根据单元备课所确认的教学目的、任务、要求、重点、准点及相应的教学方法，进一步从每节课的实际出发，认真研究和解决单元计划所列教学任务的具体落实。

3. 根据备课形式，可将备课分为显性备课和隐性备课

显性备课就是平时强调的教师外化的备课行为，包括查阅资料、书写教案、制作教具等。作为学校教学管理行为的备课检查一般就是针对此方面来说的。隐性备课强调教师将备课行为内在化、系统化、连续化，真正将自己平时的学习、科研等活动和教学结合起来，包括上课之前的思考、课后的审视与反思等。

(三)备课的内容

备课工作包括五个方面内容：钻研教材、了解学生、设计教学方法、选择学法、设计并编写教案。其中，钻研教材、了解学生、设计教学方法是备课的最主要内容，即备教材、备学生、备教法。

1. 钻研教材

钻研教材包括学习学科课程标准、钻研教科书和阅读有关参考资料等。研读这些材料是备课的基本内容，是教学活动顺利开展的必然要求。

(1)钻研学科课程标准。教师要弄清楚本学科的教学目的；了解本学科的教材体系、结构和基本内容；明确本学科在能力培养、思想教育和教学法上的基本要求。研读课标，要从以下几个方面着力。

第一，读"前言"，把握基本方向。各学科课程标准都在第一部分的"前言"中，规定了"课程性质与地位"，提出了该学科的新理念，这是课程标准的灵魂。如语文课程标准在"前言"中写道，"语文是最重要的交际工具，是人类文化的重要组成部分。工具性与人文性的统一，是语文课程的

基本特点"。"前言"中还提出了四大"基本理念",即"全面提高学生的语文素养""正确把握语文教育的特点""积极倡导自主、合作、探究的学习方式""努力建设开放而有活力的语文课程",这是语文教学改革的方向和途径。

第二,读"目标",确立目标意识。课程标准的第二部分"课程目标",阐述了各门学科在知识与技能、过程与方法、情感态度与价值观等方面共同而又各具特点的课程总目标和学段目标;课程标准的第三部分"内容标准"是该门学科课程目标的内容化、具体化、操作化。这些目标直接指导着教师的学科教学,确保学科教学的方向,教师必须熟读熟记。

第三,读"实施建议",提高操作能力。课程标准的"实施建议"部分,分别就教与学、教材编写、评价、课程资源开发与利用提出具体建议。这些建议聚焦课程实施的重点、难点和关键点,是行动的航标、教学的指南,教师可从中汲取教学行动的智慧和力量。

"磨刀不误砍柴工。"教师研读课程标准就是"磨刀",是把力气用在刀刃上,可惜,一些老师并没有意识到、没有重视它,只顾埋头"砍柴",而忽视了"磨刀"。"练武不练功,到头一场空。"教师不读课程标准,就如练武之人不练功。

(2)要钻研教科书。教科书是教师备课和上课的主要依据。教师备课,必须先通读全书,熟练地掌握教科书的全部内容,了解全书知识的结构体系,分清重点章节和各章节基本知识的重点、难点、关键,将基础知识、基本技能进行初步排队。然后,在准备上每一节课时,再确定每段教材内容在整个学科知识体系中的地位、能力培养和思想教育要求,对每一课时要讲的内容、实验和习题要按照教学要求进行具体安排。

(3)阅读参考资料也很重要。各种参考资料是教科书的重要补充,教师应广泛阅读有关参考书来获得有价值的信息,以满足教学需求。除了目前专供教师用的一些教学参考资料外,还应包括课程标准推荐和自己平时积累的参考资料,随时将阅读所得增补到自己教学笔记中,以便上课时参考使用。

教师掌握教材有一个深化的过程,一般要经过懂、透、化三个阶段。懂,就是对教材的基本思想、基本概念、每句话、每个字都要弄清楚,弄懂意思;透,就是要透彻了解教材的结构、重点与难点,掌握知识的逻辑,能运用自如,知道应补充哪些资料,怎样才能教好;化,就是教师的思想感情和教材的思想性、科学性融化在一起,将书本上的知识"内化于心，外化于行"。达到化的境界，就完善地掌握了教材。

2. 了解学生

了解学生是备课的关键工作。美国著名教育心理学家奥苏伯尔说："如果我不得不把所有教育心理学还原为一句话的话，我将会说，影响学习的最重要因素是了解学生已经知道了什么，根据学生原有的知识状况进行教学。"教学实践证明，只有切合学生实际的教学，才能充分地促进学生的发展。

了解学生应当是全面的、深入的。从教学实际来看，教师了解学生的内容应包括了解学生的知识基础、认知能力、学习态度、思想特点和个性特征等。教师了解学生的途径主要有从心理学中了解、从日常接触中了解、从学生作业考试中了解、从预习反馈和课堂表现中了解等。

阅读材料：

《圆的周长》

公开课上，学生讨论了测量圆周长的方法后，教师给学生提供了直径不同的圆硬纸片。"我们知道正方形的周长是边长的4倍，那么圆的周长与直径是否也存在一定的倍数关系呢？请分组测量圆片，填好实验报告单。"这时，居然有很多学生小声说：

"我知道，圆的周长是直径的3倍多一点。""我知道圆的周长是直径的3.14倍。"……

学生的小声议论，使教师精心预设的各个精妙的教学环节落空了。上课的这位教师有些不自然了：是吗，有些同学真聪明！现在请同学们小组合作，测量圆的周长与直径，看看圆的周长与直径到底有怎样的关系，填好实验报告单，然后汇报交流。

而另一位教师则是这样处理的，"请知道周长与直径关系的同学举一下手。"全班竟有半数学生举起了手。

"你们是怎么知道的呢？"

"从书上看来的。"

"那么大家知道书上的这个结论是怎么得出的吗？"

"不知道"。

这时教师及时肯定："大家说的结论是正确的，你们能提前'预习，非常好！可是却不知道这个规律是如何得出的。想不想自己动手设计几个方案，来验证结论？""想！"同学们异口同声地大声回答。"接下来，可以几个人组成学习小组合作验证，看哪个小组能最先证明圆的周长是直径的 3 倍多一点。"教师适时地参与学生的讨论、交流、验证，在此基础上，组织学生逐步概括出圆周长的计算公式。

显然，前一教师的备课缺乏针对性，后一教师的备课具有针对性。

（摘自傅道春编著：《新课程中教师行为的变化》，北京，首都师范大学出版社 2001 年版）

3. 设计教学方法

备课的一个重要任务就是深入思考方法问题，即如何确保用最有效的方法在教师引导下让学生系统地掌握教学内容，形成相应的思维能力，完成内在的情感积累。包括对教学程序的安排，对教学方式、办法的选择，对教学工具、手段的准备等。

教师应根据教学目的、内容、学生的特点等来选择最佳的教学方法，因为教学的核心是要在教师的引导和帮助下促进学生学习的顺利开展，设计教学方法不能只解决教师如何教的问题，还要充分考虑学生学习方法的特点，解决学生如何学的问题。

4. 选择学法

教是为了不教，教师的教是为学生的学服务的。教师要尽可能了解学生学习的年龄特征和认知规律。通过细致的课前和课堂观察，了解学生学习方法上所存在的问题，有目的地进行学法研究和指导，并以学案的形式反映出来。

5. 设计并编写教案

上课前，教师必须备好课，需要编制出三种计划：学年（或学期）教学计划、课题（或单元）计划、课时计划（教案）。

（1）学年（或学期）教学计划（如表 10-1）。这种计划应该在学年或学期开始前制定出来，其内容应该包括：学生情况的简要分析、本学年或本学期的教学总要求、教科书的章节或课题、各课题的教学时数和时间的具体安排、各课题所需要运用的教学手段等。

（2）课题（或单元）计划。在制定好学年教学进度计划的基础上，教师还要制订出课题计划。课题计划的内容包括：课题名称、课题教学目的、课时划分、备课时的类型、主要教学方法、必要的教具。此外，教师还要考虑课题之间的联系，做好协调工作。

（3）课时计划即教案（如表 10-2）。就是教师以课时为单位设计的具体教学计划或方案。设计教案是备课的落脚点。其内容一般包括：班级、学科名称、授课时间、课题、教学目的、课的类型、教学进程等。其中教学进程是教案的主要部分，教师要详细设计和安排教学内容的展开、教学方法的运用和时间的分配等。

表 10-1　学期教学进度计划

科目			班级			任课教师	
课本名称			编辑者			出版社	
本期要达到的目的							
周次	起讫　年　月　日		教学时数		教材纲要	作业及其他	备注

表 10-2　课时计划(教案)

班级		科目		教师		日期	
教材分析	重点						
	难点						
	关键						
教学目的							
教法							
教具							
教学过程							
教学后记							

二、上课

上课是整个教学工作的中心环节，也是教师教的活动和学生学的活动相互作用最直接的表现，是提高教学质量的关键。

(一)课的类型与结构

1. 课的类型

课的类型是指根据教学任务划分课的种类。一般有两种：一种是根据教学的任务，分为传授新知识课(新授课)、巩固新知识课(巩固课)、技能技巧课(技能课)和检查知识课(检查课)。但在实际教学中，有时一节课只完成一个任务，有时一节课则需要完成多项任务，所以根据一节课所完成任务的类型数，又可分为单一课和综合课。另一种是根据使用的主要教学方法，分为讲授课、演示课(演示实验或放幻灯片、录像)、练习课、实验课和复习课。

上述两种分类也是有联系的，具体表现在两类课型有相对应之处，如新授课多属讲授课，巩固课多属复习课，技能课多属练习课或实验课等。

2. 课的结构

课的结构是指课的基本组成部分及各组成部分进行的顺序、时限和相互关系，不同类型的课有不同的结构。了解课的结构有助于掌握每一种课的性能与操作过程，以便发挥各种课在教学中的作用。一般说来，单一课的结构相对简单，此处只对综合课的结构进行说明。根据对教学过程基本阶段的理解，考虑到学生学习的心理特点以及学科内容本身的逻辑要求，综合课的结构一般包括以下几部分。

(1)组织教学。这是教师利用各种方式，对课堂教学进行的整体调控，旨在形成班级良好的课堂学习秩序，使师生一直保持高昂的学习热情、融洽的集体学习的气氛。如果没有良好的组织，课堂可能会陷入混乱，所以对提高课堂教学质量来讲，组织教学至关重要。通常来说，从教师进入课堂开始，组织教学就开始了，并且贯穿于课堂全过程。

(2)检查与复习。这是从对旧知识的检查中，一方面发现原有学习的情况，另一方面为过渡到新知识学习提供条件，这是课与课之间保持连续性的需要，也是学生全面、系统地掌握知识，形成完整认知结构所必需的。

(3)导入新课。这是从复习旧课到讲授新课的过渡环节。导入部分完成的事项包括提出新课的目标、内容要点与学习要求等。导入的方式很多，要以能充分引起学生对新学习内容的心理期待为直接目标。导入要做到自然、贴切，既有趣味性又要具有知识性。

(4)讲授新课。这是一节课的主要部分，是教师根据知识的内在逻辑和组成方式，把新知识按照循序渐进等原则向学生呈现，使学生形成记忆，引发他们的思考。每节课讲授新课所占时间长短不一，与教学任务的繁重程度和学生的年级特点有关，一般小学低年级学生的接受能力有限，教学内容相对简单，讲授新课所占时间为15～20分钟，小学高年级到初中会逐步增加。

（5）巩固新课。为了使学生形成知识的长期记忆和更深的理解，讲授新课以后要及时采取适当方式进行巩固。巩固新课的方式是多种多样的，如让学生复述、做练习等，在不同年级组合方式会有所不同，教师要勤于思考，找到合理、有效的方式。

（6）布置课外作业。这可以将课堂学习内容延续至课外，是每一节课必备的组成部分。

(二)上好课的具体要求

在上课的过程中，课堂情况千变万化，教师要上好一节课，在符合教案的基础上，既要使学生的注意力集中、思维活跃、积极参与到课堂中来，又要使个别学生得到照顾。因此，教师要上好一节课必须符合以下基本要求。

1. 教学目标明确

教学是否实现了目的，是衡量教学工作成败的重要依据。一堂课一般要实现知识与能力、过程与方法、情感态度价值观三维目标的整合，目标要订得具体、明确，尽量使教学目的成为可观察、可测量的，师生的活动都要紧紧围绕教学目的进行。

2. 教学内容准确

它是指要保证教学内容的科学性、思想性和系统性。要求教师在阐述、解释、论证有关教学内容时，要保证知识的科学性和思想性相结合，既要保证教材的系统性、连贯性、完整性，又要突出重点、难点和关键，做到详略得当，使学生明确新旧知识之间的内在联系。

3. 教学方法得当

它是指教学策略选择的合理性和教学策略运用的科学性。教师应根据教学的目的任务、教材的性质、学生的年龄特征和知识水平，合理地选择教学策略，让合作学习、自主学习、探究学习贯彻在教学过程中，体现启发式的指导思想，充分调动学生学习的自觉性和积极性。

4. 教学结构合理

它是指教学要有严密的计划性和组织性。何时讲新内容、何时练习、何时演示、何时让学生动手操作等，都要进行合理安排。

5. 讲究教学艺术

教师要讲普通话，语言流畅生动，语音清楚准确，语调抑扬顿挫，富有节奏感；教师的表情、动作要自然、优美，富有情感。

6. 板书有序

教师板书要字迹规范、清楚、位置适当；内容上要突出教学重点，详略得当。

7. 充分发挥学生的主体性

这是上好课的最根本的要求，离开了这一点，以上的所有要求就失去了意义。

上述几点知识是对教师上课的基本要求。如何上好课并没有固定的模式或技巧，需要教师在实践中不断探索、总结和创造。

阅读材料：

课堂教学板书设计类型

板书是直观性教学原则在课堂教学中的具体体现，是提高课堂教学效果的一种既有效又经济的手段。一个精心设计的板书应该是符合教学内容的，是简明扼要、关键点突出、拥有良好逻辑系统结构的，是使教学内容条理化、系统化、具体化的板书。板书设计的类型有很多，这里介绍以下几种运用较为普遍的板书类型。

1. 提纲式板书

这是指按教学内容，用课文中的重点词语，编排出书写的提纲。它的特点是：能紧扣教学内容，突出教学重点，能直观地给学生呈现出完整的内容体系，启迪学生的思维，便于学生掌握要领，而且还能培养其分析概括的能力。

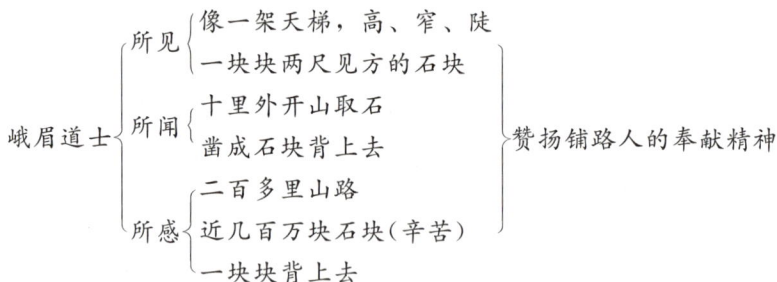

```
                     所见 ┌ 像一架天梯，高、窄、陡
                         └ 一块块两尺见方的石块
峨眉道士 ── 所闻 ┌ 十里外开山取石                  ┐
                         └ 凿成石块背上去                   ├ 赞扬铺路人的奉献精神
                     所感 ┌ 二百多里山路                     ┘
                         ├ 近几百万块石块（辛苦）
                         └ 一块块背上去
```

2. 词语式板书

这是根据教学内容，提炼精髓，把握重点词语，运用几个有代表性、存在内在联系的关键词，有逻辑地进行排列组合。它能简明概括主要的教学内容，能促进学生对学习内容的理解和记忆，有利于减少学生认知负荷，培养思维能力。如《颐和园》一文的板书设计如下。

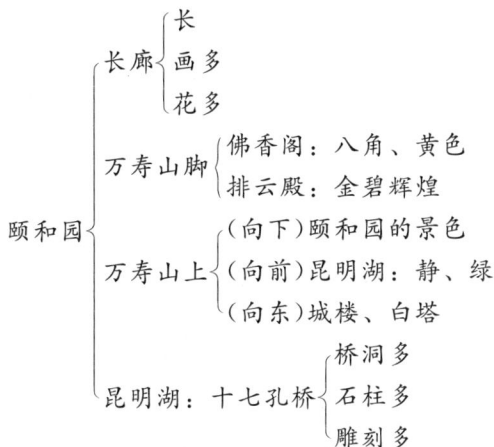

```
              ┌ 长
        ┌ 长廊 ┤ 画多
        │     └ 花多
        │            ┌ 佛香阁：八角、黄色
        │     万寿山脚┤
        │            └ 排云殿：金碧辉煌
颐和园 ┤            ┌ (向下)颐和园的景色
        │     万寿山上┤ (向前)昆明湖：静、绿
        │            └ (向东)城楼、白塔
        │                    ┌ 桥洞多
        └ 昆明湖：十七孔桥 ┤ 石柱多
                            └ 雕刻多
```

3. 表格式板书

一般用于知识性强并可以明显进行分类的内容。教师设计出表格，可以要求学生用自己的语言填写。表格式板书比其他形式的板书更利于学生参与，更有助于调动学生的学习积极性，激发学生的创造性，使其进行高层次的认知加工，更深刻地理解教学内容。如《要是你在野外迷了路》一文的板书设计如下。

时间	天然指南针	准确的方向
晴天的中午	太阳	树影正指北方
黑夜	北极星	北极星指北方
阴雨天	大树	树叶稀的一面是北方
积雪的冬天	沟渠里的雪	积雪融化得快的是北方

4. 图解式板书

这是指教师运用图形、线条、箭头、符号等并配合必要的文字来组织教学内容的板书方法。在所有的板书形式中图解式最具直观形象性，这种板书能一目了然地把教学内容呈现在学生面前，很容易引起学生的注意，使其饶有兴致地探求学习内容，理解内容中的逻辑关系和深层含义。此类型板书特别适用于有一定难度的教学内容和低年龄段的学生。

图解式板书有很多形式：条幅式、辐射式、扇形式、金字塔式、简笔画式等。如《一分试验田》一文的条幅式板书如下。

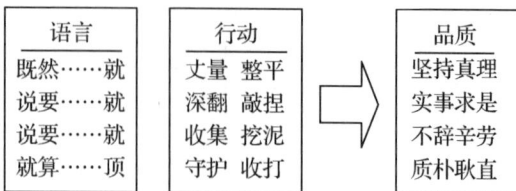

彭总
吴家花园 1959年9月

5. 对比式板书

这是教师把教学内容相互对立或对应的部分集中在一起呈现出来的板书形式。这种板书能突出教学内容之间的联系和区别，使之形成鲜明的对照，特别能启迪学生的思维，使其思考为什么会产生如此对立或对应的现象，有利于学生进行探究性的学习。如《司马光》一文写了司马光砸缸救小朋友的故事，就可以用对比式板书把司马光的勇敢、聪明的特点凸现出来。

事件：小朋友掉进缸里—缸破—得救

6. 问题式板书

它不同于其他类型的板书，其他类型板书是由词语、语句组成的，而它主要是由具有启发性的问题组成，给学生留有思考的空间。可以说这种板书更能激发学生学习的动机，使他们自主参与学习，探索未知问题。如《群英会蒋干中计》一文，由于文题中只给出了中计者的姓名，而没有给出谁用的计策，因此教师在设计板书时，可以用问题式板书来引导学生带着问题去阅读课文。

7. 流程式板书

这是将教材提供的时间、地点、人物、情节等以流程图的形式展现出来。这种板书遵循事物发生、发展的顺序，能使学生了解事物发生发展的前因后果，对内容有较全面的理解。如《月光曲》。

```
贝多芬                    盲姑娘
  听
(十分同情)                 渴望
  弹
(万分激动)                 激动
 再弹
(欣喜若狂)                 陶醉
 记录
```

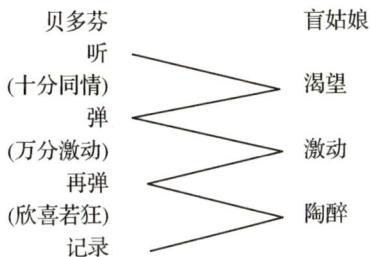

（选自郭成：《教学心理学丛书·课堂教学设计》，北京，人民教育出版社 2006 年版）

三、作业的布置与批改

作业是结合教学内容，要求学生独立完成的各种类型的练习。无论是课内作业还是课外作业，都是为了加深和加强学生对教材的理解和巩固，进一步掌握相关的技能、技巧。通过作业的布置、检查和批改，教师可以及时发现学生在知识或技能方面的缺陷，并加以纠正，同时对学生的作业完成情况做出评价并提出进一步学习的建议。

课外作业一般包括阅读作业（如阅读教科书、参考书和各种课外读物等）、口头作业（如口头问答、复述、朗读、背诵、解释等）、书面作业（如书面问题、演算习题、作文、绘制图表等）和实际作业（如实验、实地测量、社会调查、技能训练等）。

教师布置作业时，应遵循下列要求：①作业内容符合学科课程标准的要求，紧扣课堂教学内容；②考虑不同学生的能力需求；③作业的分量要适当、难度适度；④作业形式多样化，具有多选性；⑤要求明确，规定作业完成时间；⑥作业反馈清晰、及时；⑦作业要具有典型意义和举一反三的作用；⑧作业应有助于启发学生的思维，含有鼓励学生独立探索并进行创造性思维的因素；⑨尽量同现代生产和社会生活中的实际问题结合起来，力求理论联系实际。

阅读材料：

学生，自己给自己留作业

有一天，一位学生问魏书生："我不写您留的作业行吗？""为什么？""您留的作业题我都会做了。再写不就是体力劳动了吗？而我感觉不会的题却没时间做。"

魏老师请同学们讨论这一问题，想不到，大部分同学竟都赞同这位同学的意见。经过全班同学讨论后，一致认为还是自己留作业好，于是在魏书生的班级，从此不再留非做不可的硬性作业。有时老师觉得哪些题重要便告诉学生，建议大家做，哪位同学觉得不符合自己的实际，过易或过难，不愿意做也可以。

那同学们不是无事可做了？当然不是。经过讨论，班级里留了一项常规性的作业，大家管它叫"定量作业"。定量作业就是数量（字数）确定，内容不限。每人每天必须写500字，根据自己的学习情况，选择合适的内容，也包括"课堂笔记"和"课堂练习"。如果在课堂上已经做了200字的笔记，对课后需再写300字的作业。也有的学生管这叫"自留地"，每个人所分土地面积相等，种什么作物，怎样耕种，就是八仙过海，各显其能了。学生觉得种"自留地"，比种统一的"人民公社"的地，责任心更强，积极性是高。每天作业第一行都要写明日期，日复一日，年复一年，每年365天，便有365个500字。

魏老师还教一些不知道写什么内容的同学，学会给自己留作业。告诉他们要根据学科总体知识和整册教材的分析，将知识分类排队，稍加努力就能学会的排在最前面，每天作业就写这些稍加努力就能学会的内容。写完了，学会了，再写后面的。这样"敌人"越打越少，学习兴趣就越来越高。

（摘自《中国教育报》，2007-07-19）

四、课外辅导

课外辅导是在课堂教学规定时间以外，教师帮助和指导学生学习的活动。课外辅导是学生个性化学习的需要，是帮助学生消化、领悟、巩固和运用课堂所学知识的有效途径。课外辅导是上课的必要补充，是适应学生个别差异、贯彻因材施教的重要措施。

（一）课外辅导的形式

课外辅导的形式有个别辅导、小组辅导两种。内容包括：答疑；课外作业指导；为学习基础差的学生补课；为成绩优秀的学生适当补充学习内容，增加难度，以充分发掘他们的学习潜力等。除了和知识学习有关的辅导外，课外辅导还涉及对学生学习习惯养成、学习方法掌握等方面的督促和帮助。

(二)课外辅导的要求

课外辅导要求有两个：一是从辅导对象的实际出发，确定辅导的内容和措施，以增强辅导的针对性和实效性。二是明确辅导只是对课堂教学的补充，不能将主要精力放在辅导上。

五、学业成绩的检查与评定

学校通过对学生学业成绩的检查与评定，可以检查教学目标的完成情况，从检查中获得的反馈信息，可以用来指导师生对教学过程和学习过程进行调节，从而改善教学，提高教学质量。

第一，学业成绩的检查一般分为考查与考试两类。考查(平时检查)是为了随时了解学生而采用的方法，主要包括课堂提问、课堂作业、当堂演算、演示等几种方式。考试(阶段检查)一般是在一个教学阶段完成之后进行的总结检查，通常安排在期中、期末和毕业前集中进行。考试的形式有口试、笔试、实践性考试三种。

第二，学业成绩的评定有评分和评语两种形式。常用的评分方法有百分制记分法和等级制记分法。评分法能看出学生学业成绩的等次，而评语则能反映和表达学生学业上具体的优缺点，并可分析原因，指出努力方向。因此，评分和评语应结合使用，以增强评定效果。

第三，学业成绩的检查与评定的基本要求，主要有以下几个方面：①应严格按照课程标准和教材规定的范围，不出偏题怪题，不搞突然袭击；②注意考查学生分析问题和解决问题的能力；③考查、考试的次数和时间要统一安排，适当控制，次数不宜过多；④评定成绩要客观、公正；⑤及时分析总结。

第三节 我国当前教学改革的主要观点与趋势

一、我国当前教学改革的主要观点

教学改革历来是改革篇章中不可或缺的一环，当前我国的教学改革是建立在历年教学改革的基础上，向一个更高、更深、更为全面的层次上发展的，在深度和广度上都向更高质量的教学发展。

纵观各个改革方针及主流言论，可将当前教学改革的发展趋势综合为以下四个方面：实施素质教育，坚持整体教学改革和实验，建立合理的课程结构，实施科学的教学评价。

（一）实施素质教育——我国当前教学改革的主题

实施素质教育是我国社会、经济发展对教育的客观要求，也是提高劳动者素质和培养各级各类人才的需要。其作为对我国未来一段时期内教育的发展具有高度指导意义的一种新的教育理念，是和我国教育的历史进程中产生于小农经济并在封建制度基础上衍生出的应试教育具有相互对立性质的一种教育。

1. 面向结果与面向过程并重

前者是指教师在教学活动中，以使学生取得令人满意的结果作为教育的意义，是传统的教学形式；后者则是教师在教学活动中重视引导学生对知识形成过程的理解，并在理解中体验知识得以产生的基础，它会给学习主体带来一种更高的价值。

2. 智力因素与非智力因素并重

在教学过程中，智力因素与非智力因素在传授和学习知识经验过程中是相互统一的，但两者所发挥的作用及各自的发展并非都是自发的、齐头并进的。两者的统一，需要在教学过程中得以实现。

3. 教师指导与学生学会学习并重

现代教学中，教师的指导必须是把学生导向学会学习的境地，这不仅是终身教育的要求，而且从确立学生主体地位来看也是重要的。只有学会学习，学习主体才能真正具有参与到教学过程中去的能力。

4. 能力培养与创造品质并重

在促进学生能力提高的同时，教师要对学生创造力的发展给予关注。

除了上述四个方面，在科学文化知识获得与品德培养、接受学习与探究学习、理论学习与实践学习、课内学习与课外学习等方面也做出了较大调整。

（二）坚持整体教学改革和实验——我国当前教学改革的基本策略

所谓整体教学改革和实验，是指在一个总的统一而明确的改革目标和实验假说的指导下而进行的对教学系统中各种因素、各门学科的协调统一、相互渗透的调整和变革，以实现对教学系统的综合改观。当然，整体教学改革和实验并不是孤立于单项、单科的教学改革和实验而存在的。事实上，有效的教学改革必须将整体改革与单项改革、单科的改革相互结合。一方面，任何整体教学改革和实验都必须以一系列扎扎实实的单项、单科的教学改革和实验为基础；另一方面，单项、单科的教学改革和实验又必须在其发展到一定阶段后及时推进到整体的改革和实验中去，以力求达到整体综合的作用大于单项、单科之和的效果。

我国当前的整体教学改革和实验应抓住以下两个主要问题。

第一，运用整体性观点，进行教材、教法、学法、考试、教学环境等的全面改革和实验，但要正确看待整体和全面的关系。

第二，提高整体教学改革和实验的可操作性。教学改革和实验的生长点在于革除原有教学体制中的弊端，验证经过精心设计的实验假说，从而创立能够在一定范围内加以推广的新的教学体系或提供某些有效的教学变量。

(三)建立合理的课程结构——我国当前教学改革的重心

更新课程内容和形式、建立合理的课程结构依然是我国当前教学改革的重心，在实施整体改革和实验的策略中，课程的改革是关键。20世纪80年代以来的课程改革主要是把着眼点放在课程内容的更新上，对课程形式则没有给予太多注意。而现阶段的课程改革将在继续更新课程内容的同时，把主要精力投向课程形式的调整和丰富上，并形成日趋合理的课程结构。

为满足市场经济的发展对人才素质的要求，现阶段课程改革应特别注意以下三点：①协调基础文化课程、劳动技术课程和职业课程之间的关系；②协调好内容要求的统一性与多样性的关系；③建立更为丰富合理的课程结构和课程形式。

当前课程形式的发展将围绕三个方面进行，基本思路是：①有效地实现必修课、选修课和课外活动的有机结合。减少必修课，力求少而精；选修课要占一定比例，并增设选修学科；课外活动得到加强，使之更好地配合必修课、选修课的教学。②提高综合课程、活动课程和研究性课程在课程体系中的地位。③强化隐性课程对显性课程的积极作用。就是把隐性课程纳入有计划的教学内容中，在课程方案和课程标准中有所体现，使两者相互补充、相互促进。

(四)实施科学的教学评价

科学的教学评价主要是指：①在评价的指导思想上，现代教学评价致力于促进学生个性的全面发展和弘扬学生人格的主动精神，更注重质的分析，把评价范围扩展到学生发展紧密相连的德智体等多方面。同时，评价主体由教师操作逐渐转变为让学生成为教学评价的积极参与者，通过学生的自我评价发展学生的评价能力。②在评价类型上，现代教学评价重视形成性评价，力求在评价过程中及时发现问题，从而及时调节教学行为方式。③在评价的技术和方法上力求科学化，现代教学评价把各种定量的方法作为提高教学评价的科学基础。同时，既注重定性评价，也注重采用定性和定量相结合的方法。

二、我国教学改革的基本趋势

(一)以教育现代化为阶段目标取向

《国家中长期教育改革和发展规划纲要(2010—2020年)》提出："到2020年，基本实现教育现代化，基本形成学习型社会。"对教育来说，现代化就意味着建设指向公平、指向生命关怀、指向终身发展的系统形态，是建成包括教育思想、教育目的、教育制度、教育内容、教育方法、教育评价、教师专业发展等在内的整体结构。从现代社会的发展来看，有了这样的现代化教育才能真正培养出具有科学和人文素养、全面发展的公民。

指向现代化的教学改革无疑要在教学的一系列问题上加以深化或细化。①教学组织继续小型化，让教师更加有针对性地进行管理和教学，让每位学生分享到优质的师资和丰富的教学资源，而且随着科技的进步和教育投资力度的加大而增加。②课堂的范围进一步拓宽，社区活动中心、博物馆、美术馆、名胜古迹等都作为学校的共有资源，不是简单地每年组织几次学生游览活动，而是把这些场所作为学生活动、探究的场所，由专门的馆务人员和社会名流担任指导者和组织者，真正把学生的学习和社会生活联系在一起。

(二)以教育公平为基本价值取向

《国家中长期教育改革和发展规划纲要(2010—2020年)》提出："把促进公平作为国家基本教育政策。"如果说教育公平体现在要有基本的物质条件满足学生发展的需求，那么教学的公平就是如何合理地分配现有的各项资源和应有的学习机会。它不会因为学生的社会经济地位、个人的资质等非个人所控因素而产生教学上的歧视现象。教学公平不仅是对每一位学生一视同仁，而且在教学的内容、进度、方法、作业等方面要能够满足每一个人的发展需求，体现出课程机会均等。

公平取向的原则作为教学改革的指南，在课堂教学的开展、师生关系的建设和课堂教学管理等方面都起指导作用。①在课堂教学的开展方面，依据学生实际的发展需求，设计符合学生特点的教学计划和教学方案；开发和利用适合学生特点的课程资源，课堂上有效地组织学生参与到教学活动中，让每一位学生都能自由地、积极地利用课堂讨论、课堂发言、课堂练习等各种机会进行有效的互动。②在师生关系的建设方面，上述的教学活动就是建立和谐师生关系的一部分，在教学过程中让学生感受到存在的和谐，真正找到自己学习的意义和发展的价值。③在课堂教学管理的策略上，教师要避免歧视性的做法，在尊重学生的前提下，制定出合理的管理政策或措施，妥善地处理教学过程中出现的各种纠纷或冲突，全面而科学地评价学生的表现。

(三)以终身教育为终极价值取向

我国的教学改革应该追求学习者的自主、健康、智慧、兴趣的发展，将终身的可持续发展作为终极价值追求。以终身发展的观念看待中小学的教学工作，应奠定学生学会学习的教学基础。

首先，学校要树立学生是学习主体的思想，为学生创设良好的学习环境，设计和开发能够体现基础性、发展性和多样性的课程与教学内容，更好地满足基础教育阶段学生多方面的需求，以调动学习者的积极性，切实减轻学生过重的学业负担。

其次，学校不能把灌输知识作为自身使命，而应以培养学生的学习态度和学习能力、让学生掌握科学的学习方法为己任，让学生真正参与学习，在教学过程中学会思考、学会探索、学会相互合作与交流、学会利用资源。

最后，学校还应与社会系统形成互动，不仅融入社区成为社区生活的一个机构，在社区生活中发挥教育职能；更要引导学生进入社会，学会利用各种社会机构的资源，如博物馆、科技馆、图书馆、青少年活动中心、野营基地等非正式的教育机构。

(四)以生命关怀为核心价值取向

超越传统教学价值观的局限，奠定生命取向的教学价值观，是未来教学改革的核心方向。这种教学改革主要关注以下方面。

第一，开展以健康、幸福为标准的生命教育，培养学生丰富的情感和人文精神，使学生的心灵具有人类的美德、良心和仁爱。

第二，构建重视人际合作、活动体验的教学过程。在合作和体验过程中充满生机与乐趣，充满对智慧的挑战和对好奇心的刺激。

第三，重建教学评价的标准和尺度，要关注人格的和谐发展，应通过具体的评价活动来展现其终极的人文关怀，使得数量化、精确化、技术化的教学评价方法充溢着人的价值规范。

总之，我国的教学改革在目标和主题上已经基本明晰，但达成目标和完成主题的手段或者方法仍然有待于我们更深入地探索。虽然可以借鉴西方的教学改革经验，但我国的教学改革更应该基于现实的状况和未来的发展趋势，充分利用社会和教育资源，渐进式地改变现有社会和教育条件的制约状况，逐步落实自己的发展蓝图，从而达到促进学生全面发展的目的。这一目的实现与否，也是检验教学改革成败的基本标准。

【自测题】

一、单项选择题

1. 以重视学生自学和独立作业为显著特点的教学组织形式是(　　)。

A. 道尔顿制 　　　　　　　B. 班级授课制

C. 个别教学 　　　　　　　D. 分组教学

2. 班级授课制是一种集体教学形式，它把一定数量的学生按(　　)编成固定的班级，由教师根据规定的教学内容、教学进度和教学时间表对学生开展有计划的教学活动。

A. 年龄与学习成绩 　　　　B. 年龄与文化程度

C. 成绩与文化程度 　　　　D. 年龄与人数构成

3. 在我国，最早采用班级授课制的是(　　)年清政府在北京设立的京师同文馆。

A. 1840 　　　　B. 1862 　　　　C. 1865 　　　　D. 1900

4. (　　)是一种以实用主义思想为指导的教学组织形式，它由杜威的弟子克伯屈所创。

A. 道尔顿制 　　B. 昆西制度 　　C. 文纳特卡制 　D. 设计教学法

5. 课外辅导是上课的(　　)。

A. 延续 　　　　B. 必要补充 　　C. 扩展 　　　　D. 深化

6. 某一测验多次实验后所得分数稳定、一致程度称为(　　)。

A. 难度 　　　　B. 效度 　　　　C. 信度 　　　　D. 区分度

7. 复习、预习教科书属于(　　)课外作业形成。

A. 实践作业 　　B. 书面作业 　　C. 阅读作业 　　D. 口头作业

8. 常用的学生学业成绩的检查与评定方式除了考试外，还有(　　)。

A. 测验 　　　　B. 家庭作业 　　C. 毕业测评 　　D. 考查

二、辨析题

1. 班级授课制是现代课堂教学的唯一有效的组织形式。

2. 衡量一节课好坏的标准是教师教得怎么样。

3. 备课是教好课的前提。

4. 整个教学工作的中心环节是备课。

三、简答题

1. 简述班级授课制的特点。

2. 简述学校教学活动的基本环节。

3. 简述教师备课的基本要求。

4. 简述上好一节课的基本要求。

5. 简述课的结构。

6. 简述我国教学改革的基本趋势。

四、实践活动

我是这样备课的——著名特级教师于永正谈备课心得

关于备课的重要性不必说了。反正不备课，或者备得不充分，我是不敢进课堂的。下面，我就说说自己的做法和体会。

观点一：备课不等于写教案

备课包括钻研教材、搜集信息、了解学生、考虑教学思路和教学方法、写教案等。写教案只是备课的最后一个环节——把钻研教材等方面的所思所得，把教学的目的要求、重点难点、教学过程和方法以及搜集到的有关教学的信息记录下来，是"备忘录"——供课前翻阅，以便把课上好。

观点二：隐性备课最重要

我把备课分为隐性和显性两部分。如果说写教案是显性的，那么，钻研教材、查阅资料、搜集信息、备学生、思考教法则是隐性的了。

第一步：钻研教材

一篇课文摆在案头，先做什么？先理解字词句在课文中的意思，边读边画出生字、新词及含义深刻的句子。随着悟性的提高，有些关键词语，写得精彩之处，以及课文的重点、难点，也会很快抓住。抓住了，便做上记号。

第二步：朗读课文

正确、流利、有感情地朗读四五遍。这是钻研教材、语文备课重要的环节。朗读是活的，是跃出纸外的，赋予了作品生命力。备课时，我力求把课文读"活"。如我朗读《小稻秧脱险记》，小朋友听了无不手舞足蹈。朗读好了，钻研教材就成功了一大半。老师朗读水平有多高，学生就会有多高，并超过老师。师生朗读得精彩的课堂，必然是充满生机的、充满灵性的、富有情趣的课堂。

备"朗读"一是多读，用心揣摩课文的意境、思想感情（包括课文人物的思想感情）。二是多听别人朗读，听录音。平时，我特别喜欢听广播电台的小说朗读、诗歌朗诵，这对提高我的朗读能力大有裨益。三是提高自己的艺术修养。

第三步：正确领会作者遣词造句、谋篇布局的意图

教材中所选文章都是精品，语言运用得准确、生动就更不要说了。对于作者推敲、锤炼文字的匠心，一定要细心琢磨、体会。

每篇课文都有不同的谋篇布局方法，也要把握好，以便引导学生去感悟、去学习、去运用。老师领悟得深，学生才能领悟得深，甚至在老师的引导下，超常发挥。否则，培养学生的阅读能力（包括鉴赏能力）就会成为一句空话。

第四步：认真思考课后练习题的要求，有的要先做一做

例如，要求学生背诵的部分（或全文），我先背下来；要求学生正确、流利、有感情地朗读的课文，我先努力去做。

如《水上飞机》一课，要求学生用"究竟"造句。课文中是这样写的："小海鸥决心去问个究竟。"这里"究竟"当"结果"讲，即看个明白，看个结果。但词典里讲，"究竟"还当"追问"讲，"因有疑问，而追问"。如："这种冰箱究竟省不省电？"我弄明白了之后，心里一亮，便有了底儿了，于是每个不同解释我都造了几个句子，这就取得了指导造句的发言权。但我造句的目的，绝不是让学生抄袭以应付考试，那样做，就把孩子教"死"了。

此外，隐性备课还包括查阅资料。书到用时方恨少。在备《圆明园的毁灭》时，我专门翻看了《中国通史》中有关鸦片战争的章节；教《海洋——21世纪的希望》，我在网上搜集到了不少有关海洋方面的资料（如潮汐发电站等），受益匪浅。

记得苏霍姆林斯基听了一位历史老师讲课，很感动，问他是什么时候备课的，这位老师回答说："备了一辈子。"一个好的教师，随时随地都要为备课做准备。

观点三：要思考教法

在思考教法的时候，必然"备学生""备学法"。上边说了，课文钻研好了，教法往往也随之有了。

即使教师在教学前没有找到什么好的教学方法，只要朗读好了，读出文章的妙处和味道来了，也能把课上得有滋有味、有声有色。

有人请教一位台湾的教授怎样教语文，该教授说："跟我读。"这话真是说到根本上了。

观点四：教案一定要写

隐性实际上并不隐形，它指的是在写教案之前的准备工作。当然其中包括无形的思考。但我认为，备课中最为重要的环节是显性备课。所谓显性备课指的是写教案。教案一定要写，但不要拘泥于形式。我所记下的东西都是重要的东西，以防忘记。这相当于"作战计划"。教学目标要记，过程要记，关键词语的处理及体会要记，老师要讲的重要的话要记；要求学生回答的问题、要求学生写的片断、造的句子，我先写一写，造一造；重要的参考资料也写下来。我以前书写较工整，为的是校长检查能得到好评。现在写得较随意，底线是自己必须能看懂。有些课文考虑得比较周密，我只写个大体教学过程。对已经教过数次的课文，我只写新的体会、新的处理方法。

我还喜欢在课本上写"教案"，美其名曰"备课于书"。我把隐性备课称为"备课于心"。我是每课都想"出新"的人，想每课都让学生喜欢，所以更多的是"备课于心"和"备课于书"。教案往往只写个过程，更细微的东西在书上。

总之，备课要从自己的实际出发，从方便教学出发。

观点五：讨论与自读尤为重要

钻研教材时，我喜欢和同事讨论。同事间的讨论（特别是上公开课），很有作用，有时会使我豁然开朗。自己久思不得其解的问题，往往会被别人一句话点破。听别人上课，也有助于对教材的把握，即使上得不成功，但至少帮助你熟悉了教材。我的好多教学方法，是在听别人的课的时候想出来的。

人教版小语课本第八册有一篇课文《全神贯注》，我读了一遍，就被罗丹的全神贯注的精神所感动。当我又读了两遍后，教法一下子就产生了：我打算一开始把文章最后奥地利作家茨威格说的两句话"那天下午，我在罗丹工作室里学到的，比多年在学校里学到的还要多"提出来讲。

这一课，我备课的时间不过一小时，教案写得很简单。只是个过程，重点记下了要抓的关键词语，记下了怎样指导朗读的办法以及自己读了之后写下的"名言"。教案虽然写好了，而且自己也较为满意，但出于习惯，我又查找了有关罗丹和茨威格的资料,这些东西虽然上课不一定用得上,但作为老师很有必要了解一下。

我之所以举这个课例,为的是想具体说明我到底是怎样"隐性备课"和"显性备课"的。

写到这里,关于备课的话题似乎可以画个句号了。但意犹未尽,我就写"教后记"(即写所说的"反思")说几句话。我把我为徐州市民主路小学的《教学反思集》上的题词抄录下来,作为文章的结束:

"写教学反思实际上是对自己的备课及实施的总结。认真写三年教案的人,不一定成为优秀教师;但认真写三年教学反思的人,必定成为有思想的教师,说不定还能写出一个专家来。"

(摘自 http://wjfrxx.cn/document477.aspx)

讨论:教师应怎样备课?

参考答案

一、单项选择题

1. A 2. B 3. B 4. D 5. B 6. C 7. C 8. D

二、辨析题

1. 此说法错误,班级授课制是现代课堂教学的基本组织形式,它并不是唯一的。现代教学的辅助形式还包括个别教学、现场教学、复式教学、其他教学组织形式等。

2. 此说法错误,衡量一节课好坏的标准既要看到教师教得怎么样,又要看到学生学得怎么样。

3. 此说法正确,备课是教学工作的基础环节,备好课是教好课的前提。

4. 此说法错误,上课是整个教学工作的中心环节,是教师教和学生学的最直接的体现,是提高教学质量的关键。

三、简答题

1. 答:(1)以"班"为单位,集体授课,学生人数固定。

(2)以"课时"为单位,把每一节课规定在统一而固定的单位时间里进行,教师同时面对全班学生上课。

(3)以"课"为单位,把教学内容以及传送这些内容的教学方法、教学手段综合在课上,把教学活动划分为相对完整且互相衔接的各个教学单元,从而保证了教学过程的完整性和系统性。

2. 答：教学工作以上课为中心环节。教师进行教学工作的基本程序是备课、上课、作业的布置与批改、课外辅导、学业成绩的检查与评定。

3. 答：备课工作包括五个方面内容：钻研教材、了解学生、设计教学方法、选择学法、设计并编写教案。其中，钻研教材、了解学生、设计教学方法是备课的最主要内容，即备教材、备学生、备教法。

(1)钻研教材。包括学习学科课程标准、钻研教科书和阅读有关参考资料等。研读这些材料是备课的基本内容，是教学活动顺利开展的必然要求。

(2)了解学生。是备课的关键工作。了解学生应当是全面的、深入的。从教学实际来看，教师了解学生的内容应包括了解学生的知识基础、认知能力、学习态度、思想特点和个性特征等。

(3)设计教学方法。备课的一个重要任务就是深入思考方法问题，即如何确保用最有效的方法在教师引导下让学生系统地掌握教学内容，形成相应的思维能力，完成内在的情感积累。包括对教学程序的安排，对教学方式、办法的选择，对教学工具、手段的准备等。

(4)选择学法。教师要尽可能了解学生学习的年龄特征和认知规律。通过细致的课前和课堂观察，了解学生学习方法上所存在的问题，有目的地进行学法研究和指导，并以学案的形式反映出来。

(5)设计并编写教案。上课前，教师必须备好课，需要编制出三种计划：学年(或学期)教学计划、课题(或单元)计划、课时计划(教案)。①学年(或学期)教学计划，应该在学年或学期开始前制定出来，其内容包括：学生情况的简要分析、本学年或本学期的教学总要求、教科书的章节或课题、各课题的教学时数和时间的具体安排、各课题所需要运用的教学手段等。②课题(或单元)计划，是教师在制订好学年教学进度计划的基础上制定的，内容包括：课题名称、课题教学目的、课时划分、备课时的类型、主要教学方法、必要的教具。③课时计划即教案，这是备课的落脚点。教师以课时为单位设计的具体教学计划或方案，其内容包括：班级、学科名称、授课时间、课题、教学目的、课的类型、教学进程等。其中教学进程是教案的主要部分，教师要详细设计和安排教学内容的展开、教学方法的运用和时间的分配等。

4. 答：(1)教学目标明确。

(2)教学内容准确。

(3)教学方法得当。

（4）教学结构合理。

（5）讲究教学艺术。

（6）板书有序。

（7）充分发挥学生的主体性。

5. 答：课的结构即课的基本组成部分及各组成部分进行的顺序、时限和相互关系。一般来说，构成课的基本组成部分有组织教学、检查与复习、导入新课、讲授新课、巩固新课、布置课外作业等。

6. 答：（1）以教育现代化为阶段目标取向。

（2）以教育公平为基本价值取向。

（3）以终身教育为终极价值取向。

（4）以生命关怀为核心价值取向。

四、实践活动（略）

第十一章 德　育

引言

德育是我国全面发展教育的重要组成部分，它与智育、体育、美育等相互关联。加强德育是全面贯彻党的教育方针的需要，是青少年思想品德健康发展的需要，也是建设社会主义精神文明的需要。德育工作是当前学校工作的重点和难点。

有人说，德育工作是学校工作中最尴尬的，可谓雷声大、雨点小。学校德育工作者普遍感到学生的思想工作越来越难做，社会各界也反映青少年在道德方面有滑坡现象。中小学德育低效甚至无效，究其原因，是中小学德育存在的以下主要问题。

第一，学校德育目标的错位。长久以来，德育目标在具体实施过程中，小学要求的是"培养共产主义接班人"，中学则着重培养学生的"集体主义、乐于助人"的品德，大学才补"讲究卫生、文明礼貌"这一课。这是德育目标错位的集中体现。表明学校德育脱离了学生的身心发展实际，违背了学生品德发展的规律。

第二，学校德育方法简单化。随着基础教育课程改革的推进，在教学领域，学生的主体性问题受到空前重视。但在德育领域，对学生的主体地位却重视得不够。学校德育普遍重视理论灌输，轻学生践行，以死记硬背一些政治、道德概念来代替德育。这种脱离现实生活的德育方法是无法使学生接受教育、并产生施教者所期望的品德的。

第三，学校德育内容脱离生活实际。近年来，我国的学校德育脱离实际的问题日益严重。尽管在德智体美中，德育一直处于首要地位，但是在实际操作中，以智代德、以政治课代德育课的现象仍普遍存在。各种不同价值观念的碰撞和冲突，德育内容与现实矛盾更尖锐。

第四，学校德育孤立化问题。"目前，学校德育明显存在孤立于自我学校德育、家庭学校德育与社会学校德育之外单一进行的问题，四者互不相干。"

事实上，只有将这四者充分合理有效地整合在一起，真正做到了目标一致，内容衔接，功能互补和谐互动，学校德育才能真正发挥其应有的作用。

［摘自黄飞：《当前中小学德育存在的问题及对策》，《科教导刊》，2009(12)］

学习目标

1. 了解并掌握德育的概念、意义及德育的目标。

2. 理解德育的主要内容。

3. 理解并掌握德育过程的基本规律，能分析和解决中小学德育实际中的问题。

4. 理解德育原则并能运用原则分析德育问题。

5. 理解并能灵活恰当地运用德育方法。

6. 了解德育工作途径。

第一节　德育的概念、意义、目标和内容

一、德育的概念

什么是德育？这是一个颇有争议的概念。在西方，德育一般指"伦理道德教育以及有关价值观的教育"，在我国，理论界也有不同的看法。我们依据一些共性的认识，对德育概念进行阐释。

德育有狭义和广义之分，狭义的德育专指道德教育。广义的德育包括了政治教育、思想教育、道德教育、法纪教育、心理品质教育等。德育是教育者根据受教育者身心发展规律，按照一定社会或阶级的要求，有目的、有计划、有组织、系统地对受教育者施加思想、政治和道德等方面的影响，通过受教育者积极的认识、体验、身体力行，以形成受教育所期望的品德的活动。

二、德育的意义

学校德育作为一种特殊的社会实践活动，既要反映社会发展的要求，为社会的发展服务，同时又要反映个体发展的需要，为个体的发展服务。因此，可以从社会性功能和个体性功能两个基本方面来认识德育的功能。

(一)德育的政治功能

不论何种社会政治制度，统治阶级总是利用手中的权力，强制性地对教育明确提出了政治态度、政治立场和政治行为规范方面的要求，并力求贯彻到底。而教育正是通过改变或塑造人的行为，直接为一定的政治服务。教育是政治的一种手段。中国古代《学记》说："建国君民，以教为先"，把教化臣民放在政治的优先地位，孟轲从争取民心的角度，进一步说明了教育的政治作用，所谓"善教得民心"。

(二)学校德育的文化意义

通过继承和发展社会文化，学校德育是精神文明建设的手段。品德和人格，历来都是社会文化的一个主要内容，表现了人行为方面的真、善、美的社会理想和追求。道德面貌反映社会的文明程度。发展和培养个人品德，就是在进行社会的文化建设。屈原的爱国、文天祥的气节、雷锋的精神，都凝结为中华民族的文化传统，成为全民族的精神财富。

(三)德育的个体成才意义

通过培养个人的高尚优美的品德情操，形成优美的人格，这对于个人，一方面是实现个人对人格美的追求，满足个人审美需要；另一方面也是个人在社会中成才的必要条件，是个人成才、事业成功的必要手段。品德教育过程，是个人社会化的过程，这一过程的好坏，直接关系到个人的社会生活，关系到个人是否被社会承认并接纳。一个无德的人、一个缺德的人，社会是不能容纳的，更不用说在社会生活中获得成功。所以，德育是个人成才的手段。中国古代认为人生有"三立"，即"立言""立德""立功"，是说个人成才的三种途径，其中"立德"就是个人成才的途径之一。

三、德育的目标

德育目标是指一定社会对教育所要培养的人在思想品德方面的质量规格的总的设想或规定。德育目标是教育目标在德育方面的要求，是教育目的对人的政治、思想和道德发展的规划，是培养人的总体规划的一部分。教育目的是制定德育目标的依据，德育目标是教育目的的具体化，它是实现教育目的的保证。

(一)中小学德育目标的总要求

德育目标的确立是德育的首要问题。它是德育的出发点和归宿，它决定着德育内容的确定、德育方法和形式的选择与运用以及德育效果的检测与评定，对整个德育过程具有导向、选择、协调和激励的作用。

1988 年《中共中央关于改革和加强中小学德育工作的通知》，其中指出："现在的中小学生是 21 世纪社会主义建设的主力军。他们的思想道德和科学文化素质状况，不仅是当前社会文明程度的重要体现，而且对我国未来的社会风貌、民族精神有着决定性的影响。从现在起，就必须努力把他们培养成为有理想、有道德、有文化、有纪律的一代新人。"这是新中国成立以来，以党中央的名义专门为中小学德育工作颁发的第一个文件，对于中小学德育工作的实施和改革具有重大意义。

《国家中长期教育改革和发展规划纲要(2010—2020 年)》中明确指出："坚持德育为先，立德树人，把社会主义核心价值体系融入国民教育全过程。加强马克思主义中国化最新成果教育，引导学生形成正确的世界观、人生观、价值观；加强理想信念教育和道德教育，坚定学生对中国共产党领导、社会主义制度的信念和信心；加强以爱国主义为核心的民族精神和以改革创新为核心的时代精神教育；加强社会主义荣辱观教育，培养学生团结互助、诚实守信、遵纪守法、艰苦奋斗的良好品质；加强公民意识教育，树立社会主义民主法治、自由平等、公平正义理念，培养社会主义合格公民；加强中华民族优秀文化传统教育和革命传统教育。"这就是当前我国确立的德育目标。

我国的德育目标体现了为我国社会主义现代化建设服务的特点，具有较强的时代性，随时代的变化而有所改变，突出了社会主义学校德育的方向性、全面性、科学性，初步形成了具有中国特色的社会主义德育目标体系。

(二)小学德育目标

小学德育是社会主义精神文明建设的奠基工程，是我国学校社会主义性质的重要标志。它贯穿于学校教育教学工作的全过程和学生日常生活的各个方面。《小学德育纲要》规定的培养目标是：培养学生具有爱祖国、爱人民、爱劳动、爱科学、爱社会主义的思想感情和良好品德，遵守社会公德的意识和文明行为习惯，良好的意志、品格和活泼开朗的性格，自己管理自己、帮助别人、为集体服务和辨别是非的能力，为使他们成为德、智、体全面发展的社会主义的建设者和接班人，打下初步的良好的思想品德基础。

(三)中学德育目标

《中学德育大纲》(1995 年)规定，我国中学的德育目标是：热爱祖国，拥护党在社会主义初级阶段的基本路线；初步树立为人民服务的思想和为实现社会主义现代化而奋斗的志向；具有良好的道德品质和文明行为；具有诚实正直、自尊自强、勤劳勇敢、开拓进取等品质和一定的道德判断能力及自我教育能力，成为有理想、有道德、有文化、有纪律的社会主义公民。

1. 初中阶段德育目标

思想政治方面的基本要求是：热爱祖国、热爱家乡，关心家乡建设，有民族自豪感、自尊心；懂得社会主义初级阶段基本路线的主要内容，了解社会主义现代化建设的常识；初步具有惜时守信、重视质量、讲求效益、优质服务等与发展社会主义商品经济相适应的思想观念；有基本的民主与法制的观念，知法、守法；相信科学，反对封建迷信和陈规陋习；立志为实现四化，振兴中华而学习，正确对待升学和就业，初步树立为人民服务的思想。

道德行为方面的基本要求是：尊重、关心他人，爱护、帮助他人；热爱班级和学校集体，爱护集体荣誉。积极参加劳动，初步养成劳动习惯和生活自理能力；养成自觉遵守社会公德的良好品质。

个性心理素质和能力方面的基本要求是：养成诚实正直、积极向上、自尊自强的品质；具有初步的分辨是非等能力。

2. 高中阶段德育目标

思想政治方面的基本要求是：初步运用马克思主义观点和方法观察分析社会现象；正确认识社会主义建设与改革开放的形势，具有与祖国休戚与共的感情；有振兴中华，建设家乡的事业心和责任感，能够把个人前途与社会主义建设的需要结合起来；进一步树立与发展社会主义市场经济相适应的价值观念、竞争观念和改革开放的意识。

道德行为方面的基本要求是：具有国家利益、集体利益和个人利益相结合的社会主义集体主义精神；树立劳动观点，有良好的劳动习惯、较强的生活自理能力和艰苦奋斗的思想作风；遵守公民道德；懂得现代文明的生活方式和交往礼仪。

个性心理素质和能力方面的基本要求是：形成坚毅勇敢不怕困难、敢于创新的品格；对不良影响有一定识别能力和抵制能力，并具有一定的自我教育和自我管理等能力。

四、德育的内容

德育的内容是德育目标的体现，是按照德育目标的要求用以教育学生的思想、政治、道德方面的知识、理论、思想、观点、准则和规范等。德育内容最直接地体现了德育目标，并为实现德育目标服务。

通常，选择德育内容的依据有三点：一是德育目标，它决定德育内容；二是受教育者的身心发展特征，它决定德育内容的深度和广度；三是德育所面对的时代特征和学生思想实际，它决定了德育工作的针对性和有效性。同时选择德育内容，还应考虑文化传统的作用。

德育内容总是随时代的发展而变化，因不同国家社会性质、发展水平和文化传统而各显特色。

从广义讲，我国学校德育内容主要有以下几个方面。

(一)政治教育

政治教育主要指有目的地形成公民一定的政治观点、信念、和政治信仰的教育，它主要通过对民族、阶级、政党、国家、政权、社会制度和国际关系的情感、立场、态度的教育来实现，其性质由一定的政治经济制度所决定，与一个国家(或地区)现实的政治及其发展趋向直接相关联，具有鲜明的阶级性、方向性和时代性。

从我国当前社会的实际情况出发，学校政治教育的内容大致有以下几个方面：第一，进行建设有中国特色社会主义政治目标的教育。维护人民当家做主的权利，维护国家的主权和领土完整，把我们的国家建设成为富强、民主、文明的社会主义国家。第二，进行建设有中国特色社会主义政治方向的教育。坚持正确的政治方向，是我们社会主义学校对学生的基本要求。第三，进行必须坚持中国共产党的领导的教育。第四，进行马克思主义是建设有中国特色社会主义政治文化的指导思想的教育。第五，进行坚持党的路线、纲领、方针、政策的教育。

(二)思想教育

思想教育有别于政治教育，思想是认识问题，政治是立场问题。思想教育是人生观、世界观以及相应思想观念方面的教育，包括辩证唯物主义和历史唯物主义世界观和人生观教育、革命理想和革命传统教育、劳动教育、自觉纪律教育。

世界观是人们对世界的根本看法和态度。人生观是世界观的一部分，是人们对待人生问题的根本观点和态度。辩证唯物主义和历史唯物主义是人类历史上最进步最科学的世界观。共产主义人生观、革命人生观，是人类历史上最高尚，最科学的人生观。革命理想教育和革命传统教育能帮助学生树立远大的人生理想，继承和发扬优良的革命传统，为人类美好未来而奋斗。在社会主义社会，劳动是每一个公民的权利和义务。每一个有劳动能力的人都应该以自己的辛勤劳动为社会主义现代化建设做出贡献，并以自己的诚实劳动获取应得的劳动报酬，以维护自己及其家庭的生存和发展。纪律是一定社会或阶级的产物，社会主义社会提倡自觉纪律，即建立在个人与集体、国家利益基本一致基础上的、人们自觉遵守的纪律。

(三)道德教育

道德教育指的是形成人们的道德意识和道德行为的教育，它主要通过个体与个体，个体与群体、社会，个体与自然的行为规范和准则的教育，包括家庭伦理道德、社会公德、国民公德、职业道德、个人品行修养等的教育来得以实施，它强调人的良心、良知，强调义务感和责任心，强调自觉和自愿的统一。

要引导学生从小懂得尊重他人能善意对人、热情待人、乐于助人，以培养他们的人道主义行为；还要教育他们主持正义、保护善良，敢于挺身而出、打抱不平，扶正祛邪、具有社会主义人道主义精神；培养学生讲规矩、有礼貌、尊敬师长等文明行为；养成诚实守信、勇敢、敢于创新等良好的品质。

(四)心理健康教育

心理健康教育是指通过对学生心理健康知识的教育和训练，培养学生良好的心理素质，预防心理障碍和心理疾病的发生，促进学生身心全面和谐发展。

心理健康教育的基本任务如下。

第一，针对大多数心理健康的学生而言，心理健康教育的目标是培养学生良好的心理素质，预防心理障碍的发生，促进学生的心理机能、人格的发展与完善。

第二，就有心理障碍的学生而言，这里健康教育的目标是，排除学生的心理障碍，预防心理疾病的发生，提高学生的心理健康水平。

第三，针对少数有心理疾病(异常)的学生，进行心理咨询与治疗(最好转诊)。

心理健康教育的内容主要分三个方面，即学习辅导，生活辅导和择业指导。随着社会的发展，心理问题的增多，人们对心理健康教育越来越重视，现在有一种趋势，即把心理健康教育独立于德育之外，学校设立专门的心理咨询室，由心理健康教育的专业人员负责对学生进行心理健康教育。

以上几个方面的德育内容可以具体化为：①爱国主义和国际主义教育；②理想和传统教育；③集体主义教育；④劳动教育；⑤民主、纪律和法制教育；⑥人道主义和社会公德教育；⑦辩证唯物主义世界观和人生观教育等。

第二节　德育过程

一、德育过程的概念

德育过程是教育者按照一定社会的思想道德要求和受教育者思想品德形成的规律，对受教育者有目的、有计划地施加影响，以形成教育者所期望的思想品德的过程。德育过程的本质是个体社会化和社会规范个体化的过程。德育过程是促使受教育者道德认识、道德情感、道德意志、道德行为发展的过程。

二、德育过程与品德形成过程的关系

德育过程与学生思想品德形成的过程，两者密不可分，但又有区别。德育过程是教育者的一种施教过程，是促进学生思想品德形成的外因和条件；学生思想品德形成过程，是在教育和环境等外部条件影响下，个体内部矛盾运动的过程。区分两者不同是必要的，但又不能把两者割裂开来。德育过程是"教"的过程，目的是要培养学生的思想品德；学生思想品德形成过程是"学"的过程，目的是要学得、形成自己的思想品德，两者不可能截然分开。德育过程实质上是在教育者指导下，教育者与受教育者间双向互动、交互作用、实现"转化"的一个的过程，是教师施教过程与学生思想品德形成过程的有机统一。

德育过程的实质在于"转化"，即教育者通过德育过程把德育的要求（一定的思想观点、规范）内化成为学生的思想品德素质。如果德育过程不能实现这个"转化"，这样的德育就是形式主义的，没有实效的德育。

三、德育过程的结构和矛盾

(一)德育过程的结构

德育过程的结构是指德育过程中不同质的各种要素的组合方式。德育过程通常由教育者、受教育者、德育内容和德育方法四个相互制约的要素构成。

教育者是德育过程的组织者、领导者，在德育过程中起主导作用。教育者包括直接的和间接的个体教育者和群体教育者。

受教育者包括受教育者个体和群体，他们都是德育的对象。在德育过程中，受教育者既是德育的客体，又是德育的主体。当它作为德育对象时，他是德育的客体，当他接受德育影响、进行自我品德教育和对其他德育对象产生影响时，他成为德育主体。

德育内容是用以形成受教育者品德的社会思想、政治和道德规范，是受教育者学习、修养和内化的客体。学校德育基本内容是根据学校德育目标和学生品德形成发展规律确定的，它具有一定范围和层次。

德育方法是教育者施教传道和受教育者受教修养的相互作用的活动方式的总和。教育者借助一定的德育方法将德育内容作用于受教育者，受教育者借助一定的德育方法来学习、修养、内化德育内容，将其转化为自己的品德。德育内容和方法都属于德育影响。

德育过程中的各要素，通过教育者施教传道和受教育者受教实践的活动而发生一定的联系和相互作用，促使受教育者的品德发生预期变化的矛盾运动过程。

(二)德育过程的矛盾

德育过程的矛盾是指德育过程中各要素、各部分之间和各要素、各部分内部各方面之间的对立统一关系，包括教育者与受教育者的矛盾、教育者与德育内容、方法的矛盾，受教育者自身思想品德内部诸要素之间的矛盾等。

德育过程的基本矛盾是教师向学生提出的道德要求与受教育者思想品德发展水平之间的矛盾。这是德育过程中最一般、最普遍的矛盾，也是决定德育过程本质的特殊矛盾。这个矛盾需要通过向学生传授一定的社会思想和道德规范，引导他们进行道德实践，把他们从原有的思想品德水平提高到教师所要求的新的思想品德水平上来解决。

四、德育过程的基本规律

德育规律就是德育过程诸要素之间本质的、必然的联系。德育规律与个体思想品德形成的规律既有区别又是紧密联系在一起的。德育规律实际上是教育者通过德育过程促进学生形成自身思想品德的规律，即以德育人的规律。德育规律的重复有效性在短期内不易显现并非是无规律可循。一般认为德育过程有以下基本规律。

(一)德育过程是培养学生知、情、意、行的过程

德育过程是培养学生思想品德的过程。一个人的思想品德是由知、情、意、行几个要素构成的。任何一种思想品德都是在知、情、意、行各要素的相互影响、相互作用、相互促进中形成和发展的。所以，德育过程是培养学生知、情、意、行的过程。

1.知、情、意、行四要素及培养

（1）知，即道德认识，是人们形成和发展自身品德的基础。它是指人们对一定社会道德关系及其理论、规范的理解和看法，包括人们通过认识形成的各种道德观。人的品德的形成离不开认识，一定的品德总是以一定的道德认识为必要条件。不能进行正常认识的人是不可能形成品德的。

一个人的道德认识水平总是制约着他的修养水平。比如，我们对中学生进行《中学生守则》《中学生日常行为规范》的教育，就是要使中学生明确自己的职责，了解自己在日常行为中应该怎样做，不应该怎样做，哪些绝对不能做。所以，德育过程常常是从提高学生的道德认识开始的，要有计划地传授给学生以基本的道德知识、理论和各种道德规范，逐步提高他们识别是非、善恶和美丑的能力，形成正确的道德观。这对调节学生的行为，加深其情感的体验，增强意志和信念都有极大作用。

（2）情，即道德情感，是产生道德行为的内部动力。它是运用一定的道德观念评价自己与他人的品行或某种事物而产生的一种内心体验，表现为人们对事物的爱憎、好恶的态度，一般在道德认识基础上形成。

道德情感是一种巨大的力量，它能推动道德认识转化为道德行为，发展为道德信念。如果缺乏相应的情感，即使有了某种道德认识也将停留在口头上。例如，有的学生懂得劳动伟大的道理，却好逸恶劳，一个重要的原因就在于他对劳动毫无兴趣和情感。在德育过程中，应当重视培养学生的道德情感，要善于激发他们对道德行为的敬佩、爱慕之情，要引导他们去体验进行道德活动所获得的愉快和满足，体会道德的价值和需要，以发

展他们的深厚道德情感。

（3）意，是指道德意志，是调节道德行为的精神力量。它是人们为了实现一定的道德行为而克服来自内部或外部的困难和障碍所做出的自觉努力。事实证明，意志薄弱者尽管他有某种道德认识和情感，但一遇艰难险阻便不能坚持实现已确定的道德目的。只有意志坚强的人才能坚持不渝地履行自己的道德义务。中小学生由于意志薄弱，一遇到困难和干扰，就容易半途而废，所以教师要创造条件，引导学生持之以恒，使学生养成良好的思想品德意志，去完成道德行为。

（4）行，即道德行为，是衡量学生思想品德形成与否的关键。它是指人们在一定道德认识、道德情感、道德意志支配下采取的行动。道德行为是衡量人们道德修养水平的重要标志，因为一个人的道德只有通过道德行为才能表明。因而评价一个人的品德如何，不仅要听其言，而且要观其行。有些学生熟知学生守则和日常行为规范，但事实上却不去遵守，这不能说其具有相应的道德。相反，也不能认为，只要学生表现出相应的行为，就认定他已经具备了相应的道德。在德育过程中要特别着重学生的道德行为的培养，要求学生言行一致，严格遵守学生守则、学校的规章制度和社会的道德规范，长期坚持下去，以形成良好的习惯与作风。

2. 德育要有全面性，要促进知、情、意、行和谐发展

知、情、意、行四个要素在学生思想品德形成过程中的相互作用、相互促进，其中，知是基础，行是关键，情、意在由知到行的转化中起着动力调节作用。因此，开展德育活动要注意全面性，兼顾知情意行各要素，不能厚此薄彼，有所偏废。广大教育工作者在实践中对学生要"晓之以理、动之以情、导之以行、持之以恒"。"晓之以理"就是要坚持用正面教育和道德知识武装学生。"动之以情"就是要使学生对行为对象有发自内心的情感，而不是对其进行空洞的理论灌输和说教，引起学生感情上的共鸣。"导之以行"就是要引导学生把理论和实践结合起来，以一定的行为方式对学生进行系统的、有目的的训练，使学生明确怎样控制和调节自己的行为，做到知行统一，言行一致，勇于实践，使道德观念、思想认识转化为实际行动。"持之以恒"就是要求教育者要坚持长期的、细致的工作，不怕麻烦，不怕反复，同时要培养学生有坚强的意志。总之，要充分发挥知、情、意、行各要素在德育过程中的作用，使各要素在儿童品德中全面和谐地得到发展。

一般地说，教育者在观察学生在日常生活中表现出来的道德行为时不

可忽视其背后的知、情、意；没有正确的道德认识，不会产生相应的道德情感，犹如一个不知美为何物的人，他不可能去感受美、欣赏美，更不会去创造美。有了情感，就会产生动力。只有情感是深厚的，意志才会是坚定的，并最终表现为行为，而且因为这种道德行为是基于满足情感的需要，所以，它才会是自觉的、长期。追本溯源，学生的行为规范固然重要，但更为重要的是对知、情、意、行之间关系的整体把握。

3. 德育具有多端性，要具体问题具体分析

在德育实践中，应从知、情、意、行哪个方面作为教育的开端呢？一般来说，是从提高学生的道德认识开始，而后培养学生的道德情感、道德意志和道德行为，最后形成行为习惯为止。但是，由于知、情、意、行各因素的发展是不平衡的，有的先、有的后、有的快、有的慢、有的较稳定、有的常反复；而且每个学生品德发展的具体情况也存在差异，在哪个要素上表现薄弱不尽相同，这就决定了德育工作可以从多处入手，具有多种开端。既可以从知或情的培养入手，也可以从意或行的锻炼开始。

就以中小学生常见品德问题"言行不一"为例来说，究竟从知情意行哪个要素作为开端抓起呢？这就要具体问题具体分析。有的学生可能是因为对行为规范不理解，或认识不深刻，这就要从"知"开始，提高其道德认识，增强自觉性；有的学生可能是熟知道德规范但不身体力行，这就要从"行"开始，加强行为习惯的培养与训练；有的学生可能是缺乏情感体验，没有强有力的行为动机，这就要从"情"的培养开始，引导学生感受生活、体验生活，通过各种措施激发其道德情感；有的学生可能是既懂道理也能行动，但就是意志薄弱，不能持之以恒，这就要从"意"开始，通过完成一定的道德活动来磨炼其意志，提高自我控制能力。可见，德育具有多端性，在实际的德育工作中究竟从哪里开始，要具体问题具体分析。

（二）德育过程是促进学生思想内部矛盾转化的过程，是提高学生自我教育能力的过程

德育过程的基本矛盾是教师向学生提出的道德要求与受教育者思想品德发展水平之间的矛盾。它是个体思想品德形成和发展的基本动力。把社会要求和道德规范转化为学生个体的思想品德，是内外因素相互作用的结果。外部教育影响作为条件是不可缺少的，但外部教育影响又必须通过学生的心理内部矛盾起作用。矛盾的解决过程就是学生思想品德提高的过程。例如，为集体做好事，这是集体与教育者的要求，但是这与学生自私的思想发生矛盾。在这种情况下，学生经过思想斗争，集体主义思想战胜了自私自利思想，这种矛盾解决了，他的思想品德由原有水平提高到了一

个新的水平。不断有新的道德要求与学生的现有水平产生矛盾运动，这样经过周而复始，学生的思想品德就能得到不断地提高和发展。

学生的思想矛盾是多种多样的。学生思想上存在许许多多的矛盾，从思想品德的心理要素来看，有知与不知、正确认识与错误认识、健康情感与不健康情感、认识与意志、知与行等矛盾；从社会内容来看，有进步与落后、真善美与假恶丑等矛盾；从内部和外部的关系来看，有个人需要和社会现实、个人原有思想品德和社会发展要求等矛盾。这些矛盾复杂地交错运动并互相转化。没有学生思想的内部矛盾斗争，就不能形成和发展学生的思想品德。

自我教育能力是思想品德发展水平的一个重要标志。随着学生年龄和才智的增长，他们个人的自觉能动性及其在德育上的主要体现——自我教育能力，在他们自身的品德发展和提高上起着越来越重要的作用。自我教育能力是德育的一个重要条件，只有注意培养和提高学生的这种能力，学生品德内部矛盾才能转化，德育才能进行的更顺利、更有效；学生的自我教育能力又是学生品德发展水平的重要标志，德育的最终任务就是把学生培养成为具有自我教育能力的、独立自主的道德主体。苏联最伟大的教育家苏霍姆林斯基就很不赞成紧紧抓住青少年的手不放，一直到17岁还把他们只当作消极的受教育者的做法。他说："我深信，只有能够激发学生去进行自我教育的教育，才是真正的教育。"认识自己—掌握自己—自己去做，这是苏霍姆林斯基对自我教育的最通俗、最确切的注脚。青少年只有具备了自我教育的能力，才能真正做到道德上的自律，达到古人所崇尚的"慎独"的道德境界。

阅读材料：

只有能够激发学生进行自我教育的教育才是真正的教育

苏霍姆林斯基曾处理过这样一件事：一个学生打死了一只麻雀，为教育学生，他责令学生找到鸟巢，见一个鸟巢里面几只雏雀嗷嗷待哺。苏霍姆林斯基不无忧伤地说："它们失去了妈妈，现在谁也无法救活它们了。"这情景使这个学生非常懊悔。二十年后，他对苏霍姆林斯基说："如果当年您严厉批评我，那么这么多年来我就不会自己惩罚自己。"

这实例足够说明只有学生把教育看作自己的需要且乐于接受时，才能取得最佳教育效果。

（摘自 http://www.nxjxedu.com/Article/ShowArticle.asp? ArticleID＝2258）

(三)德育过程是组织学生活动和交往的过程

活动和交往是品德形成的基础,没有社会活动和交往,就没有社会道德。学生的思想品德是在积极的活动和交往过程中逐步形成和发展起来的,同时又是在活动和交往中表现出来并接受其检验的。如果德育过程基本处于静态,只让学生端坐静听教师的道德说教,不仅缺乏使学生深感兴趣的外部教育活动,而且必将导致窒息学生内部的思想情感活动。学生对教师的说教不但毫无积极性,甚至可能产生抵触情绪。在这种情况下,学生即使被迫顺从教师要求,其行为也不可能持久,更不可能把道德要求转化为个人的品德。相反,若把德育过程组织成为引导学生能动进行的活动过程,那么情况则大不一样。

符合教育目的和青少年特点的各种教育活动,能激发学生的兴趣、爱好与追求,因为他们在完成一定的学习、工作、劳动任务和进行社会交往与协作的过程中,一方面必须遵循社会、集体或教师提出的道德规范与要求,经受道德锻炼;另一方面自身也会产生遵守道德规范、评价和调节人际关系及个人行为的需要。这样,学生在这种活动中,便将形成相应的品德,发展一定的道德能力。

进行德育要善于组织、指导学生的活动。对学生来说,最基本的活动是学习劳动。它既包括智力活动,也包括体力活动,两者是密切地联系着的。从形式上分,包括学科学习活动、课外教育活动和社会实践活动。

学科学习活动也就是通常所说的教学活动,是在教师和学生以及学生和学生之间的交往过程中进行的。在教学活动中学生可以获得在集体中生活和工作的能力,掌握社会主义公共生活的准则和规范,培养集体主义的精神。在完成学习任务时,学生可以形成一些最重要的性格特征和道德品质,如责任心、进取心、成就感、纪律性、坚持性、乐群性、忠实、勤奋和创造精神等。同时,教学过程以科学知识武装学生,有助于培养学生科学的人生观、世界观,提高道德思维、道德判断和正确决定活动方向的能力。

另外,教学以外的班会、校会、团队活动、各种兴趣小组等课外教育活动,由于具有生动性、灵活性和趣味性的特点,往往更容易被学生所接受,可以充分发挥学生的主动性、自主性,具有课堂教学无法替代的作用。

社会实践活动也是受学生欢迎的教育活动。学生在参与真实的社会活动和交往过程中，认识社会生活的真实面目，学习怎样参与社会生活的改革与创新活动，对思想品德的形成和发展有重要作用。

(四)德育过程是长期、反复、逐步提高的过程

德育过程是长期的过程。学生思想品德的形成和发展是随着他的成长、成熟而不断深化发展的，是一个长期的过程。学生思想品德形成的长期性，主要是由于学生品德的形成不但要提高道德认识，形成正确的道德观念和道德判断能力，而且还要形成相应的道德情感、道德意志和道德行为。

学生在这些因素上的不断提高和深化，并非一朝一夕就可获得成功的，这是一个长期的由量变到质变的过程。因此，也必然经过一个长期的培养教育或矫正训练过程。

德育过程是反复的过程。学生思想品德形成的反复性和曲折性，一方面是由当今影响学生的因素非常复杂决定的。意识形态领域里正确的和错误的思想、先进和落后的思想、多元的价值理念等通过各种渠道反映到学生思想上来，因而学生思想品德的培养和提高是反复的和曲折的。另一方面，学生各种思想品德具有不稳定性。青少年学生处于成长时期，思想不成熟，缺乏生活经验，初步形成起来的正确思想、观念和良好的行为习惯，还可能受到不良思想和坏的道德品质的影响和侵蚀，出现优良品德与不良思想品德的曲折斗争过程，甚至出现某些倒退。这说明学生思想品德的形成并非一蹴而就，具有反复性。

德育过程是逐步提高的过程。学生品德形成过程中的反复，绝不是简单、机械地重复，而是螺旋式的不断深化，具有逐步提高的性质。遵循学生思想品德形成的这一规律，教育工作者对学生的教育一定要有长期的思想准备。有计划、有组织地对青少年学生实施道德教育，不能"毕其功于一役"。

在教育界，有些教师不能正确看待学生思想行为上的"反复"现象。其表现之一是：教师的情感与态度随着学生的反复而反复。有的教师看到自己耐心教育已有明显进步的学生又重犯错误时，感到伤心、气恼、失望，觉得学生辜负了自己的心意，于是态度不再耐心，方法不再讲究，任自己的消极情绪随学生的反复而出现。另一种表现是：教师把学生思想行为出现的反复看成是学生屡教不改、本性难移的表现，放弃对学生进行教育。这都是违反德育规律的。教育学生要做长期、细致的工作，要把学生的反复视为学生进步中新旧因素斗争的表现，视其为促进学生转化的关键时

机。要以冷静的头脑，炽热的情感经常抓、反复抓、抓反复，树立不怕反复的思想，一抓到底，持之以恒。

对德育规律的认识，需要一个过程，需要教育者的不断学习、思考，总结前人成功的经验，又要吸取别人失败的教训，逐步领会育人道理，使教育工作做得更积极、更主动。实践证明，遵循德育规律去进行德育工作，会取得良好的效果，所以进行德育工作时一定要遵循德育的基本规律。

第三节　中小学德育的原则、途径和方法

一、中小学德育的基本原则

德育原则是指教师在对学生进行思想品德教育的过程中必须遵守的基本准则。德育原则反映了德育过程的规律性。德育原则来源于德育实践，是广大教育工作者实践经验的高度概括和总结，是处理和解决德育工作中一些基本矛盾和问题应遵循的基本要求，对于德育实践具有指导作用。这里介绍我国中小学德育工作中常用的一些德育原则。

(一)现实性与方向性相结合的原则

方向性与现实性相结合的原则是指在德育过程中，既要坚持社会主义方向，坚持以马克思主义为指导，抵制各种错误思想影响，又要从社会主义初级阶段的现实出发，按现行的方针政策要求学生，把德育的方向性和现实的可能性结合起来，使各项德育活动具有共产主义方向性和具体的社会主义品德教育的目的性。

这一原则是根据德育要受社会政治经济制约这一规律提出来的，是由我国社会主义教育的性质和任务决定的。我国社会主义初级阶段的德育属于社会主义、共产主义德育范畴，因此，它必须坚持共产主义方向性，这是社会主义德育的根本原则，它集中地反映了社会主义德育培养新人的根本要求，也是我们进行德育的政治方向的根本保证。同时，我国现阶段的德育又要从社会主义初级性德育的现实性出发，使德育不脱离实际，使社会主义初级阶段的德育落到实处，取得实效。贯彻这一原则的基本要求如下。

第一，要以马克思主义理论为指导，把共产主义方向性和社会主义初

级阶段现实性结合起来。马克思主义理论是我们党和国家发展的指导思想。共产主义思想道德是社会主义思想道德的高级发展阶段和必然的发展方向与归宿。在社会主义初级阶段，坚持德育的共产主义方向性，就是要在马克思主义指导下，用社会主义思想道德武装学生，使他们了解党在新的历史时期的路线、方针和政策，树立中国特色社会主义的共同理想，同时使他们了解、向往和追求共产主义的远大目标，并引导他们逐步树立共产主义的人生观和世界观。

第二，坚持德育目标，要从实际出发，针对学生的不同类型、不同层次和个体差异进行教育。要明确学校德育的基本任务，在德育目标上解决好普遍性要求和先进性要求的关系；在德育内容上解决好基础性内容和超前性内容的关系；在理想教育上解决好共同理想和远大理想的关系。要克服要求过高、不分层次，过于理想化而和现实社会脱节的弊端。学校要把对学生的共产主义思想体系的教育同我国社会主义初级阶段的实际和现行的路线、方针、政策的教育结合起来，引导学生把实现中国特色社会主义共同理想同自己日常的学习、生活、劳动联系起来，使德育落到实处。

第三，把学校德育置于社会大背景之中。要拆掉学校和社会之间的无形的"隔离墙"，将学校这一传统的所谓"理想环境""真空世界"变为"现实环境"与"真实世界"，将"理想化"的学校思想品德教育变成社会化的思想品德教育，帮助学生从小学会全方位、多侧面、科学地观察社会，既具有世界意识、现代意识，适应时代潮流，又能脚踏实地正确认识和处理发生的自己身边的事，做到对自己的个性发展承担个人责任，进而做到对家庭、对他人、对集体、对国家以至对人类社会、对生态环境承担个人的责任。

第四，要引导学生把自己日常的学习、生活同建设社会主义现代化强国、最终实现共产主义的理想联系起来。教育者要善于由小见大，由近及远，教育学生从大处着眼，小处着手，立足当前，放眼未来，从我做起，从现在做起，从小事做起，使社会主义、共产主义的思想道德渗透到他们学习、生活等各个方面去，成为推动他们前进的动力。

(二)知行统一原则

知行统一原则是指要在社会实践和实际生活中去培养学生的思想政治观念和道德认识，帮助学生把思想认识的提高与道德行为和习惯的形成统一起来，使他们的思想认识和言行一致而和谐。

知行统一是我国社会主义教育目的的客观要求。社会主义社会培养的中小学生，应该具有一定的道德认识和思想觉悟，应该形成良好的道德行为和习惯。为实现这一目的，不仅要重视理论知识的学习和掌握，又要求中小学生把相应的理论和认识付诸实践，落实为行为，达到言行一致、表里如一。

知行统一原则也是德育的内在要求。从某种意义上讲，德育就是要把道德内化为个人的品德。我们知道，品德是道德认知、道德情感、道德行为、道德意志等的综合体现，缺少其中任何一个都不构成品德。道德认知是产生道德情感的必要条件，没有认知，就不可能产生道德情感，而没有道德意志支配的行为，不论它带来怎样令人满意的结果，都算不上道德行为。反之，一个人的道德知识不管有多么丰富，若无切身体验和情感的参与，就不会产生相应的道德行为；若一个人仅有善意或善念，却没有体现善意的恒心和坚持，没有实际的道德行为，也算不得一个有道德的人。

贯彻知行统一原则，要求把学习理论和参加实践结合起来，把感性认识和理性认识、思想和行动统一起来。

第一，理论的学习要结合实际，切实提高中小学生的道德敏感性和道德思维能力。我们要用社会主义的道德规范来教育中小学生，要从根本上提高中小学生的认识和觉悟，就必须理论联系实际，使学生在日常生活和具体的道德情境中体验、推理、判断和选择。只有这样，才能提高学生的道德认知能力，继而借助理性的力量形成相应的道德信念，理解和践行社会的道德原则和道德规则，切实提高中小学生的道德思维能力。

第二，注重道德实践，在实践中培养学生的品德。我们要在社会实践活动中引导学生在已有的道德认知和道德信念的基础上身体力行，在实际的道德行为中增进他们对思想品德要求和道德行为规范的理解和认同，从而促进学生品德的发展。

（三）正面教育、积极疏导原则

正面引导和纪律约束相结合的原则，是指在德育过程中要循循善诱、以理服人，通过正面疏导和启发激发学生思想进步和道德发展的积极性，通过摆事实、讲道理让学生明了自身发展的方向和要求；同时又要辅以纪律约束，通过学生守则、学校规章制度等对学生的行为实行监督和调控。

正面引导和纪律约束相结合的原则反映了社会主义教育目的的要求。中国长期的封建社会教育的实践教训告诉我们，压服、灌输和强制的教育方式造就的多是"死读书、读死书和读书死"的书呆子和只知服从、不思变通的奴仆。社会主义教育要求培养有思想、有觉悟的劳动者，社会主义经济发展需要教育培养具有自尊、自强、自立和自信等心理素质的能动性人才，这就要求德育必须坚持正面引导和启发自觉，通过说服来教育学生。

青少年学生是发展中的人，具有不成熟性和可塑性，他们的思想观念、政治觉悟和道德认识尚待形成，这就要求教师通过正面的教育引导学生理解和接受德育内容和目标。现时代的青少年学生具有鲜明的时代特色，更加追求个性和思想的独立，教师采用疏通、引导和说服的方式也更能适应现时代青少年的发展需求和特点。

对学生说理，以理服人，暗含着这样的假设——把学生当作有理性的人，并且期望学生更有理性。教师说服的教育行为本身就对学生具有示范作用，教师坚持以疏导启发、循循善诱的方式教导学生，学生必能在潜移默化之中受到影响，逐渐倾向于用理性的方式待人处世。只有把学生当作有理性的、有发展潜力的人来对待和教导，才能把他们培养成为真正具有理性的人，才能不断发掘学生的巨大发展潜力，使学生得到更好更全面的发展。

贯彻正面引导和纪律约束相结合原则的基本要求如下。

第一，疏导启发，以理服人。教师在德育过程中，要针对学生的思想现状进行疏导启发，引导学生产生追求进步和求真向善的行为倾向。态度、观念的形成和转化绝不是压制和强迫就能达到的，要在了解学生、理解学生的基础上循循善诱、因势利导，帮助学生把内在的发展要求和目标转化为思想态度和相应的行为。虽然在情况紧急时，教师应当机立断，运用自身的权威使学生服从要求，但从长远看，说服会比压服更有效。教师要克服强势心理，把学生当成与自己平等的人，尊重学生，信任学生，不用权威、权力去强迫、威胁和恐吓学生，而是疏导说服，用讲道理的方式让学生理解和接受教育影响。

第二，坚持正面教育，多用示范和表扬。青少年学生朝气蓬勃、积极向上，勇于追求进步和个性的完善。教师要更多采用正面教育的方式，通过展示社会上的先进人物或是生活中的道德行为，向学生揭示积极进步的思想观念和规范的道德标准。在这里，教师自身的榜样示范对学生的影响作用不容忽视。教师应规范自己的言行，以自身高尚的德行和积极的人生态度为学生树立良好的榜样。来自教师的模范影响是其他的榜样人物所不能替代的，因为通过对学生施加道德影响的教师的言行，会体现和肯定教师在德育过程中期望学生去形成的德行。

教师要关注学生成长过程中表现出的积极性和进步，及时给予肯定和表扬是教师对学生品行的一种肯定性评价。教师应该经常通过表扬鼓励学生的道德行为，肯定学生的正确行为，并合理运用奖赏等手段激励学生的道德行为。

第三，加强纪律约束，规范学生行为。青少年学生自控力差，难免会出错。所以，在强调正面教育为主的同时，要利用《学生守则》等校规校纪对学生行为进行约束，并经常检查监督，持之以恒，帮助学生形成遵章守纪的良好行为习惯和自我约束的能力。

(四)尊重信任学生与严格要求相结合的原则

在德育过程中严格要求学生，是指要遵循德育的基本规律，在学生的现有思想和道德水平的基础上提出更高的要求，促使学生的道德向更高水平、更高阶段发展。尊重信任学生就要真诚地关心爱护学生，相信学生有不断发展的潜能。在德育的过程中，要把严格要求学生和尊重信任学生结合起来，使教育者对学生的影响与要求易于转化为学生的品德。

严格要求和尊重信任是辩证的统一。只有在尊重信任基础上提出的严格要求才可能被学生真诚地接受并转化为自我发展的内在动力。同理，没有严格的要求就没有教育。马卡连柯说过："要尽量多地要求一个人，也要尽可能地尊重一个人。"[1]教育者必须根据学生的实际发展水平和潜能提出适合学生的发展要求，帮助学生将其转化为自己的内在发展要求并最终实现相应的发展目标。

贯彻严格要求与尊重信任相结合原则的基本要求。

第一，爱护和尊重学生。"尊师爱生"是我国长期以来形成的师生关系的优良传统。"爱生"是师生关系中最基本也是最重要的准则，是教师对学生进行教育的基础。一方面，教师对学生的爱、尊重和信任，是学生追求思想进步和道德发展的动力；另一方面，学生能够从一个爱护、尊重和信任学生的教师身上习得处理人与人之间关系的最基本要求。只有热爱学生的教师，才会真心关怀学生的成长，才会以学生的发展为己任，尽职尽责、诚心诚意地对待教育、对待学生。

第二，信任学生。爱护和尊重学生，是与信任学生紧密联系在一起的。爱护学生，是基于教师为人师长的责任；尊重学生，是要把学生当成在人格上与自己平等的个体来对待，不歧视、讽刺和挖苦学生；而信任学

---

① ［苏联］马卡连柯：《论共产主义教育》，第270页，北京，人民教育出版社1955年版。

生，则是要相信学生在思想和道德发展方面的潜力，要相信学生有追求进步和德行完善的愿望。信任学生，也意味着教师要有这样的信心，即学生在自己的努力或他人的帮助下能够达到教师所提出的道德目标，并不断发掘自己思想进步和道德发展的潜能，做一个诚实善良的人和遵纪守法的公民。

第三，严格要求学生。教师要从学生的实际出发，对学生提出具体、明确而又合理的发展要求。严格要求学生，就意味着教师要了解学生的思想和道德发展的现状，要掌握学生的成长背景和生活环境，这样才能有针对性地提出适合学生的合理发展要求。同时，教师的要求必须具体、明确，不说假话、废话和空话，这样提出的要求才更容易为青少年学生所理解和接受。教师提出的要求越具体、明确而合理，才越有可能被学生转化为自我发展的内在需要，进而转化为思想观念和相应的行为。

(五)集体教育和个别教育相结合原则

集体教育和个别教育相结合原则是指在德育过程中，教育者要善于组织和教育学生集体，并依靠集体教育每个学生；同时通过对个别学生的教育来促进集体的形成和发展，从而把集体教育和个别教育有机地结合起来。

这一原则是对苏联教育家马卡连柯成功教育经验的总结，符合社会主义教育目的的要求。集体主义是共产主义道德的基本原则。学生的集体主义精神，只有在集体中才有可能培养起来。实践证明，学生集体不仅是教育的对象，也是教育的主体，具有巨大的教育力量，应充分利用集体的力量来教育学生。当然，集体是由个人组成的，个人也能对集体产生影响，所以在加强集体教育的同时，还必须加强个别教育。马卡连柯指出，教师要影响个别学生，首先要去影响这个学生所在的集体，然后通过集体和教师一道去影响这个学生，只有这样才能产生良好的教育效果，这就是著名的"平行教育原则"。

贯彻这一原则的基本要求。

第一，建立健全的学生集体。学生生活在怎样的集体中，直接影响他们的精神面貌。一个积极进取、奋发向上的集体，可以培养学生各种优良品质。生活在一个不好的集体中，学生往往纪律松散，甚至染上许多恶习。建立集体的过程中，教育者不仅要注意集体的组织和管理，更要注意集体意识、集体舆论的培养。

第二，开展丰富多彩的集体活动，充分发挥学生集体的教育作用。只有通过活动，才能增进集体成员间的了解，才能培养学生的集体观念，树立起集体的责任感、义务感。因此，教师要有目的、有计划地组织和开展集体活动，使一切好的、先进的东西通过集体活动得到巩固和发扬，使不好的、落后的东西得到克服和消除。

第三，针对集体中每个成员的特点和问题加强个别教育。苏霍姆林斯基认为，"在教育集体的同时，必须看到集体中每个儿童及其独特的精神世界，关怀备至地教育每个儿童。个性的教育是一个与集体的教育紧密相关的过程。"个别教育和集体教育是相辅相成的。只抓个别教育而不抓集体教育，就不可能形成健康向上的集体；只抓集体教育而不抓个别教育，就会使教育工作流于一般化。因此，在对学生进行教育时，必须把集体教育和个别教育结合起来。

贯彻这一原则，还要求我们的老师做到不放弃任何一个学生。现实德育实践中，很多老师把某些学生当作"害群之马"，抱怨"一粒老鼠屎搅坏了一锅粥"，这种把某个或某些学生摒弃在集体之外的做法都是违背集体教育原则的。只有当每一个学生都被纳入集体、都被接受为集体的成员，只有当每一个学生都把自己视为集体的一分子而约束和规范自己的言行时，集体才是真正的集体。

(六)发扬积极因素、克服消极因素原则

发挥积极因素和克服消极因素相结合的原则，是指进行德育要注意调动学生自我教育的积极性，依靠和发扬学生的优点、长处和先进因素，克服学生思想和品德上的缺点、短处和落后的因素，实现品德发展内部矛盾的转化。

发挥积极因素和克服消极因素相结合的原则反映了学生品德发展的特点和规律。学生心理内部矛盾是思想品德发展的动力，学生品德的形成和发展必须通过其心理内部矛盾的转化来完成。德育应激发学生自我教育的积极性，提高学生自我教育的能力，让学生能够认识并发扬自身的积极因素，去克服自身的消极因素，实现心理内部矛盾的转化。

贯彻该原则应遵循以下基本要求。

第一，全面了解学生。从德育的角度看，教师至少要从两个方面去了解学生。一是要全面了解学生思想品德发展方面的优点和缺点、长处和短处。进行德育首先要做的工作之一，就是要了解和分析学生思想品德发展的现有水平，对学生发展中存在的优点和缺点、长处和短处做到心中有数。每一个学生，都会有优点，也都会存在不足。老师既要关注学生身上

存在的问题和不足，也要看到学生发展中的优势和长处。二是要了解学生的生活环境和成长背景。学生的发展在很大程度上会受到其成长背景和生活环境的影响，要想成功地教育一个学生，就必须关注学生背后隐含的这些因素。在学生的家庭、社区和成长经历中，存在很多有利于教育的因素。很多老师忽视或不了解学生的成长背景，做工作急于求成、盲目急躁，一般很难达到教育学生的目的。

第二，要一分为二地对待学生。金无足赤，人无完人。我们很多的老师总是习惯于夸大所谓优秀学生的长处和所谓"差生"的短处，看不到优秀学生身上存在的不足，看不到"差生"也有优点和长处。德育过程中，教师要自觉地克服这种偏见和不公平的对待，客观公正地对待每一位学生。面对优秀学生，教育者不能只看到他们的长处，也要关注他们发展的不足，利用长处改进不足。对待落后学生，教育者不能仅看到他们的缺点和不足，也要看到并强调他们的优点和长处，利用这些积极因素去克服学生身上存在的问题和不足。

（七）教育影响的一致性和连贯性原则

教育影响的一致性与连贯性原则是指进行德育应当有目的、有计划地把来自各方面的教育影响和教育要求统一起来，使其协调一致、前后连贯。

教育影响的一致性和连贯性原则是由思想品德形成的长期性和教育影响的多样性决定的。学生思想品德的形成和发展是一个由低水平、低阶段向高水平、高阶段发展的长期而曲折的过程，要保证教育影响和教育要求的前后连贯，各阶段的教育应相互衔接、环环相扣，从而保证学生的思想品德始终朝着德育的目的发展。学生思想品德的形成和发展又是多方面教育影响的结果。来自学校、家庭和社会的影响多种多样、纷繁复杂，难免会出现各方面影响不统一或前后要求不一致的情况，如果不加以组织和协调，势必会造成教育的作用相互抵消或冲突，造成学生思想上的矛盾和混乱。

贯彻该原则要遵循以下基本要求。

第一，学校、家庭和社会的教育影响和要求应保持一致。首先，学校、家庭和社会要保证各自对学生的教育影响的一致性。从学校方面看，既要保证所有教师对学生提出的教育要求的一致性，又要协调校内各组织对学生的教育影响。从家庭方面看，家长要就孩子的教育和成长问题达成基本一致的意见或看法，为孩子的健康成长提供良好的环境。社会各方面也要相互沟通和协调，互通有无，共同关注青少年的健康成长。其次，学校应发挥主导作用，协调来自学校、家庭和社会的教育影响。学校教育具有较强的组织性、计划性和目的性，在学生的发展中起主导作用。学校有责任协调学校、家庭和社会的教育影响和要求，通过家长会、家访等方式了解学生家庭和所在社区方面的相关信息，把来自于家庭和社会的教育影响与学校的教育影响有机结合起来，促进学生的健康成长。

第二，做好衔接，保证教育影响前后连贯和一致。教师要有计划、有目的地对学生提出合理的教育要求，做好中学与小学、高中与初中之间的衔接，把各阶段对学生的教育影响协调、连贯起来。这就要求学生的现任老师要与其原来的老师做好交接，了解学生先前的发展状况，为实现有针对性的教育打下基础。但这并不意味着现任老师就要全然接受原来老师对学生所做的评价，而是要一切为学生考虑，防止偏见和先入为主，权衡利弊，实事求是，寻找教育的契机。

阅读材料：

需要家长的合作
——"我不想回家！"

我们学校是一所全日制寄宿学校，学生每隔两周才能回家一次。每逢回家的前一天，学生情绪就有些波动了，回家的念头格外浓。回家那天早晨，好多学生告诉我："老师，昨晚我做了个梦，见到了爸爸妈妈紧紧搂着我，直到把我搂醒了。"孩子们那一张张小脸，像春天的花朵，洋溢着幸福甜蜜的笑容。

送走了学生，心里不免有些空荡荡的。我走回教室，猛一抬头，却看见一个小男孩，独自坐在自己的位子上，一言不发，只呆呆地望着黑板上没有擦掉的粉笔字"回家"。

职业的敏感使我走到孩子的身边，他似乎没有发现我，依然盯着黑板上的两个字，我笑着轻声问："丁丁，你怎么没乘校车回家？"他没有出声。我意识到什么，提高了声调问："怎么啦，今天是回家的日子，你看小朋友们多高兴，就要回家见到自己的爸爸妈妈了，你是怎么啦？""我不想回家！"他猛地站起来，冷不丁冲着我说出这句话，令我十分震惊。看来，问题不小。我双手按着他的肩膀让他坐下来，我也坐在他的身边。我用极其缓慢的语气问道："丁丁，你能告诉老师，你为什么不想回家呢？难道真的不想见到你的爸爸妈妈吗？""是的，我不想见到他们！"说话的语气十分坚定。什么原因呢？我望着他的眼睛，一眨也不眨，他似乎有太多的怨怼，忍不住说道："老师，你不知道，每次回家，我爸爸妈妈总是外出谈生意，半夜什么时候回来我也不知道！""那他要你在家做些什么呢？""天亮了，我醒了，可他们又走了，门却锁着，桌子上留下一张条，要我把课文抄5篇、生字每个写20遍，还要背熟课文，不让我出门跟任何孩子在一块儿玩耍，烦死人。"孩子强抑着愤懑，眼里闪着泪花，在委屈中慢慢地低下了头。"啊！"我明白了。我抬起头，望着黑板上我写的"回家"两个字，当时同学们讨论"回家"时愉快欢乐的情景，又浮现在我的眼前……怎么就没发现，这种"回家"的欢乐为什么离丁丁却那么遥远又那么陌生呢？

我把丁丁紧紧搂在怀里，帮助他理好书包，牵着他的手，一齐向我的家走去，边走边思索着一个深层次问题……

（摘自傅道春编著：《新课程中教师行为的变化》，北京，首都师范大学出版社2001年版）

（八）因材施教原则

因材施教原则是指进行德育要从学生思想认识和品德发展的实际出发，根据他们的年龄特征和个性差异进行有针对性的教育，使每个学生思想品德的潜能都得到最充分的发展。

德育的因材施教原则是根据学生思想品德发展的规律提出来的。教育影响必须通过学生心理内部矛盾的转化才能起作用，教师所提出的德育要求必须转化为学生的内在发展需要才可能最终转化为学生的思想观念和道德行为。因此，教师既要了解和依据学生的年龄特征，也要了解和依据学生的个别特点，确定合适的德育内容，提出符合学生发展实际的德育要求，选择适合学生心理特点的德育方式，做到既照顾整体，又关注个别。

贯彻因材施教原则的基本要求如下。

第一，根据学生的年龄特征和时代特点进行德育。教师既要研究和了解不同年龄阶段学生的生理和心理特点，又要研究和了解学生思想品德发展的特点和规律。不仅要从理论上学习和研究学生的身心特点和品德心理，还要走近学生，了解当代学生生活和学习的新情况，掌握学生思想和道德的时代特征，根据当代学生发展的实际进行教育。了解是理解的基础，不了解学生，就无法理解和接受学生，也就无法进行成功的教育。

第二，根据学生的个别特点进行德育。学生来自不同的家庭，有不同的成长背景，个性和心理活动也不一样，各自的优点和缺点各有差异。进行德育必须了解学生的这些实际情况并据此有针对性地施加德育影响，从而有效促进学生思想品德的发展。

上述八个原则从不同的角度提出了对德育工作的要求，但各原则之间是相互联系、相互制约、相互渗透和相互补充的，我们必须从整体上去把握它们，以便综合地加以运用。而且，在德育工作的实践中，对于任何一条原则，都要从对象、时间、地点和条件出发，结合学生的具体实际灵活地运用。

二、中小学德育的途径

德育途径，即德的实践形态，也就是德育实践活动的空间和时间的组合及其利用。德育途径又称德育的组织形式。学生的思想品德是在多方面教育影响下形成的，这样就决定了德育的途径也是多种多样的，各种途径都有自己的特点，并发挥着它们独特的作用，但它们之间又有着相互渗透、相互制约、相互促进的密切联系。中小学德育的途径有以下方面。

(一)德育课程和其他各科的教学

这是学校对学生进行德育的基本途径。通过教学来传授科学文化知识可以实现德育的目的。各科教材中都包含有丰富的教育内容，只要充分发掘教材本身所固有的德育因素，把教学的科学性和思想性统一起来，就能在传授和学习科学文化知识的同时，使学生受到科学精神、社会人文精神的熏陶，形成良好品德。

德育的理论性课程为品德、思想、政治课，它们是系统地向学生进行思想政治教育的主渠道，是每个学生的必修课程。其他各科教学，如语文课的许多内容思想性都很强，通过分析课文中的事物和人物的是非、善恶、美丑，可以使学生在学习语文知识的同时受到思想品德的感染与教育；历史、地理课是教育学生热爱祖国、热爱人民的好教材。音乐、美术课通过艺术形象使学生受到美好情操的熏陶。数学、自然科学等课程可以向学生进行辩证唯物主义的基础教育。当然，教学这个途径也不是万能的，只通过德育课程和其他学科教学进行德育，容易使学生脱离社会生活实际。

(二)课外、校外活动和社会实践活动

各种课外活动是促进学生身心健康发展、培养良好道德情操的重要途径。学校和班级通过多种形式，指导学生开展丰富多彩的科技、娱乐、体育活动、课外兴趣小组活动和各种社团活动，从而发展学生的个性特长，

培养学生的良好道德情操、意志品质和生活情趣，提高他们的审美能力。

校外教育是对学生进行德育，培养健康文明生活方式的一个重要阵地。学校可以主动与少年宫、少年儿童活动中心、儿童图书馆、文化馆、博物馆、纪念馆、科技馆等校外的文化教育单位建立联系，利用这些专门场所和社会其他教育设施，有计划地组织学生参加各种活动，在活动中进行教育。

生产劳动和社会实践活动是德育的有效途径。根据不同的年龄层次，指导学生学会自我服务性劳动和必要的家务劳动，组织学生参加一定的生产劳动和公益劳动，在劳动中培养学生热爱劳动、热爱劳动人民、珍惜劳动成果的思想感情、行为习惯和艰苦奋斗的作风。不过，这种成果并不会自然而然地得到。教育家马卡连柯说过："在任何情况下，劳动如果没有与其平行的教育……只能成为一种不起作用的过程，不会有积极有用的结果。"很多教师针对学生存在的好逸恶劳、怕苦畏难、依赖别人、自私、任性、冷漠等性格缺陷，从劳动实践入手，并紧密结合有关事理的教育，去进行矫治，收到了长善救失的效果。组织学生参观、访问、远足、进行社会调查、参加社会服务和军训等实践活动，可使学生开阔眼界，认识国情，了解社会，收到多种教育效果。

(三)班主任工作

班主任工作是培养良好思想品德和指导学生健康成长的重要途径。班主任结合本班学生的实际情况，有计划地开展教育活动，组织和建设好班级集体，做好个别教育工作，加强班级管理，形成良好的班风，并培养他们的自我教育和自我管理的能力。

(四)团、队、学生会组织的活动

共青团、少先队、学生会是学生自我教育的重要组织形式，是学校德育工作中一支最有生气的力量。共青团、少先队、学生会根据各自任务和工作特点，充分发挥组织作用，通过健康有益、生动活泼的活动，把广大青少年吸引到自己的周围，引导学生树立远大理想和良好的道德风尚，继承革命传统，学会自我教育、自我管理。

(五)校园环境建设

整洁、优美、富有教育意义的校园环境是形成整体性教育氛围的条件。学校进行校园环境建设，加强校园环境管理，可使学生受到良好的熏陶和影响；校歌、校训和校风可以对学生产生激励和约束作用；学校黑板报、壁报、橱窗、广播、影视、图书馆、陈列室等多种形式和专用场所，也都是良好的教育环境。

三、中小学德育的方法

德育方法是为达到既定德育目的在德育过程中所采用的教育者和受教育者相互作用的活动方式的总和。它包括教育者的施教传道方式和受教育者的受教修养方式。它受德育内容、任务所制约，是以德育规律、德育原则为依据的，是提高德育实效的关键。德育方法多种多样，就中小学常用的德育方法来说，可分为以下几种。

（一）说服教育法

说服教育法是教育者通过说理传道，使学生明辨是非善恶，以培养学生道德认知的方法。说服教育法是德育工作的基本方法。说服是使对方放弃原来的观点、态度和认识，接受新的意见建议，其关键是说理，以理服人。说服有灌输和疏导两种方式，包括讲解、报告、谈话、讨论、参观、访问、阅读报刊等形式。在对青少年进行说服教育时，其基本要求如下。

第一，应注意在民主平等的基础上进行，这是取得教育实效的前提。教师对学生进行说服教育，要坚持民主、平等、和谐、诚恳的待人态度，循循善诱，广开言路，坦诚相见，而不能以教育者自居，不扣帽子，不揪辫子，不小题大做，也不挖苦讽刺，盛气凌人。要耐心地灌输和疏导，反对居高临下的态度、强制的方法和以权压人，让学生在一种和谐的良好的氛围中自然而愉快地接受意见，转变观念。否则，只会使学生产生逆反心理和抗拒心理。

第二，要做到说理的内容真实、具体，要从学生的生活、学习出发，善于联系他们的思想实际，切合他们的年龄特点，反对用假话、空话、套话来教育学生。假话、空话、套话只会使学生产生怀疑和厌烦，不相信教师所讲的道理和理论。

第三，说理教育具有情感性，情感因素在德育过程中对学生良好思想品德的形成起着催化剂的作用。情通则理达，教师要以饱满的热情、坚定的信念和对学生的无限厚爱来唤起他们在情感上的共鸣，激起学生思想上的波澜，内心深处的震荡，增强说服教育的感染力，促使他们发自心灵深处的变化，才有可能收到良好的教育效果。

第四，说服的内容一定要有针对性。在说服中，必须实事求是地从受教育者的思想实际、年龄特点、个性差异以及心理状态等实际出发，做到有的放矢，切中要害，防止"模式化""一刀切"，这样才能收到"立竿见影"

的效果，思想教育才能真正做到学生的心坎上。

第五，说服还得讲究教育时机。说服的成效，往往不取决于花了多少时间，讲了多少道理，而取决于是否善于捕捉教育的最佳时机，巧妙地拨动学生的心弦，以收到"随风潜入夜，润物细无声"的绝妙效果。

(二)榜样教育法

榜样教育法是用榜样的高尚思想、模范行为、优秀品德和卓越成就来教育、影响学生的一种教育方法。榜样既包括学生身边可见的直接榜样和通过文字、影视、广播等媒介传播的间接榜样。这种方法的特点在于它是通过榜样的言行、思想和人格把良好的道德具体化、伟大的精神形象化。

榜样是一定的社会规范和抽象的道德标准的具体化、形象化和人格化。榜样的对象主要有伟人的典范、名人的精神、教育者的人格、身边人的优秀事迹和同龄人的美好言行。榜样教育法的基本要求如下。

第一，要为学生选好榜样。选好榜样是学习榜样的前提。由于少年儿童善于模仿而辨别能力不强，在选择学习榜样时容易出现偏差。所以所选的榜样特别要注意先进性、时代性、典型性、生动性，能使学生产生亲切感、崇敬感，并乐于效仿。同时，所选的榜样不应该只是一两个单独、孤立的先进人物，而应该是一个立体的多层次的群体结构，这样不仅给学生留下选择的余地，更重要的是使他们体会到先进榜样普遍存在，就在自己的周围，并非高不可攀。

第二，要善于向学生宣传榜样。树立榜样的威信，榜样的威信直接影响教育的效果。我们选择的榜样必须来自生活，具有真实性、可信性和可行性，足以能使他们的高尚情操和感人事迹赢得学生发自内心的敬仰，使学生产生学习的自觉行为。同时，还应让学生明白，"金无足赤，人无完人"，榜样是人而不是神，榜样应该是先进而平凡的，正是因为先进才值得学习，正是因为平凡才能够学习。只有对榜样进行实事求是、生动有力、合情合理的宣传，才能激起学生对榜样的敬慕之情和模仿之意。相反，对榜样进行人为的夸大和拔高，就会使榜样失真，失去教育效果。实践表明，在这种方式下，榜样成了不可企及的纪念像，对孩子来说，他们成了一种赞叹的对象；对成人来说，他只不过是一种象征，一种荣誉的称号，甚至有时会受到人们的嘲笑。在这种方式下，榜样也就不起作用了。

第三，要善于指导学生学习榜样，激发学习榜样的动机，并通过行动表现出来。学习榜样不能只停留在口头上，要落实到学生的学习、生活、劳动实践等各个方面，促使对榜样的学习转化为学生的自觉行动，进而形成良好的道德品质。

第四，教师要注意以身示范。教师是学生最尊敬、最可信赖的榜样。教师往往被学生看作社会的代表，当作社会成人行为的模范。学生不仅模仿教师的优点，还模仿教师的缺点。所以，教师要教育好学生，必须严于律己，以身作则，力求在各个方面成为学生的表率。孔子说："其身正，不令而行；其身不正，虽令不从。""不能正其身，如正人何?"可以说，教师身上无小节，教师的言谈举止、道德风貌、工作态度、治学精神、生活作风、穿着打扮、待人接物、精神状态等无不是学生学习的内容。

(三)陶冶教育法

陶冶教育法是教育者通过创设有教育意义的情境和组织有教育意义的活动，潜移默化地培养学生品德的方法。这种方法的特点表现为非强制性、愉悦性、隐蔽性和无意识性。陶冶教育方式主要包括人格感化、环境陶冶和艺术熏陶三种。为了更好地利用情感陶冶法，应注意以下几个基本要求。

第一，提高教育者自身修养。通过人格感化来陶冶学生，要求教师必须加强道德修养，恪守教师道德，处处以身作则，言传身教，以自己优良的品德、高尚的风格和崇高的情感来感染学生，影响他们的人格、品质和情操，使学生在教师经常性、恒定性的身教中受到熏陶和教育。

第二，创设良好的教育情境。良好的情境是陶冶的条件和工具。要有效地陶冶学生，必先创设良好的情境，营造良好的氛围。可通过校园文化建设，丰富校园文化生活，开展丰富多彩的、积极健康的文化娱乐活动来熏陶感染学生。

第三，与说理相结合。为了更有效地发挥情境的陶冶作用，不能只让创设的情境自发地影响学生，还需要教师配合以启发、说服，引导学生喜爱其学习与生活的美好环境，自发接受有益影响。

第四，引导学生参与情境建设。学生在积极创建美好情境的活动中，他们会感到自豪自尊，会更加严格要求自己，因此，他们的品德也必将得到深化、提高。

(四)自我教育法

自我教育法是在教育者指导下，受教育者在自我意识基础上产生积极进取心，为形成良好的思想品德而向自己提出任务，进行自觉的思想转化和行为控制的方法。自我教育法是一个人在品德修养上自觉能动性的表现，是学生思想进步的内部动力。进行品德教育的目的，不仅是为了培养学生具有一定的品德，更重要的是提高他们自我教育的能力，成为能够独立进行自我修养的人。在运用自我教育法中应注意以下几点。

第一，激起学生自我教育的愿望。自我教育全靠学生自己的自觉性，如果缺乏严格要求自己的精神与愿望，自我教育就缺乏动力。为激发学生自我教育的愿望可以从以下两点出发：①帮助学生明确意识社会、家庭、学校对自己提出的道德要求；②引导学生从自己仰慕的英雄人物中，找到自己学习的榜样。

第二，帮助学生制定修养的标准与自我教育的计划。有了自我教育的愿望，就必须有自我教育的行动。为了有效地自我教育，制定恰当的修养目标和计划是避免自我教育盲目性的一种重要方式。教师应当鼓励和帮助学生制定程度适当、具体可行的修养目标与计划。

第三，指导学生监控和评价自己的道德表现。道德修养过程实际上是一个意志锻炼的过程。应当鼓励学生在道德实践中不断反思自己，自我监控、自我评价、自我鼓励，更准确、恰当地认识自我，形成道德修养的连续动力，形成自我教育习惯。

第四，引导学生在社会实践中进行自我修养。学生的个人修养表现在行为举止上，也靠社会实践来实现。教育者要让学生积极参加各种社会实践活动，实际交往，帮助学生在道德实践中实现和欣赏自己在情感体验、意志磨炼及行为策略上的提升，最终达到人生修养的最高阶段——慎独。

(五)实践锻炼法

实践锻炼法是指教育者根据学生身心发展和社会的需要，让学生在日常生活和社会活动中亲自参加实践，从中受到教育和锻炼，以形成良好思想品德和能力的方法。这种方法通过培养学生优良的行为，有助于养成良好的道德习惯，增强道德意志，培养品德践行能力。同时，通过实践锻炼加深对思想道德准则的理解，丰富道德情感。

实践锻炼法包括执行制度、委托任务、组织活动等。为提高行为实践的实效性，应注意以下几点。

第一，自发参加实践的积极性。参加品德实践要有自觉积极性，才能全身心投入，获得良好的心理效应，否则难有实效。所以要求学生充分认识实际锻炼的意义，有自觉锻炼的要求。

第二，严格要求。有效的锻炼有赖于严格的要求。任何一种锻炼，如果不严格遵守一定的规范和要求，就会流于形式，走过场，不可能使学生得到锻炼和提高。所以对学生品德实践锻炼贵在一个"严"字，丝毫不能放松。当然，"严"必须与尊重、信任和爱相结合。

第三，持之以恒。良好的习惯与品德的形成必然经历一个长期的反复锻炼过程，前紧后松，一曝十寒，时冷时热，都无益于品德的培养。教师在对学生进行锻炼时不能放松对他们的督促和检查，应鼓励他们克服困难，长期坚持下去。

第四，及时评价反馈。实践过程中对临时发生的突发情况进行评价，进行阶段性评价和总结性评价，都是提高认识、增强信心、激发热情、鼓舞斗志所必需的。

(六)表扬奖励与批评处分

这种方法又称品德评价法，是根据一定品德的要求和标准，对学生的思想言行做出判断的一种方法。它是促进学生思想品德按正确方向发展的一种控制手段，也是品德教育的一种辅助手段。品德评价法的主要形式有奖励、惩罚、操行评定等。运用品德评价法要注意以下几点。

第一，要有明确目的。评价是一种教育手段而不是教育目的，是为了长善救失，激励人们进步。故评价时应有明确的目的，从调动受教育者内在积极因素出发，充分肯定成绩，诚恳地适当地指出缺点，提出改正意见。

第二，要客观慎重，实事求是。评价学生时，要坚持从实际出发，一分为二，灵活掌握评价的分量和时机，做到公平合理，恰如其分，该罚则罚，使之与学生品德表现的好坏程度相适应，坚决防止主观臆断、感情用事、滥用评价的做法。

第三，要充分发扬民主。评价，特别是重大问题的评价，要发扬民主，走群众路线，广泛征求各方面的意见，并取得集体舆论的支持与赞同，否则就会削弱教育作用，甚至产生不良后果。

第四，注意对象的个别差异。品德评价要考虑学生的年龄特征、个性差异，实事求是而又灵活地进行。如：对那些经常犯错误、挨批评的学生，做了点好事，应及时给予表扬鼓励；而对经常受表扬的学生，应提出更高要求；对偶犯过失与明知故犯或屡犯不改者，在处理上也要有不同的分寸，不要千篇一律，简单从事。

以上六种德育方法，各有其特点和作用，但是，它们又是相互联系、相互补充、相互促进的。在学生德育工作的实践中，应根据实际情况，优化组合，灵活、巧妙地综合运用，并要善于适应德育工作面临的新形势，研究新问题，总结新经验，不断探索和创造新时期德育工作的新方法。

第四节　德育模式

德育模式实际上是在德育实施过程中，德育理念、德育内容、德育手段、德育方法、德育途径等的有机组合方式。当代影响较大的德育模式有认知模式、体谅模式、社会模仿模式等。

在一个价值多元的社会里如何促进学生道德判断力和道德敏感性的发展，如何增强学生的道德行动力量，是当代学校德育亟待解决的难题，而道德教育的认知模式、体谅模式、社会模仿模式恰好为解决这类难题提供了思路。

一、认知模式

道德教育的认知模式是当代德育理论中流行最为广泛、占据主导地位的德育学说，它最早是由瑞士学者皮亚杰提出的，而后由美国学者柯尔伯格(LawrenCe Kohlberg)对其进行进一步的深化。前者的贡献主要体现在理论建设上，后者的贡献主要体现在从实践上提出了一种可以操作的德育模式。

该模式假定人的道德判断力按照一定的阶段和顺序从低到高不断发展，大体经历三个阶段六个水平。道德教育的目的就在于促进儿童道德判断力的发展及其行为的发生，要求根据儿童已有的发展水平确定教育内容，运用冲突的交往或围绕道德两难问题的小组讨论等方式，创造机会让学生接触和思考高于他们一个阶段的道德和道德推理方式，造成学生认知失衡，引导学生在寻求新的认知平衡中不断地提高自己道德判断的发展水平。

这一学说的特征有：①人的本质是理性的，必须利用智慧达到对理解的把握，并在此基础上建构合乎理性的道德原则和道德规范；②必须注重个体认知发展与社会客体的相互作用，人的道德理性并非天赋或外界规则的直接灌输，而是主客体在实践过程中互动的结果；③注重研究个体道德认知能力的发展过程，强调按道德认知能力发展的要求进行学校道德教育，选择内容和方法。

（一）理论假设

1. 道德发展论

柯尔伯格的道德发展理论确切地说是道德判断发展理论，关于道德判断他提出了如下重要假设。

第一，道德判断形式反映个体道德判断水平。道德判断有内容与形式之别。所谓道德判断内容就是对道德问题所做的"该"或"不该"、"对"或"错"的回答；所谓道德判断形式指的是判断的理由以及说明过程中所包含的推理方式。反映个体道德判断水平的是道德判断形式而不是道德判断内容，譬如柯尔伯格经典的道德两难案例"海因兹两难"（海因兹的妻子身患绝症，只有一种药能救她。但海因兹尽其所能只能筹到一半药费，药剂师又不肯便宜一点把药卖给他。海因兹该怎么办？他应该偷药吗？），每个人都可以做出"该偷"和"不该偷"两种回答，这是道德判断的内容，但这并不能表明某个人的道德判断水平。体现学生道德判断水平的，是他们用以证明其选择的道德推理方式。

第二，个体的道德判断形式处于不断发展之中。在柯尔伯格的模式中，一切文化中的道德发展都遵循从以自我为中心经过全社会的观点到普遍的观点的三个水平六个阶段的发展。

第三，冲突的交往和生活情境最适合于促进个体道德判断力的发展。儿童不面临冲突情境，不进行道德判断活动，就不可能获得道德判断力的发展。

2. 道德教育论

道德教育旨在促进道德判断的发展及其与行为的一致性。该模式强调道德教育的目的，首先在于促进学生的道德判断不断向更高水平和阶段发展，其次在于促进学生道德判断与行为的一致性。

道德教育奉行发展性原则。该原则根据儿童已有的发展水平确定教育内容，创造机会让学生接触和思考高于其一个阶段的道德理由和道德推理方式，赞成学生认知失衡，引导学生在寻求新的认知平衡之中不断地提高道德判断水平。

根据发展性原则，认知性道德发展模式实施德育的方法和策略如下。

第一，了解学生当前的道德判断发展水平。

第二，运用道德两难问题引起学生的意见分歧和认知失衡。

第三，向学生揭示比他们高一阶段的道德推理方式。

第四，引导学生在比较中自动接受比自己原有的道德推理方式更为合理的推理方式。

第五，鼓励学生把自己的道德判断付诸行动。

(二)围绕道德两难问题的小组讨论

围绕道德两难问题的小组讨论使学生面临关于道德推理的认知冲突，使学生意识到不同的道德观点，并向他们出示高于他们水平一个阶段的判断，鼓励相邻两个阶段的学生展开讨论，从而促进学生的道德判断水平提高。这个策略包括以下三个环节。

1. 道德两难问题及其设计

所谓道德两难，指的是同时涉及两种道德规范，两者不可兼得的情境或问题。

道德两难问题除了可以测量儿童的道德判断的发展水平，还具有非常特别的教育意义。首先，道德两难问题可用于促进儿童的道德判断力的发展。其次，道德两难问题可用于提高学生的道德敏感性，使他们更加自觉地意识到自己的道德规范在现实生活中可能存在的矛盾和冲突。再次，道德两难问题可用于提高学生在道德问题上的行动抉择能力。最后，道德两难问题可用于深化学生对各种道德规范的理解，提高学生的道德认识。

道德两难情境的设计必须遵循一定的要求。第一，设计的情境必须是真实的或者是可信的，尤其对学生而言，还必须是学生能够理解的。第二，设计的情境必须且只包含两条道德规范。第三，涉及的两条道德规范在设计的情境中必须发生不可避免的冲突。

道德两难问题的素材一般有三种来源。第一，虚构的道德两难故事；第二，以学科内容为基础的道德两难问题；第三，真实的或实际发生的道德两难问题。

2. 道德讨论中的引入性提问

围绕道德两难问题的小组讨论可分为起始阶段和深入阶段，与之相应，教师的提问也可以分为"引入性提问"和"深入性提问"。引入性提问的策略把师生引进对道德争端的讨论，并不断地发展学生的道德意识；深入性提问的策略，重在可能引起道德推理结构性变化的讨论因素。

教师在讨论引入阶段中的作用有：①确保学生理解所要讨论的两难问题或难题；②帮助学生正视难题所固有的道德成分；③引导学生阐明自己所作判断的基本理由；④鼓励学生相互交流各自不同的理由。

在引入性提问中，教师可采用的策略有：①突出道德争端；②询问"为什么"的问题；③使情境复杂化。

3. 道德讨论中的深入性提问

当学生阐明自己对道德两难问题的立场和理由之后，小组讨论才有可能真正开始。为了使学生深入地进行讨论，提问的策略应当有相应改变，促使学生努力应对各种相互竞争的主张和相互对立的理由。深入提问的策略有四种：升华性问题、突出相邻阶段的论点、澄清与总结、角色扮演问题与策略。

(三)简要的评论

1. 认知模式的缺陷

一是太过于强调认知力的作用，忽视了对道德行动的研究，而后者对德育来说才是最重要的。二是强调了道德判断的形式而忽视了内容的作用。三是阶段理论有缺陷。四是在批评传统德育靠机械重复训练的做法时却完全排斥了道德习惯的作用，同时忽视了道德情感因素。

2. 认知模式的特色及对我国学校德育改革的启示

该模式的特色在于：一是提出以公正观发展为主线的德育发展阶段理论，通过实证研究，做出了完整的理性阐述；二是建构了较为科学的道德发展观，提出智力与道德判断力关系的一般观点；三是通过实验建立了崭新的学校德育模式，如新苏格拉底德育模式、新柏拉图德育模式等，提出课堂道德讨论法、公正团体法等一系列可操作性德育过程，重新确立了人的主体性和学校德育的功能。

认知模式对我国学校德育改革的启示在于：第一，柯尔伯格对于道德判断发展六个阶段的界定未必合乎我们的国情，但研究方法和研究结果总的来说还是可信的，值得进一步研究和发展。可根据我国的文化传统，对柯尔伯格的研究进行修正。第二，发展性原则在我国学校的知识教学中已经得到广泛认可和应用，但在德育上还没有更多的研究和展开。如果承认学生是处于发展中的个体，就必须基于学生的发展水平进行教育，促进学生的逐步发展。第三，我国学校在系统地传授道德知识方面颇有心得，但在提高学生道德思维能力方面缺少行之有效的办法。因此，认知性道德发展模式可以提供有益的借鉴。

二、体谅模式

体谅或学会关心的道德教育模式形成于20世纪70年代，由英国学校德育学家彼得·麦克费尔和他的同事所创，风靡于英国和北美。与认知性道德发展模式强调道德认知发展不同，体谅模式把道德情感的培养置于中心地位，该模式假定与人友好相处是人类的基本需要，满足这种需要是教育的职责。该模式的一大特色是，他的理论假设是在对学生广泛调查的基础上提出的，他的教材也取自对学生的调查。他以一系列的人际与情境问题启发学生的人际意识与社会意识，引导学生学会关心，学会体谅。

该理论的特征有：第一，坚持性善论，主张儿童是德育的主体，德育必须以儿童为中心，尊重儿童发展需求；第二，坚持人具有一种天赋的自我实现趋向，德育不是强加于人什么，关键是人的潜能得到充分自由的发展；第三，把培养健全人格作为德育目标，把培养主动的、集体的、创造性的丰富人格作为现代德育的任务，并据此建构起各自的德育理论体系；第四，大力倡导民主的德育观，主张教师要采取中性立场，虚心接纳儿童的思想情感，以促进者或引导者身份出现，倡导平等民主的师生关系。

(一)理论假设

第一，与人友好相处是人类的基本需要，帮助学生满足这种需要是教育的职责。因此，创设一种道德教育课程，最令人信服的理由就是学生们需要这种课程。

第二，道德教育重在提高学生的人际意识和社会意识，引导学生学会关心，学会体谅。

第三，鼓励处于社会试验期的青少年，试验各种不同的角色和身份。

第四，教育即学会关心。麦克费尔坚信，行为和态度是富有感染力的，品德是感染来的，而非直接教来的。因此，学校在引导学生关心人、体谅人的人际意识中，他特别强调以下两点：①营造相互关心、相互体谅的课堂气氛，是猜疑、谨小慎微、提心吊胆、敌意和忧虑在课堂生活中逐渐销声匿迹。②就是在关心人、体谅人上起到的表率作用。教师引导学生学会关心的最佳方法，就是教师自己去学会关心。

(二)围绕人际——社会情境问题的道德教育

1. 设身处地

这部分的目的在于发展个体体谅他人的动机，所用的教材和教学策略的特点和要求有：教材具有情境性；这些情境来自青少年对自己亲身经历的描述；情境的叙述扼要，使学生有可能根据各自的亲身经历补充情境的细节，从而调动学生参与的积极性；所提问题一般涉及做而不涉及理论思考；围绕学生所提出的行动方针的角色扮演和戏剧表演，一般比班组更有可能促进情感和理性的投入，因而促进对人类行为更加现实的鉴赏和理解；鼓励青少年进行社会试验的自然倾向；教材使用中提供的体谅人的基本动机，是回报性反馈引起的体谅的倾向；可以列出事件一览表，但他只表示师生所能做的事情，并非固定不变；尽可能让学生自行选择情境；设身处地中的情境不得用作惩罚性的作业。

2. 证明规则

其一般目的在于给学生以机会，"以设法解决当他们试图取得成年人的地位并在与其他成年人平等的基础上生活和工作时发生的各种常见的问题"。具体目的在于帮助青少年形成健全的同一性意识，并把自己视为对自己的共同体做出的贡献的人。

3. 付诸行动

其宗旨在于让学生思考：如果是你，"会怎样做?"

(三) 简要的评论

1. 体谅模式在理论上的缺陷

其一，麦克菲尔对于青少年学生的需要和特点的描述带有鲜明的人本主义色彩，他关于道德感染、道德表率、观察学习和社会模仿的观点又有明显的行为主义倾向，怎能用如此不同甚至对立的理论作为统一德育模式的理论基础，西方评论家对此表示非常疑惑。

其二，麦克菲尔关于青少年期是人生社会试验期的假设，只适用于中学德育，但实践证明，它也十分适合于小学德育，也许人生的"社会试验期"早在少年期来临之前就已经开始了。

2. 体谅模式的特色及对我国学校德育改革的启示

我国的一些学校正在开展这方面的试验和研究，体谅模式对于我国学校德育的改革有一定启示。

第一，如果把"学会关心"视为学校德育的一个重要方面，那么这个总的教育目的应当分解成层层推进的目标体系：从培养学生对他人需要、目的、利益的敏感性，到培养较为丰富的人际意识，直到培养比人际意识更为复杂的社会意识。

第二，目标体系应当通过一套精心设计的、内容逼真的、包含人际—社会问题情境的教材体现出来。

第三，应当与各学科的教学结合起来使用，大量使用有助于提高学生的人际意识和社会意识的教学方法，如角色扮演、文字创作、小组讨论等。

三、社会模仿模式

社会模仿模式主要是由美国的班杜拉创立的，该模式认为人与环境是一个互动体，人既能对刺激做出反应，也能主动地解释并作用于情境。

(一)理论假设

该理论认为，学习并非刺激—反应(S—R)，而是相当复杂的过程，S—R既不能说明新行为的产生，也无法解释人的完整行为和复杂行为系统的完整模式，更不能说明学习后要延续时间行为才会出现等问题。他认为人类不必事事经过直接反映，亲身体验强化，而只需要通过观察他人在相同环境中的行为，在他人行为获得强化的观察中进行体验学习，所以建立在替代基础上的观察学习是人类学习的重要形式，是品德教育的主要渠道。

该理论强调观察学习是行为获得的基本学习方法，通过观察、模仿，在经认知过程进而形成人的复杂行为；注重强化的学习意义，利用外部直接强化和替代性强化和自我内在强化的交互作用，使学生提高学习效果；强调建立起有利于学习的道德环境和心理调节机制，个体可对自己行为的可能结果进行积极预期的这种自我效能来寻找更大的学习。

(二)围绕社会学习论的道德教育

主要观点如下。

第一，人类学习必须有个体品德参与才能完成。

第二，道德判断取决于社会学习，而没有固定发展阶段。社会学习论认为，儿童的道德发展是个体社会化的结果：儿童道德行为、道德判断是通过社会学习获得的，同样也可通过社会学习加以改变。综合运用榜样替代性奖励可以改变或提高道德判断。

第三，道德教育应从人的人格形成出发。该理论强调：道德教育的人格特征，即关心人格的整体性，而不是简单的某种行为反应；教学中的德育意义，例如师生互动的道德因素、教师的人格形象等；潜在课程的作用，尤其是校园文化的熏陶。

第四，榜样对品德的作用。榜样示范是道德教育的主要手段，儿童的发展不仅是一个内部成长和自发的发现过程，而且是由社会示范的呈现和社会实践、训练来实现的。

(三)简要的评论

1. 社会模仿模式在理论上的缺陷

社会学习论为当代学校德育提供了一种有启迪的新理论和新的教育方法，使他与各派之间建立起重要的联系，其不完善之处：理论拼凑的痕迹还很明显，缺乏深入细致持之一贯的惯穿力；许多观点缺乏进一步的论证，一些试验的信度也存在疑问；在德育实验中缺乏具体的教育策略，很难在学校德育中实施，等等。

2. 社会模仿模式的特色及对我国学校德育发展改革的启示

社会学习论对学校德育提出了独特的新见解，其主要贡献在：在吸收其他学派的基础上，发展了行为主义，使之对人的道德行为做出更合理的解释，对德育工作有很大意义；强调自我效能感，注重个体自我评价能力的培养，努力引导学生学会自我强化。

【自测题】

一、单项选择题

1. 德育活动的基本要素包括(   )、受教育者、德育内容和德育方法。

A. 教育者　　　B. 校园环境　　　C. 班级文化　　　D. 同伴

2. 德育过程是学生在活动和(   )中接受多方面影响的过程。

A. 实践　　　　B. 交往　　　　C. 认知　　　　D. 锻炼

3. 学生的品德结构中，下列陈述正确的是(   )。

A. 行是基础，知是关键

B. 知是基础，行是关键

C. 意是基础，情是关键

D. 意是基础，行是关键

4. 在德育过程中的主要矛盾是(   )。

A. 教育者和受教育者之间的矛盾

B. 教育者和德育内容之间的矛盾

C. 受教育者与德育方法之间的矛盾

D. 教育者提出的德育要求与受教育者已有的品德水平之间的矛盾

5. "一把钥匙开一把锁"主要依据了德育的哪个原则？(   )

A. 尊重、信任与严格要求相结合

B. 正面教育

C. 因材施教

D. 发扬积极因素，克服消极因素

6."以说服教育为主，积极疏导，启发自觉，指明方向"主要依据了德育的哪个原则？（　　）

A. 尊重、信任与严格要求相结合

B. 正面引导

C. 知行统一

D. 发扬积极因素，克服消极因素

7. 学生受到学校、家庭和社会多种因素的影响以及他们的思想品德的养成是长期的过程，这提示教育者在德育过程要坚持哪个原则？（　　）

A. 共产主义方向性

B. 发扬积极因素，克服消极因素

C. 因材施教

D. 教育影响的一致性与连贯性

8. 进行德育最经常、最基本的途径是（　　）。

A. 德育课程和其他各科教学

B. 课外活动和校外活动

C. 班主任工作

D. 团、队、学生会组织的活动

9."其身正，不令而行；其身不正，虽令不从"体现的德育方法是（　　）。

A. 说服教育法　B. 榜样教育法　C. 陶冶教育法　D. 自我教育法

10. 把道德情感的培养置于中心地位的德育模式是（　　）。

A. 认知模式　　　　　　　　B. 体谅模式

C. 社会模仿模式　　　　　　D. 说理教育模式

二、辨析题

1. 德育过程是对学生知、情、意、行的培养提高过程，其进行的顺序是以知为开端，知、情、意、行依次进行。

2. 说服教育法是德育工作的基本方法。

三、简答题

1. 德育过程的基本规律有哪些？

2. 简述德育原则。

3. 简述中小学德育途径。

4. 简述中小学德育方法。

四、实践应用

请具体分析以下案例中运用了哪些德育原则?

育才小学校长陶行知在校园看到男生王友用泥块砸自己班上的男生，当即斥责了他，并令他放学时到校长室里去。

放学后，陶行知来到校长室，王友已经等在门口准备挨训了。可一见面，陶行知却掏出一块糖果送给他，并说："这是奖给你的，因为你按时来到这里，而我却迟到了。"王友惊疑地接过糖果。随之，陶行知又掏出一块糖果放到他手里，说："这块糖也是奖给你的，因为当我不让你再打人时，你立即就住手了，这说明你很尊重我，我应该奖你。"王友更惊疑了，他眼睛睁得大大的。陶行知又掏出第三块糖果塞到王友手里，说："我调查过了，你用泥块砸那些男生，是因为他们不守游戏规则，欺负女生；你砸他们，说明你很正直善良，有跟坏人做斗争的勇气，应该奖励你啊!"王友感动极了，他流着眼泪后悔地说道："陶……陶校长，你……你打我两下吧! 我错了，我砸的不是坏人，而是自己的同学呀!……"

陶行知满意地笑了，他随即掏出第四块糖果递过去，说："因为你正确地认识了错误，我再奖给你一块糖果，可惜我只有这一块糖了，我的糖完了，我看我们的谈话也该完了吧!"说完，就走出了校长室。

参考答案

一、单项选择题

1. A   2. B   3. B   4. D   5. C   6. B   7. D   8. A   9. B   10. B

二、辨析题

1. 该说法错误，德育工作中视具体情况，可有多种开端。

2. 该说法正确，说服教育法是德育工作的基本方法。

三、简答题

1. 答：(1)德育过程是培养学生知、情、意、行的过程。

(2)德育过程是促进学生思想内部矛盾转化的过程，是提高学生自我教育能力的过程。

(3)德育过程是组织学生活动和交往的过程。

(4)德育过程是长期、反复、逐步提高的过程。

2. 答：(1)现实性与方向性相结合的原则。

(2)知行统一原则。

(3)正面教育、积极疏导原则。

(4)尊重信任学生与严格要求学生相结合的原则。

(5)集体教育和个别教育相结合原则。

(6)发扬积极因素、克服消极因素原则。

(7)教育影响的一致性和连贯性原则。

(8)因材施教原则。

3．答：(1)德育课程和其他各科的教学。

(2)课外、校外活动和社会实践活动。

(3)班主任工作。

(4)团、队、学生会组织的活动。

(5)校园环境建设。

4．答：(1)说服教育法。

(2)榜样教育法。

(3)陶冶教育法。

(4)自我教育法。

(5)实践锻炼法。

(6)表扬奖励与批评处分。

四、实践应用(略)

第十二章　班级管理

引言

某中学一位班主任路遇未请假擅自回家的学生。

老师：（吆喝）嗨，你过来！

学生：（不快地）干吗？

老师：（责问）你为什么不请假就回家？

学生：（不耐烦地）家里有事。

老师：（生气地）你怎么这个态度？

学生：（不满地抵触）我怎么啦？

另一位班主任也遇到类似情况。一位学生上课迟到了，正好被班主任碰到。

老师：（温和地）同学，今天来迟到了，是家里有事，还是身体不舒服？你可以告诉我吗？

学生：（难为情地）不是。

老师：（委婉地）你今天起床迟了？昨晚睡得太迟了吧？以后可要早睡早起呀！

学生：（由衷地）老师，我明白了！

第一位班主任的批评引起学生的抵触和不满，第二位班主任没有一句训斥的话，既问清了迟到的原因，又使迟到的学生受到教育。可见，教师们同样是在教育学生，其做法和效果的区别是多么大呀。

（摘自傅道春编著：《情景教育学》，哈尔滨，黑龙江教育出版社1996年版）

班级是学校对学生进行教育和教学的基本单位，为了保证学校各项教育教学工作在班级里实施并收到预期的效果，就需要对班级实施管理。班级是班级管理的基本阵地，班主任的科学、合理、有效的工作能更好地促进良好的班级的形成和发展，更好地促进每个学生健康、和谐、全面地发展。

学习目标

1. 识记班级、班级管理的基本内涵和班集体作用。
2. 了解班级管理的理论基础。
3. 知道班级管理的基本原则和运用要求。
4. 准确理解班级管理的几种模式和发展趋势。

第一节　班级管理概述

一、班级管理的内涵

(一)班级

1. 班级的概念

班级是一个复杂的小社会体系，是学校行政体系中最基层的行政组织。它通常由老师、一群学生及环境组成，通过师生交互影响的过程实施教育教学活动，以实现教育教学目标。

班级是开展教学活动的基本单位，是学生从事集体活动、结交好友的场所，因此，它具有满足学生的需求、促进学生的发展、矫正学生的行为等功能。

2. 班级组织的发展

班级组织是历史发展的产物。16 世纪，随着资本主义工商业的发展和科学技术的进步，教育对象范围的扩大和教学内容的增加，需要有一种新的教学组织形式，这样班级组织应运而生。率先正式使用"班级"一词的是文艺复兴时期的著名教育家埃拉斯莫斯。16 世纪，在西欧一些国家创办的古典中学里出现了班级组织的尝试，运用班级的形式开展教学活动。

17 世纪捷克教育家夸美纽斯总结了前人和自己的实践经验，并在其代表作《大教学论》中对班级组织进行了论证，从而奠定了班级组织的理论基础。此后，班级组织在欧洲许多国家的学校中逐步推广。

19 世纪初，英国学校中出现了"导生制"，这对班级组织的发展产生了巨大的推动作用。"导生制"就是根据儿童的年龄和发展水平划分等级，对进度相同的儿童系统性地开设科目，编制班级，实施同步教学；并且除教师之外，还配备"导生"，他们在教师的指导下对低年级的学生进行教学与管理。这一制度由于其经济而有效的特点，受到社会的欢迎，从而使班级教学的形式得到了发展。

中国采用班级组织形式，最早的雏形始于1862年清政府开办的京师同文馆。20世纪初废科举、兴学校之后，全国各地的学校开始采用了班级组织的形式。

随着学校教育的不断发展，班级逐渐成为学校教育的基本单位，并对学生的发展产生越来越大的作用。

(二)管理

管理概念具有多义性。哈罗德·孔茨（Harold Koontz）认为："管理就是为在集体中工作的人员谋划和保持一个能使他们完成预定目标和任务的工作环境。"亨利·法约尔（Henri Fayol）认为："管理就是实行计划、组织、指挥、协调和控制。"赫伯特·A·西蒙（Herbert A. Simon）认为："管理就是决策。"

约瑟夫·梅西（Joseph Massie）认为："管理就是通过其他人来完成工作。"

小詹姆斯·唐纳利（James H. Donnely，Jr.）等人认为："管理是由一个或更多的人来协调他人活动，以便收到个人单独活动所不能收到的效果而进行的各种活动。"

彼得·F·德鲁克（Peter F. Drucker）认为："管理是一种工作，它有自己的技巧、工具和方法；管理是一种器官，是赋予组织以生命的、能动的、动态的器官；管理是一门学科，一种系统化的并到处适用的知识；同时管理也是一种文化。"

按照《世界百科全书》的解释，"管理就是对工商企业、政府机关、人民团体以及其他各种组织的一切活动的指导。它的目的是要使每一行为或决策有助于实现既定的目标"。

无论从什么角度解释，管理的这个综合概念至少包括四个方面的含义：第一，管理适用于任何一个社会组织。第二，管理的基本对象是人。第三，管理是一种协调活动。第四，管理是一种有目的的活动。这就是说，管理是一种社会现象，凡是有群体共同活动、共同劳动或共同工作的地方，都需要管理，以指导人们完成和达到共同的目的。马克思曾强调管理的重要性，他说："一切规模较大的直接社会劳动或共同劳动，都或多或少地需要指挥，以协调个人的活动。""一个单独的提琴手，是自己指挥自己；一个乐队就需要一个乐队指挥。"

(三)班级管理

班级管理是以班级为载体的教育管理。在我国教育理论界讨论与研究班级管理问题有两种提法："班主任工作"和"班级管理"(也有称为"班级经营")。20 世纪中叶，我国受苏联教育思想、教育理论的影响，在介绍苏联教育理论的同时，也将苏联的班主任理论介绍到我国。改革开放以后，随着西方教育理论的不断引进，"班级管理"和"班级经营"的概念逐渐在我国教育理论界出现。总的说来，这两种不同的学术语言，所要研究的问题是基本一致的，只是研究的视角和侧重点不同而已。

班级管理是一种有目的的活动，这一活动的根本目的是实现教育目标，使学生得到充分的、全面的发展；班级管理是一种组织活动过程，它体现了教师与学生之间的双向活动，是一种互动的关系；班级管理的对象是班级中的各种管理资源，包括人、财、物、时间、空间、信息，而主要对象是人，即学生，班级管理主要是对学生的管理；班级管理要遵循一定原则，采取一系列的措施和方法，主要管理手段有计划、组织、协调和控制。

班级管理是班主任为促进学生全面发展，按照一定的要求和原则，运用科学的方法和手段，对班级的构成要素及影响班级的因素进行组织、协调和控制，通过构建良好的班级集体，促进学生成长的综合性活动。

在班级管理中，最核心、最重要的是对人的管理。班级管理就是用人来影响人，用生命来塑造生命的过程。所以，班级管理必须遵循人的心理活动规律，在管理活动中，必须处理好人与人之间的关系。

总之，班级管理是教师根据一定的目的要求，采用一定的手段措施，带领班级学生，对班级中的各种资源进行计划、组织、协调、控制，以实现教育目标的组织活动过程。

二、班级管理的功能

班级管理对于班级活动的顺利开展，对于学生的健康成长具有很大的作用，具体表现在以下几个方面。

(一)传递社会价值观，明确社会生活目标

班级管理就是按照社会需要和教育目标，在教学和其他社会实践中，向学生进行正确的世界观、人生观、价值观教育，引导学生处理各种人际

关系，在社会核心价值观的指导下，树立正确的生活理想、职业理想和社会理想，更加明确社会生活目标和奋斗目标。

(二)有助于维持班级秩序，形成良好的班风

班级是学生全体活动的基础，是学生交往活动的主要场所，因此，调动班级成员参与班级管理的积极性，共同建立良好的班级秩序和健康的班级风气，是班级管理的基本功能，这不仅可以规范学生的行为，而且可以使他们对班级产生强烈的归属感，主动地维护集体荣誉，养成关心集体、爱护集体的良好习惯。

(三)有助于实现教学目标，提高学习效率

班级组织产生的根本原因是为了更有效地实施教学活动，因此，如何运用各种教学技术手段来精心设计各种不同的教学活动，组织、安排、协调各种不同类型学生的学习活动，是班级管理的主要功能。班级教学目的的规范性、课程结构的系统性以及教学过程的可控性，是学生学习社会经验，获取科学文化知识、技能的独特条件。有效的班级管理不但能帮助教师顺利实现教学目标，而且能提高学生的学习效率。

(四)发展学生个体差异，形成学生独特个性

个体的独特性表现在人的个性心理上，诸如兴趣、爱好、理想、信念、能力、性格、气质等。在班级管理过程中，可以根据学生的不同心理发展特征，选择丰富多彩、灵活多样的学习活动和其他实践活动，给爱好不同、性格各异的学生提供更多的选择机会，从而强化学生的个性差异。通过因材施教，帮助学生充分开发其内在潜能，形成自己的优势和特长，更好地促进自己的发展。

阅读材料：

削梨的孩子

这几年，我每学期都要在班上搞一次特长展示活动。这个学期的特长展示活动，我把它命名为"多彩的舞台"。早在一个星期前，我就让大家各自去准备，以便在"比武"那天"露一手"。不久，孩子们陆续将自己的"拿手绝技"报到了我这里。他们的特长真让我有些眼花缭乱：手工、书法、唱歌、独舞、水粉画、电脑、弹钢琴、打乒乓球……全班47名学生都报了节目，唯独缺一个叫刘巍的孩子。

刘巍是今年从农村转来的，学习成绩很差。他的父母对我说，不指望他能学成什么，只要求他不违法犯罪就行。我想：我搞这种特长展示活动

的指导思想，是面向每一个学生，刘巍怎么能不参加呢？于是，我把刘巍找来，热情地鼓励他参加特长展示活动。刘巍低着头自卑地说："汤老师，不是我不想参加，只因为我什么都不会。"我慢慢启发他："不管是什么，只要是拿手的，都可以展示出来！你千万不要拘束。"刘巍却急得快哭了："汤老师，我真的什么都不会！"

我想了一下，说："既然这样，你慢慢想一想，想好了再告诉老师吧。"第二天早上，刘巍找到我怯怯地问："老师，我会削梨，每次家里来客人，爸爸都让我削。请问削梨能算是特长吗？"我当即拍板："就这个了，行！"

开班会那天，我隆重地请刘巍同学表演削梨。在大家好奇的目光下，刘巍拿出了一只黄澄澄的大鸭梨和一把小刀，两手飞快地旋转。不一会儿就削出了一整条细细的果皮，真是干脆利落！那只梨子圆滑晶莹，匀称漂亮。那条细长的果皮展开了足有两米长，就像一条金色的缎带。同学们都情不自禁地鼓起掌来。

那一天，刘巍显得特别兴奋，拿着我奖给他的硬壳笔记本，飞跑回家报喜。从此，刘巍学习可带劲了，虽然许多课听得很吃力，可他始终没有放弃，一直坚持下来，他的学习成绩也有了很大提高。

（摘自《人民教育》，2002 年第 1 期）

（五）有助于锻炼学生能力，学会自治自理

班级组织中存在着最基本的人际交往和社会联系，存在着一定的组织层次和工作分工。因此，班级管理的重要功能就是不但要帮助学生成为学习自主、生活自理、工作自治的人，而且要帮助学生进行社会角色学习，获得认识社会、适应社会的能力，而这对于促进学生的人格成长是极其重要的。

第二节　班级管理的模式

班级是学校的教学活动基本单位，也是学校行政管理的最基层组织。其管理水平的高低，对学生健康全面地发展，对完成教育和教学的各项任务起着举足轻重的作用。班主任作为学生全面发展的第一责任人，其管理方法的优劣，对班级的进步与否至关重要。目前，传统的班级管理方法已

不利于现代学生的全面发展，班主任只有不断创新，改变管理方法，实现学生的自我管理，才能既有利于良好班风的形成，又有利于学生的自身发展。

一、常规管理

(一)常规管理概念

班级常规管理是指通过制定和执行规章制度去管理班级的经常性活动。

规章制度是学生在学习、工作和生活中必须遵守的行为准则，它具有管理、控制和教育作用。班级管理者要达到预定的发展目标，就必须对学生的行为进行约束，通过规章制度的制定，使班级各项工作有章可循、有条不紊，通过规章制度的贯彻，可以培养学生良好的行为习惯以及优良的班风。一般来讲，班级管理者所运用的规章制度可分为三个层次：一是国家教育行政部门制定的各种制度，如中小学生守则、中小学生道德规范、学生成绩考查和升留级制度、学生考勤制度、奖惩制度等；二是依据上述制度制定的校内规则，如课堂规则、请假规则、阅览室规则、图书馆规则、实验室规则、生活作息制度、卫生扫除和卫生检查制度、公务管理和借用制度等；三是班级组织自己制定的各种管理制度，如班规、值日生制度、考勤制度等。

(二)实施常规管理应注意的问题

第一，以学校管理目标为基础制定包括出勤、卫生、纪律、学习、劳动等在内的齐全的规范、标准、制度，同时把握制度的统一性和衔接性，各制度之间不能互相矛盾。

第二，制度制定科学准确、内容要明确具体，文字要简明、扼要、准确，使学生便于掌握和记忆，利于贯彻执行，符合学生的年龄特点和可接受水平。

第三，通过各种宣传形式，大造舆论，要让每个学生都了解规章制度的内容和意义，提高学生执行规章制度的自觉性。

第四，执行过程中对全班学生要一视同仁。

第五，制度的制定和执行要以促进学生健康成长为出发点，要充满人文关怀。

二、平行管理

(一)平行管理概念

班级平行管理是指班主任既通过对集体的管理去间接影响个人，又通过对个人的直接管理去影响集体，从而把对集体和个人的管理结合起来的管理模式。

班级平行管理的理论源于苏联著名的教育家马卡连柯的"平行影响"的教育思想。

阅读材料:

马卡连柯和"平行教育影响"

马卡连柯(Makarenko, 1888—1939)是苏联教育家、作家，1905年从小学师资训练班毕业后开始教育生涯，1905年起担任小学教师和校长，在15年的教育实践中，积累了丰富的经验，奠定了他的教育思想的基础。1920年后先后主持高尔基工学团和捷尔任斯基儿童劳动公社，从事对流浪儿童和少年违法者的教育改造工作，提出了通过集体和生产劳动来教育儿童以及在集体中进行教育的原则和方法，丰富了他的教育学理论。1935年马卡连柯任乌克兰苏维埃社会主义共和国内务人民委员部工学团管理局副局长，同时从事写作、理论著述和学术讲演活动。

平行教育影响原则。马卡连柯认为，集体首先是教育的基础。其次，集体是教育的手段。最后，集体是教育的目的和对象。马卡连柯认为，每一项针对集体开展的教育活动应收到既教育集体又教育个人的效果。

(二)实施平行管理应注意的问题

第一，要充分发挥班集体的教育功能，使班集体真正成为教育的力量。

第二，要通过转化个别学生，促进班集体的管理与发展。

总之，班主任在实施平行管理时，要实施对班级集体与个别学生双管齐下、互相渗透的管理。

三、民主管理

(一)民主管理概念

班级民主管理是指班级成员在服从班集体的正确决定和承担责任的前

提下，积极参与班级管理，以完成各项任务的一种管理模式。班级管理民主化是社会民主化的一个缩影，随着时代的进步，这一趋势将会不断得到强化。

班级民主管理实质上就是发挥每一个学生的主人翁精神，让每个学生都成为班级的主人。采用这种模式，让学生参与管理，发扬民主，可以增强学生的社会责任感，有利于形成自我管理能力。班级管理者运用民主管理的方法，能够体现师生平等，有利于师生之间思想与情感的沟通，营造和谐班级的气氛，为教育教学提供环境条件，学生"亲其师，信其道"，会取得很好的教育教学效果。

阅读材料：

李镇西的爱心与民主①

李镇西，四川乐山人。1982年四川师范大学中文系毕业后，在乐山一中担任语文教学工作兼任班主任。2003年6月博士论文《民主教育论》获得通过，并完成博士学业。2003年获得四川省和成都市中小学教育专家的荣誉称号。现任成都市武侯实验中学校长。发表文章1 000多篇，相继出版了《民主与教育》《心灵写诗》《做最好的老师》等20多部专著。曾经有四名普通中学生给周济部长写了一封信，推荐一本好书，那就是李镇西的第一本著作《爱心与教育》，这本曾再版多次的书，记录下了他教育实践中的大量故事，感动了许多人。

我们都知道老师要尊重学生，发自内心地爱学生，但不一定懂得真正的爱。李镇西认为，在我们国家对民主这个概念误解得太多，而他自己也是经历了从爱到民主的升华。

（一）爱心与教育

李镇西的成名之作就是上面提到的《爱心与教育》，相对于具有理论建构的面向一般学生的理论教育学而言，可以说这是一本关于许多个案的实例教育学。李镇西用爱心关怀逆境学生，培养优秀学生，转化后进学生，探索心理教育。不同的老师读来会有不同的感受，但肯定会对李镇西所说的"当一个好老师最基本的条件是拥有一颗爱学生的心"产生共鸣。

---

① 田恒平：《班主任理论与实务》，第148—149页，北京，首都师范大学出版社2007年版。

（二）从爱心到民主

李镇西逐渐认识到，教育只有爱是不够的，还缺乏民主。爱心不一定包含着民主，而真正的民主必然蕴含着爱心。"民主教育应该是当今中国教育的时代主题。"于是，李镇西尝试了一种新的班级管理模式："法治"管理。

他和学生们一起制定了《班规》，内容包括"学习纪律""寝室纪律""清洁卫生""体育锻炼""值日生""班干部""班主任""其他"共八个部分40条，每一部分中又有若干具体细则，基本上覆盖了班级管理的各个方面、各个环节。《班规》还专门设了"班主任"一项，对班主任订下许多制约规定。《班规》的每一条都写明了执行者，并对执"法"不严者也有明确的惩罚规定。

李镇西归纳了民主教育应该具有的内涵和特征：

——民主教育是充满爱心的教育，而不是专制教育中的非人教育；充满爱心的民主教育是充满人性、人情和人道的教育。

——民主教育是尊重个性的教育；尊重个性，就是要尊重学生的主体性，尊重学生发展的主动性，承认他作为个体的差异性。

——民主教育是追求自由的教育；尊重学生心灵的自由，就是尊重学生思想的自由，感情的自由，创造的自由。

——民主教育是体现平等的教育；真正优秀的教师应该是学生的引路人，也是和学生一起追求新知、探求真理的志同道合者。合作学习的态度，就是平等精神在民主教育中的体现。

——民主教育是重视法治的教育；教育中的法治精神还体现于学生班级管理从"人治"走向"法治"，让学生在实践中受到民主精神、法治观念、平等意识、独立人格的启蒙教育。

——民主教育是倡导宽容的教育；民主本身就意味着宽容：宽容他人的个性，宽容他人的歧见，宽容他人的错误，宽容他人的与众不同……在充满宽容的课堂上，不应只有教师的声音，教师更不应该以自己的观点定于一尊，而应允许学生有不同的看法。

——民主教育是讲究妥协的教育；在民主教育过程中，如果说"宽容"是善待他人的不同观点，那么"妥协"则是对话双方都勇敢地接纳对方观点中的合理因素，彼此相长，共同提高。成功的民主教育，往往都充满了师生合作的气息，这"合作"之中便有"妥协"。

——民主教育是激发创造的教育；民主是对人的本质的解放，而人的本质在于创造。发展学生的创造精神，是民主教育的使命。

可见李镇西老师的管理智慧为：最初以"爱心与教育"成名，后来以"民主与教育"成家。

(二)实施民主管理应注意的问题

第一，确立平等的师生关系，用平等的人际关系代替有等级的人际关系。

第二，理解学生、信任学生，组织调动全体学生参加班级全程管理。

第三，充分发扬民主，建立班级民主管理制度，努力把班级的民主管理渗透到各个方面去。

四、目标管理

(一)目标管理概念

目标管理是由美国管理学家彼得·德鲁克提出的管理方法，它通过让组织的成员亲自参加工作目标的制定，实现"自我控制"，并激励员工努力完成工作目标。目标管理的核心是将传统的他控式的管理方式转变为强调自我、自控的管理方式，是一种自我管理为中心的管理，目的是为了更好地调动被管理者的积极性。

目标管理应用于班级管理，就是指班主任与学生共同确定班级总体目标，然后转化为小组目标和个人目标，使其与班级总体目标融为一体，形成目标体系，以此推进班级管理活动，实现班级目标的管理模式。

阅读材料：

穿越玉米地
——目标引领你走向成功

请设想一下。

此时此刻，你站在一片玉米地的面前。田野上，清新的风徐徐地吹来。铺展在你眼前的，是一片果实累累的玉米地，同时，这又是一片隐藏着无数大大小小的陷阱的玉米地。今天，你将穿越它。你和对手们将要进行一场有趣的竞赛：看谁最早穿越玉米地，到达神秘的终点，同时，他手中的玉米又最多。也就是说，你穿越玉米地，要比别人更快，手里要有更多的玉米，而且要时刻保证自己的安全——这是"玉米地游戏"的三个生存要素：速度、效益和安全。你可以进行一万种以上的选择，再高明的数学大师都无法计算出这三者之间的最佳比例——或许世界上根本就不存在这样的公式。不同的状态，会产生不同的结果，而每一个最佳的方式，又因为客观环境和条件的变化而变化。穿越玉米地的过程，就是创业决策的过程，N 次的选择将产生 N 种经营状态和结局。穿越的魅力就在这里。企业经营的谜底也就在这里。

你为什么要穿越玉米地？当你的人生开始一场新的角逐的时候，在你的事业掀开新的一页之际，你曾经认真地直面过这个问题吗？而这个问题又真的有那么重要吗？

有一年，一群意气风发的天之骄子从美国哈佛大学毕业了，他们即将开始穿越各自的玉米地。他们的智力、学历、环境条件都相差无几。在临出校门时，哈佛对他们进行了一次关于人生目标的调查。结果是这样的：

3％的人，有清晰而长远的目标；

10％的人，有清晰但比较短期的目标；

60％的人，目标模糊；

27％的人，没有目标。

以后的 25 年，他们穿越玉米地。

25 年后，哈佛再次对这群学生进行了跟踪调查。结果又是这样的：

3％的人，25 年来几乎都不曾改变自己的人生目标。25 年来他们都朝着同一个方向不懈地努力，25 年后，他们几乎都成了社会各界的顶尖成功人士，他们中不乏创业者、行业领袖、社会精英。

10％的人有清晰的短期目标，25 年后大都生活在社会的中上层。他们的共同特点是：那些短期目标不断被达成，生活状态步步上升，成为各行各业不可或缺的专业人士。如医生、律师、工程师、高级主管等。

60％的人目标模糊，几乎都生活在社会的中下层面，他们能安稳地生活与工作，但都没有什么特别的成绩。

剩下的 27％的人，他们的生活没有目标，过得很不如意，并且常常在抱怨他人、抱怨社会、抱怨这个"不肯给他们机会"的世界。

其实，他们之间的差别仅仅在于：25 年前，他们中的一些人知道为什么要穿越玉米地，而另一些人则不清楚或不很清楚。

(二)实施目标管理应注意的问题

第一，要使一个班级共同确立奋斗目标，形成一个同心同德的集体。

第二，目标管理中的目标要与学校目标和班级管理目标保持一致，要以学校目标和班级管理目标为依据。

第三，班级各种组织开展活动都要符合班级目标的要求，同时班级管理者、任课教师与学生同心协力，使班级工作形成合力，采用各种手段使许多关键管理活动结合起来，并且有意识地瞄准有效和高效地实现班级目标和个人目标。

阅读材料：

北京 22 中孙维刚老师把班级管理目标分为德育目标、智育目标和体育目标。

德育目标

(1)做诚实、正派、正直的人。

(2)做有远大理想和抱负的人。他说："我们的远大理想和宏伟抱负，不是上大学。诚然，对于我们班的同学，大学是一定要上的，而且要上第一流的大学。但是上大学的目的又是什么？我们的抱负是，将来为人民多做贡献。"

(3)做有丰富感情的人，要因为自己来到这个世界上，而使别人生活得更幸福。

智育目标

造就一个强大的头脑，把不聪明的自己变聪明起来，让聪明的自己更加聪明。

体育目标

(1)人人身体强壮。

(2)运动会上要拿团体第一。

孙维刚老师还对课堂、教室向学生提出了一个明确的目标："神圣的课堂永远安静，明亮的教室永远干净。"他是这样要求的，班级同学也是这样做的。

(摘自 http://guanli.ljedu.gov.cn/2009/1114/3768.shtml)

第四，目标应有主次和实施的先后之分，明确班级管理的主要矛盾，抓住班级管理的普遍性问题，解决班级管理的迫切问题，尤其是影响和制约班级活动发展的问题，还要注意内容的衔接、内容的层次以及内容的深化，切忌随意性。

第五，在目标的引导下，最终实现学生的自我管理。

第三节　当前班级管理存在的问题

一、当前班级管理存在的问题

(一)由于受到分数压力和教师权威的制约，班主任对班级实施管理的方式偏重于专断型

在程式化的教育教学工作中，教师往往最关心的是两件事：①如何使学生在考试中取的好成绩，确保班级的成绩在学校中的排名靠前或不落后。在应试教育模式下，分数在学校中是至高无上的，教师奖励与惩罚、教师在学校中的地位与其所在班级学生所取得的分数直接相关。学校把分数作为衡量教师工作业绩的主要尺度，教师则把分数作为衡量学生成就的主要指标。②让学生听从老师，以维护教师的权威不受损害。教师权威无疑是使学生服从教师指挥，从而控制学生干扰行为的最便捷、最有效的手段。

在这样的背景之下，班级管理无形中受到分数与教师权威的双重制约。由此形成班级管理的极为简单的因果关系：学得好的，受到鼓励，并越来越好；学得差的，受到批评，并越来越差；受到鼓励的，不断进步为好学生；受到批评的，逐渐退化为"双差生"。班级管理容易成为教师实施个人专断管理的活动过程，不利于班集体发展。

(二)班级管理制度缺乏活力，学生参与班级管理的程度较低

在班级设置班干部，旨在培养学生的民主意识与民主作风，学会自治自理。良好的班集体的建立很大程度上取决于班干部队伍的数量和质量。然而在当今的中小学却存在着这样的一些问题：班级干部相对固定，使一些学生养成了"干部作风"，不能平等地对待同学，而多数学生希望能为班级做点事，却缺少机会；学生在社会环境及部分家长影响下，往往把班干部标志只是看成是荣誉的象征，关于"班干部"的观念，"荣誉"重于"责任"；只把班干部看成是"老师的助手"，忽视干部是"群众的代表"；学生都想当干部、当个好干部，但缺乏"每个人都是班级小主人""争取做合格的班级小主人"的意识。这说明在班级管理中，班干部特殊化、多数学生在班级管理中缺乏自主性是比较普遍存在的问题。

班主任要善于在各项活动中发现品学兼优、关心集体、能起带头作用

的积极分子以不断壮大学生干部队伍，同时要注意把最有威信、最有能力的学生推选出来。

二、建立以学生为本的班级管理的机制

(一)以满足学生的发展需要为目的

传统的班级管理就是教师在班级中实施对人、事、物等因素的控制，它体现了教师对班级的预先期望及学生对教师的服从，纪律、秩序、控制、服从是传统班级管理所追求的目标。

在现代社会的学校教育中，班级活动完全是一种培养人的实践活动，在这一实践活动中，学生既是对象，又是目的。因此，满足学生发展的需要既是班级活动的出发点，又是班级活动的最终归宿。班级管理的实质就是要让学生的潜能得到尽可能的开发。例如，有的班主任往往把班级分成五个小组，以便于安排每周的值日等各项工作。小组的人员要合理搭配，使每个小组的力量均衡，以便于小组内的互相帮助和小组之间的竞赛、评比活动的开展。

(二)确立学生在班级中的主体地位

在传统的班级管理模式下，学生在某种程度上是教师的"附属物"，教师和学生的"人—人"关系降低为"人—物"的关系，学生的主体地位根本无法保障。现代教育的发展，从根本上促进了新型班级的建立，从而为以学生为本的班级管理提供了保证。班集体按照学校的要求，根据学生年龄特点以及身心发展的规律开展丰富多彩的活动，为学生个性的全面发展提供了条件。一方面，每个学生的聪明才智和特长在活动中得到充分表现和发挥；另一方面，班集体活动要严格有序，使每个集体成员的个性受到教育和熏陶，使个性得到培养和发展。

(三)训练学生自我管理班级的能力

由于传统的班级管理模式是以教师为中心构建的，学生参与班级管理的机会有限，即使有，也只是教师意志的再现。但大多数学生从内心来讲，是非常渴望参与班级管理的，但苦于不被教师赏识，以至于不少学生毕业以后不会自主，缺乏独立、主动、创新的精神。

班集体是学生形成集体意识，促进学生社会化的基地。例如，在家里许多学生更多的体验是别人为自己服务，但在班集体里自己成了主人，这就要求他们必须对集体尽自己的义务，承担对集体的责任，从而享受集体

生活的权利。

以训练学生自我管理能力为主的班级管理制度改革的重点是：适当增加"小干部"岗位，适当进行"小干部"轮换；按照民主程序选举干部；使小干部从"教师助手"变成"学生的代表"；把学生的注意力，从当干部引向当"合格的班级小主人"；把以教师为中心的班级教育活动转变为学生的自我教育，即把班级集体作为学生自我教育的主体。

第四节　班集体的形成

一、班集体的基本特征与教育作用

(一)班集体的基本特征

班集体是指通过班主任等各种主要的教育力量的教育和培养而形成的班级群体，它一般是以集体主义思想为导向，具有共同的奋斗目标，具有较强的骨干力量，良好的纪律、舆论、班风，良好的人际关系，能够促使班级全体成员成长为德、智、体各方面能力不断提高的学生群体。

要正常发挥班级的整体功能，一个真正的班集体一般都有明确的奋斗目标、健全的组织系统、严格的纪律规范和共同的生活准则、坚强的领导核心、优良的班风传统。一个良好的班集体一般具有以下几个特征。

1. 共同的班级奋斗目标

共同的奋斗目标是班集体形成的基础。班集体首先必须具有一个明确的、全班同学共同确定的奋斗目标。当班级成员具有共同的目标定向时，群体成员在实现目标的过程中便会在认识上、行动上保持一致，相互之间形成了一定的依存性。

2. 一个健全的组织系统

班集体中健全的组织系统是一个班集体所不可或缺的，它构成班集体的核心。班级中的每个成员都是通过一定的班级机构组织起来的。按照组织结构建立相应的机构，维持和控制着班级成员之间的关系，从而完成共同的任务和实现共同的目标。

3. 一定的共同生活的准则

一个正常运行的组织必须受到相应的规章制度的约束，并把取得集体成员认同的、为大家自觉遵守的行为准则，作为完成共同任务和实现共同目标的保证。在一个班集体中，准则可以使明文规定的，也可以是无形的。

4. 平等、民主的班级氛围

在集体中，成员之间在人格上应处于平等的地位，成员之间相互信赖、相互尊重，每个人的才能和优势都能得到最大程度的发挥。

(二)班集体的教育作用

1. 有利于形成学生的集体意识

通过班级的集体活动和学生群体之间的交往，可使学生积累集体生活的经验，学生交往与合作，学会对环境的适应。

雅斯贝尔斯说过："教育是人的灵魂的教育，而非理智知识和认识的堆积"。一个具有积极向上的良好气氛的班集体，不仅能培养学生勤奋、认真的学习态度和学习习惯，还能促进他们形成奋发向上、创新进取的精神。师生之间、生生之间融洽的人际关系，也能使学生的情感受到感染和熏陶，形成热爱集体、尊敬老师、关爱同学的好品质，能促进学生形成良好的性格。

阅读材料：

什么是团队合作①

1994 年，斯蒂芬·罗宾斯首次提出了"团队"的概念：为了实现某一目标而由相互协作的个体所组成的正式群体。在随后的十年里，关于"团队合作"的理念风靡全球。

团队合作指的是一群有能力，有信念的人在特定的团队中，为了一个共同的目标相互支持合作奋斗的过程。它可以调动团队成员的所有资源和才智，并且会自动地驱除所有不和谐和不公正现象，同时会给予那些诚心、大公无私的奉献者适当的回报。如果团队合作是出于自觉自愿时，它必将产生一股强大而且持久的力量。

团队合作能力从初级到高级的具体行为表现如下表。

---

① 杨毅宏：《世界 500 强面试实录》，第 4—5 页，北京，机械工业出版社 2010 年版。

团队合作能力等级（1）	1. 尊重其他团队成员，努力使自己融入团队之中。 2. 将个人努力与实现团队目标结合起来，完成自己在团队中的任务，以实际工作支持团队的决定，成为可靠的团队成员。 3. 为完成工作和团队成员进行非正式的讨论，在团队决策时提出自己的建议及理由，尊重、认同上级认为是重要的事情并执行其相关决策。 4. 作为团队一员，随时告知其他成员有关团队活动、个人行动和重要的事件，共享有关的信息。 5. 认识到团队成员的不同特点，并且把它们作为可以接触、学习知识与获取信息的机会。
团队合作能力等级（2）	1. 根据工作需要组建小型团队，营造开放、包容和互相支持的气氛，加强集体向心力。 2. 为团队成员示范所期望的行为，并采用各种方式来提高团队的士气和改进团队的工作效率，确保团队任务的及时完成。 3. 明确有碍于达成团队目标的因素，并试图排除这些障碍。 4. 鼓励团队成员参加团队讨论与团队决定，倡导团队内部的沟通和合作，以推进团队目标设定与问题的解决。 5. 指导其他成员的工作，对其他团队成员的能力和贡献抱着积极的态度，用积极的口吻评价团队成员。 6. 能够利用正式或非正式的沟通渠道及现有的信息系统在团队内部进行知识和信息的交流共享。
团队合作能力等级（3）	1. 根据组织的战略目标来确定团队建设的目标、规模及责任，在全体团队成员中促进理解、达成共识，并得以贯彻实施。 2. 确保团队的需要得到满足，为团队争取所需要的各种资源，如人力、财力、物力或有关信息等。 3. 团队成员之间能力和知识的互补，在分配团队任务的时候，既照顾到员工的发展，又能实现团队的目标。 4. 化解团队中的冲突，维护和加强团队的名誉。 5. 通过团队内有效合作及适当的竞争提高团队的整体绩效。
团队合作能力等级（4）	1. 具有个人魅力和领导气质。能够指出组织或团队的发展方向和目标，使团队成员充满工作激情，愿意为团队目标的实现竭尽全力。 2. 对团队成员有全面的认识，有效地应用群体运作机制，从而引导一个群体实现团队目标。 3. 有目的的创建互相依赖的团体合作精神，在团队间合理有效地调配资源，加强不同目标和背景的团队之间的配合，以促成组织整体业务目标的实现。 4. 采取行动在组织中营造精诚合作与公平竞争的氛围。 5. 通过各种手段，如设计团队标志等，塑造健康优秀的团队形象，使组织或团队能被外界或有关组织认同和推崇。

2. 有利于促进学生的社会化

首先，班级组织作为一种社会群体，能够按照社会的要求和学校的教育目标，营造良好的成长氛围。学生在集体中，通过学习、活动、交往和社会实践活动，除了能够获得系统的文化科学知识和技能，形成良好的品德外，还为学生参与社会生活和处理社会关系提供了学习和实践的平台及机会。其次，学生在班集体里，接受社会规范教育，进行社会行为训练。班集体有严密的管理机构，制定了每位学生在集体活动中必须遵守的规章制度和舆论，这些都能向学生传递社会规范。同时按照这些制度要求组织学生进行社会行为训练，引导他们在集体活动和人际交往中，不断以集体的标准来约束自己的行为，并逐步地将集体的规范内化为自己的行为方式。

学生在班级组织中通过学习和训练，能够为他们将来步入社会尽快参加社会生活，履行社会角色，成为合格的社会公民奠定了一定的基础。

阅读材料：

班级像一座长长的桥，通过它，人们跨向理想的彼岸。

班级像一条长长的船，乘着它，人们越过江河湖海，奔向可以施展自己才能的高山、平原、乡村、城镇。

班级像一个大家庭，同学们如兄弟姐妹般互相关心着、帮助着；互相鼓舞着、照顾着，一起长大了，成熟了，便离开了这个家庭，走向了社会。

（摘自魏书生《班主任工作漫谈》）

3. 有利于促进学生的个性发展

个性是指一个人的整个心理面貌，即具有一定倾向性和心理特征的总和，包括能力、气质、性格，还包括兴趣、爱好、需要等。学生个性发展的心理结构主要包括自我调控、个性倾向性和个性心理特征三个系统。自我调控系统指自我意识对个体心理和行为的调节、控制系统，使人的活动具有目的性、自觉性、计划性和能动性，是个性形成和发展的前提，是个性发展和成熟的动力基础。个性倾向性系统是决定一个人的态度和对现实的积极性、选择性的动力系统，包括需要、动机、兴趣、理想、信念、价值观和人生观，是个性结构中最活跃的因素。个性心理特征系统是指个人稳定的心理特点，包括性格系统、气质系统和能力系统。

首先，班级组织的丰富多彩的集体活动，每一位学生都在班集体中找到自己发挥作用的舞台，集体的作用能够从认知、情感、意志、行为等多方面教育感染学生，这种教育和感染要比教师个人对学生教育的范围大、内容丰富、方法灵活，学生也容易接受，能够培养学生的不同兴趣、爱好和特长。其次，班集体的学习、交往及活动的经历和体验是学生个性发展的重要资源，班集体能够提供学生个性发展的有利条件。

阅读材料：

小学生交往辅导：交往的学问

辅导题目：交往的学问

主题分析：交往是人的生活需要。作为社会人，必须交往，否则就会感到孤独。据说，美国曾有一些宣称"不愿和别人交往"的孤独者，却不堪"孤独"而相约："咱们成立一个孤独人协会吧！"可见，人需要交往。人要交往，就要建立一定的人际关系，人际关系不好，会影响人的心理健康。正常的人际关系，应该是友善的、和谐的。而要建立良好的人际关系，必须从每个人自己做起，从自己为人处世的态度、学习、办事的风格以及品行风度等方面做起，培养良好的精神风貌，从而在人际交往中达到友善与和谐。教师应培养学生的人际交往能力和技巧，特别是做好具体的指导工作，使学生形成正确的人际交往观。这对当前的人际适应以及将来顺利地走向社会，建立和谐的人际关系，有非常重要的意义。

目的要求：帮助小学生提高与人交往的能力、技巧，了解交往的学问，认识并注意防范社会交往中的不良现象。

课前准备：小品。

辅导方法：表演法、讨论法。

操作过程：

1. 导入新课。教师："同学们，你们知道什么是交往吗？——人与人彼此之间互相来往。你们知道交往有什么学问吗？今天我们就来研究一下。"

2. 课堂操作。

（1）表演小品一。如图 12-1，小英和小玲是同班同学。星期天，小英和邻居小娟去看电影，去电影院的路上正好遇见小玲和她的表妹小红。

图 12-1　小品一示意图

小英：（看见小玲）小玲！小玲！

小玲：（回头看见小英）小英！

（两人见面，互相亲热地打招呼，接着聊了起来。）

小英：小玲，你也是去看电影吗？

小玲：不！我们去公园。

小英：昨天上午我去找你借书，你不在家。

小玲：对不起，我去书店了。

（两人继续交谈，亲热极了，互不相识的小娟和小红被"晾"在一边，很尴尬。）

（2）课堂讨论：小英和小玲哪些地方做得不合适？

（3）表演小品二。

小英：（看见小玲）小玲！小玲！

小玲：小英！（二人各与自己的同伴在一起）

小英：小玲！（指着小娟）这是我的邻居小娟。她在二中上学。我们是好朋友。（指着小玲）这位是小玲，我的同班同学。

（小玲和小娟握手，互相说：你好！）

小玲：（指着小红）这是小红，我表妹，二小五年级的。（指着小英和小娟）这是小英，我的同学。这是小娟。大家认识了吧！

（四人互相握手，开始亲切地交谈起来。）

（4）课堂讨论：你从上面的小品中得到哪些启发和教育？

（5）教师小结：强调人际交往有许多学问。如果一个人缺乏交往的基本知识和技能，就会在无意中伤害自己的同学和朋友。第一个小品中，小英和小玲的表现就是如此。如果你懂得交往的基本知识和技能，就像第二个小品中小英和小玲表现得那样，你就会结识更多的朋友，获得更多的友谊，你的生活也会更加充实与美好。

3. 教师进一步根据图 12-2 启发学生：初次交往时，我们应该怎样表现自己呢？

图 12-2　初次交往

一是要善于认识人，尊重人和保持自尊。要想在复杂的人际关系中，恰当地表现自己，就要善于认识人，并在尊重他人的过程中保持自己人格的独立。初次见面只是第一印象，要成为朋友、挚友，切莫忘了"路遥知马力，日久见人心"（板书）这句话。

二是要善于听懂对方的话。对我们不熟悉的人所说的话则要动脑筋，辨别真伪。大街上有时会发生上图（右）那样的骗局，女青年拉着过马路的老奶奶帮忙试衣服、换零钱等，就把老奶奶的钱骗走了。

4. 讨论：在社会生活中，你是否遇到过不友好的交往？你从中获得什么启发？

总结和建议：人离开空气、阳光、水和食物就不能维持生命，离开了主动友好的交往，身体和心理都不能得到健康发展。所以，人一定要学会主动地、友好地与他人交往。今后我们要用学过的交往知识和技能，与他人建立团结友爱的关系，增进社会适应能力，更健康地成长。

课外作业：补充社会交往的学问。

（摘自 http://www.pep.com.cn/xgjy/xlyj/xlgj/zx/201008/t20100827_772043.htm）

4. 有利于训练学生的自我教育能力

自我教育能力则是指处于一定社会关系中的群体和个体为了实现社会的共同目标有效地能动地计划、组织、控制和评价自己意识和行为，自觉主动地把社会要求的思想道德规范在内心加以理解和体验，并通过实践转化为自己比较稳定的自觉行为的能力。

中小学生年纪小，处于半成熟、半幼稚时期，知识经验少，缺乏自我教育能力，这就有赖于教师通过班集体对学生进行培养和训练。在班主任的引导下，学生在接受教育和自我教育的过程中，逐渐形成自我教育的习惯和能力，将终身受益。而培养学生的自我教育能力是重要的德育目标之一，是班主任的一项重要工作任务。同样，班集体是训练班级成员自己管理自己、自己教育自己、自主开展活动的最好载体。一个良好的班集体能够促进学生自我教育能力的形成，而学生自我教育能力的形成又会极大地促进班集体的建设。

二、班集体的形成与培养

任何一个班集体的形成过程都是一个教育培养与类化的过程，期间需要班主任的正确指导与引领。

(一)确定切合实际的奋斗目标

目标是集体发展的方向和动力，一个班级组织只有具有共同的目标，才能使班级成员在认识上和行动上保持统一，才能推动班级组织的发展。为此，教师要精心设计班级发展的目标。

阅读材料：

下一阶段的目标

(1)全班同学都要讲文明、团结友爱、尊敬师长，养成良好的行为习惯，让我们班级成为学校最文明的优秀班级。

(2)要遵守纪律，保证课上40分钟专心听讲、主动发言，让每位课任教师都喜欢来我们班上课。

（3）乐思好学，不懂就问，博览群书，养成良好的学习习惯，争取每天都能进步一点。使班级的各科成绩名列前茅。

（4）积极参加课外活动，认真做好两操，提高自身的身体素质，争取在学校举行的各项体育比赛（运动会、越野赛）中名列前茅。

（5）为人乐观、善良、诚实、坚强、豁达。

（摘自 http://www.jxteacher.com/361127004001110024/column29830/6f284d74-d4fb-4fae-887b-7ba11ddf9294.html）

班级组织的发展目标一般可分为近期的、中期的、远期的三种；目标的提出由易到难、由近到远、逐步提高。班级目标的设计，主要依据两方面的因素：一是国家的教育方针政策，学校的培养目标；二是班级群体的现实发展水平。

阅读材料：

马卡连柯论前景教育

苏联教育家马卡连柯认为，正常的、健康的集体必须不断地向前发展，一旦停滞不前，集体就没有了生命力，这是集体运动的规律。根据这个规律他又提出了"前景教育"原则，要求教师在教育过程中经常给学生指出美好前景，即给学生提出一个或好几个需要经过一定努力才能完成的新任务，"建立新的前途，运用已有的前途，逐渐代之以更有价值的前途……"吸引学生集体和集体中的每一成员，为完成新的任务，实现新的前景，由近及远、由易到难地开展活动，由简单的原始满足发展到最高的责任感，从而使整个集体朝气蓬勃，永葆青春。按照他的意见，"人的生活的真正刺激是对明天的欢乐。……培养人，就是培养他对前途的希望。"因此，他认为，"在教育技术中，这种明天的欢乐就是最重要的工作对象之一。""前景教育"也称"远景教育""明日快乐教育"。在实现班级组织的目标过程中，教师要充分发挥班级成员的积极性，使实现目标的过程成为教育与自我教育的过程。

（二）建立积极向上的核心队伍

一个良好的班级组织都会有一批团结在教师周围的积极分子，他们是带动全班同学实现集体发展目标的核心。因此，建立一支核心队伍是培养班级组织的一项重要工作。

阅读材料：

班级核心队伍与"鲶鱼效应"

挪威人喜欢吃沙丁鱼，尤其是活鱼。市场上活鱼的价格要比死鱼高许多，所以渔民总是想方设法地让沙丁鱼活着回到渔港。可是虽然经过种种努力，绝大部分沙丁鱼还是在中途因窒息而死亡。但却有一条渔船总能让大部分沙丁鱼活着回到渔港。船长严格保守着秘密。直到船长去世，谜底才揭开。原来是船长在装满沙丁鱼的鱼槽里放进了一条以鱼为主要食物的鲶鱼。鲶鱼进入鱼槽后，由于环境陌生，便四处游动。沙丁鱼见了鲶鱼十分紧张，左冲右突，四处躲避，加速游动。这样沙丁鱼缺氧的问题就迎刃而解了，沙丁鱼也就不会死了。这样一来，一条条沙丁鱼活蹦乱跳地回到了渔港。这就是著名的"鲶鱼效应"。

这一原理运用到班级管理中，注重发挥班内核心队伍以及班委、课代表、特长生等"带头人"的作用，同样会取得良好的效果。

建立班级组织的核心队伍，首先，教师要善于发现和培养积极分子。这就需要教师在了解学生的基础上，及时发现在班级活动中涌现出来的积极分子，并从中选拔出能热心为集体服务、能团结同学且具有一定管理能力的学生班干部。一般来讲，班干部的选拔方法有：班级刚刚组建时的班主任推荐和任命式；在自由平等的气氛中每一个学生都参与竞争的集体选举式；通过学生提名和投票选举产生的学生推举式；学生自我推荐的毛遂自荐式；根据一定的规则班干部轮流担任的全体轮岗式等。班主任可根据实际情况选择使用。其次，教师应把对积极分子的使用与培养结合起来。既要鼓励他们独立开展工作，又要耐心帮助他们提高工作能力；既要维护他们的威信，又要对他们严格要求；既要肯定他们的工作成绩，又要指出他们工作中的不足。

（三）建立科学的正常秩序

班级组织的正常秩序是维持和控制学生在校生活的基本条件，是教师开展工作的重要保证。班级组织的正常秩序包括必要的规章制度、共同的生活准则以及一定的活动节律。

教师在班级的组建阶段，就应着手正常秩序的建立工作，特别是当接到一个教育基础较差的班级时，首先就要做好这项工作。在建立正常秩序的过程中，教师要依靠班干部的力量，由他们来带动全班同学；一旦初步形成了班级秩序，不要轻易去改变它；不断让学生体验到正常的秩序对他们的学习、生活所带来的便利与成效。

(四)组织形式多样的教育活动

班级组织是在全班同学参加各种教育活动中逐步成长起来的，而各种教育活动又可使每个人都有机会为集体出力并显示自己的才能。设计并开展班级教育活动是教师的经常性工作之一。

根据班级教育活动的时间分布，主要由日常性的教育活动与阶段性的教育活动两大部分组成，所涉及的内容有主题教育活动、文艺体育活动、社会公益活动等。

教师在组织各种教育活动时，要有明确的目的和要求，要精心设计活动内容，注意形式的适龄化，力争把活动的开展过程变成教育学生的过程。

(五)培养正确的舆论和良好的班风

班级组织舆论是班级集体生活与成员意愿的反映。正确的班级组织舆论是一种巨大的教育力量，对班级每个成员都有约束、感染、同化、激励的作用，是形成、巩固班级组织和教育集体成员的重要手段。

教师要注意培养正确的集体舆论，善于引导学生对班级组织的一些现象与行为进行评议，要努力把舆论中心引导至正确的方向。

良好的班风是一个班级组织舆论持久作用而形成的风气，是班级组织大多数成员的精神状态的共同倾向与表现。良好的班风一旦形成，就会无形地支配着集体成员的行为，它是一种潜移默化的教育力量。

教师可通过讲清道理、树立榜样、严格要求、反复实践等方面培养与树立良好的班风。

第五节　班主任与班级管理

班主任在班级建设中充当着重要角色，行使着多种职能，是学校中全面负责一个班级学生的思想、学习、生活等工作的教师，是班级的组织者、领导者和教育者，是学生全面发展的指导者，是学校办学思想的贯彻者，是联系班级中各任课教师和学生团队组织的纽带，是沟通学校、家长和社会的桥梁，是学校领导实施教学、教育工作计划的得力助手和骨干力量。在班级管理中，班主任扮演着多重角色，担负着多种责任，发挥着特殊的作用，班主任工作的优劣直接影响到学生的成长。

一、班主任在班级管理中的地位与作用

由于上述班主任在班级管理中具有特殊的、不可替代的地位，可以得知、班主任肩负着全面管理班级的职责，是学校教育的中坚力量。因此，班主任的素质极为关键，他直接决定班级的管理水平，直接影响班集体全体成员的整体水平。

(一)班主任是班级建设的设计者

班主任是班级建设的主帅，对教育对象个体来说，教师的职能可归结为"灵魂工程师"，但对教育对象群体来说，他更多的是班集体的缔造者、设计者。培养和建立良好的班集体，不仅是班主任工作的一项重要任务，也是班主任开展班级工作的基础。

1. 班级建设设计的内涵

班级建设的设计是指班主任根据学校的整体办学思想，在主客观条件许可的范围内所提出的相对理想的班级模式，包括在班级建设的目标、实现目标的途径、具体方法和工作程序。其中，又以班级建设目标的制定为最重要。

2. 班级建设目标的确立

班级目标是指在一定时期内班级所期望达到的境界。班级目标的设计，主要依据两方面的因素，一是国家的教育方针政策，学校的培养目标；二是班级群体的现实发展水平。班级应以本班全体学生的全面发展为共同目标。

班级目标对班级建设有非常重要的作用：①有利于获得学生对班级发展的认同与支持；②有利于引导班级发展方向，协调班级成员间的言行；③有利于激发班级成员努力进取的行为动机；④还可作为设计与选择班级活动的依据以及班级实施监督与考评的标准。

(二)班主任是班级组织的领导者

学校对学生进行教育教学工作是以班级为单位的，一个良好的班集体具有强大的教育功能。但良好的班集体不是自发形成的，它依赖于班主任的领导与组织，在班级管理中，特别是在达成班级目标上，班主任的领导才能显得非常重要。

1. 班主任的领导影响力

班主任在班级管理中的领导影响力主要表现在两个方面：一是班主任的权威、地位、职权，这些构成了班主任的职权影响力；二是班主任的个性特点和人格魅力，构成了班主任的个性影响力。这两个方面具有一定的相对独立性，同时又是密切相关的。

班主任的实施职权影响力要依据一定的组织法规和一定的群体规范，具体地说：一是国家的教育法令、学制、教育方针及学校的课程、教学计划、规章制度等；二是班级的目标、规范、舆论、纪律、班风等。班主任对班级的领导影响力必须在这一范围内施加，否则班主任的领导合法性与有效性就会受到质疑。

班主任的个性影响力取决于三个方面：①班主任自身对教育工作的情感体验；②对学生产生积极影响的能力；③高度发展的控制自己的能力。

2. 班主任的领导方式

班主任的领导方式一般可以分为三种类型：权威的、民主的、放任的。采用权威的领导方式的班主任侧重于在领导与服从的关系上实施影响，由教师自身对班级实施无条件的管理，严格监督学生执行教师所提出的要求的过程与结果。采用民主的领导方式的班主任比较善于倾听学生的意见，在领导班级过程中，不是以直接的方式管理班级，而是以间接的方式引导学生。采用放任的领导方式的班主任主张对班级管理不要过多地干预，以容忍的态度对待班级生活中的冲突，不主动组织班级活动。民主型的领导方式，有利于形成良好师生互动关系，有利于集体的发展。

当前班级管理实践中，有两种领导方式运用得比较多：一是"教学中心"的领导方式，二是"集体中心"的领导方式。"教学中心"的领导方式是目前采用得比较多的一种领导方式，这与我国学校教育对班主任工作考评的标准有关。这种领导方式最大弊端是对人的因素不够重视，班级工作只见教学不见学生，只看学生的分数不看学生的发展。

"集体中心"的领导方式观点认为，学生对集体的喜爱、期望、归属感、团结性与作业水平及学习成绩相关，因此，主张信赖而不是怀疑集体，用集体领导的手段管理班级，将班级作为教育的对象，而不是一对一地去对待每个学生。这一方式符合马卡连柯的平行教育原则，他曾说过："教育了集体，团结了集体，加强了集体，以后，集体自身就成为很大的教育力量了。"

(三)班主任是班级组织的领导者

班级是存在于学校之中的一个特殊的社会组织,教育从本质上说就在于建立个人、集体与社会的实际联系,以保证个人的社会化。因此,研究班级中的交往行为,指导学生形成良好的人际关系,是班主任的重要使命之一。

1. 班级中学生交往的类型

以交往双方所承担的社会角色的不同来区分,有学生间的交往、师生间的交往、教师间的交往;以交往双方的数量的多少来区分,有个体与个体的交往、个体与群体的交往、群体与群体的交往。不同类型的交往对学生的发展有不同的价值。

2. 班主任对学生交往的指导

交往是班级人际关系形成和发展的手段。班主任应悉心研究班级的人际关系,指导学生的交往活动。要注意以下几个方面:①要把学生作为交往的主体,研究学生交往需要及能力的差异性,指导学生正确知觉周围的人,懂得如何避免和解决冲突,建立积极的交往环境。②设计内容充实、频率高的交往结构,即依据班级活动的目的、任务及学生的特点,形成一个相互渗透、交互作用的多渠道、多层次、多维度的交往网络。③要在与学生的交往中建立相互间充满信任的关系。

二、班主任在班级管理中的内容与方法

班主任要通过具体的工作实务贯彻班级管理理念,对班集体的发展和每位学生的成长进行有效的教育、帮助和引导。班主任工作头绪复杂,主要包括以下方面。

(一)了解和研究学生

学生是班主任工作的对象。对学生的教育没有一个固定的模式,因此,班主任的工作方法要灵活多样,根据不同的事情、不同的学生灵活应对,这样才能指导得法、教育有效。

首先,了解和研究学生可以从以下几个方面进行。①了解和研究学生个人。内容包括:思想品德状况、集体观念、劳动态度、人际关系、日常行为习惯;学习态度、学习成绩、学习方法、思维特点、智力水平;体质健康状况、个人卫生习惯;课外与校外活动情况;兴趣、爱好、性格等。②了解学生的群体关系。包括:班级风气、舆论倾向、不同层次学生的结构、同学之间的关系、学生干部情况等。③了解和研究学生的学习和生活

环境。内容包括：了解学生的家庭类型、家庭物质生活与精神生活条件、家长的职业及思想品德和文化修养、学生在家庭中的地位、家长对学生的态度等。

其次，了解学生的方法有如下几种。①通过阅读学生的有关材料来了解学生，包括记载学生各种情况的登记表、统计表和学生活动成果记录表等。②通过对学生本人或知情者的调查访问，从各个侧面间接地了解学生，包括谈话、问卷、座谈等。③在自然条件下，有目的、有计划地对学生在各种活动中的行为表现进行观察。

阅读材料：

对于小李同学，班主任李老师刚开始很讨厌他，无论是学习成绩还是衣着举止，小李几乎没有一个地方让李老师喜欢。

小李每天都是气喘吁吁地最后一个跑进教室，头发乱蓬蓬的，脸也不洗，纽扣经常系错。这哪里像四年级的学生！最可气的是，一放学，他比谁都溜得快，也不知道他在忙些什么！他的学习就更别提了，考试大多是十几分，那还是靠选择题和判断题瞎蒙的。

有一件事情让李老师哭笑不得。班里选举时，李老师发下了选票，要求每个学生选出五个有能力、负责任的班干部，可小李竟然一连写了五个"李×"。李老师很生气："你可以毛遂自荐，可总不能班长、副班长、学习委员、劳动委员都由你一个人包办，你干得了吗？简直胡闹！"

小李低着头任老师训斥，好半天才蚊子哼哼似的说："老师，不……不是这样，我想选别人，可是……他们的名字……我不会写。"居然有这样的学生，真拿他没办法！

但是，后来发生的几件事情，却让李老师改变了对小李的看法。

一个冬天的下午，天寒地冻，冷得出奇。同学们大扫除，谁都不愿意脱下厚厚的手套去洒水，于是就用扫帚蘸着水洒。但这样"蜻蜓点水"根本不管用，教室里尘土飞扬，这时小李走过来，脱了手套，很快把水洒完了。望着他冻得通红的双手，李老师内心禁不住热乎乎的。

一天，外面下着大雪。小李的同桌小徐受了凉，不小心吐了一地。同学们纷纷捂住鼻子，躲到一旁。只见小李赶紧脱下自己的小袄，毫不犹豫地披在同桌身上，然后找来扫帚和簸箕，三两下就扫尽了地上的脏物。他做得那么从容，一点儿没有厌恶的表情。

多好的孩子啊！从此李老师对他的态度变了。通过家访李老师得知：

小李的大伯前些年患了偏瘫，因为他膝下无儿无女，一直是小李端茶送水，日日照顾，因此小李每天上学都要晚来早走。想不到，这个一向让老师看不起的学生，竟然有着一颗如此纯洁美好的心灵！

每个孩子都是向善的，即使再"差"的学生，他们也有潜在的美的特质，需要我们去及时捕捉。当我们俯下身来，也许会发现一个十分精彩的世界。

（摘自高谦民主编：《今天，我们怎样做班主任》，上海，华东师范大学出版社 2006 年版）

（二）组织和培养班集体

班集体不是自发形成的，它有一个发展过程。一般认为，刚组成的教学班，经过班主任长期系统的组织培养工作，由松散的学生群体转变成为健全的班集体，大致要经过组建、初步形成和形成发展三个阶段。

第一阶段：组建班集体阶段。

在新组建的班级中，同学之间、师生之间相互陌生，学生心里还没有班级的概念，群体松散，班级吸引力差，共同目标和行为规范尚未形成。在这一阶段，班级活动都依赖班主任直接组织和指挥。实践表明，班主任在这一阶段如果抓不紧，教育引导不力，组织管理不严，班级很容易出现松弛、涣散现象。因此，有经验的班主任都十分重视从以下方面进行新的班级组建工作。首先，抓紧时间全面了解学生，尽快掌握熟悉班级和学生的整体情况，注意发现、选择和培养积极分子。其次，建立班级规章制度，对学生的学习、生活提出切实可行的要求。再次，组织和开展班级活动，促进同学之间的交流，增进了解，提高班级的吸引力。

第二阶段：班集体初步形成阶段。

在班主任的引导和培养下，班集体出现了许多新特点，如同学之间彼此有了一定了解，友谊加深；班级积极分子已涌现出来，集体有了骨干力量，班级核心初步形成。但是，这时的班集体还十分脆弱，集中表现在班级行为规范尚未成为学生的共同需要，集体舆论还没有形成，班级目标还没有转变为全班同学共同自觉追求和行动的动力。针对这种情况，班主任应把握住时机，积极向全班同学推荐干部人选，及时组建班委会，并通过精心指导和培养，逐步放手让学生干部自己组织开展班级工作，锻炼学生干部组织活动和独立工作的能力。同时，还应注意继续扩大积极分子队伍，增强班级的凝聚力和号召力。另外，班主任还要重视班级规章制度的贯彻执行，培养学生自觉遵守班级行为规范的习惯，为良好班风形成打下基础。

第三阶段：班集体的形成发展阶段。

在前两个阶段工作基础上，班级群体已形成班集体，其主要标志是，班集体有了一个较稳定的、团结的领导核心，班干部能独立开展各项工作；班级目标已成为学生个体的奋斗目标，是非观念增强，正确的集体舆论和班风已形成。不过，班集体形成并不等于班主任工作结束，班集体还需要进一步巩固和不断发展，班主任要根据班级情况提出更高层次的奋斗目标，争创优秀班集体。还要针对班内学生不同特点，充分发挥学生个性特长，从整体上提高全班学生的素质。

(三)协调校内外各种教育力量

班级是一个开放的系统，学生是在多种因素纵横交错的影响下发展成长的。班主任要对班级实施有效的教育与管理，必须要争取校内外各种教育力量的配合，和家长、团队干部、各科教师及社会有关方面紧密配合，形成教育合力。

1. 充分发挥本班任课教师的作用

一个学生在校过程中，会遇到许多教师，学生的成长过程是多位教师通力协作教育的过程。班主任的职责之一就是要协调所有任课教师的工作，充分发挥他们的教育力量。具体地说，①班主任要在班上养成尊师爱生的风气；②要定期联系任课教师，经常互通情况；③调节各学科教育负担，妥善做出全面的安排。

2. 协助和指导班级团队活动

团队的性质、任务决定了它在班集体中的核心作用，班主任有责任指导团队活动。具体地说，应当做好这些工作：①协助团队组织制订工作计划，班级工作计划与团队组织计划要步调一致；②帮助团队组织落实计划，为他们创造活动的条件；③帮助团队干部提高思想认识和工作能力。

3. 争取和运用家庭和社会教育力量

家庭和社会是学生成长的重要环境，班主任要积极争取家庭、社会对学校教育的支持，形成学校、家庭、社会一体化的教育力量。具体地说：①要定期对学生家庭进行访问，举行家长座谈会，接待家长来访，了解家长和学生的全面情况；②充分利用家长的教育资源，将家长的各种教育条件，化为共同搞好班级工作的教育力量；③争取校外各种积极的教育因素，以此来弥补学校教育的不足。

【自测题】

一、单项选择题

1. 率先正式使用"班级"一词的是（　　　）。

A. 夸美纽斯　　　B. 埃拉斯莫斯　C. 杜威　　　　　D. 凯洛夫

2. 班级管理常见的几种模式（　　　）。

A. 常规管理、平行管理、民主管理、目标管理

B. 制度管理、平行管理、民主管理、目标管理

C. 制度管理、交叉管理、民主管理、目标管理

D. 制度管理、交叉管理、教师管理、目标管理

3. 将传统的他控式管理方式转变为强调自我自控的管理方式，以一种自我管理为中心的管理，更好地调动被管理者的积极性，是班级管理哪种模式的核心理论（　　　）。

A. 常规管理　　B. 平行管理　　C. 民主管理　　D. 目标管理

4. 教师根据一定的目的要求，采用一定的手段措施，带领班级学生，对班级中各种资源进行计划、组织、协调、控制，实现教育目标的组织活动过程是（　　　）。

A. 教学　　　　B. 德育　　　C. 班级管理　　D. 常规管理

5. 学校行政体系中最基层的行政组织是（　　　）。

A. 教务处　　　B. 政教处　　　C. 班级　　　　D. 团委

6. 在学生集体形成的初始阶段，主要任务是（　　　）。

A. 组织和团结集体　　　　　B. 建设学生干部阶段

C. 提出共同目标　　　　　　D. 形成正确的集体舆论

7. 班主任领导方式一般可以分为（　　　）三种类型。

A. 权威型、放任型、民主型

B. 权威型、指导型、专业型

C. 放任型、专业型、指导型

D. 权威型、专业型、民主型

8. 班主任工作的中心环节是（　　　）。

A. 组织和培养班集体　　　　B. 建立学生档案

C. 了解学生　　　　　　　　D. 操行评定

9. 著名教育家马卡连柯提出的班级管理理论是（　　　）。

A. 民主管理　　B. 常规管理　　C. 平行管理　　D. 目标管理

10. 目前世界范围内，最普遍和最基本的教学组织形式是(　　)。

A. 个别教学　　B. 小组教学　　C. 班级授课制　D. 复式教学

二、简答题

1. 班集体的形成必须具备哪些特征?

2. 班主任管理班级的方法有哪些?

三、实践应用

非常感人的故事——汤普森夫人

开学的第一天，作为班主任的她站在五年级的学生们面前，说了个谎。她看着她的学生，说她会平等地爱班里的每一位同学。但这是不可能的，那是因为坐在前排的一个小男孩，他叫泰迪·斯托达德。

汤普森夫人发现，泰迪根本无法与其他孩子们玩到一起去。他的衣服很邋遢，身上也不整洁，而且不怎么受大家欢迎。汤普森夫人很喜欢在他的卷子上用红笔画一个个红叉。

过了不久，汤普森夫人教课的学校要求老师对每个孩子过去的记录进行审阅，她把泰迪的档案放到了最后一个才看。然而，当她看泰迪档案的时候吃了一惊。

泰迪一年级的老师写道："泰迪是个聪明的孩子，永远面带笑容。作业写得很整洁、很有礼貌，他给周围的人带来了欢乐。"

二年级的老师写道："泰迪是个优秀的学生，深受同学的喜欢，但是他很苦恼，因为他妈妈的病已到了晚期，家里生活困难。"

三年级的老师写道："母亲的去世对他是个沉重的打击。他试图尽最大努力，但他的父亲责任感不强，如果不采取一些措施，他的家庭会对他产生不利影响。"

四年级的老师写道："泰迪性格孤僻，对学习不感兴趣。他没有什么朋友，有时会在课堂上睡觉。"

此时，汤普森夫人才意识到问题的所在，她为自己的行为感到羞愧。

圣诞节到了，当学生们送给她圣诞礼物时，她更是无地自容。学生们的礼物是用明亮的彩纸包好，上面扎着美丽的丝带，唯独泰迪的不是。他的礼物是用厚厚的牛皮纸袋包裹，那纸是从杂货袋上扯下的。汤普森夫人费了很大劲才打开这个礼物。那是一只水晶石手链，上面有颗水晶石已经丢失了，还有一瓶只有四分之一的香水。一些孩子开始发笑，她制止了他们。她大声夸赞这只手链有多漂亮，并把它戴在手上，还在手腕上擦了些香水。

那天放学后，泰迪·斯托达德说了一句话才走："汤普森夫人，今天你身上的味道就像我妈妈以前一样。"

孩子们走后，她哭了至少一个小时。就从那一天起，她不再研究怎样教阅读、写作和算术，而是研究怎样教育孩子们。

汤普森夫人开始特别关注泰迪。与她一起学习时，他的大脑便显得灵活起来，她越鼓励他，他的反应就越快。

到了这年年末，泰迪已经成为班上最聪明的孩子。尽管她说过："会平等地爱所有的孩子"，但泰迪成了她的"宠儿"。

一年后，汤普森夫人在门缝下发现一张纸条，是泰迪写的，他告诉她，她是他一生中遇到的最棒的老师。

又过了六年，汤普森老师又收到泰迪的另一张纸条。他说，自己已经高中毕业，成绩排在全班第三名，她仍是他一生遇到的最棒的老师。

多年后，汤普森老师收到一封信，这次泰迪说，当初拿到学士学位后，他决定继续留在学校深造，他还说，汤普森夫人仍是自己一生中遇到的最好的老师。但如今信上的落款变得长了些：医学博士西奥多·F·斯托达德。

那年春天，泰迪又来了一封信，说他马上要结婚了，他不知道汤普森夫人是否愿意参加他的婚礼，并坐在新郎母亲的座位上。当然，汤普森夫人去了。她戴着那只丢了颗水晶石的手链，还专门喷了泰迪母亲用过的那种香水。师生俩互相拥抱，斯托达德博士轻声在汤普森夫人的耳畔说："谢谢你，汤普森夫人，非常感谢你让我知道自己可以有所作为。"汤普森夫人眼含热泪，低声说："泰迪，你全搞错了，是你教会了我，直到遇见你，我才知道如何做老师。"

（摘自 http：//tieba.baidu.com/p/2324413275）

请用班主任工作的相关理论分析以上案例。

参考答案

一、单项选择题

1.B 2.A 3.D 4.C 5.C 6.C 7.A 8.A 9.C 10.C

二、简答题

1.答：(1)共同的班级奋斗目标。(2)一个健全的组织系统。(3)一定的共同生活的准则。(4)平等、民主的班级氛围。

2.答：(1)了解和研究学生。

①了解和研究学生可以从以下几个方面进行：了解和研究学生个人。了解学生的群体关系。了解和研究学生的学习和生活环境。

②了解学生的方法。通过阅读学生的有关材料来了解学生，包括记载学生各种情况的登记表、统计表和学生活动成果记录表等。通过对学生本人或知情者的调查访问，从各个侧面间接地了解学生，包括谈话、问卷、座谈等。在自然条件下，有目的、有计划地对学生在各种活动中的行为表现进行观察。

(2)协调校内外各种教育力量。

(3)组织和培养班集体。

三、实践应用(略)

第十三章　学生评价

引言

　　随着我国教育评价改革的不断深化，学生评价开始呈现出多元化的发展趋势。如何有效地进行学生评价，使其在促进学生全面发展中发挥应有的作用，是当前广大学者和教育工作者普遍关注的问题。本章主要在学生评价的类型、方法与功能的基础上，重点阐述学生的学业评价和品德评价，旨在帮助读者初步了解学生评价的有关理论与实践，构建合理的学生评价理念。

学习目标

1. 了解学生评价的含义、功能、类型和方法。
2. 能够结合学科编制有效的测验。
3. 明确学生品德评价的含义及其常用方法。
4. 举例说明学生评价实施中存在的问题及对策。
5. 评价学生发展的某一方面，并设计评价方案。

第一节　学生评价概述

一、学生评价的含义

　　要明确"学生评价"的含义，首先应明确"评价"的含义。在汉语中，"评价"是评定价值的简称。因此，就本质而言，评价系指个人或团体对某一事件、人物或历程的价值判断活动，是对客体满足主体需要程度的判断。完整的评价活动包含三个层面：第一，提出有意义的问题；第二，收集信息以回答这些问题；第三，阐释结果。

学生评价是指根据一定的标准，通过使用一定的技术和方法，以学生为评价对象所进行的价值判断。它是学校教育评价的核心，也是学校教育中每一位教师都必须实际操作的一项重要内容。因为学生的质量既是衡量一所学校教育工作质量的标准，也是提高学校教育工作水平的根本所在和关键要素。所以，建构合理的学生评价体系、有效地实施学生评价、促进学生发展，是教育的必然追求。

二、学生评价的类型

(一)诊断性评价、形成性评价和终结性评价

根据学生评价在教学活动中的不同作用可以分为诊断性评价、形成性评价和终结性评价。

1. 诊断性评价

诊断性评价一般是在教育、教学或学习计划实施的前期阶段开展的评价，重在对学生已经形成的知识、能力、情感等发展状况做出合理的评价，为计划的有效实施提供可靠的信息资源，以获取更好的效果。它一般通过以下手段获取相关信息。

(1)查阅被评价者在此之前的有关成绩记录。

(2)摸底测验。

(3)必要的学习要素调查表。

2. 形成性评价

形成性评价主要是在教学和学习过程中进行的，一般以学习内容的一个单元为评价点，采用及时的反馈和根据学生个体的差异进行有针对性的矫正。与其他两种评价类型相比较，它测试的次数较频繁，概括的水平较低，重在实施过程中依据评价所获得的信息及时调整和改善教育教学过程及学习过程，给学生提供有效的帮助，即对未达到要求的学生及时地发现问题并予以有步骤的矫正，对已经掌握的学生进行强化和鼓励，从而实现全体学生的掌握学习。形成性评价主要通过形成性测验来判断，同时也应辅之以日常作业和评价者的观察来共同完成。在实施过程中，一般步骤如图13-1所示。

确定形成性学习单元的目标和内容

↓

编制形成性测试试卷和平行性测试试卷

↓

实施形成性评价

↓

反馈

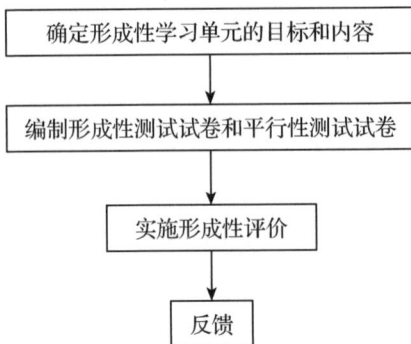

图 13-1　形成性评价的实施过程

3. 终结性评价

终结性评价主要是在教学和学习后进行的评价，是对教学和学习全过程的检验。它表示距离最终目标的程度，并对学生进行必要的区分，一般在学期中和学期末进行，次数比较少。它的测验内容和范围都要高于前两种评价的要求，概括的水平也比较高，并且能够起到竞争和激励的作用，能够使学生获得更大的进步。因此，终结性评价最关注的问题是测验的准确性和可靠性，即试卷的信度和效度。为满足这两个基本要求，在编制终结性测验时，一般步骤如图 13-2 所示。

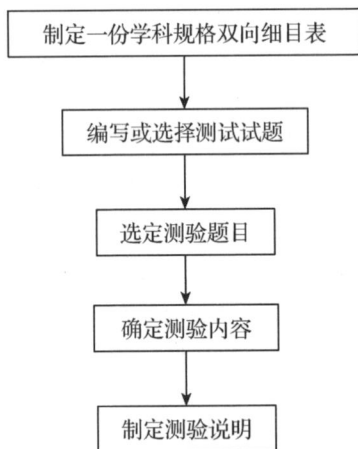

制定一份学科规格双向细目表

↓

编写或选择测试试题

↓

选定测验题目

↓

确定测验内容

↓

制定测验说明

图 13-2　终结性评价的实施过程

总之，在教育教学过程中，诊断性评价、形成性评价和终结性评价各自发挥着其不同的功能，且这三类评价也互为依据，互相提供信息。所以，对评价所做的类型划分其实只是相对的而非对立的。

(二)相对评价法、绝对评价法和个体内差异评价法

根据评价的价值标准的不同，学生评价方法一般可以分为相对评价法、绝对评价法和个体内差异评价法。

1. 相对评价法

相对评价法是根据所要评价对象整体状态确定评价标准，以被评价对象中的某一个或若干个为基准，通过把各个被评价对象与基准进行对照比较，判定出每个被评价对象在这一集体中所处位置的一种评价方法。

如图 13-3 所示，图中 Aa、Ab、Ac…An 为评价对象整体中的单一个体，Mo 为选定的评价基准。相对评价即通过 Aa、Ab、Ac…An 与 Mo 的比较，从而确定其在这一整体中所处的相对位置。

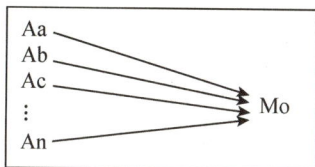

图 13-3　相对评价法

相对评价法的最大优点在于评价的客观性，它不易受评价者主观因素的影响，能够准确地表示出被评价者在某一整体中的相对位置。但是，它也有其明显的局限性，即无法给被评价对象以绝对的水平评估，无法准确地反映学生的真实发展水平；同时，由于它遵循正态分布的原则，也不易满足学生尤其是后进生的上进要求。

2. 绝对评价法

绝对评价法是在被评价对象的整体之外，确定一个客观标准，将被评价对象与这个客观标准进行比较，以判断其达到标准程度的一种评价方法。

如图 13-4 所示，图中 Aa、Ab、Ac…An 为评价对象整体中的单一个体，Mo 为独立于被评价对象的客观标准。绝对评价即通过 Aa、Ab、Ac…An 分别与 Mo 的比较，从而确定其达到 Mo 的程度。

绝对评价法的最大优点是易于使被评价者能了解自己的发展状况，明确自己的发展目标，从而唤起主动学习。但是，由于客观标准的制定要达到绝对的客观、公正、合理和有效，所以绝对评价法在技术上还存在着一定的难度，这使得它在实际操作中还面临着一定的困难，同时也会影响到

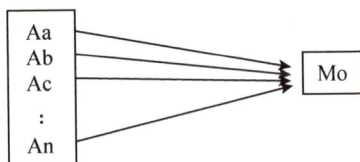

图 13-4 绝对评价法

评价的信度。

3. 个体内差异评价法

个体内差异评价法是以被评价对象自身某一时期的发展水平为标准，判断其发展状况的评价方法。

如图 13-5 所示，图中 Aa、Ab、Ac…An 为各个被评价对象，Aa′、Ab′、Ac′…An′为以各个被评价对象自身某一时期的发展水平构建的标准。

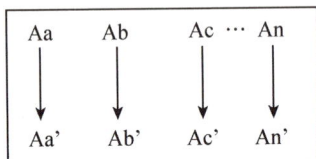

图 13-5 个体内差异评价法

个体内差异评价法最大的优点就是，从被评价对象的实际出发，充分体现了尊重个体差异的因材施教原则，并适当地减轻了被评价对象的压力。但由于评价本身缺乏客观标准，不易给被评价对象提供明确的目标，因此难以发挥评价所应有的功能。

总之，相对评价法、绝对评价法和个体内差异评价法各有其优缺点和使用范围，应将它们相互结合起来使用，以全面发挥评价的功能。

三、学生评价的功能

(一)诊断功能

学生评价的诊断功能主要体现为通过评价有效地判断学生的发展状况。具体来说就是：帮助学生及时客观地掌握其发展中的优势、不足和存在的问题；协助教师判断教学目的实现的程度；发现其教学中存在的问题和学生学习中的问题及表现方式和问题所在；为教师科学的教和学生科学的学指明一条正确的道路或寻求更合理的方案。

(二)导向功能

学生评价是根据一定的标准和所要完成的目标进行的价值判断。所以，学生要获得理想的评价，就必须要了解评价的标准和方式，并依据评价标准来调整其发展状态，以期获得更好的效果。与此同时，教师也会采用此目标并将其有效地反映在教学过程中。这样势必对学生的发展起导向作用。

(三)发展功能

在教育评价功能中，最受关注的当属学生评价的发展功能。它是指评价应基于以学生发展为根本目的的一种评价制度，其评价的目标、内容、方法及结果的处理都是为促进学生的有效发展服务的。而且，实施评价的过程就是学生不断地认识自我、发展自我和完善自我的过程。

(四)管理功能

作为一种价值判断，学生评价不仅能够对学生知识的掌握情况和发展水平给予鉴定，而且有益于高一级学校对学生的选拔，更能够作为评价教师工作质量的依据之一。所以，世界各国都积极利用学生评价的管理功能，来改善教育教学活动，来调整学校教育的发展方向。

第二节 学生学业评价

学业评价是学生评价的主要构成部分，它是指在国家的教育教学目标下，采用恰当、有效的工具和途径，对学生在各门学科教学和自学的影响下认识行为上的变化信息和证据进行系统的收集，并对学生的学习水平进行价值判断的过程。古今中外，众多的教育家、心理学家都对学习活动进行了分类，虽然所依据的标准不同，但基本上都是分为三个基本领域，即认知活动、技能活动和情感活动。

一、学生认知学习的评价

鉴于知识的分类，即陈述性知识、程序性知识和策略性知识。所以，学生的认知学习主要指学生对知识的理解、掌握和运用的过程。

(一)认知学习评价的种类

认知学习的评价大致采用测验、行动观察、实验和评定等方法。但是，使用最频繁、最方便的当属测验，因为其评价结果比其他方式更具客观性。所以，在学生学业评价中，测验一直处于主流地位。

测验是指根据教学目标，设计一系列有代表性的问题来让学生做出回答，从学生的答案中提取信息，并根据一定的标准进行判断。现行的比较有代表性的理论有经典测验理论、项目反应理论、概化理论和自适应理论。以下是中小学教育中比较常用的测验类型。

1. 准备性测验和结果性测验

这是根据测验的目的来分的。准备性测验一般是在教学前和教学中进行，教学前的测验是为了检验学生知识准备的情况，为合理地组织教学提供准确的资料和信息。教学中的测验主要目的是为了及时反馈教学效果和学生对所教知识掌握的情况，帮助教师更有针对性地进行教学和指导，查漏补缺。

结果性测验一般是在一门课程完成时或一个学期结束时进行的终结性测验，其主要目的是为了鉴别学生一个阶段的学习状况。较之准备性测验，结果性测验组织更为严密，实施过程更为严格，试题难度更为适中，对所有学生都有较强的鉴别力和区分度。

2. 标准化测验和教师自编测验

标准化测验是一种具有统一标准、对误差做了严格的控制的测验。为了严格控制误差，提供一种能普遍适用的可信的测量工具，便产生了经过专家精心编制的标准化测验。标准化测验的特点是：试卷大量采用客观性试题，题型多样，知识覆盖面大，试题明确科学；测试的实施必须按明确规定的"测验指导"去做；评分按严格的评分标准进行；对分数的解释也必须一致，并报告其常模。概括来说就是，标准化测验的优点就是测验结果具有较高的信度、效度和较强的客观性。

教师自办测验是针对标准化测验来说的。它主要是指教师根据自己的教学情况、经验及对教学目标的认识，自行设计与编制并确定评分标准的测验。此测验的信度和效度不如标准化测验强，但由于它的编制过程简单、操作方法简便且针对性强，能够根据不同教师的需要和标准随时进行调整，所以在现行的中小学中被广泛使用。

3. 客观性试题测验和主观性试题测验

这是根据测验试题的应答方式来分的。客观性试题一般使用于测验学生对基本知识的记忆和判断能力。它是通过出一系列客观性试题(包括是非题、选择题、填空题、改错题和简答题)，要求学生回答来测定他们的知识与能力水平的测验。客观性试题测验的优点是取样广泛，命题的知识覆盖面大，答案明确，不易受评卷人主观态度的影响，能够有效地测验学生的知识掌握情况。但其局限性也非常明显，如编制测验试卷难度大，任务繁重，不利于有效测出学生对问题的思考过程以及组织材料的能力、文字表达的能力和创造力，而且无法排除猜测答案的可能性。

主观性试题是让学生根据对测验所提问题的认识和理解，自行组织语言来形成答案，题型主要有简答、论述、案例分析、作文等。主观性试题有益于测量学生分析和解决问题的能力，强调学生的主动性，是对较高级思维过程和能力的测验。但其信度和效度相对较低，主观性强、评分标准难统一，覆盖面窄，且费时费力。

(二)测验的有效编制

在测验的各项工作中，测验的编制工作是确保测验有效进行的一个重要组成部分。

1. 有效测验编制的基本标准

(1)信度。信度是指测验结果的可靠性或一致性的程度。如果一个测验在不同的条件下对学生进行多次，而所获得的结果大体一样，即成绩好的学生和成绩差的学生都是相对稳定的人群，那么，我们就认为这一测验的信度较高。但是，在实际测验中其结果往往不可能达到百分之百，总会存在一定的误差。因此，要使测验的信度高就要尽可能缩小其误差。一般认为，在编制测验过程中，可以适当增加测验试题的数量、控制试题的难度、选择测验的内容等，以期提高测验的信度。

(2)效度。效度是指测验的准确性或有效性的程度。需要特别指出的是，一个测验只能在其特定的范围内才是有效的，其效度始终是针对一定的测验目的来进行的，否则便没有效度可言。例如论文式测验，对测定学生的能力效度高，而对测定学生的知识面则效度低；而客观性测验则宜于判明学生的知识掌握情况，不易测定他们的能力发展水平。一个好的有效测验应该是能够最大限度地测量出它所要测量的东西。所以，只有在明确测验目的的前提下，保证测验内容与原设计的教学目标相一致，才能够提高测验的效度。

总之，信度和效度是编制测验必须考虑的两个最基本要素。如果一个测验有较高的效度，那么也必定有一定的信度；反之，如果一个测验有较高的信度，那么它也必定有相当高的效度。

2. 测验编制的过程

(1)明确测验的目的。在编制测验时，编制者首先要明确此次测验的目的和用途，不同的测验目的决定了不同的测验方式和测验内容的选择。从现行评价体系的构建和使用情况来看，在中小学学生认知学习评价中，最主要的是有效区分所要进行的测验是归属于诊断性测验、形成性测验还是终结性测验，以最大限度地减少测验的盲目性，增强测验的信度和效度。

（2）界定测验试题的难度。在测验编制过程中，针对测验目的的不同其试题难度的要求也不尽相同。测验试题难度的合理性是指测验试题的难度应与被测验对象、测验目的相匹配，测验中的各个试题难度适当，且整个测验试题在试卷中的难度分布与构成也要合理。测验试题难度的大小一般按照通过此试题的人数的多少来衡量，如果通过的人数占绝大多数，那么这一试题的难度则较小，反之，难度则较大。

对学生认知学习评价测验难度的合理界定离不开对认知学习目标的正确认识与恰当把握，一定的教学目标通常也构成测验的目标体系。现行的认知教学目标一般是根据布鲁姆的目标分类，即认知领域包含知识、理解、应用、分析、综合、评价六个方面。这六个方面所表达的目标水平分别以由低到高的方式进行排列，且高一层次的目标包含了低一层次的目标。值得指出的是，如果被测验者对于试题的相关内容已经很熟悉了或完全掌握了，那么试题的难度就降低了，反之，如果被测试者对于试题的相关内容并不是很熟悉和了解，那么试题的难度就会升高。

（3）确认测验的可行性。测验的可行性主要包括两个方面：一是在制定测验的指标时应具有可操作性。二是测验标准的制定要合理恰当，对于不同的对象应选择不同的内容。

（4）提供测验的评定标准。即在有效的测验编制过程中，应充分考虑测验的答案和评分标准。也就是说，既要提供客观性试题的标准答案，又要提供主观性试题的答案要点，此外还要提供评分细则。较之客观性试题，主观性试题更不容易把控，所以，对于主观性试题的答案一定要进行详细说明，尽可能地缩小不同教师评定时所产生的误差。

二、学生技能学习的评价

技能是指顺利完成某种任务的一种活动方式。形成技能是学生学习的重要组成部分，学生对于知识的学习不能只停留在领会的水平上，在一定的条件下要促使它转化为相应的技能，才能够使知识在完成任务的过程中起到应有的作用。所以，技能学习与认知学习密不可分，但又不能等同之，技能学习要依靠练习来获得。如一个学生对于书法有很浓厚的兴趣和很高的天赋，但是如果没有专业的、长时间的练习，那么他也不可能成为书法家。所以，学生技能的学习过程就是通过示范、模仿、练习、独立等阶段反复训练，从而达到熟练化和自动化的过程。

(一)学生技能学习评价的内容和方法

按照技能的性质和特点，一般可分为动作技能和心智技能两种。

动作技能是指在完成一项任务中，由肌肉、骨骼运动和与之相应的神经系统部分能够合理、完善的组织起来并顺利进行的活动，如写字、演奏、舞蹈、电脑操作等。心智技能是指借助于内部言语顺利完成某些任务的活动，通常可分为专门的心智技能和一般的心智技能两种。专门的心智技能包括阅读、写作、计算等，一般的心智技能包括观察、倾听、理解、分析问题和解决问题等。

动作技能与心智技能既相互联系又相互区别，外部动作既是心智技能的依据，又是心智技能的具体表现；同时，心智技能又反作用于外部动作，对外部动作起到调节作用。在学校教育中，技能的学习广泛渗透在各个学科中，如数学、语文、物理、音乐、美术等。所以，对技能学习的评价方法也不尽相同，如观察法、作品展示法、表演评价法等，但最常用的还属观察法。

(二)学生技能学习评价的实施

在学校教育中，将学生技能学习作为独立项目予以评价且实施较多的评价，主要有以下几种。

1. 口头语言表达技能的评价

口头语言表达技能包括两方面的能力，一是使用特定的语言回答问题的能力，一是为获取一定信息提出问题的能力。在现代汉语中，口头表达技能与听力是重叠的。在评价学生口头表达能力时使用最多的是口试，它主要包括间接测试、半直接测试和直接测试三种类型。

间接测试要求学生在听或读完一段材料后，用书面形式回答问题，如英语考试中的听力测试，虽然这种测试被广泛地应用于大规模的统一考试中，但是其效度却不是很高。半直接测试是使用课文、图片、录音、计算机等辅助工具设置说话情境和提示，主试者和被试人员不直接当面交谈，而是用录音设备录下被试者的回答，试后请多名教师共同做出评定。直接测试则是通过教师与学生面对面的交流来评价学生的口头语言表达能力，这种测试虽然能够综合地反映学生的表达能力，但是，在评定过程中，主试者的主观因素较强，不利于公平客观地去评定被试者。

2. 实验操作技能的评价

实验操作技能包括多方面的内容：对知识的理解、分析、实验态度、实验技术等，它是一项综合性的技能，也是理科教学和科学研究的基本手段。实验操作技能最主要的作用就是，在实验过程中加深学生对知识的理解，培养学生的动手能力，衡量教育教学的效果和学生学习的能力。

实验操作技能的评价主要是指对学生使用和直接操纵相关的仪器设备或处理实验材料，动手进行实验操作以及应用实验研究问题的能力等方面的评价。实验操作技能通常会采用观察法、实际操作法并辅之以笔试和口试的方式来进行。就评价的具体内容而言，实验操作技能一般通过对仪器和设备的使用、实验操作、实验记录和报告、实验设计等项目的测验来实施评价。

3. 动作技能的评价

动作技能的形成一般经历三个阶段，即泛化阶段（粗略地掌握动作阶段）、分化阶段（改进和提高阶段）、自动化阶段（动力定型阶段）。动作技能发展的最重要特点表现为动作的熟练化和自动化，动作的准确性和协调性是评估的重要内容。动作技能的评价多采用观察的方法来进行。在学校教育过程中，以动作技能为基础的课程主要有体育、音乐、美术等，其实施主要是根据各学科的教学目标及对动作技能的发展要求进行等级化。

实施动作技能评价应关注几个问题：第一，要重视形成性评价。因为动作技能的训练过程就是动作不断熟练化和自动化的过程，因此，技能一旦形成就很难改正。所以，应高度重视形成性评价，在学习过程中对学生的表现不断给予反馈，并使此评价在总成绩中占一定的比例。第二，要努力克服评价的主观性。因为动作技能更多的是进行定性评价，评价者的主观性影响较大，所以很难量化，这就需要尽可能地做好客观记录的工作。第三，适宜采用等级性评价。第四，动作技能评价标准的制定应考虑当地学生的实际体制发展状况，以锻炼提高学生的体质为根本。

三、学生情感学习的评价

学生的学习活动包括认知活动与情感活动两个方面，这两个方面是相统一的，情感影响着认知，同时，认知也可以改变情感。当前，学生情感系统的习得过程日益受到广泛的重视，可以说是现代教育目标的重要领域之一。

我国新一轮基础教育课程改革的《全日制义务教育数学课程标准》对情感与态度提出的要求是：①能积极参与数学学习活动，对数学有好奇心和求知欲；②在数学学习活动中获得成功的体验，锻炼克服困难的意志，建立自信心；③初步认识数学与人类生活的密切联系及对人类历史发展的作用，体验数学活动充满着探索与创造，感受数学的严谨性以及数学结论的确定性；④形成实事求是的态度以及进行质疑和独立思考的习惯。

(一)学生情感学习评价的类别

目前，对于学生情感学习评价的分类，仍没有一个统一的标准体系。布卢姆在《教育目标分类学》中把目标根据等级层次排成一个连续题，并将这一连续体描述成为一个内化的过程，在这个过程中，情感成分从单纯觉察开始，经过一定的动力阶段，最后达到对一个人行为的控制。这一内化过程主要由接受、反应、估价、组织、性格化五个范畴组成。同时，这五个范畴又各自可进一步分解为 13 个不同的层次水平。这些目标覆盖面广，实际上已经趋近于把个人的性格特征几乎完全表明出来，有些目标已经超出了单个教师力所能及的范畴，显然在现行的教育教学实际运行中有相当的难度。因此，目前，在学生的情感学习评价中一般由三个类别构成：兴趣、态度、品德。

(二)学生情感学习评价应注意的问题

1. 不宜采用单一的量化评价模式

在评价实施的过程中，多数使用诊断性评价和形成性评价，而终结性评价则很少使用。学生情感学习的评价，不适宜采用认知学习评价中使用较多的单一而且具体的量化评价模式。

2. 应尊重学生的学习情感表现

学生的学习情感是家庭、学校和社会共同影响的结果，它是一个极具个性色彩的要素。此外，学生的学习情感又是多方位和多层次的，既有来自学生年龄阶段的客观差异，又有来自主体的主观差异。所以，在评价过程中就要充分认清这一差异性，尊重学生的学习情感。

3. 应保护学生的个人隐私权

通常，情感被普遍认为是个人的、私有的。所以，对学生情感学习的评价势必会涉及个人的隐私。而且，要给学生的情感学习评价分出等级，评出分数，似乎也不是很现实。以上这些，或多或少的都会对情感学习评价的有效实施产生一定的影响。然而事实上，在评价过程中，如果教师忽视情感学习的评价，那么在教学过程中，也必定容易忽视学生的情感学习。

总而言之，在教育教学的评价实施过程中，学生情感学习的评价在其评价技术上仍存在着一定的问题，操作起来仍有一定的难度，并且受一定条件的限制。所以，教育教学过程中的情感目标的评价将越来越会受到广泛关注。

第三节　学生品德评价

品德是指一个人在一定的行为准则的规范下行动时所表现出来的某些稳固的特征，它一般包括道德认知、道德情感和道德行为三个组成部分。所以，品德评价也主要是以对道德认知、道德情感和道德行为的评价而展开的。

一、学生道德认知的评价

学生道德认知的测评主要是以学生道德认识水平即个体对道德规范和道德范畴及其意义的认识为对象所进行的评价。它始于 19 世纪英国巴恩斯采用问卷法对儿童惩罚观念进行的测评，瑞士心理学家皮亚杰在 1932 年出版的《儿童的道德判断》也为道德认知的测评研究奠定了坚实的基础。然而，最具影响的还属美国的心理学家科尔伯格的"道德两难故事法"，并以此研究建立了著名的"三水平六阶段"道德发展阶段模型。

阅读材料：

欧洲有个妇女患了癌症，生命垂危。医生认为只有本城有个药剂师新研制的药能治好她。配制这种药的成本为 200 元，但销售价却要 2000 元。病妇的丈夫汉斯到处借钱，可最终只凑得了 1000 元。汉斯恳求药剂师，他妻子快要死了，能否将药便宜点卖给他，或者允许他赊账。药剂师不仅没答应，还说："我研制这种药，就是为了赚钱。"

汉斯别无他法，利用晚上撬开药剂师的仓库门，把药偷走了。

这是一个虚构的故事，当这样一个道德两难故事呈现给孩子们之后，科尔伯格围绕这个故事提出了一系列问题，让儿童讨论，以此来研究儿童道德判断所依据的准则及其道德发展水平。

1. 汉斯应该偷药吗？为什么？

2. 他偷药是对的还是错的？为什么？

3. 汉斯有责任或义务去偷药吗？为什么？

4. 人们竭尽所能去挽救另一个人的生命是不是很重要？为什么？

5. 汉斯偷药是违法的。他偷药在道义上是否错误？为什么？

6. 仔细回想故事中的困境，你认为汉斯最负责任的行为应该是做什么？为什么？

表 13-1　科尔伯格提出的道德发展三个水平六个阶段的模式

水平	阶段	道德推理的特点	关于"汉斯两难"的道德推理	
			不该偷的理由	该偷的理由
前习俗水平	1	以惩罚与服从为定向	偷东西会被警察抓起来，受到惩罚	他事先请求过，又不是偷大东西，他不会受重罚
	2	以行为的功用和相互满足需要为准则	如果妻子一直对他不好，汉斯就没有必要自寻烦恼，冒险偷药	如果妻子一向对他好，汉斯就应关心妻子，为救她的命去偷药
习俗水平	3	以人际和谐为准也称为"好孩子"取向	做贼会使自己的家庭名声扫地，给自己的家人（包括妻子）带来麻烦和耻辱	不管妻子过去对他好不好，他都得对妻子负责。为救妻子去偷药，只不过做了丈夫该做的事
	4	以法律和秩序为准则	采取非常措施救妻子的命合情合理，但偷别人的东西犯法	偷东西是不对，可不这样做的话，汉斯就没有尽到丈夫的义务
后习俗水平	5	以法定的社会契约为准则	丈夫没有偷药救妻子的义务，这不是正常的夫妻关系契约的组成部分。汉斯已经为救妻子命尽了全力，无论如何都不该采取偷的办法解决问题，但他还是去偷药了，这是一种超出职责之外的好行为	法律禁止人偷药，却没有考虑到为救人性命而偷东西这种情况。汉斯不得不偷药救命，如果有什么不对的话，需要改正的是现行的法律，稀有药品应该按照公平原则加以调控
后习俗水平	6	以普通的伦理原则为准则	汉斯设法救妻子的性命无可非议，但他没有考虑所有人的生命的价值，别人也可能急需这种药。他这么做，对别人是不公正的	为救人性命去偷是值得的。对于任何一个有道德理性的人来说，人的生命最可贵，生命的价值提供了唯一可能的无条件的道德义务的源泉

科尔伯格的道德发展模式给我们勾画出：道德发展是连续的按照不变的顺序由低到高逐步展开的过程，更高层次和阶段的道德推理兼容更低层次和阶段的道德推理方式，反之，则不能；各阶段的时间长短不等，个体的道德发展水平也有较大差异，有些人可能只停留在前习俗水平或习俗水平，而永远达不到后习俗水平的阶段。

我国也有很多学者对此进行了大量的研究编制了很多故事评定法，但是在我国现行中小学教育具体实施的品德评价中，却很少甚至不用这一评价方法，大多仅是将此研究成果作为有效进行品德教育的心理依据，对道德认识的评价主要还是借助于政治课和思想品德课的方式，采用书面测试的方法来进行，这不仅造成了很大的局限性，而且也影响了我国德育工作的顺利开展。

二、学生道德情感的评价

道德情感是人的道德需要是否得到实现所引起的内心体验。每个人都会运用一定的道德标准去衡量或评价自己的道德行为，当道德认知和道德行为符合道德标准时，便会产生肯定或积极的情绪体验，否则会形成否定或消极的内心体验，如内疚、羞愧、悔恨等情绪。

道德情感就其形式而言主要有三种类型，即由对某一情境的感知而引起的直觉情绪体验；与具体的道德形象相联系的情绪体验；以对道德要求的清晰认识为中介而形成的情感。对道德情感的评价也大体由此展开。但是，由于道德情感的复杂性、不稳定性和情境性等特征，使得对道德情感的评价有了相当的难度。

因此，相对于道德认识、道德行为的评价而言，道德情感的评价还非常不成熟，且不具有系统性。现行对道德情感评价的研究主要集中在对人的移情感、内疚感、羞愧感、义务感、荣誉感、爱国主义情感、良心和幸福感等方面的测评，大部分采用量表测评、情境测评、完成故事测验、实验测评等方法，但还没有广泛地应用在中小学日常的品德评价中。

三、学生道德行为的评价

学生道德行为是指学生个体在一定道德认知的支配下所采取的行为，它是学生品德形成的关键和重要标志。我国现行中小学教育中的学生品德评价也主要集中在对学生品德行为的评价上。

(一)我国中小学学生品德评价标准

学生品德评价的根本目的就在于准确、客观、科学地反映学生品德的发展水平和状况。所以，确定一个切实可行的品德评价标准时相当必要的。虽然，品德评价的实施是学校德育工作的一项重要内容，但目前，我国仍没有一个能够被广泛认可的且切实可行的指标体系。所以，目前在实施评价过程中，主要以《中小学德育大纲》《中小学生守则》《小学生日常行为规范(修订)》《中学生日常行为规范(修订)》为基本依据，根据各地学生的实际情况提出要求，从而制定具体的标准。大致可概括为四个层次，即优秀、良好、及格和不及格。

(二)我国中小学学生品德评价的常用方法

20世纪80年代中期以来，我国学生的品德评价日益受到教育界的广泛重视，并进行了大量的研究，改变了传统的、单一的定性评价方式，逐步发展为以定性和定量相结合的方式。

1. 整体印象评价法

整体印象评价法是评价者根据一定的评价内容和标准，通过日常对评价对象的观察和了解，经过综合分析并以此对评价对象的品德状况给予终结性整体评定的方法。例如，每一学期结束时，班主任都要对本班学生的品德发展状况做出优秀、良好、及格和不及格的评定，一般所采用的就都是整体印象评价法。

整体印象评价法的优点主要表现在：过程简单易行，且花费相当小。但由于学生品德评价的特殊性，整体印象评价法要想在现有的状态下做科学量化的测评还是有一定的难度的。虽然，此方法被教师广泛应用于学生品德测评和日常的品德考核中，但由于这种方法主要依靠评价者来实施，所以又有很强的随意性和片面性，同时也就影响了评价的准确性和科学性。

为了克服这一方法的弊端，加强它的可靠性，现在中小学多数使用的是由多重评价者共同实施的多重评定法；同时，也根据《中小学德育大纲》《中小学生守则》《小学生日常行为规范(修订)》《中学生日常行为规范(修订)》的要求等提供一些评价标准，并确定每项内容的等级指标以便操作。一般来说，在评价步骤上首先由学生进行自我评价，其次是学生小组的评价，最后是班主任的综合评价。当然，无论是哪一阶段的评价，实际上使用的还是整体印象评价法。

2. 操行评定评价法

操行评定评价法是评价者根据一定的标准和要求，通过平时对被评价者的观察和了解，用书面语言描述的形式对被评价者的品德发展状况做出评价的方法。此方法不但具备整体印象评价法所具有的优点，而且还更加具体形象，更加能够较全面地反映被评价者的品德面貌，便于被评价者及时了解自己。所以，这种方法也成为中小学使用最为广泛的一种品德评价法。但同时由于这种方法仍属于主观判断法，其随意性和片面性依然存在，所以，对评价者的要求较高。班主任面对几十个评价对象要用很简短的语言做出较为全面的评价，实际上还是相当有难度的。

当前，对操行评定评价法的改革，主要集中在对评语的表述上。因为评语仍存在一系列的问题，如缺乏个性化、语言贫乏流于俗套且不亲切、重视结果而不注重教育性，等等。

总而言之，评价者在书写评语时应注意以下几方面的内容：一要全面深入地了解学生的行为状况、品德发展的需要以及发展规律；二要提高评语的规范性、客观性、针对性、激励性和综合性；三要尽可能多地使用鼓励性语言，增强评语的情感色彩。

阅读材料：

评语情感的差异

评语1　按时到校上课，作业基本能按时交，上课较认真听讲，但举手发言方面欠佳，接受知识能力较强，但容易骄傲自满，对自己没有严格要求，故成绩一直停滞不前。

作为班干部，不能以身作则，违纪情况严重。对老师的批评不能立即接受并改正，劳动态度也不够认真。望以后对自己严格要求，做事不能单凭兴致，而应动脑子去做。

＊这是某区重点中学初一一位学生的评语，班主任对学生是比较了解的，评语对学生也很负责，但看后使人有一种压抑的感觉。主要原因是每写一个优点，马上就是一个缺点，讲优点没讲足，讲缺点没抓住主要的，因此没能表达出班主任的满腔热情。

评语2　该生最大的特点是认真，能认真参加班组活动，尊师守纪，友爱同学，认真劳动，成绩良好，且稳步上升，但学得不够灵活，全面素质有待提高，特别要注意身体素质的锻炼，争取全面发展。

＊这一评语抓住了该生的基本特点就是认真，指出了两个弱点，学习

上欠灵活和身体素质不够理想，但使人感受到班主任对其充满着一种期望的情感。

评语3　该生热心参加集体活动，能配合体育委员开展工作，对班长的工作也能大力协助和支持。尚能认真完成班级交给的工作，建校劳动表现好，受到好评。在学习方面，主观上想努力，但力度还不够，成绩尚不够理想。希望进一步学习中学生行为规范，加强政治理论学习，力争在各项实践活动中得到更好的锻炼，在素质教育方面取得更大的进步。

＊这是一位各方面都欠佳的学生，但老师还是竭力挖掘其向上的闪光点，对缺点不姑息，但批评很婉转，如学习努力程度不够，基本行为规范不够理想，政治思想方面要求不高等，使人感到老师的理解与期望。

（摘自陈桂生：《到中小学去研究教育》，上海，华东师范大学出版社2000年版）

3. 操行计量评定法

操行计量评定法是指使用以百分为满分或实行百分制计分法，评价者根据一定的标准和记分规则，依据学生的品行表现予以加分或减分，以对学生的品德做出评价的方法。这种方法更侧重于进行量化品德评价，其具体步骤首先是提出系统的评价项目和评价标准及其计分标准和规则，其次在实施前向学生公布和提出具体要求，而后结合日常的学习工作对照标准予以计分，最后在学期结束时计算出总分。

这种方法的优点在于：克服了主观随意性和片面性等问题；有利于品德评价的精确化；便于学生之间、班级之间和学校之间进行比较；方法简单易行，便于操作；且有益于发挥评价的教育功能。与这一方法有异曲同工且经常被使用的还有如等第赋分累积评定法等，但它仍不能从根本上克服品德评价中的主观性问题，对学生形成道德行为的动机也无法考察，且评价的结果也难以体现个体的特征等。所以，这一方法通常只能是作为终结性品德评价的依据。

在品德评价方法中，除了以上介绍的几种常用方法外，还有问卷法、代表性品德行为整体测评法、操行测试评分法、综合评判法等。总体而言，品德评价的教育性和品德评价的量化问题仍为普遍关注的焦点，但品德评价量化指标的建构的难度还很大，所以在一定意义上，居于主流位置的还是定性的品德评价方法。

【自测题】

一、单项选择题

1. 根据学生评价在教学活动中的不同作用可以分为诊断性评价、( )和终结性评价。

A. 相对评价　　　　　　　　　B. 绝对评价

C. 个体内差异评价　　　　　　D. 形成性评价

2. 根据评价的价值标准的不同，学生评价方法一般可以分为相对评价法、绝对评价法和( )。

A. 相对评价　　　　　　　　　B. 绝对评价

C. 个体内差异评价　　　　　　D. 形成性评价

3. 动作技能的形成一般经历的阶段不包括( )。

A. 泛化阶段　　B. 准备化阶段　　C. 分化阶段　　D. 自动化阶段

4. 学生评价的功能不包括( )。

A. 准备功能　　B. 导向功能　　C. 调节功能　　D. 发展功能

5. 品德评价主要从哪几方面展开( )。

A. 道德认识　　B. 道德情感　　C. 道德行为　　D. 道德理论

二、简答题

1. 简述学生评价的含义。

2. 简述主观性试题及其优缺点。

3. 简述整体印象评价法的优势与不足。

三、论述题

论述测验编制的过程。

参考答案

一、单项选择题

1. D　2. C　3. B　4. C　5. D

二、简答题

1. 答：学生评价是指根据一定的标准，通过使用一定的技术和方法，以学生为评价对象所进行的价值判断。

2. 答：主观性试题是让学生根据对测验所提问题的认识和理解，自行组织语言来形成答案，题型主要有简答、论述、案例分析、作文等。主观性试题有益于测量学生分析和解决问题的能力，强调学生的主动性，是对较高级思维过程和能力的测验。但其信度和效度相对较低，主观性强、评分标准难统一，覆盖面窄，且费时费力。

3. 答：整体印象评价法的优点主要表现在：过程简单易行，且花费相当小。但由于学生品德评价的特殊性，整体印象评价法要想在现有的状态下做科学量化的测评还是有一定的难度的。虽然，此方法被教师广泛应用于学生品德测评和日常的品德考核中，但由于这种方法主要依靠评价者来实施，所以又有很强的随意性和片面性，同时也就影响了评价的准确性和科学性。

三、论述题

答：(1)明确测验的目的。在编制测验时，编制者首先要明确此次测验的目的和用途，不同的测验目的决定了不同的测验方式和测验内容的选择。从现行评价体系的构建和使用情况来看，在中小学学生认知学习评价中，最主要的是有效区分所要进行的测验是归属于诊断性测验、形成性测验还是终结性测验，以最大限度地减少测验的盲目性，增强测验的信度和效度。

(2)界定测验试题的难度。在测验编制过程中，针对测验目的的不同其试题难度的要求也不尽相同。测验试题难度的合理性是指测验试题的难度应与被测验对象、测验目的相匹配，测验中的各个试题难度适当，且整个测验试题在试卷中的难度分布与构成也要合理。测验试题难度的大小一般按照通过此试题的人数的多少来衡量，如果通过的人数占绝大多数，那么这一试题的难度则较小，反之，难度则较大。

对学生认知学习评价测验难度的合理界定离不开对认知学习目标的正确认识与恰当把握，一定的教学目标通常也构成测验的目标体系。现行的认知教学目标一般是根据布鲁姆的目标分类，即认知领域包含知识、理解、应用、分析、综合、评价六个方面。这六个方面所表达的目标水平分别以由低到高的方式进行排列，且高一层次的目标包含了低一层次的目标。值得指出的是，如果被测验者对于试题的相关内容已经很熟悉了或完全掌握了，那么试题的难度就降低了，反之，如果被测试者对于试题的相关内容并不是很熟悉和了解，那么试题的难度就会升高。

(3)确认测验的可行性。测验的可行性主要包括两个方面：一个是在制定测验的指标时应具有可操作性。二是测验标准的制定要合理恰当，对于不同的对象应选择不同的内容。

(4)提供测验的评定标准。即在有效的测验编制过程中，应充分考虑测验的答案和评分标准。也就是说，既要提供客观性试题的标准答案，又要提供主观性试题的答案要点，此外还要提供评分细则。较之客观性试题，主观性试题更不容易把控，所以，对于主观性试题的答案一定要进行详细说明，尽可能地缩小不同教师评定时所产生的误差。

参考文献

[1]袁振国. 当代教育学[M]. 北京：教育科学出版社，1998.

[2]孙培青. 中国教育史[M]. 上海：华东师范大学出版社，1992.

[3]王道俊，王汉澜. 教育学[M]. 北京：人民教育出版社，1989.

[4]马赛罗·默斯托. 马克思的《大纲》——《政治经济学批判大纲》150 年[M]. 北京：中国人民大学出版社，2011.

[5]孔德英，张大俭. 教师必备的教育教学原理[M]. 保定：河北大学出版社，2005.

[6]全国十二所重点师范大学编. 教育学基础[M]. 北京：教育科学出版社，2014.

[7]傅建明，李勇. 教育学基础[M]. 北京：高等教育出版社，2011.

[8]黄济，王策三. 现代教育论[M]. 北京：人民教育出版社，1996.

[9]南京师大教育系编. 教育学[M]. 北京：人民教育出版社，1984.

[10]孙喜亭. 教育原理[M]. 北京：北京师范大学出版，2003.

[11]吴式颖. 外国教育史教程[M]. 北京：人民教育出版社，1989.

[12]陈桂生. 教育原理[M]. 上海：华东师范大学出版社，2000.

[13]瞿葆奎. 教育学文集·教育制度[M]. 北京：人民教育出版社，1990.

[14]成有信. 教育学原理[M]. 广州：广东高等教育出版社，1999.

[15]筑波大学教育学研究会. 现代教育学基础[M]. 钟启泉，译. 上海：上海教育出版社，1986.

[16]陈永明. 现代教师论[M]. 上海：上海教育出版社，1999.

[17]苏霍姆林斯基. 给教师的建议[M]. 杜殿坤，编译. 北京：教育科学出版社，2000.

[18]田慧生，李如密. 教学论[M]. 石家庄：河北教育出版社，1996.

[19]皮亚杰. 发生认识论原理[M]. 倪连杰等，译. 北京：商务印书馆，1984.

[20]B. S. 布卢姆等. 教育评价[M]. 邱渊等，译. 上海：华东师范大学出

版社，1987.

[21]金一鸣. 教育社会学[M]. 南京：江苏教育出版社，1992.

[22]联合国教科文组织. 世界教育报告1998：教师和变革世界中的教学工作[M]. 罗进德等，译. 北京：中国对外翻译出版公司，1998.

[23]瞿葆奎. 教育学文集·课程与教材(上、下卷)[M]. 北京：人民教育出版社，1988(上卷)，1993(下卷).

[24]拉尔夫·泰勒. 课程与教学的基本原理[M]. 施良方，译. 北京：人民教育出版社，1994.

[25]张华等. 课程流派研究[M]. 济南：山东教育出版社. 2000.

[26]钟启泉. 现代课程论[M]. 上海：上海教育出版社. 1989.

[27]施良方，崔允漷. 教学理论：课堂教学的策略、原理与研究[M]. 上海：华东师范大学出版社，1999.

[28]黄甫全，王本陆. 现代教学论学程[M]. 北京：教育科学出版社，1998.

[29]郑金洲. 教育通论[M]. 上海：华东师范大学出版社，2000.

[30]钟启泉，崔允漷，张华. 为了中华民族的复兴，为了每位学生的发展——《基础教育课程改革纲要(试行)》解读[M]. 上海：华东师范大学出版社，2001.

[31]赵中建. 教育的使命——面向二十一世纪的教育宣言和行动纲领[M]. 北京：教育科学出版社，1996.

[32]斯腾伯格. 专家型教师教学的原型观[J]. 华东师范大学学报(教育科学版)，1997.